陕西省"十四五"职业教育规划教材 GZZK2023-1-185　活页式

管理会计数智化教程

主　编　杨敏茹
副主编　吴宁宁　康　哲　郑　敏
参　编　牛　芳　杨　迪　刘亦洋
　　　　申　雯　麦全发　李佳鑫

北京理工大学出版社
BEIJING INSTITUTE OF TECHNOLOGY PRESS

内 容 简 介

本书是陕西省"十四五"职业教育规划教材（GZZK2023-1-185），也是陕西省哲学社会科学重大理论与现实问题研究项目"高等教育课程思政·新形态系列教材之《管理会计》活页式教材开发策略研究"和陕西省职业教育学会"'管理会计'课程思政研究与实践"的研究成果，还是陕西省职业教育在线精品课程和陕西省职业教育课程思政示范课程"数字化管理会计"的配套教材。

本书践行素养教学，在"产教融合共同体"协同育人背景下，由财务经验丰富的财务人员和教学经验丰富的任课教师合作共同开发教材，从管理会计技术岗位和职业岗位素质出发，基于企业财务工作过程，以项目导向、任务驱动来设计体例、安排教学内容，以学生为中心的理念设计成工作手册式的立体化新形态教材，具体内容包括管理会计认知、战略管理、预算管理、成本管理、营运管理、投融资管理、绩效管理、企业风险管理、管理会计报告与管理会计信息系统、财务分析与可视化、环境管理会计11个项目。书中广泛吸收了近期管理会计研究和实践的新成果，特别是《管理会计基本指引》以及《管理会计应用指引》的最新研究成果，具备理实一体化、素养提升、技术赋能，产教融合等特点。

本书既可作为高等职业院校大数据与财务管理、大数据与会计、大数据与审计、会计信息管理、财税大数据应用等相关专业的教材，也可作为从事相关工作人员的培训教材或参考用书。

本书配套开发有微课、场景动画、教学课件、参考答案等数字化教学资源，扫描二维码课可直接观看相关微课。与本书配套的省级在线精品课程"数字化的管理会计"，可通过登录"智慧树网"或知到App，进入"数字化管理会计"进行免费在线学习。
http://coursehome.zhihuishu.com/courseHome/100001037#teachTeam

省级在线精品课

版权专有　侵权必究

图书在版编目（CIP）数据

管理会计数智化教程／杨敏茹主编. -- 北京：北京理工大学出版社，2024.7.
ISBN 978-7-5763-4370-0

Ⅰ．F234.3

中国国家版本馆CIP数据核字第2024M1Y374号

责任编辑：吴　欣　　文案编辑：吴　欣
责任校对：周瑞红　　责任印制：施胜娟

出版发行 /	北京理工大学出版社有限责任公司
社　　址 /	北京市丰台区四合庄路6号
邮　　编 /	100070
电　　话 /	（010）68914026（教材售后服务热线）
	（010）63726648（课件资源服务热线）
网　　址 /	http://www.bitpress.com.cn
版 印 次 /	2024年7月第1版第1次印刷
印　　刷 /	河北盛世彩捷印刷有限公司
开　　本 /	787 mm×1092 mm　1/16
印　　张 /	20
字　　数 /	480千字
定　　价 /	55.00元

图书出现印装质量问题，请拨打售后服务热线，负责调换

前　言

数字经济时代的到来颠覆了企业传统的业态模式，管理会计应势而谋、顺势而为，紧跟数字时代步伐，适应行业和企业发展新需求，紧扣企业价值创造的主题，重构企业运营与管理，构建以战略管理为导向、业财融合的无边界融合式管理会计模式，即战略型财务、融合式财务、精益化财务、信息化财务的财务创新性变革。本书以将数字化融入企业战略为基本内容，以数字化转型与企业原有战略融合为切入点，依据《财政部关于全面推进管理会计体系建设的指导意见》、财政部发布的《管理会计基本指引》《管理会计应用指引》及国资委发布的《关于中央企业加快建设世界一流管理会计体系的指导意见》等指导性系列文件，按管理会计工作岗位需要设置教学内容。

本书系陕西省"十四五"职业教育规划教材（GZZK2023-1-185）、陕西省哲学社会科学重大理论与现实问题研究项目"高等教育课程思政·新形态系列教材之《管理会计》活页式教材开发策略研究"和陕西省职业教育学会"'管理会计'课程思政研究与实践"的研究成果、陕西省职业教育在线精品课程和陕西省职业教育课程思政示范课程"数字化管理会计"的配套教材。

为全面落实《加快推进教育现代化实施方案（2018—2022年）》《国家职业教育改革实施方案》《职业教育提质培优行动计划（2020—2023年）》《职业院校教材管理办法》《职业教育专业目录（2021年）》《"十四五"职业教育规划教材建设实施方案》等系列相关政策文件精神，聚焦"三教"改革和"三全"育人，在广泛调研的基础上，科产教融合、校校联合、校企合作开发教材，以工学结合课程设计，以行业企业发展需要兼顾学生持续发展的需求为导向，培养学生自主学习能力，引导学生树立终身学习意识，提升人才培养质量，顺应数字经济时代财务转型升级的新形势，同时针对"双高计划"建设需要，借助"产教融合共同平台"等校企育人平台持续深化产教融合，校企共建教材。本书由陕西职业技术学院大数据与财务管理党支部书记、专业带头人、省级教学名师杨敏茹教授与北京理工大学出版社、会计师事务所、财务公司、企事业单位通过校校联合、校企合作方式共同编写。

全书从管理会计技术岗位和职业岗位素质出发，基于企业财务工作过程，以项目导向、任务驱动来设计体例、安排教学内容，遵循以学生为中心的理念，设计工作手册式立体化新形态教材，完善价值引领、素养导向、能力为重、知识为基的综合评价体系。针对企业管理会计岗位，认真分析了企业财务活动，总结了11个项目。

本书根据高职教育的特点，紧扣立德树人的核心要求，以企业财务活动为主线，以财务业务工作任务为中心，在内容编排上具有以下特色。

1. 贯彻落实党的二十大精神，坚定理想信念，培养堪当民族复兴重任的时代新人

党的二十大报告指出，"实施科教兴国战略，强化现代化建设人才支撑"，全面贯彻党的教育方针，落实立德树人根本任务，坚持为党育人，为国育才，不断提升人才培养质量，为推动中国式现代化提供更强支撑。教学不仅应教授知识、培养技能，更应注重价值塑造，以习近平新时代中国特色社会主义思想为指引，引导学生树立社会主义核心价值观。在知识、技能内容中，深度挖掘蕴含的思政元素，梳理出各项目任务思政点，并在每一项目中选取一个典型思政点作为思政教学案例，全面落实教材铸魂育人目标。把培育和践行社会主义核心价值观融入教学过程中，让学生获得嵌入式的、润物细无声的思政教育，帮助学生培养良好的学习行为习惯，树立风险意识、团队合作意识、创新意识、数据意识、财务意识、成本意识、环保意识，养成爱岗敬业、坚持准则、诚信守法、严谨务实的良好职业品德，培育劳动精神、奋斗精神、奉献精神、创造精神、勤俭节约精神、工匠精神，将学生培养成德智体美劳全面发展的社会主义建设者和接班人，能堪当民族复兴重任的时代新人。

2. 开发新形态教材，满足学生成长成才需求

本书不仅是教师的教材，也是学生的学材，其内容框架包括管理会计入门沙盘演习、致同学、导言部分和学习任务活页。其中，学习任务活页秉持"体验式、构建式"教学理念，以项目设计、任务为载体，采用活页的形式，以学生为中心，以企业战略为导向，以业务流程为基础，以业财融合为途径，重构"会计+管理"的知识结构，以业务活动事前预测、事中控制、事后考核评价的全过程中的典型问题为主线实施场景化教学，将管理会计相关的学习目标及内容安排至每一项任务、活动中，也可以根据学习需要，灵活地增加或选取教材内容，以满足职业岗位的需求，实现提升综合职业能力的全面育人目标。总之，任务驱动导向设计旨在增强学生学习的针对性和实效性，让学生在沉浸式学习中锤炼技能、再习新知、感悟生活。

3. 突出实用性、实践性、职业性，提升综合职业能力

本书修订从职业教育的实用性出发，针对企业管理会计岗位，基于我国企业财务工作过程，研判企业典型工作任务中必备的知识结构和技能需求，以完成工作任务必备的管理会计知识为基础，以企业管理会计技能和管理会计素质为主要任务内容，设计"致同学"部分，让学习者向以财务工作组为学习团队的角色转变，以"管理会计入门沙盘演习"激发学习兴趣，以"导言"让学生了解教学设计，以"任务学习活页"为主体内容，以企业战略目标为导向，落实全面预算管理，掌握财务预测决策、规划控制、考核评价等管理会计活动，辅助企业管理者决策，达成企业价值创造的目标，提升交流与沟通能力、持续学习能力、信息化能力、数字化能力、分析解决问题能力等综合职业能力。

4. 数字技术赋能管理会计，提升数字化处理能力

为了让学生更加深入地认识到数字时代财经人才的职业能力需求，在学中练，在练中学，在本书编写过程中结合行业企业发展需求及未来财务人员职业能力发展新要求，借助常用的Excel、财务大数据等数据处理工具开展实务操作，培养数字思维，提升数字化处理能力。

5. 构建立体化学习中心，实现线下学习和线上学习的融合

本书注重体现信息技术与课程的融合，配套建设了丰富的数字教学资源，提供了配套的教学视频、场景动画、示范课程视频、课程素养教学、案例素材、课件等，教学资源配有数字资源二维码，随扫随学。同时，提供配套的省级在线精品课程"数字化管理会计"，构建"线上学习+线下学习"的立体化学习中心，提供丰富的学习资源，使学生易学，老师易教。

6. 依托产教融合与工学结合，创新塑造高素质复合型财务人才模式

在人才培养实践中，本书巧妙地融入会计职业资格标准至课程体系，同时借助"企业沙盘"、职业能力拓展"职业能力进阶"专题，采用产教融合理念，通过企业真实案

例进行教学加工为实训资料，着重全方位锤炼学生"职业能力"，聚焦"学习迁移能力"与"可持续发展能力"培养，助力学生灵活运用知识、实现职业生涯持续发展。不仅构建"职业胜任能力"，以培养能与实际"工作过程"无缝对接的专业人员，更着眼于塑造兼具健全职业人格、创造力与人文精神的综合性人才，全力打造集知识、能力、素质和人格"四位一体"的契合时代需求的财务人才培育模式。

本书由第十三届陕西高职院校教学名师、中国注册会计师、会计师、审计师、陕西职业技术学院杨敏茹教授担任主编；吴宁宁讲师（会计师）、康哲副教授（会计师）、郑敏教授（会计师）担任副主编。杨敏茹设计全书的框架，拟定编写大纲、编写样章，并负责全书审稿、统稿、校稿及定稿工作。编写任务分工如下：中勤万信会计师事务所注册会计师李佳鑫编写项目一、杨敏茹编写项目三、导言，郑敏编写项目二，吴宁宁编写项目四、项目五，康哲编写项目六、管理会计入门沙盘演习，杨迪编写项目七、项目八，牛芳编写项目九、项目十，西安科技大学刘亦洋编写项目十一、致同学、关键术语；马克思主义学院申雯审定课程思政内容；广州市福思特科技有限公司麦全发副总经理提供财务场景资源开发，并审定全书的实训内容。

在本书的编写过程中，编者参阅了大量近年来出版的财会类论文、教材和著作，借鉴了众多知名网站的资料，得到了有关专家学者、陕西职业技术学院领导及北京理工大学出版社、上海卓越睿新数码科技股份有限公司、中联教育集团科技有限公司、福思特科技有限公司、西安运华联合会计师事务所、中勤万信会计师事务所、西安森源财务管理咨询有限公司等合作企业的大力支持和指导，在此对所有关心、支持和帮助本书编写的单位和个人，一并表示诚挚的谢意。

本书既可作为高等职业院校大数据与财务管理、大数据与会计、大数据与审计、会计信息管理、财税大数据应用等相关专业的教材，也可作为相关从业人员的培训教材或参考用书。

编　者

致 同 学

亲爱的同学：

你们好！欢迎加入《管理会计数智化教程》的学习！

本书是为实现"管理会计"课程教学目标而编写的，旨在引导同学们以财务工作组为学习团队，通过管理会计入门沙盘演习激发学习兴趣；任务活页以企业战略为导向，以业务流程为基础，以业财融合为途径，重构"会计+管理"的知识结构，在业务活动事前预测、事中控制、事后考核评价的全过程中以典型问题为主线实施场景化教学，利用管理会计工具方法，训练管理会计基本技能，能够完成规划与预算、预测决策、财务控制、考核评价等管理会计活动，完成企业创造价值目标，启发唤醒同学们的问题意识、责任意识、风险意识、诚信意识、守法意识、信息安全意识、大局意识等，培养数字思维、价值思维，提升职业能力和综合素质。同时，也让同学们树立明确的职责与工作分工意识，培养解决问题的勇气、能力，保持求真务实的工作态度、精益求精的工匠精神及精诚合作的团队精神，提升交流与沟通能力、持续学习能力、信息化能力等。

本书为大家设置了多项工作任务，借助数字化学习资源，通过线上线下混合式学习与训练，让同学们从一个管理会计的"小白"逐渐成长为业务"本手"，为未来能够独立开展管理会计的相关工作奠定基础。

为了让同学们的学习更加顺利，希望同学们能够了解和做到以下几点。

第一，明确学习目标，完成学习任务。同学们翻开书本，首先要了解你将面临的学习与工作任务，明确学习目标；其次关注必备知识图谱和数字学习资源，掌握完成任务必备的知识，按流程完成工作任务，尤其要深入认识课程完结后要达到的学习要求及效果；再次关注学业评价；最后通过职业能力拓展来开拓视野、提升职业能力。

第二，自主学习，主动工作。同学们永远是学习的主人，老师会为你们的自主学习提供必要引导，边构建边学习，自己设计任务计划，也会让同学们之间有更多的交流、合作、相互评价的机会，充分体会获得新知过程的成就感、获得感。在同学们需要帮助时，老师也会协助把握和推进工作进度。

第三，明确任务要求，用好新形态教材。本书基于项目驱动、以任务为载体，采用新形态的形式，将管理会计相关的学习目标及内容安排至项目任务中。同学们可以根据学习需要，灵活地增加或选取教材内容，总之，以学生为中心、以应用为目的，充分满足职业岗位的需求。

在这个过程中，同学们可以大胆地展示自己，积极参与团队的学习工作活动，共同解决各种难题，同时也要自觉遵守财经法规制度与企业管理会计岗位职责，树立正确的职业观、价值观，养成良好的职业道德品质。

预祝同学们学业有成，毕业后成长财会行业的"妙手"！

编　者

企业沙盘

第一模块　管理会计认知

社会背景

管理会计与财务会计的区别

第二模块　管理会计规划应用示例

战略管理

第三模块　管理会计业务应用示例

运营管理

第四模块　绩效管理

绩效管理

校企共建场景动画

场景一:银行

开户　　　　银行存款清查　　　　银行对帐　　　　资金往来管理

场景二:税务

新办企业报到　　一般纳税人登记　　发票领用　　社保缴费登记与核定

场景三:市场监督

企业设立登记　　　企业年度报告

场景四:社保局

职工参保登记

与本书配套的课程思政资源分析说明

课程的思政元素分析

本课程在课程思政设计中，贯彻落实党的二十大精神，"实施科教兴国战略，强化现代化建设人才支撑"，秉承以学生为中心的教学理念，以习近平新时代中国特色社会主义思想为指引，以知识、能力为研究对象，提取、凝练、确立课程思政的价值元素，在知识传授中强调价值观的同频共振，落实立德树人根本任务，坚持为党育人、为国育才，强化学生的家国情怀、数字思维、风险意识、创新意识、人文精神、劳动精神、奋斗精神、奉献精神、勤俭节约精神、职业精神和工匠精神。从知识点入手，围绕社会主义核心价值观，中华优秀传统文化、现代企业管理理论、职业理想和职业道德等维度梳理提炼思政元素，更加坚定理想信念，培养堪当民族复兴重任的时代新人，润物无声地达成立德树人的育人目标。

课程思政分析说明

导言

《管理会计数智化教程》课程知识点与思政元素融合设计对照表

项目	工作任务	思政主题	思政融入点
项目一 管理会计认知	管理会计认知	辩证思维 规则意识 制度自信	从管理会计的产生与发展历程引导学生认识事物发展规律，培养辩证唯物主义思维；从管理会计指引体系及四原则引申规则意识，培养学生对规则的敬畏心，理解规则、尊重规则、敬畏规则；认知管理会计，构建议管理会计为核心的精细化管理体系，塑造企业核心竞争力，助推高质量发展
	管理会计职业道德认知	职业道德 职业认知 职业品质 责任担当 诚信服务 经世济民	学习管理会计职业道德，确立正确的职业认知，树立正确的价值观，养成爱岗敬业、诚信从业、客观公正、保守秘密、廉洁自律的职业品质；树立正确的价值观，提升社会责任感，培育社会主义劳动者和接班人；树立诚信服务意识，怀揣经世济民的抱负
	财务大数据认知	数据安全意识	学习财务大数据，培养数据安全意识
项目二 战略管理	战略管理认知	全局意识 大局意识 战略思维 初心使命	以战略管理的高度为抓手，培养顶层设计的思维能力，树立大局观，培养战略思维；从企业愿景、使命、战略目标引申个人的初心使命、责任担当
	战略管理过程认知	合理定位 应用能力	以战略地图的应用为途径，培养确立正确目标、制订适宜计划的能力，构建整体观；通过学习波士顿矩阵引申自己合理定位，做到自省、自洽
	绘制战略地图	目标导向 人生战略	理解战略目标，树立目标导向或成果导向的思维与方法；应用SWOT分析方法对个人发展进行战略分析，制定人生战略目标，绘制人生战略地图

续表

项目	工作任务	思政主题	思政融入点
项目三 预算管理	预算管理认知	规则意识 底线思维 大局思维 辩证思维	全面预算管理增强全局意识，从平衡性原则引导学生正确认识整体与部分的关系，培养"整体决定部分，部分影响整体"的辩证思维，培养大局意识和战略思维，夯实"四个意识"；从权变性原则引导学生刚性与柔性相结合，培养原则性与灵活性相统一的辩证思维
	预算编制方法	业财融合	选择预算方法要遵循融合性原则，将业务与财务相融合，培养以业务为先导、财务为协同的业财融合思维
	全面预算的编制	战略导向 预算思维 业财融合 价值创造 预算法定 降本增效	"预则立，不预则废"，养成做任何事情事前做好充分准备的习惯，培养预算思维，强化预算意识；编制预算时遵循战略导向原则，注意培养业财融合意识，实现高效管理和价值创造；加强预算管理、预算绩效管理，做到精打细算，养成节约意识，助力企业降本增效、创造价值，为国家节约成本
项目四 成本管理	成本管理认知	成本管控 爱岗敬业 实事求是 团队精神 客观公正 严谨务实 厉行节约 严谨细致	通过变动成本法、标准成本法和作业成本法进行成本管控，树立爱岗敬业的职业精神、实事求是的科学精神、协作共进的团队精神及客观公正、严谨务实的职业品质；通过成本性态分析，弘扬中华优秀传统文化中厉行节约的品质；严谨细致地核算成本，确保成本核算准确，服务企业和社会经济可持续发展需要
	变动成本法应用	辩证思维	通过变动成本法与完全成本法对比，理解刚性与柔性相结合的理念，培养原则性与灵活性相统一的辩证思维
	标准成本法应用	客观公正 实事求是 降本增效 家国情怀 责任担当	通过将客观公正制定的成本标准与实际发生成本进行比较，实事求是地分析存在的差异及其原因，提高资源利用效率，践行降本增效，培养家国情怀和责任担当
	作业成本法应用	创新意识 克服困难 艰苦奋斗 追求卓越 勇于创新	作业成本法比传统成本计算方法更加科学真实，有利于提高企业成本控制的有效性，培养学生的开拓创新意识，引导学生在学习、生活和工作中克服困难、艰苦奋斗，培养追求卓越、勇于创新的精神
项目五 营运管理	营运管理认知	精益求精 财富观教育 风险意识 独立思考 勇担责任 辩证思维 爱岗敬业 恪尽职守	营运管理借助PDCA精益管理模式，培养精益求精的工匠精神，树立风险意识、安全边际意识；学习保本分析、保利分析方法，树立财富观教育，培养运营风险意识，筑牢风险底线；通过本量利分析的假设前提需要从动态的角度分析企业内外部环境和产供销实际变动情况，教育学生在工作中避免生搬硬套的教条主义作风，当好企业管家和参谋，为企业利益最大努力，激励学生独立思考、勇担责任；敏感性分析可以确定各因素变化对实现目标的影响，可引导学生在思考和解决问题时抓住主要矛盾和矛盾主要方面的辩证思维，培养学生爱岗敬业、恪尽职守的职业道德素养，养成良好的职业习惯

续表

项目	工作任务	思政主题	思政融入点
项目五 营运管理	短期经营预测分析	科学态度 创新意识	强调预测依据、预测方法的科学性，激发学生学科学、爱科学的人生态度和科学态度，培养学生创新意识
	短期经营决策	社会主义核心价值观 科学决策 资源配置 价值创造 战略思维	通过收入与成本的对比，深入理解"付出与收获的关系"，树立正确的价值观，养成"耕耘更知韶光贵，不待扬鞭自奋蹄"的自觉；通过对剩余生产能力如何运用、亏损产品如何处理、产品是否进一步加工和生产批量的确定等科学短期经营决策，有效进行资源的配置，实现价值创造，实现经济效益和社会效益双赢；美国针对华为的芯片禁令使得华为的芯片从"对外采购"改为"中国制造"，培养学生战略思维、长远眼光
项目六 投融资管理	投融资管理认知	法治意识 遵纪守法	熟悉投融资相关法律法规，培养遵纪守法意识，养成遵纪守法的好习惯
	资本成本分析	价值观念 风险意识 安全底线	通过学习资金时间价值和风险价值，培养注重效率意识、风险防控意识，树立正确的价值观念，树牢安全底线意识
	现金流量估算	专业自信	正确计算现金流量，并对现金流量进行折现，折现考虑的是时间价值和风险价值，增强专业自信
	贴现现金流法应用	绿色理念 科学决策	以投资管理为引导，追求企业创造价值的经济效益，同时兼顾社会效益，培养生态优先的绿色理念，实现社会协调发展；以投资决策为重点，突出决策的科学性、谨慎性，培养科学分析问题、合理解决问题的能力
项目七 绩效管理	绩效管理认知	问题导向 目标导向 客观公正	通过绩效目标确定、目标符合实际、方法科学有效、激励与约束并重，培养问题导向、结果导向、目标导向意识；客观公正是绩效管理应遵循的原则，树立实事求是的理念，培养客观公正的职业道德观
	责任会计	责任担当	责任会计的职能，强调责任分担的意义，岗位与能力相匹配，培养责任感、责任担当，树立良好的职业形象
	关键绩效指标法	家国情怀 文化自信	关键绩效指标的确立必须基于企业战略目标，引导学生以国家和集体利益为重，不为个人和小集团的利益伪造账目、弄虚作假，损害国家和社会公众的利益，激发学生的家国情怀和民族自豪感，增强文化自信
	经济增加值法	责任与担当	经济增加值引导企业注重长期价值创造，不贪图眼前的安逸，激励青年学生将"个人梦"和"中国梦"相结合，刻苦学习，提高技能，全面发展，为国家富强和民族振兴而努力奋斗
	平衡计分卡	终身学习的理念 团队合作	学习平衡计分卡"学习与成长维度"在绩效管理中的作用，培养学生树立终身学习的理念；构建平衡计分卡促进企业战略目标的实现，增强团队合作与沟通协调，增强责任意识、企业社会责任

续表

项目	工作任务	思政主题	思政融入点
项目八 企业内部风险管理	企业风险管理认知	风险意识 底线思维	培养风险防控意识，建立重大风险预警机制和突发事件应急处理机制
	内部控制	团队协作 流程管理 分析判断能力	建立内部控制制度，执行内控制度需要全员全部门相互沟通、团结协作，培养团队协作精神；企业加强内部控制，优化流程管理，是提高经营效益和管理效率的方法和途径，培养学生敏锐的洞察力、分析判断能力
项目九 管理会计信息与报告	管理会计报告	精益求精 风险意识 底线思维	培养学生精益求精的工匠精神，编制出符合企业需求的高质量管理会计报告；通过管理会计报告的编制过程，帮助学生了解企业在运营过程中的固有风险和运营风险，培养底线思维和敬畏之心
	管理会计信息系统	数据安全意识	提供准确、高效的管理会计信息，为企业的决策提供支持，培养大数据思维、数据安全意识
项目十 财务分析与可视化	财务分析认知	信息安全意识 遵纪守法意识	对财务数据进行财务分析，培养财务信息安全意识，遵守相关法律法规，培养遵纪守法意识，培养利用新技术进行数据分析、解决实际问题的能力
	财务指标计算与分析	逻辑思维	利用财务指标计算与分析及杜邦财务分析体系进行财务状况综合分析，培养用数据说话的逻辑思维能力
	财务综合分析与应用		
	财务数据采集与清洗	数据安全意识	财务数据采集与清洗，树立数据思维，养成数据安全意识
	财务大数据分析与可视化	技术赋能	运用大数据工具进行财务分析和可视化展示，充分使用技术赋能企业财务分析，提高分析的可靠性、准确性
项目十一 环境管理会计	环境管理会计认知	绿色发展 生态意识 环境会计	树立绿色会计理念，厚植爱护环境的生态意识、大局意识
	环境成本管理	节能减碳 绿色发展	主动迎接问题挑战，积极寻求解决方案，担当绿色时代发展重任，推动绿色发展，促进人与自然和谐共生
	环境成本效益分析		

目录 Contents

项目一　管理会计认知

任务1　管理会计认知 …………………………………………………… 4
任务2　管理会计职业道德认知 ………………………………………… 8
任务3　财务大数据认知 ………………………………………………… 14

项目二　战略管理

任务1　战略管理认知 …………………………………………………… 23
任务2　战略管理过程认知 ……………………………………………… 26
任务3　绘制战略地图 …………………………………………………… 28

项目三　预算管理

任务1　预算管理认知 …………………………………………………… 40
任务2　预算编制方法认知 ……………………………………………… 44
任务3　全面预算的编制 ………………………………………………… 53

项目四　成本管理

任务1　成本管理认知 …………………………………………………… 70
任务2　变动成本法应用 ………………………………………………… 79
任务3　标准成本法应用 ………………………………………………… 85
任务4　作业成本法应用 ………………………………………………… 95

目录 Contents

项目五 营运管理

任务1 营运管理认知 …………………………………………… 107
任务2 短期经营预测分析 ……………………………………… 117
任务3 短期经营决策分析 ……………………………………… 125

项目六 投融资管理

任务1 投融资管理认知 ………………………………………… 141
任务2 资本成本分析 …………………………………………… 143
任务3 现金流量计算 …………………………………………… 153
任务4 贴现现金流法应用 ……………………………………… 159

项目七 绩效管理

任务1 绩效管理认知 …………………………………………… 171
任务2 责任会计 ………………………………………………… 175
任务3 关键绩效指标法 ………………………………………… 181
任务4 平衡计分卡 ……………………………………………… 184

项目八 企业风险管理

任务1 企业风险认知 …………………………………………… 197
任务2 企业风险管理 …………………………………………… 203
任务3 内部控制系统 …………………………………………… 212

目录 Contents

项目九　管理会计信息与报告

任务 1　管理会计报告 …………………………………………… 223
任务 2　管理会计信息系统 ……………………………………… 229

项目十　财务分析与可视化

任务 1　财务分析认知 …………………………………………… 235
任务 2　财务指标计算与分析 …………………………………… 239
任务 3　财务综合分析与应用 …………………………………… 250
任务 4　财务数据采集与清洗 …………………………………… 254
任务 5　财务大数据分析与可视化 ……………………………… 266

项目十一　环境管理会计

任务 1　环境管理会计认知 ……………………………………… 277
任务 2　环境成本管理 …………………………………………… 280
任务 3　成本效益分析 …………………………………………… 292

附录　资金时间价值系数表 ………………………………………… 297
参考文献 ……………………………………………………………… 301

项目一

管理会计认知

项目描述

我国经济正处在改变发展方式、优化经济结构、转换增长动力、构建国内国际双循环相互促进的新发展格局的攻关期，这需要不断增强我国企业的创新力和竞争力。"管理会计"是一门为企业提供管理和服务的课程，通过利用相关信息、有机融合财务与业务活动，在单位规划、决策、控制和评价等方面发挥重要作用，其本质是"用数据说话、用量化管理"，即通过采集数据分析模型来发现运营决策的问题，并调整策略、制订计划，以改善运营。

在管理会计认知中将会计职业道德等素质教学内容融入课程中，学生通过学习，提高预测、决策、分析的能力，了解经济活动需要经济警察维护经济秩序，以保护广大投资者的利益，增强自身的职业责任感和使命感。

项目分析

通常在实务中，认知管理会计需要理解管理会计的内涵、职能等知识，培养管理会计职业道德素质，掌握适应新时代要求的新技术。为完成本项目要求具备的知识、素质、技术，分三个任务学习：任务1 管理会计认知，任务2 管理会计职业道德认知，任务3 财务大数据认知。

党的二十大精神学习园地

党的二十大报告指出："坚持把发展经济的着力点放在实体经济上，推进新型工业化，加快建设制造强国、质量强国、航天强国、交通强国、网络强国、数字中国。"

学习目标

◆ 知识目标

1. 理解管理会计的定义及其特征。
2. 理解管理会计的目标与原则。

附件1-1 管理会计基本指引

附件1-2 《中华人民共和国数据安全法》

3. 熟悉我国管理会计"4+1"体系建设。
4. 熟悉管理会计职业道德。

◆ 能力目标

1. 通过学习管理会计的产生与发展历程，充分认识到管理会计的重要性，积极宣传和推动管理会计工作。
2. 通过学习我国管理会计指引体系，构建管理会计概念体系，为以后从事管理会计工作提供理论保障。
3. 通过学习管理会计职业道德，树立正确的职业道德观，为以后从事管理会计工作奠定素质基础。
4. 通过学习数据获取，能进行数据查询、处理及分析，以适应大数据发展的需求。

◆ 素养目标

1. 遵守管理会计指引体系，理解规则、敬畏规则、遵守规则，培养合规意识。
2. 认知管理会计职业道德，树立正确的职业道德观，培养高尚的职业道德品质。
3. 构建管理会计四要素，树立全局观念，站在全局角度看待问题、分析问题、解决问题，增强职业能力和综合素质。
4. 通过学习管理会计的产生与发展历程，认识事物的发展规律，培养辩证思维，树立终身学习理念。
5. 认知数据，增强数据获取能力、分析能力和应用能力，树立数据思维。

职业素养提升

认知管理会计　　培养良好职业品质

管理会计作为会计的重要分支，主要服务于单位内部管理需要，是通过利用相关信息、有机融合财务与业务活动，在单位规划、决策、控制和评价等方面发挥重要作用的管理活动。管理会计"用数据说话、用量化管理"，其本质是通过采集数据、分析模型来发现运营决策的问题，并调整策略、制订计划以改善运营。

通过深化职业道德教育，帮助学生拥有良好的会计道德修养和素质，树立正确的商业伦理观，遵守职业操守和道德规范，使其在未来的财务岗位上具有事业心、责任心和严谨的工作态度，自觉遵纪守法。

配套学习资源

省级在线精品课程"数字化管理会计"——管理会计认知。

知识图谱

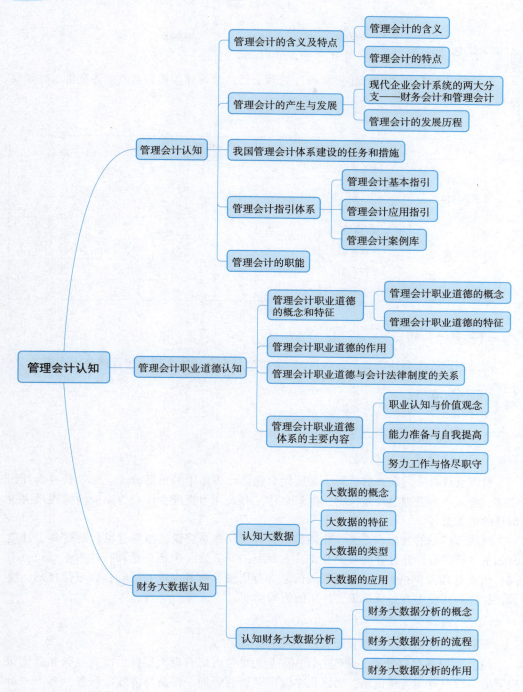

任务1 管理会计认知

任务导入

通过学习本任务，理解我国"4+1"管理会计体系的建设内容及其基本职能，并填写表1-1。

表1-1 工作任务表

维度		内容
中国特色管理会计体系	理论体系	
	指引体系	
	人才队伍	
管理会计职能	规划职能	
	决策职能	
	控制职能	
	评价职能	

【在线课1-1】
管理会计定义

任务分析

通过识记管理会计定义，理解我国"4+1"管理会计体系建设和管理会计特征。

任务实施

一、管理会计的含义及特点

（一）管理会计的含义

管理会计是一门新兴的学科，是现代企业会计体系中的重要分支。对于管理会计的定义，有人认为管理会计是预测、决策会计，有人认为管理会计是为企业内部提供决策信息的内部会计。

【知识链接1-1】
管理会计的概念

财政部印发的《财政部关于全面推进管理会计体系建设的指导意见》对管理会计定义如下：管理会计是会计的重要分支，主要服务于单位（包括企业和行政事业单位，下同）内部管理需要，是通过利用相关信息、有机融合财务与业务活动，在单位规划、决策、控制和评价等方面发挥重要作用的管理活动。

（二）管理会计的特点

与财务会计相比，管理会计有以下三个特点。

【在线课1-2】
管理会计特征

（1）在服务对象方面，管理会计主要是为单位内部管理人员提供有效经营和最优化决策的各种财务与管理信息，为强化单位内部经营管理、提高经济效益服务，属于"对内报告会计"。而财务会计虽然对内、对外都能提供基本的会计信息，但主要侧重于对外部相关单位和人员提供财务信息，属于"对外报告会计"。

（2）在职能定位方面，管理会计侧重在"创造价值"，它渗透于单位管理的全过程，既有助于分析过去，通过对财务会计所提供的资料进一步加工，使之更好地适应现在和筹划未来的需要；又有助于控制现在，通过及时修正执行过程中出现的偏差，使单位的经济活动严格按照决策预定的轨道进行；还有助于筹划未来，充分利用所掌握的资料进行定量分析，帮助管理部门客观地掌握情况，从而提高预测与决策的科学性，属于"经营管理型会计"。而财务会计侧重在"记录价值"，通过确认、计量、记录和报告等程序对单位已经发生的交易或事项进行加工处理，提供并解释历史信息，属于"报账型会计"。

（3）在程序与方法方面，管理会计采用的程序与方法灵活多样，具有较大的可选择性。而财务会计有填制凭证、登记账簿、编制报表等较固定的程序与方法，并受到会计规范的约束。

二、管理会计的产生与发展

（一）现代企业会计系统的两大分支——财务会计和管理会计

会计属于管理的经济体系，其产生基于社会生产的发展和加强经济管理的需要，其发展基于人们对经济效益的追求。生产越发展，生产的社会化程度越高，经济关系越复杂，追求经济效益的要求越高，作为经济管理活动的会计就越重要。经济管理的需求促进会计的发展，会计的发展反过来促进经济管理水平的提高。会计管理水平的高低是衡量企业管理好坏的重要标志。

【在线课1-3】管理会计的产生和发展

现代企业面临日益激烈的竞争和瞬息万变的市场情况，以及企业在生产技术、组织和经营管理上的复杂化和精细化，客观上要求企业强化内部管理，建立科学的管理体制，并具有灵敏的反应能力和较强的适应能力。依靠传统会计所提供的历史信息，且只是在分析过去的基础上进行决策，显然不能适应现代企业管理的客观要求。在企业管理过程中，需要在传统会计系统之外，取得更丰富、更灵活、更能契合决策需要的信息。为了适应现代企业管理的要求，传统单一的会计系统逐步分化为财务会计和管理会计两个相对独立的子系统。财务会计主要为企业外界相关利益集团提供财务报告，以便其了解企业财务状况、盈利能力和现金流量。管理会计则主要为企业内部各级管理人员提供有效经营和最优化决策的信息，侧重于企业内部的经营管理服务。两大会计系统既有区别，又有联系，共同构成反映过去、控制现在、规划未来的内外兼顾的现代企业会计体系。

【知识链接1-2】管理会计与财务会计的关系

财务会计与管理会计都来源于传统会计，是对传统会计的继承和发展。两大会计系统的形成与发展，大大丰富了会计科学的内容，扩充了会计的职能，使会计的作用不再局限于对企业的财务状况、经营成果和现金流量作历史性的描述，而是进一步利用这些信息来预测前景、参与决策、规划未来、控制和评价经济活动，为加强企业经营管理、提高经济效益服务。

（二）管理会计的发展历程

管理会计的形成和发展受社会实践及经济理论的双重影响。一方面，社会经济的发展要求加强企业管理；另一方面，经济理论的形成助推这种要求得以实现。管理会计萌芽于20世纪初，随着经济社会环境、企业生产经营模式以及管理科学和科技水平的不断提高而逐步发展，大致经历了三个阶段：①成本决策与财务控制阶段（20世纪20—50年代）；②管理控制与决策阶段（20世纪50—80年代）；③强调价值创造阶段（20世纪90年代至今）。

附件1-3 管理会计的发展历程——管理会计在我国全面推进

20世纪80年代以来，随着科学技术领域中新技术不断涌现，经济结构、产业结构和企业环境发生了巨大的变化，现代管理会计受到极大的冲击与挑战，现代管理会计业随之孕育出新的理论和方法，从而形成战略管理与管理会计融为一体的新型管理会计体系和方法，这就是"战略管理会计"。

【知识链接1-3】管理会计的前世今生

2020年，管理会计在我国得到全面推进，相关理论研究与推广进入了黄金期。党的十八届三中全会对全面深化改革作出了总体部署，在会计领域贯彻落实全面深化改革要求，其中非常重要的一项内容就是要大力加强管理会计工作，强化管理会计应用。财政部作为国家的会计主管部门为此做了大量工作，并取得丰硕成果。

2012年2月召开的全国会计管理工作会议提出了建设"会计强国"的宏伟目标。2013年《企业产品成本核算制度（试行）》的发布，拉开了管理会计体系建设的序幕。根据《会计改革与发展"十二五"规划纲要》，在总结我国管理会计理论发展与实践经验的基础上，财政部于2014年1月印发《财政部关于全面推进管理会计体系建设的指导意见（征求意见稿）》（以下简称《指导意见》）。经过广泛征求意见和修订，该《指导意见》于2014年10月正式印发，并在全国范围部署推进。2014年3月，财政部启动了管理会计咨询专家选聘工作，2016年6月，又公开选聘第二届管理会计咨询专家。为指导单位管理会计实践应用和加强管理会计体系建设，制定发布《管理会计基本指引》的任务被纳入"财政部会计司2016年工作要点"。该指引于2016年6月正式发布。2016年10月，财政部制定发布《会计改革与发展"十三五"规划纲要》，明确了推进管理会计广泛应用的三大具体任务：①加强管理会计指引体系建设；②推进管理会计广泛应用；③提升会计工作管理效能，并确立了"2018年年底前基本形成以管理会计基本指引为统领、以管理会计应用指引为具体指导、以管理会计案例示范为补充的管理会计指引体系"的目标。

三、我国管理会计体系建设的任务和措施

根据《指导意见》，中国特色的管理会计体系是一个由理论、指引、人才、信息化加咨询服务构成的"4+1"的管理会计有机体系。

【知识链接1-4】
中国特色的管理会计体系

推动加强管理会计基本理论、概念框架和工具方法研究，形成中国特色的管理会计理论体系，形成以管理会计基本指引为统领、以管理会计应用指引为具体指导、以管理会计案例示范为补充的管理会计指引体系。推动建立管理会计人才能力框架，完善现行会计人才评价体系。指导单位建立面向管理会计的信息系统，以信息化手段为支撑，实现会计与业务活动的有机融合，推动管理会计功能的有效发挥。整个体系各部分既相互独立，又彼此关联；既自成一体，又彼此促进。其中，"理论体系"是基础，解决目前对管理会计认识不一、缺乏公认的定义和框架等问题；"指引体系"是保障，与时俱进地拓展和开发管理会计工具方法，为管理会计的实务应用提供指导示范；"人才体系"是重点，必须坚持"人才带动，整体推动"的原则；"信息系统"是支撑，通过现代化的信息化手段，充分实现会计和业务的有机融合，支撑管理会计的应用和发展；"咨询服务"是确保四大任务顺利实施推进的外部支持，为单位提供更为科学、规范的管理会计实务解决方案。

四、管理会计指引体系

为了加强管理会计工作，提升内部管理水平，促进经济转型升级，在《指导意见》中明确指出，要形成以管理会计基本指引为统领、以管理会计应用指引为具体指导、以管理会计案例示范为补充的管理会计指引体系。

【知识链接1-5】
管理会计基本指引

（一）管理会计基本指引

管理会计基本指引在管理会计指引体系中起统领作用，是制定应用指引和建设案例的基础，其明确了我国管理会计的目标、原则和要素等的基本概念框架。

（二）管理会计应用指引

在管理会计指引体系中，应用指引居于主体地位，是对单位管理会计工作的具体指导。为切实提高科学性和可操作性，管理会计应用指引既要遵循基本指引，也要体现实践特点；既要形成一批普遍适用、具有广泛指导意义的基本工具方法，如经济增加值（EVA）、本量利分析、平衡计分卡、作业成本法等，也要针对一些在管理会计方面可能存在独特要求的行业和部门，研究制定特殊行业的应用指引；既考虑企业的情况，也考虑行政事业单位的情况；在企业层面还要兼顾不同行业、不同规模、不同发展阶段等特征，坚持广泛代表性和适用性。

【知识链接1-6】
管理会计应用
指引一览表

应用指引是开放性的，随实践发展而不断发展完善。应用指引的实施更重指导性，由各单位根据管理特点和实践需要选择相应的工具方法。财政部将在充分征求意见的基础上，组织开展系列课题研究，科学总结我国先进企业管理会计实务，充分借鉴发达市场经济国家或地区的有效做法，研究确定一系列应用指引，本着先急后缓、先一般业务后特殊业务、"成熟一批，发布一批"等原则，逐步发布系列管理会计应用指引，并随着时间的推移而不断丰富完善。

（三）管理会计案例库

管理会计案例库是对国内外管理会计经验的总结提炼，是对如何运用管理会计应用指引的实例示范。建立管理会计案例库，能为单位提供直观的参考借鉴，是管理会计指引体系指导实践的重要内容和有效途径，也是管理会计体系建设区别于企业会计准则体系建设的一大特色。

在我国，总结实践经验，形成典型案例，予以宣传推广，是推动管理会计应用的有效方式。将单位的成功经验上升为案例并嵌入指引体系，能够帮助单位更好地理解和掌握应用指引，增强管理会计指引体系的应用效果，达到提升单位价值创造力的目标。

案例库建设将坚持典型性和广泛性相结合的原则，在统一框架结构、基本要素、质量特征等案例标准，形成案例规范格式文本的基础上，分别根据不同性质、不同行业、不同规模、不同发展阶段的情况，逐步提炼若干管理会计案例，并不断丰富和完善。同时，既提炼总结管理会计整体应用案例，也针对管理会计的某些领域和应用指引中的相关工具方法提炼专项应用案例。争取通过5~10年的时间，通过经验交流、调研座谈、案例单位自主梳理等有效方式，总结、提炼一批覆盖多领域、多行业、多种工具方法的案例，构建内容丰富、示范性强的管理会计案例库。

【在线课1-4】
管理会计的目标
和应用原则

五、管理会计的职能

管理会计职能是管理会计的内在功能，主要有以下几点。

（一）决策职能

决策是企业管理人员选择和决定未来经营活动方案的过程。这一过程包括决定决策目标，拟定达到目标的若干方案，对各种方案进行分析、评价并从中选择最优方案等步骤。决策是企业管理的核心，也是企业各级管理的主要工作。

（二）规划职能

规划是以决策为基础，把利用决策程序所选定方案的目标以数量表现，并把它们调整、汇总成一个体系，借以有效把握未来，规划和控制企业的生产经营活动。预算是规划的具体数量表现形式，规划的系统化、数量化是会计上的全面预算。

（三）控制职能

控制是对经济活动施加影响和干预，使之按照预定目标和计划进行的过程。计划和预算是控制的依据或标准，编制预算是实施控制的先决条件。在具体实施过程中，要及时将实际执行情况与预算相比较，找出差异，并分析差异的性质和产生差异的原因；然后制订计划并采取措施纠正偏差，使企业的生产经营活动向着既定的目标进行。

（四）评价职能

评价是对各责任中心的工作实际和成果进行分析和评价，确定其经济责任的过程。通过评价，一方面可以保证经济责任贯彻执行，另一方面也有利于充分调动职工的积极性和创造性，促进工作质量和工作效率的提高。

任务拓展

【任务拓展】参考答案

（一）管理会计指引体系

在《财政部关于全面推进管理会计体系建设的指导意见》中明确指出，要形成以_____为统领、_____为具体指导、以_____为补充的管理会计指引体系。

（二）管理会计职能

管理会计的职能主要包括_____、_____、_____和_____。

（扫描二维码查看答案。）

任务小结

本任务介绍了管理会计的定义及其特点，主要阐述了现代企业会计统计的两大分支：财务会计和管理会计。同时，本任务介绍了管理会计发展的三个阶段，建设中国特色管理会计体系"4+1"有机系统，以管理会计基本指引为统领、管理会计应用指引为具体指导、以管理会计案例示范为补充的管理会计指引体系。为学生学习后面的项目任务作好准备。

任务2　管理会计职业道德认知

任务导入

通过学习管理会计职业道德，端正职业认知，树立正确的价值观，不断提高专业能力、职业技能和政策认知能力，更好地服务于单位。填写表1-2。

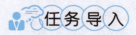
表1-2　工作任务表

维度	内容	
职业认知价值观念	爱岗敬业	
	诚信从业	
	客观公正	
	保守秘密	
	廉洁自律	

续表

维度	内容	
能力准备 自我提高	专业技能准备	
	职业技能准备	
	熟悉业务、行业、宏观政策	
	开拓意识和创新意识	
努力工作 恪尽职守	尽最大努力	
	管理支持	
	承担责任	
	推进管理会计	

任务分析

管理会计人员在职业认知和价值观的指引下，具备相应的能力和技能，努力工作，恪尽职守，真正把管理会计职业品质和职业道德落到实处。

任务实施

一、管理会计职业道德的概念和特征

（一）管理会计职业道德的概念

管理会计职业道德是指在管理会计职业活动中应当遵循的、体现管理会计职业特征的、调整管理会计职业关系的职业行为准则和规范。

（二）管理会计职业道德的特征

管理会计作为社会经济活动中的一种特殊职业，其职业道德也具有自身的特点。

1. 具有职业性和实践性的特征

管理会计的职业道德具有明显的职业性和实践性，这与其所从事的职业密切相关。管理会计的目标是通过运用管理会计工具方法，参与单位规划、决策、控制、评价活动并为之提供有用信息，推动单位实现战略规划。管理会计的职业道德是在管理会计的职业过程中、在管理的工作实践中表现出来的。

2. 具有符合公众利益的特征

管理会计的职业道德根植于人类社会的道德体系。管理会计人员作为管理会计目标的实践者，通常是单位管理活动的参与者，在实施管理活动过程中必然会涉及各种管理关系、利益关系。而管理会计的职业道德，就是为从业人员提供思考和行为方向，使得管理会计人员所参与的管理活动，既能够帮助所服务的机构达成上述目标，又能够使所服务机构的管理活动符合国家利益和社会公众利益。

【知识链接 1-7】
管理会计职业
道德的作用

二、管理会计职业道德的作用

管理会计职业道德的作用，包括对管理会计人员个体的作用、对实施管理会计的单位的作用和对指引规范体系的作用。

三、管理会计职业道德与会计法律制度的关系

管理会计职业道德与会计法律制度既有共性，又有区别。

【知识链接 1-8】
管理会计职业
道德与会计法律
制度的关系

四、管理会计职业道德体系的主要内容

（一）职业认知与价值观念

作为一名优秀的管理会计从业人员，首先要端正职业认知和树立正确的价值观，包括爱岗敬业、诚信从业、客观公正、保守秘密和廉洁自律五个方面。

1. 爱岗敬业

爱岗敬业就是要求管理会计人员热爱管理会计工作，安心于本职岗位，忠于职守，尽心尽力，尽职尽责。爱岗是会计人员的一种意识活动，是敬业精神在其职业活动方式上有意识的表达，具体表现为会计人员对自己应承担的责任和义务所表现出的一种责任感和义务感。敬业就是会计人员应该充分认识本职工作在社会经济活动中的地位和作用，充分认识本职工作的社会意义和道德价值，具有会计职业的荣誉感和自豪感，在职业活动中具有高度的劳动热情和创造性，以强烈的事业心、责任感从事会计工作。爱岗敬业是管理会计职业道德的基础。爱岗和敬业互为前提，相互支持，相辅相成。爱岗是敬业的基石，敬业是爱岗的升华。具体表现在以下两个方面。

（1）正确认识管理会计职业，认识管理会计的职业特点。管理会计的目标是通过运用管理会计工具方法，参与所服务机构的规划、决策、控制、评价活动并为之提供有用信息，推动单位实现战略规划。这些管理工作都是难度较大、要求较高，甚至需要一定程度的创新和具有挑战性的管理性工作。

（2）热爱管理会计职业，通过做好管理会计工作创造价值。在正确认识管理会计工作的性质、特点和挑战的基础上，热爱管理会计工作，激发管理会计工作的内在驱动力，做好管理会计工作，为所服务的单位创造价值。

2. 诚信从业

诚信是会计从业的基石，是职业道德的核心。在处理财务数据时，会计人员应如实反映经济活动，不做假账，不歪曲事实，传递和分析真实的信息。诚实守信要求会计人员做老实人，说老实话，办老实事，不弄虚作假，执业谨慎，信誉至上，不为利益所诱惑。诚实是指言行跟内心思想一致，不弄虚作假，不欺上瞒下。守信就是遵守自己所作出的承诺，讲信用，重信用，信守诺言，保守秘密。诚实守信是做人的基本准则，是人们在古往今来的交往中产生的最根本的道德规范，也是管理会计职业道德的精髓。中国现代会计学之父潘序伦先生认为，"诚信"是会计职业道德的重要内容。他终身倡导"信以立志，信以守身，信以处事，信以待人，毋忘'立信'，当必有成"，并将其作为上海立信会计金融学院的校训。

人无信不立，国无信不强。在现代市场经济中，"诚信"尤为重要。市场经济是"信用经济""契约经济"，注重的就是"诚实守信"。可以说，信用是维护市场经济步入良性发展轨道的前提和基础，是市场经济赖以生存的基石。具体表现在以下两方面。

（1）如实反映单位经济业务的情况，不弄虚作假，不为个人和小集团的利益或其他目的而造假，维护国家和社会公众的利益。

（2）参与管理的过程中，应实事求是、无隐瞒，不为牟取私利或其他目的人为选择信息或有选择地工作。

3. 客观公正

客观公正是会计职业道德所追求的理想目标。客观公正要求管理会计人员端正态度，依法办事，实事求是，不偏不倚，保持应有的独立性。客观是指按事物的本来面目去反映，不掺杂个人的主观意愿，也不为他人意见所左右。公正就是平等、公平、正直，没有偏失。

在会计职业活动中，由于涉及多方利益的协调处理，因此，公正就是要求各企事业单位管理层和会计人员不仅应当具备诚实的品质，而且应公正地开展会计核算和会计监督工作。具体表现在以下三个方面。

（1）从主观上，客观公正地推进工作。作为管理会计人员，因其所参与的管理工作往往会涉及不同的参与方和利益团体，如一个工程项目涉及单位内不同的部门参与，一个投资计划涉及不同的投资人等，在推进管理会计工作的过程中，应该秉承客观公正的态度。如果所服务的机构是企业单位，则应以企业的利益为出发点；如果是行政事业单位，则应以国家利益为出发点。

（2）从客观上，顶住各种不正当压力。因为利益的关系，在管理会计人员以管理会计的专业方式工作时，内、外部利益或利益团体很可能会以各种不同的方式对其施加压力，企图通过施压甚至给予利益，获得偏向自己的支持，管理会计人员需要顶住压力，客观公正地从事自己的工作。

（3）遵守国家法律法规，推动单位向政策和法律法规所鼓励和引导的方向发展。国家法律法规的立法出发点是为所有企业构建公平的经营环境，或依据政策引导企业向国家期望的方向发展，比如，用税收优惠、补贴等引导企业行为。

4. 保密工作

对于从工作中获取或知晓的企业机密信息，必须秉持保密的原则，未经单位许可，不得向他人泄露。同时主动提高警惕性，防止在无意中泄露了所在单位的机密。

5. 廉洁自律

廉洁自律是会计职业道德的前提，也是会计职业道德的内在要求。廉洁自律要求管理会计人员公私分明、不贪不占、遵纪守法、清正廉洁。廉洁就是不贪污钱财，不收受贿赂，保持清白。自律是指自律主体按照一定的标准，自己约束自己、控制自己的言行和思想的过程。具体表现在以下三个方面。

（1）不利用职务之便牟取私利或行贿受贿。管理会计人员参与企业管理和决策活动，手中握有一定的权力，也有利用权力牟取私利甚至受贿的便利或可能。受贿有法律层面的约束，同时职业道德也约束管理会计人员，不得利用职务之便牟取私利或行贿受贿。

（2）不支持他人行贿受贿或牟取私利，并推动单位的监控体系进行防范。管理会计活动包含单位的风险管理，控制单位的经济活动和管理活动是管理会计的重要工作内容，管理会计人员不得支持他人行贿，更不得支持他人受贿或牟取私利。

（3）推动积极正面的价值观。管理会计人员在企业要以身作则，在工作中秉持公正的态度，通过建立健全监控防范体系等手段，在单位中倡导积极正面的文化氛围和价值观。

（二）能力准备与自我提高

管理会计人员作为管理的参与者，具备相应能力的同时更要不断提高自己的能力，包括专业能力，职业技能，以及对业务、行业和宏观政策的把握能力。具备了优秀的能力，才能在职业认知和价值观的引导下，真正为所服务的机构作出应有的贡献。

1. 充足的专业技能准备

管理会计人员必须具备充足的专业技能。

（1）熟悉法律法规、财税法规及规则。熟悉国家相关法律法规、财税法律法规，以及所属行业其他主管部门的行业管理规定和实施办法。保障企业运行在法律法规所允许的轨道上。

（2）具备管理能力，利用财务的工具和思维参与企业管理。管理会计工作，是通过运用管理会计工具方法，参与企业规划、决策、控制、评价活动并为之提供有用信息。推动企业实现战略规划的管理会计工作的工具、方法，如预算、成本管理、分析报告、绩效支持等，都是具有一定难度的专业工具和方法，管理会计人员需要熟练掌握和运用这些工具、方法，形成管理会计思维，并将这种思维长期应用于工作中。

（3）获得战略决策支持，投融资支持与管理。企事业单位的管理决策、投融资活动、其他战略活动等，也是管理会计的重要工作内容，对管理会计人员的能力要求更高，而很多从财务会计转型过来的管理会计人员对这部分知识相对陌生，这要求管理会计人员迅速学习这方面的知识，提升这方面的管理能力。

2. 充足的职业技能准备

（1）领导力。管理会计的很多工作属于管理工作，有相当部分的工作是需要管理会计人员牵头的。作为推动者，管理会计人员除了需要具备专业技能之外，还要在相关活动中起到领导作用，这就对其领导力提出了要求。

（2）计划、总结能力。管理会计人员需要有领导力，同样需要对工作进行科学的计划，按照计划推进自己牵头的工作，并适时总结以不断提高后续工作的效果。

现代经营管理之父亨利·法约尔认为，计划是管理工作的先导，任何工作的推动，计划都是成功的关键，无预则不立。管理工作通常都要由不同层级、不同部门的管理者参加，这些管理者都有属于自己的本职工作，要让他们尽快融入并提高效率，管理会计人员的计划至关重要，也可以说是管理工作成败的关键。

（3）沟通协调能力。沟通能力包括把工作布置清楚，解答他人的疑问，协调处理相关困难环节等。

（4）监督和执行能力。任何工作都需要通过执行来实施，同时在执行过程中，随时监督工作进度、检查工作效果，协调有关各方，应对和处理执行过程中遇到的各种问题，管理会计工作真正落地实施是执行力在管理会计领域的体现。管理会计人员需要提高自己的执行力，鼓励自己克服各种困难，为达成单位的战略奉献自己的力量。

3. 熟悉业务、行业、宏观政策

除了专业能力和职业能力外，为了做好管理工作，管理会计人员还需要学习和关注相关知识和信息。

（1）对业务的深度认知。作为管理团队的一员，做预算、管成本、支持决策等工作的前提是深入了解本单位的业务。了解业务，包括了解业务的流程、业务的模式、业务的关键节点、业务的管理规律等各个方面，只有把握了业务的关键节点，才能把管理会计工作做深入，做到实处。

（2）对行业的深度认知。任何单位在运营运作中，都无法脱离行业的大环境。企业的经营管理工作和决策工作也必须把行业因素纳入进来。管理会计人员作为管理的深度参与者，需要对行业情况和变化有更多的了解。

（3）对宏观环境政策的深度认识。宏观环境几乎对所有的企业都有深远影响。法律法规的要求是什么？政策所引导和鼓励的是什么？宏观环境发生了什么变化？这些因素都会对企业的管理和战略决策产生巨大的影响。所有的管理参与者，包括管理会计人员都需要关注并了解与所在企业相关的政策和变化，只有这样才能带领企业逐步实现战略目标。

4. 不断增强开拓意识和创新意识

（1）具有不断学习增强技能的意识和愿望。管理会计工作，一方面，其所使用的各种工作方法都比较难，道理比较深，需要不断在工作和学习中加深认识。在熟练把握的基础上，慢慢就会有或大或小的创新，变得更加适合企业的需要；另一方面，法律政策调整、环境变化时时都在发生，也需要管理会计人员保持高度警惕和关注。上述这些因素都需要管理会计人员有强烈的学习意识和提升技能的愿望。

（2）掌握科学的学习和提升方法。管理会计的工具方法、职业技能，业务、行业与宏观环境的学习和理解，内容非常多，也有一定的深度和难度。管理会计人员需要不断总结科学的学习和提升方法。

（三）努力工作与恪尽职守

有了正确的职业认知和价值观念，具备了相应的知识和技能，还要在工作中努力工作，恪尽职守，真正把管理会计工作落到实处。

1. 为企业利益尽最大努力

首先，管理会计人员要克服职业与专业上的困难。其次，克服管理冲突带来的困难。单位的管理工作，通常会遭遇到各种管理冲突或时间上的冲突。这些情形都需要管理会计人员尽职尽责，通过沟通、说服，推动单位使用科学管理方法来进行管理和决策。最后，克服显性或隐性利益冲突带来的工作困难，协调各方利益冲突，为企业的最大利益而努力。

【知识拓展 1-1】
管理会计师协会（IMA）职业道德行为准则

2. 用专业的方法和工具为企业工作，提供深入有效的管理支持

（1）最大程度利用管理会计的工具，提供深入有效的管理支持。在企事业单位的管理和决策过程中，会有内部不同的参与方，如市场领域、人力资源领域、技术领域等各方面的管理者参与其中，而各方也都应从自己的领域和视角为管理和决策做分析和支持。作为管理会计人员，应推进单位在管理和决策中应用管理会计的工具和方法，使得管理和决策科学化，提高工作效率和效果。

（2）管理会计工作并不是单一的，需要结合管理会计的工作特点，在不同工作上做好相应角色，使管理支持深入有效。

3. 敢于承担责任，敢于坚持正确的观点

（1）参与管理和决策，要敢于承担责任。在履行管理会计职责的过程中，管理会计人员应通过专业的工具、方法和判断，深度参与管理和决策，而不是躲避或被动接受。在参与中影响管理和决策，并为自己的建议和行动负责。

（2）要有观点，并且敢于坚持正确的观点。管理会计人员在管理和决策中，要依托专业的工具和方法，提出自己的判断和建议，并且要学会把这种判断和建议传递给其他管理者。对于自己认为正确的事情，如决策风险过高、内部控制力度过小等，要敢于坚持自己的观点。这可能引发更加深入的讨论或其他管理者采取相应的改善措施，这也正是管理会计人员的作用，体现管理会计人员工作的价值。对于工作，管理会计人员不能逃避，也不能浅尝辄止。

4. 综合企业各种情况，推进管理会计，不能过于超前或拖后

（1）分析企业内部和外部环境，设计和推进管理会计。管理会计人员所在单位的管理措施往往因为单位所属行业和投资者要求的不同而各有不同，需要选用的工具和方法及其深度也不同。所以，管理会计人员推进管理会计工作需要结合企业的实际情况，根据企业自身的管理特点，选择适用的管理会计依据和方法，并按照适当的进度推进。

（2）结合管理会计规则，设计和推进管理。管理会计人员在所服务的企事业单位推进管理会计，必须结合以下管理会计原则来进行：首先，在推进管理会计的过程中，需要使用科学的方法、现代化的工具，需要有所投入；其次，需要让管理会计的工具和方法适应单位的性质、规模、发展阶段、管理模式、治理水平等；最后，推进管理会计，必须以企业战略为导向，将管理会计融合嵌入单位的相关领域、相关层次、相关环节以及业务流程中。

价值引领

认知职业道德，端正职业认知

作为管理会计从业人员，要做好财务工作，既有能力的要求，还有素质要求，更是职业的使命。树立爱岗敬业的职业精神、实事求是的科学精神、协作共进的团队精神等职业道德和职业精神，为委托人提供科学评价结论，为决策者提供翔实依据。

启示：深化职业道德教育，培养学生拥有良好的会计道德修养和素质，树立正确的商业伦理观，遵守职业操守和道德规范，使其在未来的会计岗位上具有事业心、责任心和严谨的工作态度，以及遵纪守法的精神。履行好"经济警察"的职责，维护经济秩序，保护广大投资者的利益，增强职业责任感和使命。

任务拓展

【任务拓展】
参考答案

管理会计职业道德体系主要包括职业认知和价值观念、能力准备与自我提高、努力工作与恪尽职守三个维度。作为一名优秀的管理会计从业人员，首先要端正职业认知和树立正确的价值观，包括_____、_____、_____、_____和_____五个方面。管理会计人员作为管理的参与者，具备相应能力的同时更要不断提高自己的能力，包括_____，_____，以及_____三个方面。有了正确的职业认知和价值观念，具备了相应的能力和技能，还要在工作中_____，_____，真正把管理会计工作落到实处。

（扫描二维码查看答案。）

任务小结

本任务介绍了管理会计职业道德的定义、特征，阐述了管理会计职业道德对个体、企业、职业规范体系的作用，对比了管理会计职业道德与法律法规的关系，最后从职业认知和价值观念、能力准备和自我提高、努力工作和恪尽职守三个方面讲述管理会计道德体系的主要内容，为成为一名优秀的管理会计从业人员做好准备。

任务 3　财务大数据认知

任务导入

通过认知财务大数据，理解大数据的特征、类型及财务大数据的作用。填写表1-3。

表1-3　工作任务表

维度		内容
大数据	大数据的特征	
	大数据的类型	
	大数据的应用	
财务大数据	财务大数据的含义	
	财务大数据的作用	

任务分析

认知大数据及财务大数据的相关内容。学习大数据，用好大数据，增强利用数据推进各项工作的本领，不断提高对大数据发展规律的把握能力，使大数据在各项工作中发挥更大作用。

任务实施

一、认知大数据

（一）大数据的概念

大数据（big data），或巨量资料，是指具有海量的数据规模、快速的数据流转、多样的数据类型和低价值密度等特征，且难以用传统数据体系结构有效处理的、包含大量数据集的信息资产。大数据是实时生成且高速增长、瞬息变化的数据资产，价值密度低，需要新的处理模式才能形成更强的决策力、洞察力和流程优化能力，是大量数据集与现代化信息技术（如云计算）环境相融合的结果。

大数据的数据来源多样，例如，在企业销售大数据中，由用户基本数据、商品销售数据、用户反馈信息等组成的数据集，可能来自社交网络、电子商务网站、顾客来访记录等，它们以二维表格、文字、图像、视频等多种形式呈现，并且每时每刻都在变化。

大数据源于互联网、移动互联网、物联网、人工智能及云计算等新一代信息技术的发展和应用。现阶段大数据应用尚处于初级阶段，根据大数据分析预测未来、指导实践的深层次应用将成为发展重点。当前，大数据治理体系远未形成，特别是隐私保护、数据安全与数据共享利用效率之间尚存在明显矛盾，是制约大数据发展的重要短板，各界已经意识到构建大数据治理体系的重要意义，相关的研究与实践将持续加强。并且现有大数据理论与技术远未成熟，难以满足对规模高速增长数据的应用需求，未来的信息技术体系需要颠覆式创新和变革。

（二）大数据的特征

大数据的 4V 特点：数据体量大（volume）、数据多样性（variety）、响应速度快（velocity）、价值密度低（value）。

1. 数据体量大

构成大数据的数据集规模很大。大数据的特征首先就是数据量大，包括数据采集、存储和计算的量都非常大，数据量的存储单位从过去的 GB、TB 级，发展到 PB、EB 级，甚至是 ZB、YB 级或更高量级。

2. 数据种类多

数据来源广、维度多、类型复杂。可能来自多个数据仓库、数据领域或多种数据类型。大数据时代的数据类型包括文本、图片、音频、视频、网络日志、地理位置信息等。

3. 响应速度快

单位时间的数据流量大。数据生成速度快、处理速度高，能够满足实时数据分析的需求，高速度是大数据区别于传统数据的显著特征。

4. 价值密度低

大数据有巨大的潜在价值，但同其呈几何指数的爆发式增长相比，单一对象或模块数据价值密度较低，这无疑加大了开发海量数据的难度和成本。

（三）大数据的类型

数据来源的广泛性，决定了数据类型的多样性。大数据的类型主要有结构化数据、非结构化数据和半结构化数据。

1. 结构化数据

结构化数据是指具有统一的数据结构，一般用关系型数据库表示和存储，可以用二维逻辑表来表现的数据，如企业的财务系统数据、信息管理系统数据、客户关系管理数据、订单数据等。

【知识拓展1-2】
从三个层面认知大数据

2. 非结构化数据

非结构化数据是指没有固定结构的数据，不方便用数据库二维逻辑表来表现的数据，包括视频、图片、音频、邮件、办公文档等。在存储非结构化数据时，网络附属存储（NAS）和对象存储（OSS）是目前两个主要的选择。

3. 半结构化数据

半结构化数据属于结构化数据范畴，是介于结构化数据和非结构化数据之间的数据，如 XML 文件、HTML 文件、JSON 文件等。其无法通过二维表来完整描述，也不能简单地看作非结构化数据储存在一个文件。

IDC 的调查报告显示：80% 的企业数据属于半结构化数据，而这些数据每年都按照指数增长 60%。

（四）大数据的应用

大数据价值创造的关键在于大数据的应用，随着大数据技术飞速发展，大数据的应用已经融入各行各业。大数据产业正快速发展成为新一代信息技术和服务业态，需要对数量巨大、来源分散、格式多样的数据进行采集、预处理、存储和关联分析，并从中发现新知识、创造新价值、提升新能力。

【知识拓展1-3】
数据安全与合规

大数据已经与日常生活密不可分，其应用无处不在，如何利用这些大数据是赢得竞争的关键。大数据的价值体现在以下几个方面。

（1）为大量消费者提供产品或服务的企业可以利用大数据进行精准营销。

（2）做小而美模式的中小微企业可以利用大数据做服务转型。

（3）互联网压力之下必须转型的传统企业需要与时俱进，充分利用大数据的价值。

【知识链接1-9】
财务大数据的作用

【知识链接1-10】
大数据给财务工作带来的机遇和挑战

> **价值引领**
>
> **培养数据思维，服务数字中国**
>
> 进入信息社会，数据成为不可或缺的宝贵资源。数据对生产、分配、流通、消费和社会服务管理等各环节产生了重要影响，数据成为新型生产要素，是数字化、智能化的基础，深刻改变着生产方式、生活方式和社会治理方式。数据的爆发增长、海量聚集蕴藏了巨大的价值，带来了新的发展动能，蕴含着新的竞争优势。党的二十大报告指出，"推动战略性新兴产业融合集群发展，构建新一代信息技术、人工智能、生物技术、新能源、新材料、高端装备、绿色环保等一批新的增长引擎""加快发展数字经济，促进数字经济和实体经济深度融合，打造具有国际竞争力的数字产业集群"。2021 年 11 月，财政部印发《会计改革与发展"十四五"规划纲要》，提出了"以数字化技术为支撑，以推动会计审计工作数字化转型为抓手，健全完善各种数据标准和安全使用规范，形成对内提升单位管理水平和风险管控能力、对外服务财政管理和宏观经济治理的会计职能拓展新格局"的总体目标。

> **启示**：作为财务工作者，要适应新形势、抓住新机遇，打破传统的结构化和内部数据认知，培养新时代的数据思维，切实学好用好大数据，利用与财务有关的海量数据资源和丰富的应用场景优势，发掘和释放财务数据要素的价值，充分发挥财务数据分析与决策的作用，推动会计数字化转型，为企业经营决策提供科学依据，推动以数据为重要生产要素的数字经济，更好地服务数字中国建设。

二、认知财务大数据分析

（一）财务大数据分析的概念

财务大数据分析是运用新一代信息技术，将企事业等单位的业务数据、财务数据、非财务信息及相关行业数据进行专业化处理，将处理后的数据放入专业的数据分析工具中，通过建模等相关手段，对企业的财务状况、经营成果和现金流量情况进行综合比较与分析，为使用者提供管理决策和控制依据的一项管理工作。

（二）财务大数据分析的流程

财务大数据分析通常运用 Power BI、Wyn Enterprise、Python、Tableau 等数据分析工具，通过采用直连获取数据或网络爬虫等方法将内部数据或外部数据采集至数据分析工具，并对数据进行预处理，然后将处理后的数据储存至数据仓库，以便进行后续数据分析与应用，例如，生成数据报表，进行数据可视化呈现或进行数据挖掘。财务大数据分析流程如图 1-1 所示。

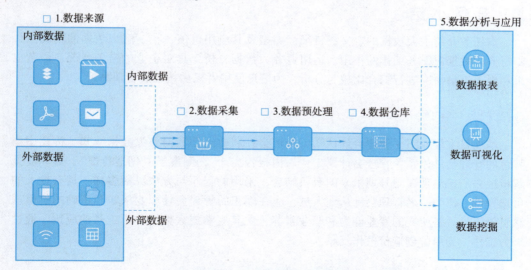

图 1-1　财务大数据分析流程

（三）财务大数据分析的作用

财务大数据分析的目的是判断企业的财务运行状况、发展趋势、在行业中的位置以及与标杆企业的差距，从而为企业的利益相关者作出正确决策提供依据。财务大数据分析的作用主要体现在以下三个方面。

（1）有助于全面评价企业的财务状况和存在的财务风险，并通过大数据分析查找原因，从而改善财务状况和降低财务风险。

（2）有助于衡量企业的经营管理水平、成本费用控制水平和盈利水平等，从而在此基础上综合评价企业的经营业绩，预测未来发展趋势。

（3）有助于企业发现管理中存在的问题，找出与标杆企业的差距，从而分析问题及差距形成的原因，寻求改善途径，缩小与标杆企业的差距，并最终提升企业经营业绩。

任务拓展

【任务拓展】
参考答案

（一）认知大数据
1. 大数据具有_____、_____、_____和_____的基本特征。
2. 大数据的类型主要有_____、_____和_____。

（二）认知财务大数据
财务大数据的应用对财务工作的作用有：_____、_____和_____。

（三）认知财务大数据分析
财务大数据分析是运用_____，将企事业等单位的_____、_____、_____及_____进行专业化处理，将处理后的数据放入专业的_____中，通过_____等相关手段，对企业的_____、_____和_____进行综合比较与分析，为使用者提供管理决策和控制依据的一项管理工作。
（扫描二维码查看答案。）

任务小结

本任务介绍了大数据的定义、特征、类型及其应用价值，在了解大数据的基础上认知财务大数据对财务工作的作用，运用财务大数据分析工具对企业的财务状况、经营成果和现金流量情况进行综合比较与分析，为信息使用者提供精准的管理决策。

项目总结

本项目主要介绍了管理会计认知、管理会计职业道德和财务大数据认知。构建中国特色的管理会计体系，管理会计属于"对内报告会计"，侧重于"创造价值"，其职能是解析过去、控制现在与筹划未来的有机结合，采用的程序与方法灵活多样，具有较大的可选择性。作为一名管理会计从业人员，应在端正的管理会计职业认知和正确的价值观念引领下，具备所需的专业能力和职业素养，尤其应掌握大数据分析工具的应用，通过努力工作，为单位创造价值作贡献。

职业能力训练

【自测题】

【项目实操】

学业测评

职业能力和素养测评见表1-4。

表 1-4　职业能力和素养测评表

评价项目	评价指标	自测结果					得分
职业素养 （10 分）	1. 积极参加教学活动，按时完成任务（2 分）	□A	□B	□C	□D	□E	
	2. 遵守劳动纪律，教学场地 6S 管理（2 分）	□A	□B	□C	□D	□E	
	3. 合规意识、数据思维、全局观念、辩证思维的综合职业能力（3 分）	□A	□B	□C	□D	□E	
	4. 爱岗敬业、诚实守信、德技并修的职业素养（3 分）	□A	□B	□C	□D	□E	
管理会计 认知 （25 分）	1. 管理会计定义及其特征（5 分）	□A	□B	□C	□D	□E	
	2. 管理会计制度体系建设（5 分）	□A	□B	□C	□D	□E	
	3. 管理会计指引体系（10 分）	□A	□B	□C	□D	□E	
	4. 管理职能（5 分）	□A	□B	□C	□D	□E	
管理会计 职业道德 认知 （40 分）	1. 管理会计职业道德概念及其特征（5 分）	□A	□B	□C	□D	□E	
	2. 管理会计职业道德作用（5 分）	□A	□B	□C	□D	□E	
	3. 管理会计职业道德与会计法律制度（5 分）	□A	□B	□C	□D	□E	
	4. 管理会计职业道德体系（25 分）	□A	□B	□C	□D	□E	
财务大数据 认知（25 分）	1. 认知大数据（10 分）	□A	□B	□C	□D	□E	
	2. 认知财务大数据（10 分）	□A	□B	□C	□D	□E	
	3. 认知财务大数据分析（5 分）	□A	□B	□C	□D	□E	
教师评语：							
成绩		教师签字					

注：在□中打√，A：100%，B：80%，C：60%，D：40%，E：20%

职业能力拓展

【关键术语】

【素养进阶】

【经典案例导读】

项目二

战略管理

项目描述

随着全球经济化进程的加快，企业意识到在激烈的国际市场竞争和复杂多变的外部环境中，要想求得生存和长远发展，就必须站在全局的高度去把握未来，即做好战略规划，强化自身优势，取得企业内部资源与外部环境的动态平衡。如果您是管理会计人员，您如何协助战略管理层做好企业战略管理？

项目分析

战略管理是依据企业的战略规划，对企业的战略实施加以监督、分析与控制，特别是运用战略地图等管理工具方法对企业的资源配置与事业方向加以约束，最终促使企业顺利达成企业目标的过程管理。为完成战略管理项目，分三个任务学习：任务1 战略管理认知，任务2 战略管理过程认知，任务3 绘制战略地图。

党的二十大精神学习园地

党的二十大报告指出，"教育、科技、人才是全面建设社会主义现代化国家的基础性、战略性支撑。必须坚持科技是第一生产力、人才是第一资源、创新是第一动力，深入实施科教兴国战略、人才强国战略、创新驱动发展战略，开辟发展新领域新赛道，不断塑造发展新动能新优势。"

学习目标

知识目标

1. 理解战略与战略管理的概念。
2. 了解战略管理的过程。
3. 掌握战略地图的设计与绘制。

附件2-1　管理会计应用指引第100—101号

◆ **能力目标**

1. 能够绘制企业的战略地图。
2. 能够运用战略地图进行战略管理。

◆ **素养目标**

1. 以战略管理的高度为抓手,培养具备顶层设计的思维能力,树立大局观。
2. 以战略地图的应用为途径,培养确立正确目标、制订适宜计划的能力,构建整体观。

 职业素养提升

认知战略　树立大局观

战略是从企业全局出发,谋划实现企业长远目标的规划。制定企业战略,需要研究行业、市场、客户等外部环境,评估企业资源、能力等内部条件,然后选择适合的业务领域,打造自己的核心竞争力,从而选择合适的实施路径,投入充足的资源,在竞争中取胜。对于企业战略来讲,趋势洞察、战略目标、实施路径、行动方案,一个都不能少。"不谋全局者不能谋一域,不谋万世者不能谋一时"就是指要有大局观。大局意识就是要看得长远,不计眼前得失,从而得到最长远、最广、最多的利益,很好地把握大局势的发展方向。

从百年党史的伟大实践看,中国共产党取得胜利的一个重要经验就是善于在重大历史关头站在全局和战略的高度认识、分析、判断面临的重大历史课题,进行准确判断、科学谋划,制定正确的政治战略策略,确保党战胜无数风险挑战,不断从胜利走向胜利。

 配套学习资源

省级在线精品课程"数字化管理会计"——战略管理。

 知识图谱

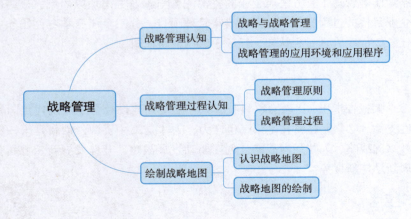

任务 1　战略管理认知

任务导入

通过认知战略及战略管理基本理论，理解战略与战略管理的概念，熟悉战略管理的特点和作用，并填写表 2-1。

表 2-1　工作任务表

维度	内容	
特点和作用	战略管理的概念	
	战略管理的特点	
	战略管理的作用	
应用程序		

任务分析

战略管理是一种动态的管理过程，是企业根据一定的战略目标，在对外部环境和内部资源进行充分分析的基础上，对企业未来发展方向、实现路径和竞争策略作出的战略性选择，并由此制定相应的政策、措施、计划和预算等的过程。认知战略管理的基本理论包括认知战略及战略管理的定义、了解战略管理的特点、知晓战略管理的作用、熟悉战略管理的应用环境及程序。

任务实施

一、战略与战略管理

（一）战略与战略管理的定义

1. 战略

"战略"原是一个军事术语，意思是"将军指挥军队的艺术"。20 世纪 60 年代，战略思想开始运用于商业领域，并与达尔文"物竞天择"的生物进化思想共同构成战略管理学科的两大思想源流。

从企业未来发展的角度来看，战略表现为一种计划（plan）；从企业过去发展历程的角度看，战略则表现为一种模式（pattern）；从产业层次来看，战略表现为一种定位（position）；从企业层次来看，战略则表现为一种观念（perspective）；此外，战略也表现为企业在竞争中采用的一种计谋（ploy）。这是关于企业战略比较全面的看法，即著名的 5P 模型。

2. 战略管理

战略管理是指对企业战略的管理，包括战略制定/形成（strategy formulation/formation）

【在线课 2-1】
战略管理认知

【知识链接 2-1】

【案例 2-1】

与战略实施（strategy implementation）两个部分，即企业确定其使命，根据外部环境和内部条件设定企业的战略目标，为保证目标的正确落实和实现进行谋划，并依靠企业内部能力将这种谋划和决策付诸实施，以及在实施过程中进行控制的一个动态管理过程。我国《管理会计应用指南——第100号战略管理》指出：战略管理，是指对企业全局的、长远的发展方向、目标、任务和政策，以及资源配置做出决策和管理的过程。

（二）战略管理的特点

战略管理具有全局性、高层次性、效能性、长远性、综合性等特点。

 价值引领

"两步走"的战略全局性与长远性

中国共产党第二十次全国代表大会于2022年10月16日上午在北京人民大会堂开幕。习近平代表第十九届中央委员会向大会作报告。报告指出，全面建成社会主义现代化强国，总的战略安排是分两步走：从2020年到2035年基本实现社会主义现代化；从2035年到本世纪中叶把我国建成富强、民主、文明、和谐、美丽的社会主义现代化强国。未来5年是全面建设社会主义现代化国家开局起步的关键时期。

启示： "两步走"的意义在于，完整勾画了我国社会现代化建设的时间表、路线图。把基本实现社会现代化的目标提前了15年。党的二十大报告对全面建成社会主义现代化强国"两步走"战略进行了宏观展望，体现了党中央宏阔的战略视野、高远的战略眼光与科学的战略谋划，让我们清晰地看到了中华民族复兴的光明前景。

（三）战略管理的作用

1. 重视对经营环境的研究

由于战略管理将企业的成长和发展纳入变化的环境之中，管理工作要以未来的环境变化趋势作为决策的基础，这就使企业管理者重视对经营环境的研究，正确确定公司的发展方向，选择适合公司的经营范围，确定产品目标市场，更好地把握外部环境所提供的机会，增强企业经营活动对外部环境的适应性，使两者达成最佳的组合。

2. 重视战略的实施

由于战略管理不只是停留在战略分析及战略制定上，而是将战略的实施作为其管理的一部分，这就需要在日常生产经营活动中，根据环境的变化对企业战略进行不断的评价和修改，使企业战略不断完善，也使战略管理本身不断完善。这种循环往复的过程，更加突出了战略在管理实践中的指导作用。

3. 日常的经营与计划控制、近期目标与长远目标结合在一起

由于战略管理是把规划出的战略付诸实施，而战略的实施又同日常的经营计划控制结合在一起，这就把近期目标（作业性目标）与长远目标（战略性目标）结合了起来，把总体战略目标同局部的战术目标统一了起来，从而调动各级管理人员参与战略管理的积极性，有利于充分利用企业的各种资源并提高协同效果。

4. 重视战略的评价与更新

由于战略管理不只是计划"我们正走向何处"，而且也计划如何淘汰陈旧过时的东西，以"计划是否继续"为指导重视战略的评价与更新，这就使企业管理者能不断在新的起点对外界环境和企业战略进行战略性探索，增强创新意识。

二、战略管理的应用环境和应用程序

（一）战略管理的应用环境

一是要关注宏观环境、产业环境、竞争环境等对企业发展影响长远的外部环境因素，尤其是可能发生重大变化的外部环境因素，确认企业所面临的机遇和挑战；同时应关注企业本身的战略、资源、能力和核心竞争力等内部环境因素，确认企业的优势和劣势。

二是一般应设置专门机构，牵头负责战略管理工作，并与其他业务和职能部门协同制定战略目标，做好战略实施的跨部门协调，保障战略目标得以实现。

三是应建立健全战略管理有关制度及配套的绩效激励制度等，形成科学有效的制度体系，切实调动员工的积极性，提升员工的执行力，推动企业战略的实施。

（二）战略管理的应用程序

企业应用战略管理工具方法，一般按照战略分析、战略制定、战略实施、战略评价和控制、战略调整的程序进行。

企业战略制定与实施循环如图2-1所示。

图2-1　企业战略制定与实施循环

【知识拓展2-2】
战略管理的应用程序

【案例2-2】
企业如何确定竞争战略

【案例2-3】
企业战略规划是什么——实现梦的行动计划

> **议一议**
>
> 搜集不同企业在总体战略、业务单位战略及职能战略方面的案例，并和同学一起交流。

任务拓展

战略管理是对_____的管理，包括_____和_____两个部分。战略管理是以_____为对象，根据总体发展需要而制定、实施和控制战略规划及具体措施的过程。企业战略管理的主体是_____。对_____进行统筹规划，合理_____和_____，都是战略管理中必不可少的内容。战略管理是面向_____的管理，战略决策要以管理人员所期望或预测将要发生的情况为基础。企业应用战略管理工具方法，一般按_____、_____、_____、_____、_____的程序进行。

（扫描二维码查看答案。）

【任务拓展】
参考答案

任务小结

本任务主要介绍了与战略管理有关的基本理论,包括战略及战略管理的概念、特征、作用,战略管理的应用环境和应用程序等,旨在使学生理解战略及战略管理对现代企业的重要意义。

任务 2　战略管理过程认知

任务导入

本任务主要介绍企业战略管理的基本过程,以及如何进行有效的战略管理。

任务分析

战略管理是用一定的技术和技巧制定、评价和实施企业战略的过程。也就是说,战略管理不仅决定公司将要采取的战略,还涉及这一战略的选择过程,以及如何运用一定的技术和技巧来评价和实施战略。

任务实施

一、战略管理原则

【在线课 2-2】
战略管理规划

战略原则是战略的最高层次,它是指导和规范战略选择与行为的哲学思想和行动原理,没有战略原则,战略分析、选择、制定、实施等就会缺乏坚实的理由和明确的方向。例如,"战略必须因人、因时、因地而异"就是一条非常重要的战略原则,谁违反了它,就会犯下大错。战略在本质上作为一种竞争、成长策略,毫无疑问,应该遵循这些基本的哲学原则、原理。如果没有对战略思想、战略原则、战略原理的哲学思考,就不能看到战略的内在本质和真正的动力源泉。企业进行战略管理时要遵循的原则有以下几点。

（1）目标可行原则。战略目标的设定应具有一定的前瞻性和适当的挑战性,并要使长期目标与短期目标有效衔接。

（2）资源匹配原则。根据各业务部门与战略目标的匹配程度进行资源配置。

（3）责任落实原则。应将战略目标落实到具体的责任中心和责任人,构成不同层级、彼此相连的战略目标责任圈。

（4）协同管理原则。应以实现战略目标为核心,考虑不同责任中心业务目标之间的有效协同,有效提高资源使用的效率和效果。

二、战略管理过程

【知识拓展 2-3】
战略管理过程的具体步骤

【知识链接 2-2】

战略管理过程一般包括 9 个步骤。第一步,确定组织当前的宗旨、目标和战略;第二步,对企业内部环境和外部环境进行战略分析;第三步,发现机会和威胁;第四步,分析组织的资源;第五步,识别优势和劣势;第六步,重新评价和选择企业战略;第七步,最终确定企业的战略;第八步,实施战略;第九步,评价战略管理的结果。

价值引领

"消失"的毛乌素沙地——自然环境促进经济发展

毛乌素沙地是我国四大沙地之一,位于陕西省榆林市,面积大约为4.22万km^2。古时候这里水草肥美,风景宜人,是非常优质的牧场。不过后来由于人们的过度开垦和气候变迁的原因,这里就渐渐形成了沙地,在明清时期就演变成了茫茫大漠。榆林市曾经长期遭受风沙的侵害,在历史上甚至因为沙尘暴三次被迫"南拓"。我国在1959年就已经在毛乌素沙地周边大力兴建防风林,通过从其他地方引水来治理沙尘,展开了改造沙地的巨大工程。2020年4月22日,陕西省林业局公布榆林市沙化土地治理率已经达到了93.24%,这个数据意味着榆林市的毛乌素沙地即将从陕西版图"消失"。因为毛乌素沙地得到了有效治理,水土不再继续流失,黄河的年输沙量减少了4亿t,榆林也不用再遭受风沙的侵袭了。如今的毛乌素沙地已经成了林地、草地和良田。据统计,在这片沙地,榆林市累计新辟农田160万亩①,马铃薯的产量高达5 t。

启示:经济的发展离不开自然环境的优化,这也是我国近年来一直在倡导保护环境、发展绿色经济等的缘由。同样地,企业的良好发展也离不开外部环境的影响,在分析企业及做出决策时,一定要注重对企业外部环境进行分析。

企业战略管理过程如图2-2所示。

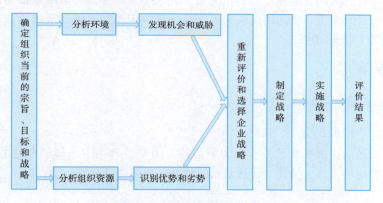

图2-2 企业战略管理过程

【知识链接2-3】
我国企业在战略管理中存在的基本问题

议一议

请自行搜集案例,了解企业在实施战略管理时的具体过程,并和同学一起交流分享所得所获。

任务拓展

战略管理是一个_____,需要遵循_____、_____、_____、_____等原则。战略管理过程一般包括9个步骤:确定组织当前的_____、对企业_____和_____进行战略分析、发现_____和_____、分析_____、识别_____、重新评价和选择_____,最终_____、_____、评价_____。

(扫描二维码查看答案。)

【任务拓展】
参考答案

---
① 1亩=666.67 m^2。

任务小结

本任务介绍了战略管理这个动态管理过程在具体操作时应遵循的原则及详细步骤。这项任务对于学生而言较为抽象，仅作了解。辅之以查阅资料的练习，一方面可以促进学生对该部分的理解，另一方面可以训练学生查找资料及阅读、理解资料的能力。

任务 3　绘制战略地图

任务导入

以战略地图相关理论为依据，学习绘制战略地图。

任务分析

战略地图有两个重要作用：一是用直观的描述来解释公司的战略，让高深的战略转化为企业各个部门都能够理解的语言；二是将实现公司战略常用途径（或定位）划分为4个基本模板，也称基本战略实现路径或侧重点。因为任何一家企业，其资源都是有限的，所以只能将有限的资源和精力聚焦到某个领域中。但是，要清晰地描绘出从战略目标到企业的经营管理重心之间的逻辑关系，是一件很困难的事情，战略地图的出现则很好地解决了这个棘手的问题。

任务实施

一、认识战略地图

（一）战略地图的起源

战略地图是由美国平衡计分卡先驱罗伯特·卡普兰和大卫·诺顿创建的一种工具，企业可以借助这种工具，描述并传达自己的战略，如图2-3所示。

【在线课2-3】
战略地图

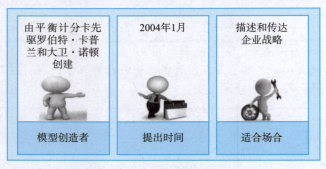

图2-3　战略地图简介

战略地图是在平衡计分卡的基础上发展而来的。它以平衡计分卡的4个层面（财务层面、客户层面、内部流程层面和学习与成长层面）的目标为核心，通过分析这4个层面目标之间的相互关系，形成企业的战略因果关系图。它的好处体现在可以将企业的无形资产转化为有形成果。

（二）战略地图的概貌

战略地图的概貌如图2-4所示。

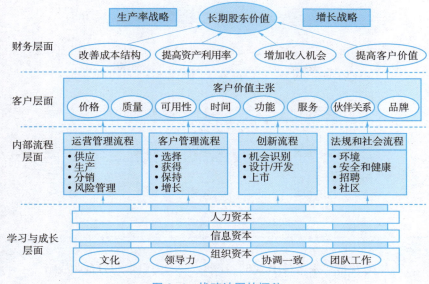

图 2-4 战略地图的概貌

从图 2-4 可以看出，战略地图包含财务层面、客户层面、内部流程层面以及学习与成长层面，这 4 个层面层层递进且相互关联，具有很强的逻辑性。

1. 财务层面

从财务层面可以看到，企业是否聚焦在提升盈利能力和现金流量方面。财务层面衡量的主要指标包括收入的增长、收入的结构、成本的降低、成本的结构、生产率的提升、资产的利用、投资战略。

2. 客户层面

从客户层面可以看到，企业是否聚焦在满足核心顾客的需求上。通常来说，客户的核心关注点为时间、质量、性能、服务和成本。企业必须为这 5 个方面梳理清晰的目标，并将其细化为具体的指标。客户层面衡量的主要指标包括市场份额、老客户挽留率、新客户获得率、顾客满意度、从客户处获得的利润率、客户保持程度、市场占有率、重要客户的购买份额、品牌知名度、品牌美誉度。

3. 内部流程层面

从内部流程层面可以看到，企业是否聚焦于满足企业财务目标和客户目标的流程。内部流程主要包括运营管理流程、客户管理流程、创新流程以及法规和社会流程。内部流程层面衡量的主要指标包括新产品引入、周转期、质量利用率、生产率。

4. 学习与成长层面

从学习与成长层面可以看到，企业能否通过学习与成长持续提升企业的价值和核心竞争力，驱使股东、客户及流程获得卓越成果。学习与成长层面衡量的主要指标包括员工的能力、信息系统的能力、开发新产品所需时间、产品成熟所需时间、销售比重较大的产品百分比、新商品上市时间。

（三）战略地图的核心内容

战略地图的核心内容如图 2-5 所示。

战略地图的核心内容包括企业通过运用人力资本、信息资本和组织资本等无形资产（学习与成长层面），创新、建立战略优势和提升流程效率（内部流程层面），进而使公司把特定价值带给市场（客户层面），从而实现股东价值（财务层面）。战略地图通过各层面战略主题对传统战略规划的关键举措进行整合，并描述各举措之间的因果关系。

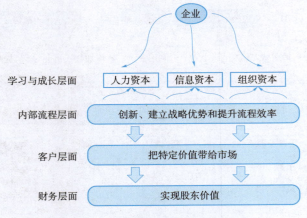

图 2-5 战略地图的核心内容

> **价值引领**
>
> **华为发布"未来种子 2.0"计划——人力资本助力企业战略**
>
> 2021年7月8日，在科技助力可持续发展论坛上，华为董事长梁华发布"未来种子 2.0"计划，在未来5年投入1.5亿美元，助力在校大学生、青年创业者等提升数字化技能，华为称预计300万人将从中受益。华为"未来种子"项目旨在帮助业务所在国培养ICT人才，陆续推出科技竞赛、数字技能培训等多种人才教育项目，覆盖150多个国家，累计投入超过1.5亿美元。
>
> 启示：华为之所以能够成为世界科技巨头之一，得益于其人力资源战略。人力资本是企业的无形资产，人力资本运用的程度决定了公司发展的优劣。这也是为什么在党的二十大报告中首次将教育、科技、人才三大战略进行统筹部署的原因。报告指出，教育、科技、人才是全面建设社会主义现代化国家的基础性、战略性支撑。

二、战略地图的绘制

诚如打赢一场战争需要指挥官掌握"阅读和绘制作战地图"这样的知识和能力，对于一名处于激烈商战中的企业管理者来说，也需要学会"阅读和绘制企业战略地图"。作为企业的领导者，要能够依据战略地图，清楚明白地阐述企业未来3~5年的战略意图及规划路径，即用因果连接的方式讲述一个战略故事，给全体员工描绘一个美好的蓝图，实现以战略地图为载体，沟通战略、达成共识、凝聚人心的目标。

绘制企业战略地图需要遵从"六步走"，如图2-6所示。

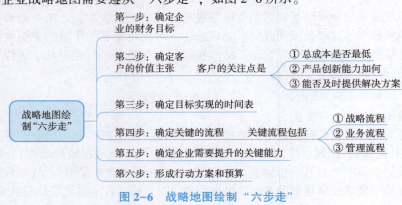

【在线课2-4】战略地图绘制——海王星辰为例

图 2-6 战略地图绘制"六步走"

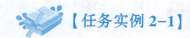

【任务实例 2-1】

S 企业战略地图绘制与解读

基本资料

S 企业是一家总部位于上海的农药化工企业。该企业共有两个生产基地,一个生产基地主要生产农药原药,另一个生产基地主要生产农药制剂。S 企业的销售网络遍布全国,主要优势市场是河南、江苏和山东等地。20××年,S 企业的年销售收入为 2 亿元,人员数量在 300 人左右。为了快速拓展市场,提高市场份额和品牌知名度,S 企业投资 5 000 万元建设了现代化的生产基地,其主要设备设施都达到国内一流水平,也得到农业农村部、工业和信息化部等部门的高度认可和重视,并多次派人到基地进行考察。

S 公司战略目标的确立

为了与过硬的硬件设施相匹配,S 企业决定对企业进行管理变革,提高软实力水平。S 企业对未来三年的发展战略进行了系统梳理。

1. 分析公司所处宏观环境的机会

(1) 政策方面。国家出台了一系列管理办法,规范行业竞争规则。在强大的政策压力下,行业竞争将进一步规范,未来低价竞争、无序竞争的压力将趋缓。

(2) 经济方面。经济将保持持续快速健康发展,农民收入不断增加,国家继续加大对"三农"的补贴,这将带动农药行业持续稳定发展。

(3) 社会方面。社会环保意识、健康意识的日趋强化,为高效、低毒、无残留、精细化、智能化、绿色产品发展提供了社会文化基础。

(4) 技术方面。相比而言,国内各厂家的技术积累没有形成较大的技术优势,绝大多数厂家仍处于仿制阶段,有利于企业形成研发优势。

2. 分析公司所处宏观环境的威胁

(1) 政策方面。政府加大了监管力度,规范了竞争规则,提高了环保要求,导致企业生产成本增加。相对而言,在行业有政策无执行的潜规则下,企业的产品竞争力将会降低。

(2) 经济方面。紧缩的货币政策使企业的融资难度加大,融资成本提高,对于企业的快速发展形成障碍。

(3) 社会方面。对环保的重视和投入会增加企业运营成本,短期内会降低企业竞争力。

(4) 技术方面。新化合物研发被跨国公司垄断,研发成本高、风险大。企业在基础研究方面投入产出比较低,在很长一段时间内技术壁垒都无法突破。

战略地图的核心是客户价值主张,也就是未来企业区别于其他企业的核心竞争力。客户价值主张往上支撑公司战略,往下指导内部流程改进,最后落实到人员的管理上。因此,第二个层面的分析是行业标杆企业分析,找出差异化的价值主张。

3. 学习借鉴行业标杆企业

(1) 战略规划方面。明确战略方向、战略目标;厘清达成战略的举措,并落实到各级员工的具体工作中;定期对战略进行检讨和修正。

(2) 营销管理方面。建立客户导向的理念;渠道管理上要借鉴标杆企业,拓宽营销渠道,以本地市场作为根据地的渠道下沉,一个县做深做透再向另一个县推广,不冒进;在学习标杆企业销售队伍管理方面要控制费用;提升销售人员人均贡献率,降低销售成本。

(3) 研发管理方面。将产品登记工作上升到战略高度;加大研发投入力度,将政府资金的全部、年度利润的一半投入到研发中;将研发提升到战略高度,建立研发体系,打造研发队伍，建立生测团队，申报国家级水基化研发实验室项目；与大学合作建立国家博士后工作站、院士工作站，解决高端研发能力问题，做到产学研相结合，在高端产品上形成一系列优势。

（4）生产管理方面。提高精细化、清洁化生产水平；批量采购，控制采购成本；提高排产产量；提高生产管理水平。

（5）IT信息化管理方面。提高IT信息化术平及流程规范性和效率。

4. 审视内部能力提升的方向

（1）市场研究及品牌运作能力：继续做好市场基础工作；加强行业及竞争对手分析；加强市场规划职能，明确市场方向与策略；逐步优化品牌，完善品牌管理工作。

（2）研发能力：在明确公司战略的基础上，明确研发的方向、重点，并进行详细的规划；加强资源的投入，特别是资金和专业人才的引进与培养；加强高端产品的研发，打造强有力的研发体系。

（3）采购能力：扩大供应商的选择范围，降低企业风险；加强采购的计划管理；逐步建立供应商管理机制。

（4）生产能力：加强人员培训使之与产能设备配套；加强生产计划和调度管理。

（5）销售与售后服务能力：拓宽营销渠道，加强销售的基础管理能力，强化客户管理能力；打造营销模式，并将其推广和复制；进一步提高售后服务能力。

（6）战略整合能力：提升公司整体的资源整理利用能力；提高战略执行能力，将战略目标与员工的日常工作结合，并不断回顾提升。

（7）人力资源管理能力：加强人力资源规划，加强人力资源工作对战略的支撑；拓展人才引进渠道；改进人才储备和现有人才的潜力挖掘和培养；进一步完善现有人力资源管理制度，提升激励作用。

5. 分析企业成功的关键要素

在以上分析的基础上，还要分析S企业的关键成功要素。S企业关键成功要素重点有两个方面：一是营销渠道的建设和拓展能力，渠道越多，网络布局越广，越能够接近农户，就越容易获得成功；二是研发，研发能力越强，自主研发产品越多，也就越能获得竞争优势。

6. 分析高管的关注点

在中高层战略研讨会上，大家最关心的关键点是"上市""提高战略管理水平""强化资源整合能力""清洁化生产""建立研发体系""打造研发队伍""提高植保服务水平""与大学合作建立博士后工作站""强化环保治理""拓宽融资渠道""申报水基化绿色基地""优化产品""强化组织能力建设""申报高新技术企业""申报国家级实验室""开发高端产品""扩大证件资源"等。

S公司战略地图的绘制

综合考虑宏观环境带来的机会和威胁，借鉴行业标杆企业的经验，审视内部能力提升方面以及企业成功关键要素，S企业最终形成了以成功转型为植保服务商、上市为大目标，以营销渠道拓展和研发能力提升为主线，以组织能力建设和战略人力资源体系搭建为基础，形成了战略地图，具体如图2-7所示。

S企业战略地图解读

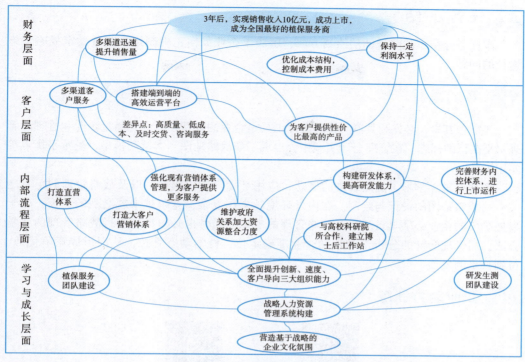

图 2-7　S 公司战略地图

议一议

1. 绘制战略地图的首要前提是什么？
2. 战略地图的作用有哪些？

任务拓展

（一）实训目标

绘制 AC 公司的战略地图。

（二）实训资料

AC 公司是一家从事软件开发的公司，技术部门是其核心部门。

（三）实训要求

请为 AC 公司绘制一份战略地图，旨在提升公司的核心竞争力。提示：请自行设计公司所处的地理区域、业务量及业务范畴，据此合理提出公司的三年发展战略，绘制出适合该公司经营实际及战略目标的战略地图，并对该地图作出解释说明。

（扫描二维码查看答案。）

【任务拓展】
参考答案

任务小结

本任务介绍了战略地图的绘制方法,解决了企业如何正确制定战略并确定战略实施途径的问题。

项目总结

工欲善其事,必先利其器。管理会计工具是企业的好帮手,也是衡量企业和管理者管理水平高低的标志。在管理会计实践中,出现了如战略地图、本量利模型、盈亏平衡点等实用工具。

本项目重点学习了战略管理的概念、应用环境与应用程序,以及战略管理的工具之一——战略地图的设计与绘制。在内外环境越来越复杂,竞争越来越激烈的今天,处于发展阶段的企业必须具备战略及战略管理的意识。同时也必须具备进行战略管理的科学方法,用管理会计的分析工具帮助企业准确定位,科学动态管控,从而形成竞争优势,得到长足的发展。

职业能力训练

【自测题】

【项目实操】

学业测评

职业能力和素养测评见表2-2。

表2-2 职业能力和素养测评表

评价项目	评价指标	自测结果	得分
职业素养 (10分)	1. 积极参加教学活动,按时完成任务(2分) 2. 遵守劳动纪律,教学场所的6S管理(2分) 3. 战略思维、数据思维、全局观念、辩证思维的综合职业能力(3分) 4. 正确人生目标、科学人生规划、(3分)	□A □B □C □D □E □A □B □C □D □E □A □B □C □D □E □A □B □C □D □E	
战略管理认知 (30分)	1. 战略的概念(2分) 2. 战略管理的定义(3分) 3. 战略管理的特点(8分) 4. 战略管理的作用(4分) 5. 战略管理的应用环境(3分) 6. 战略管理的应用程序(10分)	□A □B □C □D □E □A □B □C □D □E □A □B □C □D □E □A □B □C □D □E □A □B □C □D □E □A □B □C □D □E	
战略管理过程认知 (20分)	1. 战略管理的原则(2分) 2. 战略管理的过程(18分)	□A □B □C □D □E □A □B □C □D □E	

续表

评价项目	评价指标	自测结果	得分
绘制战略地图（40分）	1. 战略地图的起源（2分） 2. 战略地图的概貌（8分） 3. 战略地图的内容（10分） 4. 战略地图的绘制步骤（20分）	□A □B □C □D □E □A □B □C □D □E □A □B □C □D □E □A □B □C □D □E	
教师评语：			
成绩		教师签字	

注：在□中打√，A：100%，B：80%，C：60%，D：40%，E：20%。

职业能力拓展

【关键术语】

【素养进阶】

【经典案例导读】

项目三

预算管理

项目描述

在人工智能、大数据等新一代信息技术飞速发展的时代,预算管理在新信息技术的加持下发挥着不可或缺的作用。公司管理层提出,以预算管理为引领,提升企业运营管理效益。财务部门应如何做好公司预算管理?如果您是财务预算岗位的财务人员,请您完成预算管理项目相关工作。

项目分析

常言道,凡事预则立,不预则废。预算管理的本质是通过未来经营情况的模拟"算赢未来",是以战略为导向,从目标制定、预算编制、预算执行和控制到分析反馈、调整和评价的闭环体系。为完成预算管理项目,首先需要对预算管理有基本认知,然后精通预算编制的方法,最后根据单位实际情况选择适当方法编制全面预算(业务预算、专项预算和财务预算)。故本项目分三个任务:任务1 预算管理认知,任务2 预算编制方法认知,任务3 全面预算的编制。

党的二十大精神学习园地

党的二十大报告指出,"健全现代预算制度,优化税制结构,完善财政转移支付体系。"

学习目标

◆ 知识目标

1. 理解预算管理的概念及内容。
2. 理解现金预算的概念。
3. 掌握全面预算的编制方法。
4. 掌握现金预算的编制方法和步骤。

◆ 能力目标

1. 掌握各种预算的编制方法。
2. 能够编制企业的现金预算表。
3. 能够编制预计利润表和预计资产负债表。

◆ 素养目标

1. "凡事预则立，不预则废"，养成做任何事情前准备充分的习惯，培养预算思维，强化预算意识。

2. 遵循融合性原则，将业务与财务融合，培养以业务为先导、财务为协同的业财融合思维。

3. 培养编制预算"量入为出、精打细算"思维，助力企业降本增效、创造价值。

4. 通过增强全局意识，从全局出发，把握时代发展趋势，培养"整体决定部分，部分影响整体"的辩证思维。

附件 3-1　管理会计应用指引
第 200—204 号

附件 3-2　关于进一步深化中央企业全面
预算管理工作的通知

 职业素养提升

认知全面预算　做好事前筹划

全面预算是指企业以发展战略为导向，在对未来经营环境预测的基础上，确定预算期内经营管理目标，逐层分解，下达于企业内部各个经济单位，并以价值形式反映企业生产经营和财务活动的计划安排。"不谋全局者，不足谋一域"，企业的经营、投资、财务等一切经济任务实例，以及企业的人、财、物各方面与供、产、销各环节，都须纳入预算管理，形成以业务预算、投资预算、筹资预算、财务预算等一系列预算组成的相互衔接和钩稽的综合预算体系。

"夫未战而庙算胜者，得算多也""凡事预则立，不预则废"，这些古语告知我们事前筹划的重要性。随着我国经济进入"增速降低、结构调整、动能转换"的新常态，企业的转型、升级、优化，都对企业财务管理提出新挑战、新要求。企业的财务职能需从核算管控型向价值管理型发展，预算管理也需从粗放型向精细化转变，同时财务部门也需借鉴供给侧改革思路，加强对财务信息的搜集、整理、分析、判断和供给，为管理层决策提供有效参考，深化财务与业务的融合。因此，全面预算管理在企业管理中越来越重要。

 配套学习资源

省级在线精品课程"数字化管理会计"——预算管理。

知识图谱

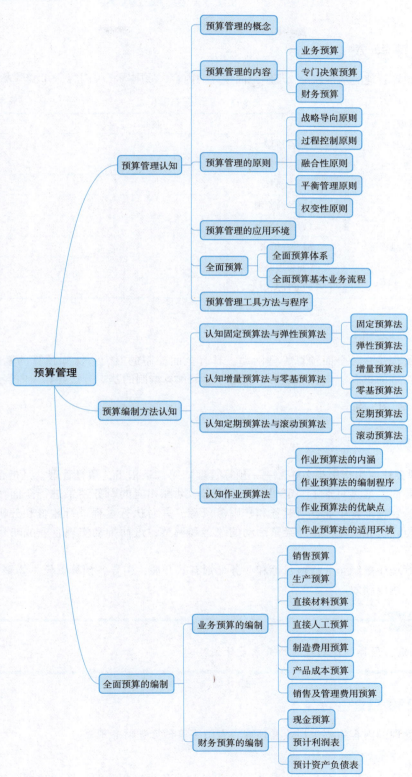

任务 1　预算管理认知

任务导入

认知预算管理的基本理论,理解全面预算的内容、原则等相关内容,并填写表 3-1。

【在线课 3-1】
预算管理认知

表 3-1　工作任务表

维度		内容
全面预算的内容	经营预算	
	专门决策预算	
	财务预算	
预算管理原则	战略导向原则	
	过程控制原则	
	融合性原则	
	平衡管理原则	
	权变性原则	

任务分析

预算管理是一种全面预算管理活动,具有全面控制的能力。认知预算的基本理论,包括预算管理的概念、内容、原则、应用环境及预算编制的基本方法等相关内容。

任务实施

一、预算管理的概念

《管理会计应用指引第 200 号——预算管理》第二条指出,预算管理,是指企业以战略目标为导向,通过对未来一定期间内的经营活动和相应的财务结果进行全面预测和筹划,科学、合理配置企业各项财务和非财务资源,并对执行过程进行监督和分析,对执行结果进行评价和反馈,指导经营活动的改善和调整,进而推动实现企业战略目标的管理活动。

预算管理应围绕企业战略目标和业务计划有效开展,引导各预算责任主体聚焦战略,专注执行,达成绩效。

> **议一议**
>
> 战略、预算、计划之间的关系是什么?

二、预算管理的内容

预算管理的内容主要包括业务预算、专门决策预算和财务预算。

(一)业务预算

业务预算(又称经营预算)是指与企业日常业务直接相关的一系列预算,包括销售预算、生产预算、采购预算、费用预算、人力资源预算等。

（二）专门决策预算

专门决策预算是指企业重大的或不经常发生的、需要根据特定决策编制的预算，包括投融资决策预算等。

（三）财务预算

财务预算是指与企业资金收支、财务状况或经营成果等相关的预算，包括资金预算、预计资产负债表、预计利润表等。

三、预算管理的原则

预算管理旨在落实战略规划，优化资源配置，提高营运绩效，强化风险控制，推动企业战略规划实现。企业进行预算管理时，一般应遵循以下原则。

（一）战略导向原则

预算管理应围绕企业的战略目标和业务计划有序开展，引导各预算责任主体聚焦战略，专注执行，达成绩效。

（二）过程控制原则

预算管理应通过及时监控、分析等环节，把握预算目标的实现进度并实施有效评价，对企业经营决策提供有效支撑。

（三）融合性原则

预算管理应以业务为先导、以财务为协同，将预算管理嵌入企业经营管理活动的各个领域、层次及环节。

（四）平衡管理原则

预算管理应平衡长期目标与短期目标、整体利益与局部利益、收入与支出、结果与动因等关系，促进企业可持续发展。

（五）权变性原则

预算管理应"刚柔并济"，强调预算对经营管理的刚性约束，又可根据内外环境的重大变化柔性地调整预算，并针对例外事项进行特殊处理。

四、预算管理的应用环境

企业实施预算管理的基础环境包括战略目标、业务计划、组织架构、内部管理制度、信息系统等。企业应按照战略目标，确立预算管理的方向、重点和目标。企业应将战略目标和业务计划具体化、数量化作为预算目标，促进战略目标落地。为达成预算目标，预算管理各环节应衔接协调、畅通高效。企业可设置专门机构组织，监督执行预算管理工作。

除此以外，企业应建立健全预算管理制度、会计核算制度、定额标准制度、内部控制制度、内部审计制度、绩效考核和激励制度等内部管理制度，夯实预算管理的制度基础，并应充分利用现代信息技术，规范预算管理流程，提高预算管理效率。

【知识链接3-1】
预算管理机构

五、全面预算

全面预算是企业对预算期内经营决策所定目标全面综合的财务描述。它是企业整体的综合性计划，与企业的经营决策和投资决策既相互联系，又相互作用。

> **价值引领**
>
> **增强全面预算，合理规避风险**
>
> 　　美的是一家财务管理非常稳健的公司，这与其全面预算有一定关系。1997年，美的在推进事业部制时引入了全面预算管理。经过二十多年的实践，全面预算管理已成为全体美的人重要的经营语言、管理思维和经营工具。同时，正是导入了全面预算，美的业财深度融合，经营保持稳健，预算偏差率稳定在±5%之内。可以说，美的的全面预算管理对冲了外部不确定性，对市场机会的抓取和风险的防控起到了非常重要的作用。
>
> 　　**启示**："凡事预则立，不预则废"，预算管理可以帮助企业预测未来形势，降低经营风险，做到合理规划，更好地应对挑战和机遇，提高企业经济效率和社会效益，助推企业实现战略目标。

（一）全面预算体系

　　企业以战略为导向，根据长期对市场和生产能力的预测，编制长期销售预算，再以此为基础，确定本年的销售预算，并根据企业财力确定资本预算。全面预算体系各部分关系如图3-1所示。销售预算是年度预算的编制起点，企业根据"以产定销"的原则确定生产预算，同时确定所需要的销售费用。生产预算的编制，除需考虑计划销售量外，还要考虑现有存货和年末存货。企业根据生产预算来确定直接材料、直接人工和制造费用预算。产品成本预算和现金预算是相关预算的汇总。利润表预算和资产负债表预算是全部预算的综合。

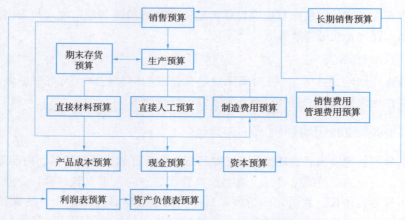

图3-1　全面预算体系各部分关系

（二）全面预算基本业务流程

　　企业全面预算业务的基本流程一般包括预算编制、预算执行和预算考核三个阶段。

　　如图3-2所示，全面预算是企业加强内部控制、实现发展战略的重要工具和手段，但同时也是企业内部控制的对象。企业需结合自身情况及管理要求，制订具体的全面预算业务流程。

【知识链接3-2】
全面预算基本
业务流程

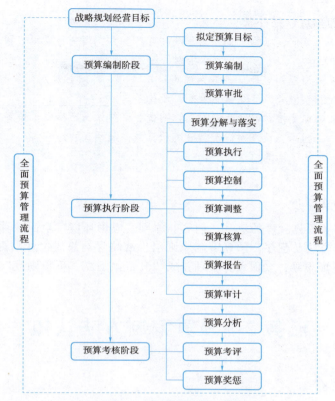

图 3-2 全面预算业务流程

六、预算管理工具方法与程序

企业预算管理一般按照预算编制、预算控制、预算调整、预算考核的流程进行，各环节一般涉及如下预算工具方法。

编制预算是企业实施预算管理的起点，也是预算管理的关键环节。企业在编制全面预算时，采用一定的编制方法。其中，较传统的编制方法有固定预算法、增量预算法和定期预算法，较先进的方法有弹性预算法、零基预算法、滚动预算法及作业预算法。预算管理构成内容比较复杂，进行预算管理需要采用适当的管理会计工具。企业可根据其战略目标、业务特点和管理需要，结合不同管理工具的特征及其适用范围，选用适当的工具方法综合运用。

编制预算的方法按其业务量基础的数量特征不同，可分为固定预算法和弹性预算法两大类；编制成本费用预算的方法按其出发点的特征不同，可分为增量预算法和零基预算法两大类；编制预算的方法按其预算期的时间特征不同，可分为定期预算法与滚动预算法。以作业或业务流程编制预算的方法有作业预算法，作业预算中的资源需求（成本耗费）来自预期的作业或业务流程和工作量。

任务拓展

（一）预算编制原则认知任务

企业根据战略规划，编制预算管理时，一般遵循以下原则：_____、_____、_____、_____、_____。

【任务拓展】
参考答案

（二）全面预算认知任务

企业以战略为导向，根据长期市场预测和生产能力，编制长期销售预算，再以此为基础，确定本年的_____，并根据企业财力确定_____。_____是年度预算的编制起点，企业根据"以销定产"的原则确定_____，同时确定所需要的_____。生产预算的编制，除需考虑计划销售量外，还要考虑_____和_____。企业根据_____来确定直接材料、直接人工和制造费用预算。产品成本预算和现金预算是相关预算的汇总。利润表预算和资产负债表预算是全部预算的综合。

（扫描二维码查看答案。）

任务小结

本任务介绍了预算管理的定义、内容、原则、应用环境、全面预算及企业常见的编制预算的工具方法与程序，预算编制原则引申战略导向思维、业财融合思维、"部分与整体"的辩证思维，全面预算管理养成"凡事预则立，不预则废"的周密部署的习惯。

任务 2　预算编制方法认知

任务导入

对华龙公司的费用、利润运用适当的预算方法编制预算，并填写表3-2。

表3-2　工作任务表

维度	预算方法	特点	优缺点	使用范围
业务量基础	固定预算			
	弹性预算			
出发点	增量预算			
	零基预算			
预算期的时间	定期预算			
	滚动预算			
作业	作业预算			

任务分析

编制预算是企业实施预算管理的起点，也是预算管理的关键环节。企业采用什么方法编制预算，对预算目标的实现有至关重要的影响，从而直接影响到预算管理的效果。

企业在编制全面预算时，可采用的传统编制方法有固定预算法、增量预算法和定期预算法，可采用的较先进的编制方法有弹性预算法、零基预算法和滚动预算法。企业在选择预算方法时，应根据各种方法的特点和适用范围，寻找适合企业生产特点的最佳方法。

任务实施

一、认知固定预算法与弹性预算法

编制预算的方法按其业务量的特征不同,分为固定预算方法和弹性预算方法两大类。

(一) 固定预算法

固定预算法简称固定预算,又称静态预算,是指根据预算期内正常的、预计可实现的某一业务量水平编制预算的方法。

固定预算编制方法的特点:在编制预算时,不考虑预算期内业务经营水平可能发生的变动,只以预算期内唯一的、预计可实现的正常业务量水平为基础确定相关数据,并将实际结果与所确定的预算数进行比较,以进行控制和考核。

一般来说,固定预算法由于其工作量较小且具有稳定性,在日常预算工作中应用最广泛。该方法主要适用于固定费用预算和数额比较稳定的预算项目,多用于业务量水平较为稳定的企业和非营利组织相关预算的编制。

【在线课3-2】
预算编制方法

【知识拓展3-1】
固定预算法的优缺点

【任务实例 3-1】

华龙公司预计2024年度某产品销售量变动的范围为 40 000~60 000 件,正常可实现的销售量为 50 000 件,销售单价为 15 元,单位变动成本 9 元,其中直接材料 3.5 元,直接人工 2.5 元,变动性制造费用 2 元,变动性销售及管理费用 1 元;固定成本总额 100 000 元,其中固定性制造费用 70 000 元,固定性销售及管理费用 30 000 元,用 Excel 完成华龙公司 2024 年度利润预算,见表 3-3。

表 3-3　华龙公司 2024 年度利润预算　　　　　　　　　单位:元

预算项目	第一季度	第二季度	第三季度	第四季度	全年合计
销售量	15 000	9 500	12 000	13 500	50 000
销售收入	225 000	142 500	180 000	202 500	750 000
减:变动成本总额	135 000	85 500	108 000	121 500	450 000
其中:直接材料	52 500	33 250	42 000	47 25	175 000
直接人工	37 500	23 750	30 000	33 750	125 000
制造费用	30 000	19 000	24 000	27 000	100 000
销售及管理费用	15 000	9 500	12 000	13 500	50 000
贡献毛益	90 000	57 000	72 000	81 000	300 000
减:固定成本总额	25 000	25 000	25 000	25 000	100 000
其中:制造费用	17 500	17 500	17 500	17 500	70 000
销售及管理费用	7 500	7 500	7 500	7 500	30 000
经营利润	65 000	32 000	47 000	56 000	200 000

(二) 弹性预算法

弹性预算法简称弹性预算,又称变动预算或滑动预算,是在固定预算法的基础上发展起来的一种预算方法。它是为克服固定预算的缺点而设计的,以业务量、成本和利润之间依存的关系为依据,按照预算期可预见的业务量水平,编制能够适应多种情

【知识链接3-3】
弹性预算的编制

况的预算的方法，即在考虑预算期内企业生产经营活动可能发生变动的基础上，按照可预见的各种生产经营活动水平分别确定相关数据，并将实际结果与所确定的预算数进行比较，从而进行控制和考核。编制弹性预算可依据的业务量有产量、销售量、直接人工工时、机器工时、材料消耗量及直接人工工资等。

与固定预算相比较，弹性预算的显著特点是以预算期内可预见的各种业务量水平为基础编制预算，该预算方法能适应生产经营活动中各种业务量的变化。

一般情况下，如果企业产品的品种不多，首先应将固定成本在各种产品之间进行分配，再按因素法编制预算，对各种产品分别进行考核；如果品种繁多，但有几种主要产品的企业，则可先按百分比法编制预算，再将固定成本在主要产品之间分配，采用因素法分别为各主要产品利润编制预算，在总额控制的基础上再对每种主要产品进行考核分析。

【知识拓展 3-2】
弹性预算法的
优缺点

二、认知增量预算法与零基预算法

编制成本费用预算的方法按其出发点的特征不同，可分为增量预算法和零基预算法两大类。

（一）增量预算法

【知识拓展 3-3】
增量预算法的
优缺点

增量预算法又称定基预算法、调整预算法，是指在编制预算时，以基期成本费用为基础，结合预算期业务量及相关影响因素的未来变动情况，通过调整有关原有费用项目而编制预算的一种方法。

利用增量预算法编制预算，以基期同项目的预算指标值为基础，按比例增减调整预算期的预算指标值，即

$$预算指标值 = 基期的预算数 \times (1 \pm 预算期指标变动率)$$

增量预算法主要适用于生产业务没有大调整的企业。

【任务实例 3-2】

华龙公司第一生产车间本年度的制造费用预算为 35 000 元，与之对应的全车间劳动工时预算为 140 000 工时，预算年度全年劳动工时预计为 180 000 工时，该车间预算年度的成本降低率为 5%，则第一生产车间预算年度制造费用预算数为：

年度制造费用预算数 =（35 000/140 000）×（1-5%）×180 000 元
　　　　　　　　　＝ 42 750 元

（二）零基预算法

【知识链接 3-4】
零基预算法认知

零基预算法全称为以零为基础编制计划和预算的方法，是指在编制预算时，不考虑以往会计期间所发生的成本费用项目或费用数额，而是将所有的预算开支均以零为出发点，一切从实际需要与可能出发，逐项审议预算期内各项内容和开支标准是否合理，在综合平衡的基础上编制费用预算的一种方法。

【知识拓展 3-4】
零基预算法的
优缺点

【任务实例 3-3】

华龙公司拟采用零基预算法对历年超支严重的业务招待费、劳动保护费、办公费、广告费、保险费等间接费用项目编制销售及管理费用预算，以有效降低费用开支水平。经过反复讨论研究，上述费用预算年度开支金额见表 3-4。

表 3-4　销售及管理费用项目预算年度开支金额　　　单位：元

费用项目	开支金额
1. 业务招待费	175 000
2. 劳动保护费	125 000
3. 职工培训费	80 000
4. 办公费	100 000
5. 广告费	300 000
6. 保险费	150 000
合计	930 000

经充分论证，上述费用中，劳动保护费、办公费和保险费属于不可避免的费用，不再压缩，须全额保证。其他项目则需进行成本效益分析，见表3-5。

表 3-5　成本效益分析表　　　单位：元

费用项目	费用金额	收益金额
职工培训费	100	400
业务招待费	100	300
广告费	100	400

假定上述费用中，华龙公司可动用的资金只有800 000元，须根据轻重缓急确定各项费用支出的层次和顺序，按成本效益大小分配资金，落实预算。

（1）劳动保护费、办公费和保险费。应分配资金金额为

125 000 元+100 000 元+150 000 元=375 000 元

故可分配资金余额：

800 000 元-375 000 元=425 000 元

计算结果可见，资金可分配余额（425 000 元）小于广告费、业务招待费和职工培训费需要的数额（300 000 元+175 000 元+80 000 元=555 000 元）。

（2）广告费和职工培训费成本效益较大，属于可避免成本，视预算期财力情况酌情增减。该部分应分配资金金额分别为

广告费应分配资金=425 000×[400/（400+300+400）]元=154 546 元

职工培训费应分配资金=425 000×[400/（400+300+400）]元=154 546 元

（3）业务招待费，成本效益相对较小，属于可避免成本，视预算期财力情况酌情增减。该部分应分配资金金额为

425 000×[300/（400+300+400）]元=115 909 元

【任务实例3-4】

华龙公司根据部门提出的经费预算，经预算管理委员会审核后排序，见表3-6。

表 3-6　第一季度部门预算经费草案　　　单位：元

申请经费的项目	第一车间	第二车间	维修部	质检科	合计
1. 生产经费	750 000	475 000	300 000	180 000	1 705 000
2. 影响本期效益的技改项目经费	245 000	116 000	90 000	25 000	476 000

续表

申请经费的项目	第一车间	第二车间	维修部	质检科	合计
3. 影响近期效益的技改项目经费	98 000	64 000	48 000	—	210 000
4. 实施远期战略规划的经费	250 000	42 000	—	50 000	342 000
5. 其他经费	22 000	15 000	5 000	3 000	45 000
合计	1 365 000	712 000	443 000	258 000	2 778 000

目前华龙公司第一季度的预算资金只有 2 350 000 元，经预算委员会研究，预算资金分配方案如下：生产经费必须全额保证；影响本期效益的技改项目经费满足 90%；影响近期效益的技改经费满足 50%；实施远期战略规划的经费满足 30%；其他费用满足 20%。据此编制的该企业第一季度部门预算，见表 3-7。

表 3-7 第一季度部门预算　　　　　　　　　　　　　　　　单位：元

申请经费的项目	第一车间	第二车间	维修部	质检科	合计
1. 生产经费	750 000	475 000	300 000	180 000	1 705 000
2. 影响本期效益的技改项目经费	220 500	104 400	81 000	22 500	428 400
3. 影响近期效益的技改项目经费	49 000	32 000	24 000	—	105 000
4. 实施远期战略规划的经费	75 000	12 600	—	15 000	102 600
5. 其他经费	4 400	3 000	1 000	600	9 000
合计	1 098 900	627 000	406 000	218 100	2 350 000

三、认知定期预算法与滚动预算法

编制预算的方法按其预算期的时间特征不同，可分为定期预算法与滚动预算法。

（一）定期预算法

【知识拓展 3-5】
定期预算法的
优缺点

定期预算法，又称静态预算，是指在编制预算时以不变的会计期间（如日历年度）作为预算期的一种编制预算的方法。

采用定期预算法编制预算时，一般以一个会计年度作为固定的预算期，首先反映年度预算，再细分为季度预算、月度预算，即预算按年分季度、分月编制。

定期预算法适合各会计期间内经营业务几乎相同，且年内的经营活动没有变化的企业。

（二）滚动预算法

【知识拓展 3-6】
滚动预算法的
优缺点

滚动预算法，又称动态预算或连续预算，是指在编制预算时，将预算期与会计年度脱离，随着预算的执行不断延伸补充预算，逐期向后滚动，使预算期永远保持为一个固定期间的一种预算编制方法。其基本特征是预算期是连续不断的，始终保持一定期限，在执行某期预算后，编制预算部门根据前期的实际执行情况和预算指标进行对比分析，找出实际和预算的偏差及产生偏差的原因，并结合执行情况重新修订预算后续增一期预算，以此类推，逐期滚动，使企业连续不断地规划企业未来的生产经营活动。

滚动预算法按其预算编制和滚动的时间单位不同，可分为逐月滚动、逐季滚动和混合滚动三种方式。

（1）逐月滚动方式。逐月滚动方式是指在预算编制过程中，以月份为预算的编制单位和滚动单位，每个月调整一次预算的方法。按照逐月滚动方式编制预算，其精确度较高,但工作量太大。

(2) 逐季滚动方式。逐季滚动方式是指在预算编制过程中,以季度为预算的编制单位和滚动单位,每个季度调整一次预算的方法。逐季滚动方式比逐月滚动方式的工作量小,但预算精确度较差。

(3) 混合滚动方式。混合滚动方式是指在预算编制过程中,同时使用月份和季度作为预算编制单位和滚动单位的方法,是滚动预算的一种变通方式。这种预算方法的理论依据是人们对未来的把握程度不同,为了做到长计划短安排、远略近详,在预算编制的过程中,可以对近期预算提出较高的精度要求,使近期的预算内容相对详细;对远期预算提出较低的精度要求,使远期的预算内容相对简单,这样可以减少预算工作量。

在实际工作中,采用哪一种滚动预算方式应视企业的实际需要而定。

另外,由于动态预算不以固定的日历年度为预算期,预算跨年度延伸,运用时必须具备与之相适应的条件和环境,如生产指标、材料供应时间等,必须打破以自然年度来安排的常规管理方式的限制,才能使动态预算得以广泛运用。可以说,只要条件和环境能够满足,动态预算法的适用范围很广泛。

四、认知作业预算法

(一) 作业预算法的内涵

作业预算又称作业基础预算,是在传统预算方法的基础上,结合全面质量管理、作业成本法和作业管理的理念设计的一种新的预算管理方法。作业管理是指通过作业分析和改造组织的作业与业务流程,以更好满足顾客和其他外部利益相关者要求的管理方法。作业预算法则是在作业管理的基础上,确保资源、资本的分配与作业管理的要求相一致而编制预算的方法。对增值的作业链和流程进行计划和控制,可实现有效的作业基础预算。作业预算是对组织预期作业的数量表达,它反映了完成战略目标所需进行的各项工作及相应的各种财务、非财务资源需求,同时还反映了为提高业绩所做的各种改进。作业预算的三个关键要素包括将要做的工作类型,将要做的工作数量,将要做的工作成本。

作业预算的基本原理就是根据要做的事情,即作业或业务流程来编制预算,它不同于以成本元素为依据的传统预算编制方法。作业预算中的资源需求(成本耗费)必须来自预期的作业或业务流程和工作量。工作量是指预计单位作业的数量。预算必须以未来作业的工作量为基础,以确保预算适应和满足企业经营活动变化。通常引起企业经营活动变化的因素有顾客的需求、组织及部门的目标和战略、业务流程的改变、效率的提高、服务水平的变化。

作业预算法是指基于"作业消耗资源、产出消耗作业"的原理,以作业管理为基础的预算管理方法。作业预算间接成本的路径为"资源—作业—产品"(传统预算间接成本的路径为"资源—部门—产品"),首先根据计划产品组合确定产品成本,基于计划的产品、产量组合,采用作业预算法计算出作业成本,再根据作业成本确定资源成本的预算值。

企业编制作业预算一般按照确定作业需求量、确定资源费用需求量、平衡资源费用需求量与供给量、审核最终预算的流程进行,如图3-3所示。

图3-3 企业编制作业预算流程

(二) 作业预算法的编制程序

1. 作业预算法的编制

(1) 确定作业需求量。

企业应根据预测期内销售量和销售收入预测各有关作业中心的产出量（或服务量），进而按照作业与产出量（或服务量）之间的关系，分别按产量级作业、批别级作业、品种级作业、客户级作业、设施级作业等计算各类作业的需求量。企业一般应先计算主要作业的需求量，再计算次要作业的需求量。

① 产量级作业：该类作业的需求量一般与产品（或服务）的产出量成正比例变动，其计算式为

$$产量级作业需求量 = \sum 各产品（或服务）预测的产出量（或服务量） \times 该产品（或服务）的作业消耗率$$

② 批别级作业：该类作业的需求量一般与产品（或服务）的批次数成正比例变动，其计算式为

$$批别级作业需求量 = \sum 各产品（或服务）预测的批次数 \times 该批次作业消耗率$$

③ 品种级作业：该类作业的需求量一般与品种类别数成正比例变动，其计算式为

$$品种级作业需求量 = \sum 各产品（或服务）预测的品种类别数 \times 该品种类别作业消耗率$$

④ 客户级作业：该类作业的需求量一般与特定类别客户的数量成正比例变动，其计算式为

$$客户级作业需求量 = \sum 预测的每类特定客户数 \times 该类客户作业消耗率$$

⑤ 设施级作业：该类作业的需求量在一定产出量（或服务量）规模范围内一般与每类设施投入量成正比例变动，其计算式为

$$设施级作业需求量 = \sum 预测的每类设施投入量 \times 该类设施作业消耗率$$

式中，作业消耗率是指单位产品（或服务）、批次、品种类别、客户、设施等消耗的作业数量。

(2) 确定资源费用需求量。

企业应依据与作业资源消耗有关的因素确定作业对资源费用的需求量，其计算式为

$$资源费用需求量 = \sum 各类作业需求量 \times 资源消耗率$$

式中，资源消耗率是指单位作业消耗的资源费用数量。

(3) 平衡资源费用需求量与供给量。

企业应检查资源费用需求量与供给量是否平衡，如果没有达到基本平衡，需要通过增加或减少资源费用供给量或降低资源消耗率等方式进行调节，使两者的差额处于可接受的区间内。

资源费用供给量是指企业在目前经营期间内所拥有并能投入作业的资源费用数量。

企业一般以作业中心为对象，按照作业类别编制资源费用预算，其计算式为

$$资源费用预算 = \sum 各类资源需求量 \times 该资源费用预算价格$$

资源费用预算价格一般来自企业建立的资源费用价格库。企业应收集、积累多个历史期间各资源的成本价、行业标杆价、预期市场价等，建立企业的资源价格库。

(4) 审核最终预算。

作业预算初步编制完成后，企业应组织相关人员进行预算评审。预算评审小组一般应由企业预算管理部门、运营与生产管理部门、作业及流程管理部门、技术定额管理部门的人员组成。评审小组应从业绩要求、作业效率要求、资源效益要求等多个方面对作业预算进行评审，评审通过后上报企业预算管理决策机构进行审批。

2. 预算执行与控制

企业应按照作业中心和作业进度进行作业预算控制，通过把预算执行的控制过程精细化至作业管理的层次，把控制重点放在作业活动所驱动的资源上，实现生产经营全过程的预算控制。

企业作业预算分析主要包括资源动因分析和作业动因分析。资源动因分析主要用于评价各作业消耗资源的必要性和合理性，发现减少资源浪费、降低资源消耗成本的机会，进而提高资源利用效率；作业动因分析主要用于评价各作业的有效性和增值性，减少无效作业和不增值作业，不断进行作业改进和流程优化，提高作业产出效果。

（三）作业预算法的优缺点

作业预算法的主要优点：一是基于作业需求量配置资源，避免了资源配置的盲目性；二是通过总体作业优化实现最低的资源费用耗费，创造最大的产出成果；三是作业预算法可以促进员工对业务和预算的支持，有利于预算的执行。

作业预算法的主要缺点：预算的建立过程复杂，需要详细估算生产和销售所对应的作业和资源费用需求量，并测定作业消耗率和资源消耗率，数据收集成本较高。

（四）作业预算法的适用环境

作业预算法主要适用于具有作业类型较多且作业链较长、管理层对预算编制的准确性要求较高、生产过程多样化程度较高，以及间接或辅助资源费用所占比重较大等特点的企业。

任务拓展

（一）作业预算法认知

(1) 作业预算法基于"_____消耗_____、_____消耗_____"的原理，作业预算间接成本的路径为"_____—_____—_____"，首先根据计划产品组合确定_____，基于计划的产品、产量组合，采用作业预算法计算出_____，再根据作业成本可以确定_____的预算数字。

(2) 企业编制作业预算一般按照_____、_____、_____、_____的流程进行。

（扫描二维码查看答案。）

【任务拓展】参考答案

（二）滚动预算法应用

1. 实训目标

能够按季滚动预算方法编制制造费用预算的方法。

2. 实训资料

甲公司的生产车间采用按季滚动预算方法编制制造费用预算，甲公司 2024 年分季度的制造费用预算见表 3-8。

表 3-8 2024 年甲公司全年制造费用预算　　　　　　　　　　　单位：元

项目	第一季度	第二季度	第三季度	第四季度	全年
直接人工预算总工时/h	11 600	12 040	12 340	12 800	48 780
变动制造费用					
间接人工费用（5元/h）	58 000	60 200	61 700	64 000	243 900
水电与维修费用（4元/h）	46 400	48 160	49 360	51 200	195 120
小计	104 400	108 360	111 060	115 200	439 020
固定制造费用					
设备租金	35 600	35 600	35 600	35 600	142 400
管理人员工资	20 500	20 500	20 500	20 500	82 000
小计	56 100	56 100	56 100	56 100	224 400
制造费用合计	160 500	164 460	167 160	171 300	663 420

2024 年 3 月 31 日甲公司在编制 2024 年第二季度到 2025 年第一季度滚动预算时，发现未来的四个季度中将出现以下情况：

(1) 间接人工费用预算工时分配率将上涨 40%；
(2) 原设备租赁合同到期，公司设备租金将降低 20%；
(3) 预计直接总工时见表 3-8，假定其他条件不变。

3. 实训要求

根据以上资料，编制甲公司 2024 年第二季度到 2025 年第一季度滚动预算，见表 3-9。

表 3-9 2024 年第二季度到 2025 年第一季度甲公司制造费用预算

单位：元

项目	2024 年			2025 年	全年
	第二季度	第三季度	第四季度	第一季度	
直接人工预算总工时/h					
变动制造费用：					
间接人工费用（5元/h×1.4）					
水电与维修费用（4元/h）					
变动制造费用小计					
固定制造费用：					
设备租金（×0.8）					
管理人员工资					
固定制造费用小计					
制造费用合计					

（扫描二维码查看答案。）

任务小结

本任务详细阐述了固定预算方法与弹性预算方法、增量预算法与零基预算法、定期预算和滚动预算及作业预算法等方法的概念、优缺点和适用范围,为学生能进行正确的业务预算、财务预算等各种全面预算做好准备。

任务 3　全面预算的编制

任务导入

采用适当的预算编制方法,对华龙公司的经营业务编制全面预算。预计甲产品销售价格为 200 元/件,根据市场预测 2024 年甲产品预计销售量见表 3-10。

表 3-10　2024 年甲产品预计销售量　　　　　　　　单位:件

项目	第一季度	第二季度	第三季度	第四季度	全年
预计销售量	160	210	280	250	900

华龙公司生产部门的成本资料见表 3-11。

表 3-11　2024 年成本资料

成本项目	单耗量	投入量	期初存货/件	期末存货/件
直接材料	6 元/kg	10 kg	11	21
直接人工	4 元/h	10 h		
变动制造费用	1 元/h	10 h		
固定制造费用	1.5 元/h	10 h		

注:数据保留整数。

华龙公司 2023 年销售及管理费用资料见表 3-12。

表 3-12　2023 年销售及管理费用资料　　　　　　　　单位:元

销售费用	金额	管理费用	金额
销售人员工资	4 000	福利人员工资	8 000
广告费	8 000	福利费	1 000
包装、运输费	3 500	保险费	800
保险费	2 700	办公费	1 800
合计	18 200	合计	11 600

任务分析

全面预算的编制包括业务预算、专门决策预算和财务预算。业务预算又称经营预算,是指关于采购、生产、销售业务的预算,包括销售预算、生产预算、成本预算等。企业应根据长期市场预测和生产能力,编制长期销售预算,再以此为基础,确定本年的销售预算,并根据企业财力确定资本预算。销售预算是年度预算的编制起点,企业根据"以销定产"的原则确定生产预算,同时确定所需要的销售费用。编制生产预算,除要考虑计划销售量,还要考虑现有存货和年末存货。根据生产预算来确定直接材料、直接人工和制造费用预算。

【在线课 3-3】
全面预算编制概述

财务预算是在业务预算基础上进行的企业综合性预算，包括现金预算、预计利润表和预计资产负债表。

全面预算流程如图3-4所示。

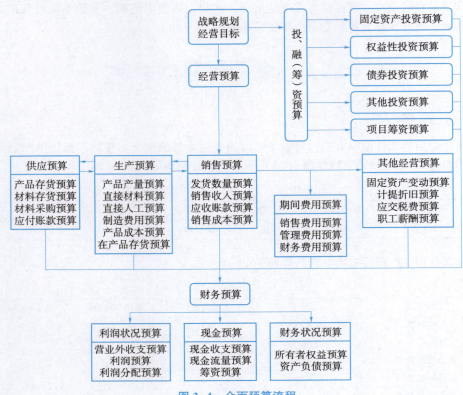

图3-4　全面预算流程

任务实施

一、业务预算的编制

（一）销售预算

【在线课 3-4】
经营预算编制

销售预算是指通过分析上年销售情况并结合预期相关变化因素，根据企业预计年度的目标利润确定预计的销售量、销售单价和销售收入等编制的一种业务预算。销售预算的主要内容是预计销售量、预计销售单价、预计销售收入和预计现金收入，以便为编制现金收支预算提供必要的信息。销售预测是整个预算的起点，其他预算都应以销售预算为基础。根据销售预算确定未来的销售量和销售单价，计算预计销售收入。

预计销售收入的计算公式为

$$预计销售收入 = 预计销售量 \times 预计销售价格$$

【任务实例3-5】

华龙公司2024年度的甲产品销售预算，根据市场预测2024年甲产品预计销售量。收款条件：当季度收到销售额的80%，其余部分下季度收回，不考虑坏账等其他相关因素，该公司年初应收账款为7 300元。

要求：采用固定预算方法编制2024年度销售预算表。

解：根据资料，编制2024年度销售预算表，见表3-13。

表 3-13　2024 年度华龙公司销售预算　　　　　　　　　　单位：元

项目		第一季度	第二季度	第三季度	第四季度	全年
预计销售量		160	210	280	250	900
预计单位价格		200	200	200	200	200
销售收入		32 000	42 000	56 000	50 000	180 000
预计现金收入	预计现金收入					
预计现金收入	期初应收账款	7 300				7 300
预计现金收入	第一季度	25 600	6 400			32 000
预计现金收入	第二季度		33 600	8 400		42 000
预计现金收入	第三季度			44 800	11 200	56 000
预计现金收入	第四季度				40 000	40 000
预计现金收入	现金收入合计	32 900	40 000	53 200	51 200	177 300

表 3-13
编表说明

想一想

1. 进行销售预测时，应考虑哪些影响销售量的因素？
2. 销售预算是业务预算编制的起点，哪些预算编制会用到销售预算？

（二）生产预算

生产预算是为规划预算期生产规模而编制的一种业务预算。它以销售预算为基础编制，主要包括预计销售量、预计期初存货量、预计期末存货量、预计生产量。销售量可以从销售预算中获得，预计期初存货量等于上季期末存货量，预计期末存货量可按下季度销售量的一定百分比确定，生产预算相关计算公式为

$$预计生产量 = 预计销售量 + 预计期末存货量 - 预计期初存货量$$

【技能训练 3-1】

【技能训练 3-1】
参考答案

【任务实例 3-6】

根据【任务实例 3-5】，华龙公司每季度末的存货量为下季度预计销售量的 10%，2023 年末期末存货量为 11 件，预计 2025 年第一季度的销量为 210 件。

要求：编制 2024 年度生产预算表。

解：根据资料，编制 2024 年度生产预算见表 3-14。

表 3-14　华龙公司 2024 年度生产预算　　　　　　　　　　单位：件

项目	第一季度	第二季度	第三季度	第四季度	全年
预计销售量	160	210	280	250	900
加：预计期末存货	21	28	25	21	21
减：预计期初存货	11	21	28	25	11
预计生产量	170	217	277	246	910

表 3-14
编表说明

想一想

1. 编制生产预算需要考虑哪些内容？
2. 哪些预算编制会用到生产预算？

（三）直接材料预算

【技能训练3-2】

【技能训练3-2】
参考答案

直接材料预算是在生产预算的基础上预测生产耗用材料的情况，对直接材料消耗情况及采购活动作出的一种业务预算。

直接材料消耗及采购预算主要包括预计生产量、预计生产耗用直接材料量、预计直接采购量、预计采购成本等，同时预计材料采购的现金支出，以便为编制现金收支预算提供必要的信息。

这种预算以生产预算为基础编制，在考虑原材料存货水平的基础上确定材料的采购数量和采购成本，其计算公式为

$$预计材料耗用量 = 预计生产量 \times 单位产品材料耗用量$$
$$预计材料采购量 = 预计材料耗用量 + 预计期末存量 - 预计期初存量$$
$$预计材料成本 = 预计材料采购量 \times 材料单价$$

【任务实例3-7】

根据【任务实例3-6】，假设生产甲产品只耗用A材料，单位甲产品耗用A材料10 kg，单价6元/kg。其中，期末材料存量预计为下一季度的生产用料量的10%。第一季度期初存料量预计为200 kg，第四季度期末存料量预计为300 kg。年初应付账款为2 519元，预计直接材料的货款在本季度支付50%，下季度支付50%。

要求：编制2024年度直接材料预算表。

解：根据资料，编制2024年度直接材料预算表，见表3-15。

表3-15 华龙公司2024年度直接材料预算

表3-15 编表说明

项目		第一季度	第二季度	第三季度	第四季度	全年
预计生产量/件		170	217	277	246	910
单耗/kg		10	10	10	10	10
材料用量/kg		1 700	2 170	2 770	2 460	9 100
加：预计期末存料量/kg		217	277	246	300	300
减：预计期初存料量/kg		200	217	277	246	200
预计材料采购量/kg		1 717	2 230	2 739	2 514	9 200
单价/(元·kg^{-1})		6	6	6	6	6
预计采购金额/元		10 302	13 380	16 434	15 084	55 200
预计现金支出						
预计现金支出	期初应付账款/元	2 519				2 519
预计现金支出	第一季度/元	5 151	5 151			10 302
预计现金支出	第二季度/元		6 690	6 690		13 380
预计现金支出	第三季度/元			8 217	8 217	16 434
预计现金支出	第四季度/元				7 542	7 542
预计现金支出	现金支出合计/元	7 670	11 841	14 907	15 759	50 177

【技能训练3-3】

【技能训练3-3】
参考答案

想一想

1. 直接材料预算的编制如何影响现金预算？
2. 直接材料预算的编制会影响预计资产负债表中的什么项目？

（四）直接人工预算

直接人工预算是一种反映预算期内人工工时消耗水平及人工成本开支的业务预算。这种预算也是以生产预算为基础，其中预计产量来自生产预算表，预算金额都需要用现金支付。直接人工预算主要包括预计生产量、单位产品消耗的直接人工工时、每工时人工成本、人工总成本（单位产品人工工时及每工时成本数据来自标准成本资料），其计算公式为

$$预计人工总工时 = 预计生产量 \times 单位产品人工工时$$
$$预计人工总成本 = 预计人工总工时 \times 每小时人工成本$$

【任务实例3-8】

根据【任务实例3-6】，该公司根据以往的加工经验预计，生产单位甲产品平均耗费10 h，平均每工时人工成本4元，并根据此预计量完成2024年度直接人工预算。

要求：编制2024年度直接人工预算表。

解：根据资料，编制2024年度直接人工预算表，见表3-16。

表3-16　华龙公司2024年度直接人工预算

项目	第一季度	第二季度	第三季度	第四季度	全年
预计产量/件	170	217	277	246	910
单位产品工时/h	10	10	10	10	10
人工总工时/h	1 700	2 170	2 770	2 460	9 100
每小时人工成本/元	4	4	4	4	4
人工总成本/元	6 800	8 680	11 080	9 840	36 400

表3-16 编表说明

【技能训练3-4】

【技能训练3-4】参考答案

想一想

1. 如何估计每小时人工成本（直接人工工资率）？
2. 直接材料预算的编制会影响预计资产负债表的什么项目？

（五）制造费用预算

制造费用预算是指规划除直接材料和直接人工预算以外的其他生产费用的一种业务预算。

编制制造费用预算时，可把制造费用分为变动制造费用和固定制造费用。变动制造费用可以以生产为基础，利用完善的标准成本资料来编制，也可进行预计。固定制造费用，因其通常与本期生产量无关，故一般需要逐项预计后汇总。为提供编制现金预算的资料，需要对制造费用中的待摊费用、固定资产折旧进行调整，将其调整为用现金支付的制造费用。

【任务实例3-9】

根据【任务实例3-6】，变动制造费用分配率为1元/h，单位产品耗用工时2 h。其中，间接材料为4元/件，间接人工为2元/件，变动修理费用3元/件，水电费1元/件。全年固定制造费用为13 650元。其中，车间管理人员工资5 600元，修理费2 400元，折旧费4 400元，保险费650元，财产税600元。除固定资产折旧外，制造费用均用现金支付。

要求：编制2024年度制造费用预算表。

解：根据资料，编制2024年度的制造费用预算表，见表3-17。

表 3-17
编表说明

【技能训练 3-5】

【技能训练 3-5】
参考答案

表 3-17 华龙公司 2024 年度制造费用预算　　　　　单位：元

项目		第一季度	第二季度	第三季度	第四季度	全年
变动制造费用	生产量/件	170	217	277	246	910
	间接材料（4 元/件）	680	868	1 108	984	3 640
	间接人工（2 元/件）	340	434	554	492	1 820
	修理费（3 元/件）	510	651	831	738	2 730
	水电费（1 元/件）	170	217	277	246	910
	小计（10 元/件）	1 700	2 170	2 770	2 460	9 100
固定制造费用	管理人员工资	1 400	1 400	1 400	1 400	5 600
	修理费	400	600	800	600	2 400
	折旧	1 100	1 100	1 100	1 100	4 400
	保险费	90	150	180	230	650
	财产税	150	150	150	150	600
	小计（15 元/件）	3 140	3 400	3 630	3 480	13 650
合计（$a+bX$）		4 840	5 570	6 400	5 940	22 750
减：折旧		1 600	1 600	1 600	1 600	6 400
现金支出的费用		3 240	3 970	4 800	4 340	16 350

> **想一想**
>
> 1. 制造费用为何要分为变动制造费用和固定制造费用？
> 2. 制造费用中现金支出的费用是否包括折旧和摊销？

（六）产品成本预算

产品成本预算是反映预算期内产品生产成本水平的一种业务预算。它主要包括生产预算、直接材料预算、直接人工预算、制造费用预算等。

 【任务实例 3-10】

根据【任务实例 3-7】~【任务实例 3-9】的资料。
要求：编制 2024 年度产品成本预算表。
解：根据资料，编制 2024 年度产品成本预算表，见表 3-18。

表 3-18
编表说明

表 3-18 华龙公司 2024 年度产品成本预算

成本项目	单位成本			生产成本/元（910 件）	预计期末存货/元（21 件）	销售成本/元（900 件）
	单价	定额/标准	成本/元			
直接材料	6 元/kg	10 kg/件	60	54 600	1 260	54 000
直接人工	4 元/h	10 h/件	40	36 400	840	36 000
变动制造费用	1 元/h	10 h/件	10	9 100	210	9 000
变动成本			110	100 100	2 310	99 000
固定制造费用	1.5 元/h	10 h/件	15	13 650	315	13 500
合计			125	113 750	2 625	112 500

【技能训练 3-6】

【技能训练 3-6】
参考答案

> **想一想**
> 1. 产品成本预算中，变动成本核算包括哪些成本项目？
> 2. 产品成本预算中，完全成本包括哪些成本项目？

（七）销售及管理费用预算

销售及管理费用预算是反映整个预算期内用于商品销售和维持一般行政管理工作的各项费用支出的一种预算。销售及管理费用多为固定费用，因此在编制该预算时不仅要分析和考察过去相关费用的必要性及其效果，而且还要考虑预算期内可能发生的变化。销售费用预算可以结合销售预算进行编制，管理费用可以逐项预计。

【任务实例 3-11】

根据【任务实例 3-5】，华龙公司 2024 年度的销售预算见表 3-13。

要求：编制 2024 年度销售及管理费用预算表。

解：根据任务导入资料，编制 2024 年度的销售及管理费用预算表，见表 3-19。

表 3-19　华龙公司 2024 年度销售及管理费用预算　　　　单位：元

销售费用	金额
销售人员工资	4 000
广告费	8 000
包装、运输费	3 500
保险费	2 700
管理费用	
福利人员工资	8 000
福利费	1 000
保险费	800
办公费	1 800
合计	29 800
每季度支付现金	7 450

【技能训练 3-7】

【技能训练 3-7】
参考答案

> **想一想**
> 1. 一般企业的销售与管理费用是固定费用吗？
> 2. 固定费用应如何控制？

二、财务预算的编制

（一）现金预算

现金预算又称现金收支预算，是以日常业务预算和特种决策预算为基础编制的反映企业预算期间现金收支状况的预算。现金预算的编制包括现金收入、现金支出、现金多余或不足的计算，以及不足部分的筹措方案和多余部分的利用方案等。现金预算实际上是其他预算有关现金收支部分的汇总，以及收支差额平衡的具体计划，其编制要以其他各项预算为基础。

【在线课 3-5】
财务预算编制

现金预算是反映企业预算年度内全部现款的收支和资金筹措的计划。

现金预算由以下四部分内容组成。

（1）现金收入。它包括预算年初现金余额和预算年度发生的各种现金收入。其中，产品销售收入是取得现金收入的最主要来源。

（2）现金支出。指预算年度内预计要发生的所有现金支出。它包括直接材料、直接人工、制造费用、销售及管理费用和专门决策等预算中所预计的现金支出。

（3）现金多余或不足。列示现金收入合计与现金支出合计的差额。差额为正，说明收大于支，现金有多余；差额为负，说明支大于收，现金不足。

（4）资金的筹措和运用。根据预算期现金收支的差额和企业有关资金管理的各项政策，确定筹集和运用资金的数额。如果现金不足，则需要向银行取得借款或用其他方式筹集资金以保证经营正常进行，并预计还本付息的期限和数额；如果现金多余，除了可用于偿还借款外，还可用于购买有价证券作为短期投资。

编制现金预算的主要目的是加强在预算期内对现金流量的控制，使企业财务人员了解企业在预算期间现金收支及资金余缺情况，以便今后合理运用或及时筹措资金。

【任务实例3-12】

根据【任务实例3-5】~【任务实例3-11】的资料，该公司每季度末需保留的现金余额为8 000元，不足则向银行借款。借款和还款的数额为1 000元的倍数。其借款年利率为10%，借款在期初，还款在期末。年初库存现金余额为10 000元，预交所得税12 000元，在第二季度购买设备11 000元，预计第二季度和第四季度分红各8 000元。

要求：编制2024年度现金预算表。

解：根据资料，编制2024年度现金预算表，见表3-20。

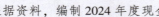

表3-20　华龙公司2024年度现金预算　　　　　　　　单位：元

项目	第一季度	第二季度	第三季度	第四季度	全年
期初现金余额	10 000	14 740	8 799	12 362	10 000
加：现金收入	32 900	40 000	53 200	51 200	177 300
可供使用的资金	42 900	54 740	61 199	63 562	187 300
减：现金支出					
直接材料	7 670	11 841	14 907	15 759	50 177
直接人工	6 800	8 680	11 080	9 840	36 400
制造费用	3 240	3 970	4 800	4 340	16 350
销售及管理费用	7 450	7 450	7 450	7 450	29 800
预缴所得税	3 000	3 000	3 000	3 000	12 000
购买设备		11 000			11 000
预分股利		8 000		8 000	16 000
现金支出合计	28 160	53 941	41 237	48 389	171 727
现金多余或不足	14 740	799	20 762	15 173	15 573
加：向银行借款		8 000			8 000
减：还银行借款			8 000		8 000
借款利息			400		400
期末现金余额	14 740	8 799	12 362	15 173	15 173

表3-20
编表说明

【技能训练3-8】

【技能训练3-8】
参考答案

想一想

1. 业务预算中，哪些预算需要汇入现金预算？
2. 如何计算借款利息？

（二）预计利润表

预计利润表是以货币形式反映企业预算年度内经营活动成果的预计财务报表。

预计利润表的编制依据主要有销售预算、生产预算、产品单位成本及期末存货预算、销售及管理费用预算、其他现金收支预算以及相关资料。

预计利润表的编制方法与实际利润表的编制方法基本一致，只不过前者使用的是预计数。预计利润表可以按季度或按年度汇总编制。通过编制预计利润表，可以预测预算期的利润水平。若预计利润水平低于目标利润水平，就须对有关预算进行必要的调整，以设法达到经营目标。

【任务实例 3-13】

根据【任务实例 3-5】~【任务实例 3-12】的资料。

要求：编制 2024 年度预计利润表。

解：根据资料，编制 2024 年度预计利润表，见表 3-21。

表 3-21　华龙公司 2024 年度预计利润　　　　单位：元

项目	金额
销售收入（见表 3-12）	180 000
销售成本（见表 3-17）	112 500
毛利	67 500
销售及管理费用（见表 3-18）	29 800
减：利息（见表 3-19）	400
利润总额	37 300
减：所得税（见表 3-19）	12 000
净利润	25 300

【技能训练 3-9】

【技能训练 3-9】
参考答案

想一想

1. 所得税如何计算？
2. 管理会计用利润表如何编制？

（三）预计资产负债表

预计资产负债表，是以货币单位反映企业预算期末财务状况的预计财务报表。

预计资产负债表的编制依据主要包括：预算期初的资产负债表、销售预算、直接材料预算、产品单位成本及期末存货预算、现金预算、预计利润表等。

预计资产负债表是以预算期内期初资产负债表各项目的数字为基础，根据有关预算引起的各项目数据变动来调整编制的。大部分项目的预算，可计算为

期末资产/负债=期初的资产/负债+预算期财务状况变动情况

【任务实例 3-14】

根据【任务实例 3-5】~【任务实例 3-13】的资料。

要求：编制 2024 年度预计资产负债表。

解：根据资料，编制 2024 年度预计资产负债，见表 3-22。

表 3-22　华龙公司 2024 年度预计资产负债　　　　　单位：元

表 3-22
编表说明

【技能训练 3-10】

【技能训练 3-10】
参考答案

资产			负债与所有者权益		
项目	年初	年末	项目	年初	年末
货币资金（见表 3-19）	10 000	15 173	应付账款（见表 3-14）	2 519	7 542
应收账款（见表 3-12）	7 300	10 000	长期借款	10 000	10 000
直接材料（见表 3-14）	1 200	1 800	股本	30 000	30 000
产成品（见表 3-17）	1 375	2 625	未分配利润	5 356	14 656
土地	12 000	12 000			
固定资产（见表 3-19）	20 000	31 000			
累计折旧（见表 3-16）	4 000	10 400			
资产总额	47 875	62 198	权益总额	47 875	62 198

想一想

1. 为何编制预计资产负债表？
2. 如果预计财务状况不佳，可否修改预算？

任务拓展

【任务拓展】
参考答案

（一）实训目标

编制泽蓝公司 2024 年全面预算。

（二）实训资料

泽蓝公司生产和销售甲产品，2023 年 12 月 31 日的资产负债表见表 3-23。

表 3-23　资产负债表简表　　　　　单位：元

资产	金额	负债与股东权益	金额
库存现金	108 000	应付账款	54 000
应收账款	216 000	长期应付款	144 000
库存材料	37 800	负债小计	198 000
库存产成品	31 500	普通股股本	360 000
流动资产小计	393 300	资本公积	0
固定资产	900 000	盈余公积	370 430
减：累计折旧	312 000	未分配利润	52 870
固定资产净值	588 000	所有者权益小计	783 300
资产合计	981 300	负债与所有者权益合计	981 300

（1）收集的有关数据资料如下：公司2024年预计销售产品9 000件。其中，第一季度1 500件，第二季度2 250件，第三季度3 000件，第四季度2 250件。产品销售单价450元。收款条件为当季收现占销售货款40%，其余部分在下季度收取。假定不考虑坏账因素，2023年第四季度的销售货款为360 000元，以下数据保留整数。

（2）该公司希望能在每季度末保持相当于下季度销售量10%的期末存货，2023年末的期末存货为150件，单位成本为210元，共计31 500元。预计2025年第一季度销售量为1 650件。

（3）假设生产甲产品只耗用一种材料，该公司期望2024年的年末材料库存量为1 380 kg。上年年末库存材料为1 260 kg。每件产品消耗材料定额为4 kg，材料单价为30元。每一季度的期末存量按下一季度的生产用料量的20%安排。材料采购的货款有50%在本季度内付清，剩下部分在下季度付清。该公司期初应付账款为54 000元。

（4）该公司直接人工小时工资率为12元，单位产品工时定额为5 h。

（5）该变动制造费用分配率为12元/h。其中，间接人工为2元/h，间接材料为2.4元/h，变动修理费用为1.6元/h，水电费为2.8元/h，其他费用为3.2元/h。全年固定制造费用为540 000元。其中，修理费96 000元，折旧135 000元，管理人员工资84 000元，保险费120 000元，其他费用105 000元。除当期计提的固定资产折旧外，制造费用均用现金支付。

（6）该公司变动制造费用定额为5 h/件，且采用变动成本法核算产品成本。

要求：编制2024年度单位产品成本预算表。

（7）该公司单位变动销售费用为30元，每季度的固定销售及管理费用为120 000元，其中包含的折旧费用为25 500元。

（8）该公司每季度预交所得税为36 000元，第二季度购买固定资产支出144 000元。

（9）该公司每季度末应保持现金余额96 260元，该公司与某银行签订的信贷协议额度为：第一季度可借款182 250元，第二季度可借款177 525元，第三季度和第四季度均可借款180 000元，借款年利率为12%，借于每季度初借入，每季度末偿还借款，每季度末计提并支付利息，已知上年度末现金余额为108 000元。

（10）该公司2023年末的未分配利润为52 870元。法定盈余公积的提取比例为10%，任意盈余公积提取比例为5%。

（三）实训要求

根据资料编制泽蓝公司2024年全面预算（计算结果保留整数位），列表完成任务。（扫描二维码查看答案。）

任务小结

本任务在业务预算的基础上，结合专门决策预算，编制现金、资产负债表和利润表的财务预算。

项目总结

通过本项目的学习，学生需具备"凡事预则立，不预则废"的意识观念和不畏繁杂、勇于探索的精神，在预算管理注重开源节流、管控成本、创造价值，帮助企业提高经济效益。本项目重点学习了全面预算的概念、作用与编制步骤；学习了固定预算方法与弹性预算方法、增量预算法与零基预算法、定期预算和滚动预算及作业预算等企业常见预算编制方法的概念、优缺点和适用范围；学习了如销售预算、生产预算、直接材料预算、直接人工预算、产品成本预算、销售费用和管理费用预算等业务预算，以及现金、资产负债表和利润表的财务预算等各种企业全面预算的编制。

 职业能力训练

【自测题】

【项目实操】

 学业测评

职业能力和素养测评见表3-24。

表3-24 职业能力和素养测评表

评价项目	评价指标	自测结果					得分
职业素养 （10分）	1. 积极参加教学活动，按时完成任务（2分）	□A	□B	□C	□D	□E	
	2. 遵守劳动纪律，教学场地6S管理（2分）	□A	□B	□C	□D	□E	
	3. 培养预算思维、业财融合思维、辩证思维（3分）	□A	□B	□C	□D	□E	
	4. 遵循"量入为出、精打细算"，培养降本增效、创造价值（3分）	□A	□B	□C	□D	□E	
预算管理认知 （20分）	1. 预算管理会计的定义（2分）	□A	□B	□C	□D	□E	
	2. 预算管理的内容（2分）	□A	□B	□C	□D	□E	
	3. 预算管理的原则（2分）	□A	□B	□C	□D	□E	
	4. 预算管理的应用环境（2分）	□A	□B	□C	□D	□E	
	5. 全面预算的编制程序（2分）	□A	□B	□C	□D	□E	
	6. 预算管理的工具方法（10分）	□A	□B	□C	□D	□E	
业务预算编制 （30分）	1. 销售预算的编制（5分）	□A	□B	□C	□D	□E	
	2. 生产预算的编制（4分）	□A	□B	□C	□D	□E	
	3. 直接材料预算的编制（5分）	□A	□B	□C	□D	□E	
	4. 直接人工预算的编制（4分）	□A	□B	□C	□D	□E	
	5. 制造费用预算的编制（4分）	□A	□B	□C	□D	□E	
	6. 产品成本预算的编制（4分）	□A	□B	□C	□D	□E	
	7. 销售及管理费用预算的编制（4分）	□A	□B	□C	□D	□E	
财务预算编制 （40分）	1. 现金预算的编制（20分）	□A	□B	□C	□D	□E	
	2. 预计利润表的编制（10分）	□A	□B	□C	□D	□E	
	3. 预计资产负债表的编制（10分）	□A	□B	□C	□D	□E	
教师评语：							
成绩		教师签字					

注：在□中打√，A：100%，B：80%，C：60%，D：40%，E：20%。

职业能力拓展

【关键术语】

【素养进阶】

【职业能力进阶】

【职业能力进阶】参考答案

【经典案例导读】

项目四

成本管理

📊 项目描述

随着信息技术的更新进步速度加快，进行好成本管理是企业应对"大智移云物"等新技术冲击、提升管理效率的重要手段，也是进行企业预算控制的基础。单位管理层提出各部门的绩效目标任务，成本管控部门如何进行成本管理来达到绩效目标？如果您是成本管理岗位的财务人员，请您完成成本管理项目相关工作。

📊 项目分析

成本管理包括成本预测、成本决策、成本计划、成本控制、成本核算、成本分析与考核等，是对成本进行全面的管理，力求以较少生产耗费取得更大的生产成果，以期提高企业管理的质量与效率，最终对企业决策提供帮助。

为完成成本管理项目，首先需要对成本管理有基本认知，然后精通成本控制的方法，并根据单位实际情况选择适当方法进行成本管理。故本项目分4个任务：任务1 成本管理认知，任务2 变动成本法应用，任务3 标准成本法应用，任务4 作业成本法应用。

📊 党的二十大精神学习园地

党的二十大报告指出，"必须坚持科技是第一生产力、人才是第一资源、创新是第一动力，深入实施科教兴国战略、人才强国战略、创新驱动发展战略，开辟发展新领域新赛道，不断塑造发展新动能新优势。"

📊 学习目标

◆ 知识目标

1. 理解成本管理的概念。
2. 理解成本性态的概念。

附件4-1 管理会计应用指引第300—304号

3. 掌握成本性态分类。
3. 掌握变动成本法。
4. 掌握标准成本法。
5. 理解作业成本法。

◆ 能力目标

1. 能够分解混合成本。
2. 能够计算贡献式利润表。
3. 能够制定标准成本。
4. 能够计算和分析标准成本差异。
5. 能够正确应用作业成本法计算产品成本。

◆ 素养目标

1. 通过成本形态分析，树立精打细算、厉行节约的意识。
2. 通过变动成本法与完全成本法对比，理解刚性与柔性相结合的意义，培养原则性与灵活性相统一的辩证思维。
3. 通过变动成本法、标准成本法和作业成本法的应用训练，树立爱岗敬业的职业精神、实事求是的科学精神、协作共进的团队精神，培养职业道德和职业精神及客观公正、严谨务实的职业品质。
4. 结合乡村振兴战略，培养家国情怀和责任担当精神。

 职业素养提升

严格成本管理　节能降耗增效

成本管理是指企业在营运过程中实施成本预测、成本决策、成本计划、成本控制、成本核算、成本分析和成本考核等一系列管理活动的总称。

传统的成本核算方法在分配制造费用方面无法适应现代技术迅速发展带来的企业生产方式变化，而基于成本性态分析思想的成本管理工具方法，将制造费用以变动成本法、标准成本法和作业成本法进行划分，使企业更能适应生产的新变化，充分动员和组织企业全体人员。这类方法从产出倒推投入，在保证产品质量的前提下，对企业生产经营过程的各个环节进行科学合理的管理，帮助企业控制成本，充分使用有限的资源，提高资源使用效率，力求以较少生产耗费取得更大的生产成果。

 配套学习资源

省级在线精品课程"数字化管理会计"——成本管理。

 知识图谱

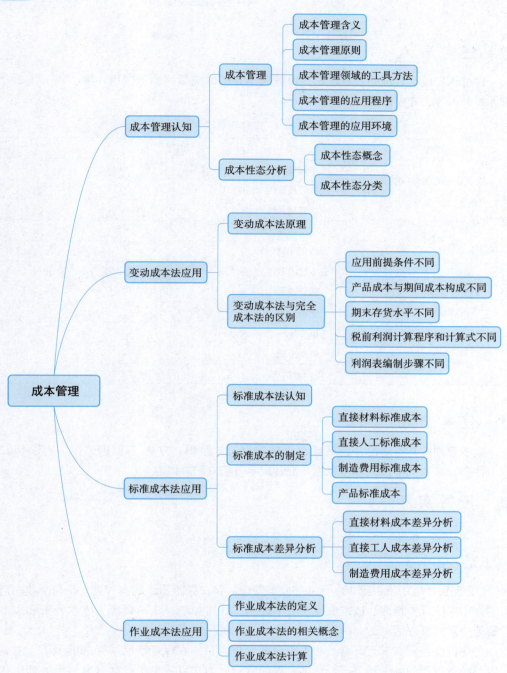

任务 1　成本管理认知

任务导入

通过认知成本管理的基本理论，理解成本管理的应用原则、应用环境、成本性态分析等相关内容，并完成表 4-1。

表 4-1　工作任务表

维度	内容	
成本管理的概念与原则	成本管理概念	
	成本管理原则	
成本管理方法、应用程序及环境	成本管理方法	
	应用程序	
	应用环境	
成本性态概念及成本按照性态分类	成本性态概念	
	固定成本	
	变动成本	
	混合成本	
成本分解	高低点法	
	回归分析法	

任务分析

成本管理的基本理论，包括成本管理的定义、原则、方法、应用程序、应用环境、成本性态含义及成本按照性态分类、混合成本分解方法等内容。

任务实施

一、成本管理

（一）成本管理含义

《管理会计应用指引第 300 号——成本管理》第二条指出，成本管理，是指企业在营运过程中实施成本预测、成本决策、成本计划、成本控制、成本核算、成本分析和成本考核等一系列管理活动的总称。

【知识链接 4-1】
成本管理的活动包括哪些内容

【知识拓展 4-1】
成本与费用的区别

企业良性经营要求充分动员和组织企业全体人员。在保证产品质量的前提下，对企业生产经营过程的各个环节进行科学合理的管理，力求以最少生产耗费取得最大的生产成果。进行成本管理可帮助企业提高成本管理水平，提升企业整体竞争能力。

（二）成本管理原则

企业在进行成本管理活动时，一般遵循以下原则。

（1）融合性原则。成本管理应以企业业务模式为基础，将成本管理嵌入业务的各领域、各层次、各环节，使成本管理责任到人、控制到位、考核严格、目标落实。

（2）适应性原则。采用成本管理应与企业生产经营特点和目标相适应，尤其要与企业发展战略或竞争战略相适应。

（3）成本效益原则。选择成本管理应用工具方法时，应权衡其为企业带来的收益和付出的成本，避免所获得的收益小于其所投入的成本。

（4）重要性原则。采用成本管理应重点关注对成本具有重大影响的项目，对于不重要的项目可以适当简化处理。

> **议一议**
>
> 如何把握成本管理的原则？

（三）成本管理领域的工具方法

成本管理领域应用的管理会计工具方法，一般包括目标成本法、标准成本法、变动成本法、作业成本法等。

在选择工具方法时，企业应结合自身的成本管理目标和实际情况，在保证产品的功能和质量的前提下，选择适合企业的成本管理工具方法或综合应用不同成本管理工具方法，以更好地实现成本管理的目标。综合应用不同成本管理工具方法时，应以各成本管理工具方法具体目标的兼容性、资源的共享性、适用对象的差异性、方法的协调性和互补性为前提，通过综合运用成本管理的工具方法实现效益最大化。

（四）成本管理的应用程序

企业应用成本管理一般按照事前管理、事中管理、事后管理等程序进行。

（1）事前成本管理阶段。在事前成本管理阶段，企业主要是对未来成本水平及其发展趋势进行预测与规划，一般包括成本预测、成本决策和成本计划等步骤。

（2）事中成本管理阶段。在事中成本管理阶段，企业主要是对营运过程中发生的成本进行监督和控制，并根据实际情况对成本预算进行必要的修正，即成本控制步骤。

（3）事后成本管理阶段。在事后成本管理阶段，企业主要是在成本发生之后进行核算、分析和考核，一般包括成本核算、成本分析和成本考核等步骤。

（五）成本管理的应用环境

企业在选择合适的成本管理工具方法时需要结合其内外部环境，具体如下。

（1）建立健全成本管理的制度体系，一般包括费用申报制度、定额管理制度、责任成本制度等。企业应建立健全成本相关原始记录，加强和完善成本数据的收集、记录、传递、汇总和整理工作，确保成本基础信息记录真实、完整。

（2）加强存货的计量验收管理，建立存货的计量、验收、领退及清查制度。

（3）充分利用现代信息技术，规范成本管理流程，提高成本管理的效率。

> **想一想**
>
> 企业选择适合的成本管理工具时，需要考虑的内外部环境有哪些？

二、成本性态分析

（一）成本性态概念

成本性态是管理会计中特有的概念，这跟财务会计的成本有所不同。管理会计中的成本性态又称成本习性，是指在一定条件下成本总额对业务总量的依存关系。

从定义来讲，对成本性态可从以下三个方面理解。

（1）"一定条件下"，是指一定的时间范围或产量范围，又称相关范围。

（2）"成本总额"，是指为取得营业收入而发生的成本费用，包括制造成本和非制造成本。

（3）"业务量"，是指企业在一定生产经营期间内投入或完成的经营的总工作量，如产量、销售量、人工工时、机器工时等。

开展成本性态分析，是要明确成本与业务量之间的内在联系，以便把握业务量变动对各类成本变动的影响。若需管理会计发挥其对成本进行预测、决策、控制和考核作用，首先就必须要进行成本性态分析。

（二）成本性态分类

【在线课 4-1】
成本性态分析
及其分类

按照成本与业务量的关系，可以将成本分为固定成本、变动成本和混合成本（又称半变动成本）。

1. 固定成本

固定成本，是指在一定的时期和业务量范围内，总额不直接受业务量增减影响，而能保持固定不变的成本，是维持正常生产能力的成本，如广告费、房屋租金、行政管理人员工资、办公费、房屋设备租金、按直线法计提的固定资产折旧费等。固定成本具有总额在相关范围内保持不变、单位固定成本与业务量成反比例变动的特点。

【任务实例 4-1】

华龙公司 2023 年 6 月生产甲产品的数据见表 4-2。

表 4-2 固定资产折旧与甲产品产量之间关系

预计生产量/件	按照直线法计提机器设备折旧费/元	单位产品折旧费/元
100	30 000	300
200	30 000	150
300	30 000	100
400	30 000	75
500	30 000	60

利用 Excel，根据表 4-2 所列资料，确定生产量与固定成本总量（折旧）的关系，以及生产量与单位固定成本的关系，并绘制坐标轴图，如图 4-1、图 4-2 所示。

从坐标图中可以看出，产量在 0~500 件内变动时，折旧成本总额不受产量增减变动影响，保持在 30 000 元这一水平上；但是单位产品折旧额在 0~500 件范围内随产量增加而下降，从 300 元下降到了 60 元，这也体现了固定成本具有"总额在相关范围内保持不变，单位固定成本与业务量成反比例变动"的特点。

如果将企业中固定成本细分，可以分为约束性固定成本和酌量性固定成本。

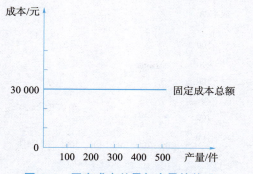
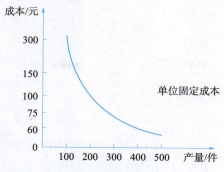

图 4-1　固定成本总量与产量的关系　　图 4-2　单位固定成本与产量的关系

约束性固定成本是指短期内管理当局的决策无法改变支出数额的固定成本，该成本大小与经营能力的形成相联系，是提供和维持一定生产经营能力所需的成本。例如，厂房和机器设备的折旧费、房租租金、保险费，企业经营能力一旦形成，这类成本在短期内难以做重大改变，故而与此相联系的成本也将在较长时期内继续存在，即约束性固定成本具有更大的刚性，若要降低该类成本，只有通过合理利用企业现有生产能力、增加业务量来降低单位产品的该类成本，但无法降低该类成本的总额。

酌量性固定成本也称选择性固定成本，是指管理当局的决策可以改变支出数额的固定成本，如研究开发费用、广告费、宣传费、职工培训费等。要想降低此类成本可以从精打细算、厉行节约入手，减少其总额。

2. 变动成本

变动成本是指在一定的期间和一定业务量范围内其总额随业务量的变动而成正比例变动的成本，如直接材料、直接人工和变动制造费用等。在一定时期和业务量范围内，变动成本呈现了单位量不变而总量随着业务量正比例变动的特征。

【任务实例 4-2】

华龙公司 2023 年 6 月生产甲产品的数据见表 4-3。

表 4-3　直接材料与甲产品产量之间的关系

预计生产量/件	直接材料总额/元	单位产品负担的直接材料/元
100	10 000	100
200	20 000	100
300	30 000	100
400	40 000	100
500	50 000	100

利用 Excel，根据表 4-3 所列资料，确定生产量与变动成本总额和单位成本的坐标轴图形，如图 4-3、图 4-4 所示。

从图 4-3、图 4-4 中可以看出，直接材料这一变动成本在 0~500 件产量范围内，其总额与产量的变动呈正比；单位产品变动成本不随产量的变动而变动，保持在 100 元水平不变。

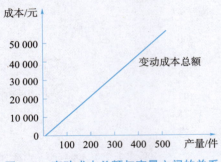
图4-3 变动成本总额与产量之间的关系

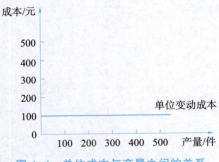
图4-4 单位成本与产量之间的关系

3. 混合成本

混合成本是指成本总额受业务量变动的影响，但其变动幅度与业务量不成正比例的成本。它同时包含了固定成本与变动成本两种因素：混合成本的一部分随业务量变化而增减，一部分则不受业务量的影响而保持相对固定，如企业的电费、设备维修费和销售人员工资等。从混合成本角度理解，企业在生产规模扩大后，变动成本是同比例增加的，而固定成本总额保持不变，所以单位产品成本下降，企业的销售利润增加，这也是在现实中企业扩大经营规模的一个出发点。

混合成本可以分为半变动成本、半固定成本、延期变动成本、曲线变动成本4类。

（1）半变动成本。半变动成本的特点：通常设置一初始量，成本总额在这个初始量基础上随业务量的变动成正比例变动。初始量类似固定成本，初始量之上的变动部分呈现出变动成本特性，如通话费、电费。

【任务实例4-3】

华龙公司2023年租用一台机器设备，租约规定月租金5 000元，此外，机器每运转1 h还需要支付租金5元。如果6月机器运转300 h，则租金总额为6 500元（5 000元+5元/h×300 h）。其中，5 000元为固定成本，1 500元为变动成本。半变动成本性态分析如图4-5所示。

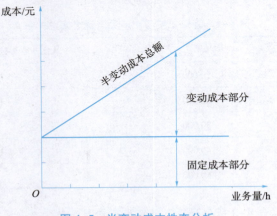
图4-5 半变动成本性态分析

（2）半固定成本。半固定成本是指在一定业务量范围内，成本总额是固定的；业务量增长到一新的范围时，成本总额就会跳跃到一新的水平，并在新的业务量范围内保持不变,直到业务量又增长到一新的阶段。由于变动呈阶梯状,因此又称阶梯式变动成本,如质检员工资。

【任务实例4-4】

2023年7月,华龙公司甲产品产量在500件以内,需要2名质检员,500~1 000件需要增加1名质检员。之后产量每增加300件,增加1名质检员。质检员工资为每月4 500元。质检员的工资即是半固定成本,半固定成本性态分析如图4-6所示。

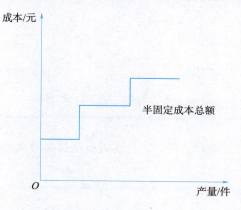

图4-6　半固定成本性态分析

(3) 延期变动成本。延期变动成本是指在一定业务量范围内,成本总额保持不变,一旦突破这个范围,超过的部分则随业务量的增加呈比例增长,呈现出变动成本特性,如职工的加班工资。

【任务实例4-5】

2023年7月,华龙公司甲产品产量在1 000件以内,需要2名质检员,每名质检员工资为3 000元,超过1 000件,工资每件增加3元。质检员7月的工资为延期变动成本,延期变动成本性态分析如图4-7所示。

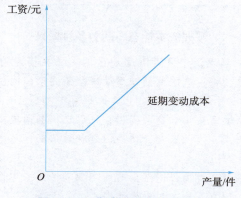

图4-7　延期变动成本性态分析

(4) 曲线变动成本。曲线变动成本的特点:通常有一个初始量,在初始量内成本总额保持不变,一旦超过初始量,成本总额随着业务量的变动呈现非线性变动(如抛物线），如热处理的电炉设备耗电成本，其成本性态分析如图4-8所示。

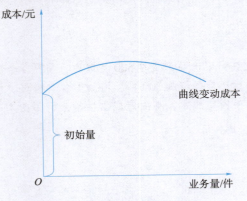

图4-8 曲线变动成本性态分析

议一议

企业在生产经营过程中，固定成本总额和单位变动成本在任何情况下都是保持固定不变的吗？

4. 相关范围

与成本相关范围有两个方面，一个是指在一定的期间范围，一个是指一定的业务量范围，只有在这一范围内，成本和业务量之间才呈现出前文所述的三种状态关系。

其实从长远来看，所有的成本都会发生改变。固定成本表现为在某一特定期间内具有固定性，如改变生产规模、更新设备等。固定成本也表现为在某一特定业务量水平内具有固定性。产量一旦超过这一水平以后，则需扩建厂房、增添设备等，势必对成本造成影响。

【知识链接4-2】
混合成本分解
的其他方法

想一想

常见生活成本，如学费、通信费、资料费分别是什么成本性态？

价值引领

掌握成本性态，助力乡村振兴

电视剧《山海情》展现了宁夏西海固地区的人民在福建的对口帮扶下，发展菌菇种植，克服重重困难，将荒凉的戈壁滩建设成繁荣的家园的故事，体现了东西部协作扶贫的成果。

菌菇种植过程中有固定支出和变动支出，可以说，利用成本性态相关知识区分固定支出和变动支出的特点，降低成本，提高菌菇种植效益，对增加西海固人民的收入有极大帮助。

启示：学好成本性态，对项目中发生的成本准确区分成本性态，根据成本不同性态进行成本精确管理，助力实现乡村振兴战略。

（三）成本分解

1. 总成本模型

企业的总成本函数通常可以用 $y=a+bx$ 来表示，其中，y 表示成本总额，a 为固定成本总额，b 为单位变动成本，x 为业务量。

2. 混合成本分解

企业的总成本模型与混合成本性质类似，因此可以借鉴混合成本分解更好地理解企业的总成本性态。由于混合成本同时包含固定成本和变动成本两个部分，因此通过成本性态分析可以揭示成本与业务量之间的关系。需要对混合成本进行分解，将其中变动的部分和固定的部分分解开来，从而为应用变动成本法、进行本量利分析、编制弹性预算和短期决策等奠定基础。

【在线课 4-2】
成本分解

混合成本的分解方法主要包括高低点法、回归分析法、账户分析法（又称会计分析法）、技术测定法（又称工业工程法）、合同确认法，前两种方法需要借助数学方法进行分解，后三种方法可通过直接分析认定。本任务重点学习高低点法和回归分析法。

（1）高低点法。

高低点法是指企业以过去某一会计期间的总成本和业务量资料为依据，从中选取业务量最高点和业务量最低点，将总成本进行分解，推算出成本中固定成本和变动成本金额的一种方法。由于可以用 $y=a+bx$ 来模拟总成本，因此可通过最高点和最低点两组资料，求出直线方程，将成本分为固定成本和变动成本两部分。这种方法主要适用于生产经营与成本变化趋势较稳定的企业。

高低点法的具体步骤如下。

先假设最高业务量的成本函数为

$$y_1 = a + bx_1 \tag{4-1}$$

最低业务量的成本函数为

$$y_2 = a + bx_2 \tag{4-2}$$

用式（4-1）-式（4-2）得 $y_1 - y_2 = b(x_1 - x_2)$，即求得成本的差额和业务量的差额，用成本差额除以业务量差额即可求得变动成本

$$b = \frac{y_1 - y_2}{x_1 - x_2} = \frac{最高点业务量混合成本 - 最低点业务量混合成本}{最高点业务量 - 最低点业务量}$$

将求得的 b 代入 $y = a + bx$，计算出固定成本，即 $a = y_1 - bx_1$。将求得的 a，b 代入直线方程 $y = a + bx$ 即得到成本性态分析模型。

【任务实例 4-6】

华龙公司甲产品 2023 年 7—12 月的产量及成本见表 4-4，试采用高低点法进行成本性态分析。

表 4-4　甲产品 7—12 月的产量及成本

项目	7月	8月	9月	10月	11月	12月
产量/件	30	35	40	46	52	70
总成本/元	12 600	13 200	15 200	17 600	16 600	18 400

找出低点 7 月（30，12 600）、高点 12 月（70，18 400）

$b = (18\,400 \text{ 元} - 12\,600 \text{ 元})/(70 \text{ 件} - 30 \text{ 件}) = 145 \text{ 元/件}$

$a = 18\,400 \text{ 元} - 70 \text{ 件} \times 145 \text{ 元/件} = 8\,250 \text{ 元}$

$y = 8\,250 + 145x$

特别注意，依据业务量高和低作为选择的标准，选择高点和低点的产量和成本。

高低点法的计算较为简单，但是结果代表性较差，主要适用于各期成本变化幅度较稳定的成本费用项目中。

（2）回归分析法。

【技能训练4-1】

【技能训练4-1】
参考答案

回归分析法是根据过去一定期间的业务量和混合成本的历史资料，根据最小二乘法原理，运用统计方法将所有数据拟合成一个成本函数的方法。

回归分析法应用步骤如下：

对已知资料进行加工，计算 $\sum x$，$\sum y$，$\sum xy$，$\sum x^2$。

利用回归直线公式求出 a，b 的值。

$$b = \frac{n\sum xy - \sum x \sum y}{n\sum x^2 - (\sum x)^2}$$

$$a = \frac{\sum y - b\sum x}{n}$$

将 a，b 代入 $y=a+bx$，得到成本性态分析模型。

【任务实例4-7】

根据【任务实例4-6】，要求使用Excel采用回归直线法对华龙公司甲产品2023年7—12月的产量及成本进行分解并建立成本模型。

首先，根据表4-4计算，结果见表4-5。

表4-5　数据整理表

月份	x	y	x^2	xy
7月	30	12 600	900	378 000
8月	35	13 200	1 225	462 000
9月	40	15 200	1 600	608 000
10月	46	17 600	2 116	809 600
11月	52	16 600	2 704	863 200
12月	70	18 400	4 900	1 288 000
$n=6$	$\sum x = 273$	$\sum y = 93\ 600$	$\sum x^2 = 13\ 445$	$\sum xy = 440\ 880$

将计算所得数据代入 a，b 公式，得到，

$$b = \frac{6 \times 440\ 880 - 273 \times 93\ 600}{6 \times 13\ 445 - 273^2} = 146.56$$

$$a = \frac{93\ 600 - 146.56 \times 273}{6} = 8\ 931.52$$

因此，混合成本模型为

$$y = 8\ 931.52 + 146.56x$$

回归分析法计算结果比较精确，但是计算较为复杂，主要使用于信息化水平较高的企业。

任务拓展

（一）成本管理原则

企业在进行成本管理活动时需要遵循的一定的原则，需遵循的原则有：_____、_____、_____、_____、_____、_____。

（二）成本管理常用方法与工具

成本管理领域应用的管理会计工具方法，一般包括_____、_____、_____、_____等。

（三）成本性态及其分类

1. 管理会计中的成本性态也称成本习性，是指在_____对_____的依存关系。

2. 按照成本与业务量的关系，可以将成本分为_____、_____和_____。

（四）成本分解

企业的总成本函数通常可以用_____来表示，其中，_____。企业的总成本模型与混合成本性质类似，因此可以借鉴混合成本分解更好地理解企业的总成本性态。混合成本的分解方法主要包括_____。

（扫描二维码查看答案。）

【任务拓展】参考答案

任务小结

本任务介绍了成本管理的概念、原则、工具方法、应用程序和应用环境，并从成本管理原则引申出战略导向思维、业财融合思维、辩证思维，为学生学习具体的成本管理工具做好准备。

本任务介绍了成本性态的概念，成本按照性态分类，分为固定成本、变动成本和混合成本，混合成本的分解方法，为企业实施变动成本法、本量利分析、编制预算、进行短期决策提供了基本方法。

任务 2　变动成本法应用

任务导入

通过学习成本核算与管理的相关知识，应用变动成本法对华龙公司进行成本分析，具体资料见表 4-6。

表 4-6　变动成本法成本资料

时间	2021 年	2022 年	2023 年
产量/件	10 000	12 000	8 000
销量/件	12 000	12 000	12 000
单位变动生产成本/元	4	4	4
固定制造费用/元	45 000	45 000	45 000
固定管理及销售费用总额/元	8 000	8 000	8 000

任务分析

变动成本法是指在组织常规的产品成本计算过程中,以成本性态分析为前提,只计入与产品生产量直接有关的变动成本,即产品直接材料、直接人工和变动制造的费用,而把固定制造费用当作期间成本,在当期全部转销,并按贡献式损益确定程序计量损益的一种成本计算模式。为加以区别,人们把传统的、将变动成本和固定成本等所有生产成本都计入到产品成本的成本计算方法,称为完全成本法。

任务实施

一、变动成本法原理

若要理解变动成本法的应用原理,需要重新认识产品成本和期间成本的本质。

在应用变动成本法计算产品成本时,仅将变动的生产成本包括进去,而将固定制造费用作为期间成本处理。

【在线课4-3】
变动成本法的
含义及其原理

产品成本是指那些在生产过程中发生的,随着产品实体的流动而流动,随着产量的变动而变动,只有在产品实现销售时才能与相关收入匹配,进而得到补偿的成本。也就是说产品成本只包括了产品生产过程中所消耗的直接材料、直接人工和变动性制造费用。期间成本则不随产品实体的流动,而是随产品经营持续期间变动,其效益不能递延到下期,只能计入当期利润表,并由当期的销售收入来补偿的费用,不能计入期末存货成本。

【知识链接4-3】
变动成本法评价
及其综合应用

管理会计认为,企业的生产能力形成后,管理者更关注企业生产适销对路的产品与在生产产品的过程中与产量直接相关的费用(即变动生产成本),形成生产能力而产生的固定制造费用作为期间费用。为了谋求企业效益最大化,只有降低变动生产成本才能增强产品的盈利能力,最终实现企业的经营目标。变动成本法的产品成本构成正好可以实现企业的管理需求。

二、变动成本法与完全成本法的区别

在学习和理解变动成本法时,通常将其与完全成本法进行比较。二者在应用前提条件、产品成本与期间成本构成、期末存货水平、税前利润计算程序和计算式、利润表编制步骤上存在差异。

(一)应用前提条件不同

【在线课4-4】
变动成本法与
完全成本法
的对比

完全成本法是以成本性态分析为基础与成本的经济职能作为划分标准,将全部成本划分为生产成本和非生产成本两部分。其中,在产品生产过程中所发生的各项耗费均由产品承担,计入产品成本(即生产成本);而将企业管理、销售等非生产环节所发生的费用作为期间成本(即非生产成本)直接计入当期损益。其中,生产成本又划分为变动生产成本和固定生产成本,只有变动生产成本计入产品成本,非生产成本划分为变动管理及销售费用和固定管理及销售费用。

(二)产品成本与期间成本构成不同

完全成本法下的产品成本构成为直接材料、直接人工、全部的制造费用,期间成本

构成为销售费用、管理费用；变动成本法的产品成本构成为变动生产成本，即直接材料（变动生产成本）、直接人工（变动生产成本）、变动制造费用（变动生产成本），期间成本构成为管理费用、销售费用、固定制造费用。

（三）期末存货水平不同

在变动成本法下，固定制造费用作为期间成本处理，在当期实现的边际贡献中全部一次性扣除，无论期末是否有存货，均不影响期末存货成本水平。在完全成本法下，固定制造费用需计入产品成本。如果期末存货不为零，则固定制造费用需要在本期销货和期末存货之间进行分配，其中一部分固定制造费用转化为本期的销售成本抵减本期的利润，而另一部分固定制造费用被期末存货吸收而递延至下期。因此，导致二者销售成本与期末存货成本水平不同。

（四）税前利润计算程序和计算式不同

完全成本法税前利润基于销售毛利计算，变动成本法则引入了边际贡献的概念。
（1）完全成本法下的税前利润计算方法为

  销售毛利＝销售收入－销售成本
     ＝销售收入－[本期销售成本（完全生产成本）+本期生产成本－
     期末存货成本]
  税前利润＝销售毛利－期间成本（销售费用+管理费用+财务费用）

（2）变动成本法下的税前利润计算方法为

  边际贡献＝销售收入－变动成本
     ＝销售收入－本期销货成本（销售中的变动生产成本）－变动非生产成本
     ＝销售收入－（单位变动生产成本×销量+单位变动非生产成本×销量）
  税前利润＝边际贡献－固定成本
     ＝边际贡献－（固定生产成本+固定非生产成本）
     ＝边际贡献－（固定制造费用+固定销售费用+固定管理费用+固定财务费用）

【在线课4-5】
变动成本法
的应用及评价

（五）利润表编制步骤不同

在完全成本法下，利润表是按照完全成本法下税前利润的计算程序和计算式编制。而在变动成本法下，利润表是按照变动成本法下税前利润的计算程序和计算式编制。

【任务实例4-8】

华龙公司只生产经营一种产品，2023年投产，期初存货为0，当年产量为500件，销量为300件，期末存货为200件，单价为100元/件。当期发生的有关成本资料见表4-7。要求：采用变动成本法和完全成本法分别计算华龙公司本期产品成本、单位产品成本和期间成本。

表4-7 成本计算分析资料 单位：元

成本项目	直接材料	直接人工	制造费用	销售费用	管理费用	财务费用
变动成本	6 000	4 000	1 000	600	300	
固定成本			5 000	1 000	2 500	500
成本总额	6 000	4 000	6 000	1 600	2 800	500

解：完全成本法计算方法如下。

本期产品成本＝直接材料＋直接人工＋制造费用＝6 000 元＋4 000 元＋6 000 元＝16 000 元。

单位产品成本＝16 000 元/500 件＝32 元/件。

期间成本＝销售费用＋管理费用＋财务费用＝1 600 元＋2 800 元＋500 元＝4 900 元。

变动成本法计算方法如下。

本期产品成本＝直接材料＋直接人工＋变动制造费用＝6 000 元＋4 000 元＋1 000 元＝11 000 元。

单位产品成本＝11 000 元/500 件＝22 元/件。

期间成本＝销售费用＋管理费用＋财务费用＋固定制造费用＝4 900 元＋5 000 元＝9 900 元。

> **想一想**
>
> 1. 变动成本法和完全成本下产品生产成本的构成有何不同？
> 2. 按照变动成本法和完全成本法确定的产品成本总额和单位产品成本有何差异，期间成本又有何差异，为什么会出现这种差异？

【任务实例 4-9】

根据【任务实例 4-8】，采用变动成本法和完全成本法分别计算产品销售成本和期末存货成本。

解：
采用完全成本法计算如下。

期末存货成本＝单位期末存货成本×期末存货量＝32 元/件×200 件＝6 400 元。

本期产品销售成本＝单位销货成本×本期销货量＝32 元/件×300 件＝9 600 元。

采用变动成本法计算如下。

期末存货成本＝单位期末存货成本×期末存货量＝22 元/件×200 件＝4 400 元。

本期产品销售成本＝单位销货成本×本期销货量＝22 元/件×300 件＝6 600 元。

> **想一想**
>
> 在完全成本法下，若期末存货不为零，固定制造费用如何影响本期销售成本？

【任务实例 4-10】

根据【任务实例 4-8】，分别按完全成本法和变动成本法编制表 4-8、表 4-9。

项目四 成本管理

表4-8 利润表（按完全成本法）

单位：元

项目	金额
销售收入	30 000
减：销售成本	9 600
期初存货成本	0
本期生产成本	16 000
减：期末存货成本	6 400
销售毛利	20 400
减：期间成本	4 900
管理费用	2 800
销售费用	1 600
财务费用	500
税前利润	15 500

表4-9 利润表（按变动成本法）

单位：元

项目	金额
销售收入	30 000
减：变动成本	
销售成本	6 600
变动销售、管理、财务费用	900
变动成本总额	7 500
边际贡献	22 500
减：固定成本	
固定管理、销售、财务费用	4 000
固定制造费用	5 000
固定成本总额	9 000
税前利润	13 500

> **想一想**
>
>   1. 变动成本法计算出的税前利润比完全成本法计算的税前利润多还是少，为什么？
>
>   2. 变动成本法计算出的税前利润与完全成本法计算的税前利润一定不相等吗？提示：考虑期初存货水平影响。

任务拓展

【任务拓展】
参考答案

（一）实训目标

能熟练应用变动成本法。

（二）实训资料

  光泽公司2023年8月投产A产品，生产该产品需要甲、乙两种原材料。本月生产A产品1 000件，销售800件，单价为300元/件，期末存货为200件，期初存货为0，产品的成本数据见表4-10。

表4-10 A产品成本数据表

直接材料成本数据	
项目	甲材料
用量标准/(kg·件$^{-1}$)	
产品用量	5
允许消耗量	0.5
实际用量/(kg·件$^{-1}$)	5
价格标准/(元·件$^{-1}$)	
单价	6

续表

项目	甲材料
运费	0.2
保险费	0.04
检验费	0.5
实际单价/(元·件$^{-1}$)	6.8
直接材料标准/(元·件$^{-1}$)	37.07
直接材料实际消耗/(元·件$^{-1}$)	
直接人工成本数据	

项目	甲材料
用量标准	
理想工作时间/(件·h^{-1})	8.5
调整休息时间/(件·h^{-1})	0.65
单位产品标准工时/(件·h^{-1})	9.15
价格标准	
小时工资率	8
单位产品工资标准/(元·件$^{-1}$)	73.2
变动制造费用：24 000元	
运输、电力、消耗材料、间接人工、燃料/元	22 000
其他/元	2 000
生产量标准/h	9 150
标准分配率/(元·h^{-1})	2.62
标准用量/(件·h^{-1})	9.15
变动制造费用标准成本/(元·件$^{-1}$)	23.97
固定制造费用：18 030元	
折旧费、办公费、管理人员工资、保险费/元	13 000
其他/元	5 030
生产量标准/h	9 150
标准分配率/(元·h^{-1})	1.97
标准用量/(件·h^{-1})	9.15
固定制造费用标准成本/(元·件$^{-1}$)	18.03
变动销售及管理费用/元	11 000
固定销售及管理费用/元	6 000

（三）实训要求

根据资料，计算并对比变动成本法和完全成本法下该公司生产A的产品成本、单位产品成本、期末存货成本、期间成本、计算税前利润（计算结果保留两位小数）。

（扫描二维码查看答案。）

任务小结

本任务详细阐述了成本性态及其分类、变动成本法与完全成本法的区别，为学生能进行正确的成本管理做好准备。

任务 3 标准成本法应用

任务导入

通过学习成本核算与管理的相关知识，应用标准成本法对华龙公司进行成本分析，华龙公司的成本资料见表 4-11。

表 4-11 标准成本法成本资料

标准成本卡			
（A 产品）		制定日期：××××年××月××日	
项目	数量标准	价格标准/元	标准成本/(元·件$^{-1}$)
直接材料	1.5 kg	26	39
直接人工	0.5 h	22	11
变动制造费用	0.5 h	42	21
固定制造费用	0.5 h	18	9
合计	—	—	80

任务分析

在第二次世界大战后，随着管理会计的发展，标准成本法在成本预算控制方面得到了广泛应用，并发展为包括标准成本的制定、差异的分析、差异的处理等三个组成部分的完整成本控制方法。它以标准成本为基础，把实际发生的成本与标准成本进行对比，揭示出成本差异；以此为线索，企业可以查明形成差异的原因和责任方，并据以采取相应的措施，巩固成绩，克服缺点，实现对成本的有效控制。

任务实施

一、标准成本法认知

（一）标准成本法的定义

标准成本法是指企业以预先制定的标准成本为基础，通过比较标准成本与实际成本，计算和分析成本差异、揭示成本差异动因，进而实施成本控制、评价经营业绩的一种成本管理方法。其主要内容有标准成本制定、成本差异分析和计算、成本差异的账务处理。

成本差异是指实际成本与相应标准成本之间的差额。当实际成本高于标准成本时，形成超支差异；当实际成本低于标准成本时，形成节约差异。

在应用标准成本管理时，首先要制定标准成本，然后根据实际发生的成本与标准成本对比，对产生的差异进行分析，找出差异产生的原因，并重点针对不利因素产生的不利差异进行深入剖析和控制，尽量减少这类因素产生的不良影响，落实责任到部门及负责人，进一步提高成本控制效果。

【在线课 4-6】
标准成本法的含义和作用

【知识链接 4-4】
标准成本的类型

（二）标准成本核算的特点

在账务处理上，标准成本核算只计算各种产品的标准成本，不计算实际成本，"生产成本"账户的借贷方均按照标准成本记账。对于实际成本与标准成本的各种差异，分别设置各种差异账户，以便进行后续处理，如对于材料差异，设置"直接材料成本差异"账户，以便对成本进行日常考核和控制，最终以在期末将各种差异账户的余额结清为目标。

标准成本法提供了一种清晰、简洁的核算方法。例如，材料入库时按标准成本核算，简化了材料采购成本核算；产品的成本费用项目按照事先制定的标准价格和数量标准相乘即可，并统一处理产生的差异，极大减少了日常账务处理、财产清查、报表编制等工作。

二、标准成本的制定

【在线课 4-7】
标准成本的制定

标准成本是指在正常的生产技术水平和有效的经营管理条件下，企业经过努力应达到的产品成本水平。标准成本是通过精确的调查、分析与技术测定而制定的标准成本，用来评价实际成本、衡量工作效率的一种目标成本。标准成本在实际工作中有以下两种含义。

（1）单位产品的标准成本。这是根据单位产品的标准消耗量和标准单价计算出来的，又称成本标准，其计算式为

$$成本标准 = 单位产品标准成本 = 单位产品标准消耗量 \times 标准单价$$

（2）实际产量的标准成本总额。这是根据产品的实际产量和单位产品的标准成本计算出来的，其计算式为

$$标准成本（总额）= 实际产量 \times 单位产品标准成本$$

企业制定标准成本，可组建跨部门团队并采用"上下结合"的模式进行，经企业管理层批准后实施。在制定标准成本时，企业一般应结合经验数据、行业标杆或实地测算结果，运用统计分析、工程试验等方法，首先根据不同的成本或费用项目，分别确定用量标准和价格标准；其次确定每一成本或费用项目的标准成本；最后汇总不同成本项目的标准成本，从而确定产品的标准成本。

产品标准成本通常由直接材料标准成本、直接人工标准成本和制造费用标准成本构成。制定一个成本项目的标准成本时，一般需要分别确定该项目的用量标准和价格标准，二者相乘后得出单位产品该成本项目的标准成本，即

$$成本标准 = 用量标准 \times 价格标准$$

式中，用量标准包括单位产品材料消耗量、单位产品直接人工工时等，主要由生产部门主持制定，同时吸收执行标准的部门及职工参加；价格标准包括标准的原材料单价、小时工资率、小时制造费用分配率等，由会计部门和其他有关部门共同研究确定。采购部门是材料价格的责任部门，劳资和生产部门是小时工资率的责任部门，各生产车间是小时制造费用率的责任部门，因此在制定有关价格标准时要与有关部门协商。

（一）直接材料标准成本

直接材料标准成本是指直接用于产品生产的材料成本标准，包括标准用量和标准单价两方面。

直接材料的标准用量是在现有技术条件下生产单位产品所需的材料数量，包括必不可少的消耗和各种难以避免的损失。该用量一般采用统计方法、工业工程法或其他技术分析方法确定。制定直接材料的标准用量，一般由生产部门负责，会同技术、财务、信

息等部门。

直接材料的标准单价是预计下一年度实际需要支付的进料单位成本,包括发票价格、运杂费、检验费、正常损耗等,是取得材料的完全成本。制定直接材料的标准单价,一般由采购部门负责,会同财务、生产、信息等部门,在考虑市场环境及其变化趋势、订货价格及最佳采购批量等因素的基础上综合确定。

直接材料标准成本计算式为

直接材料标准成本=单位产品的标准用量×标准单价

【技能训练 4-4】

【技能训练 4-4】
参考答案

【任务实例 4-11】

华龙公司 2023 年生产甲产品需要 A、B 两种材料,该产品直接材料标准成本计算及结果见表 4-12。

表 4-12 甲产品直接材料标准成本

标准	A 材料	B 材料
数量标准		
图纸用量/kg	4	2
正常损耗量/kg	0.2	0.1
单位产品标准用量/kg	4.2	2.1
价格标准		
发票单价/元	1.1	5.2
运费/元	0.08	0.05
保险费/元	0.04	0.1
装卸费/元	0.05	0.06
每千克价格标准/元	1.27	5.41
标准成本		
材料 A/元 (4.2×1.27)	5.33	
材料 B/元 (2.1×5.41)		11.36
单位产品标准成本/元	16.69	

(二) 直接人工标准成本

直接人工标准成本是指直接用于产品生产的人工成本标准,包括标准工时和标准工资率(直接人工标准价格)。其计算式为

直接人工标准成本=直接人工标准工时×直接人工标准价格

式中,直接人工标准工时是指现有生产技术水平下生产单位产品所需的时间,包括产品直接加工所用时间、必要的间歇和停工、不可避免的废品耗用工时等,其制定方法是工业工程师通过调查确定生产流程中每项作业的实际耗时;直接人工标准价格是标准工资率,即每一个工时应该分配的工资。

【任务实例 4-12】

根据【任务实例 4-11】,甲产品需经过两个工序加工完成,每人每月工作 22 天,每天工作 8 h,其直接人工标准成本计算见表 4-13。

表 4-13　甲产品直接人工标准成本

标准	第一工序	第二工序
价格标准		
基本生产工人人数/人	30	20
每人每月工时（22×8）/h	176	176
出勤率	99%	99%
每人平均可用工时/h	174	174
每月总工时/h	5 520	3 480
每月工资总额/元	5 250	3 800
小时工资率/元	0.95	1.09
用量标准		
理想工作时间/h	1.5	1.2
设备调整时间/h	0.4	—
工间休息时间/h	0.1	—
其他/h	0.1	0.1
工时合计/h	2.1	1.3
成本标准/元	2.00	1.42
单位产品直接人工标准成本/元	3.42	

（三）制造费用标准成本

制造费用标准成本分为变动制造费用标准成本和固定制造费用标准成本。

（1）变动制造费用标准成本。

变动制造费用的计算式为

变动制造费用标准成本＝单位产品直接人工标准工时×变动制造费用标准分配率

式中，变动制造费用标准分配率＝变动制造费用预算总额/直接人工标准总工时。

单位工时变动制造费用标准分配率即变动制造费用标准价格，等于制造费用总额除以总工时。

变动制造费用标准用量是指企业充分利用现有生产能力可能达到的最高生产量，通常用直接人工工时（机器小时）标准用量，与直接人工标准数量相同。变动制造费用的标准用量可以是单位产量的燃料、动力、辅助材料等标准用量，也可以是产品的直接人工标准工时，或者是单位产品的标准机器工时。标准用量的选择需考虑用量与成本的相关性，制定方法与直接材料的标准用量以及直接人工的标准工时类似。

（2）固定制造费用标准成本。

固定制造费用一般按照费用的构成项目实行总量控制；也可以根据需要，通过计算标准分配率，将固定制造费用分配至单位产品，形成固定制造费用的标准成本。

单位产品固定制造费用标准成本＝单位产品直接人工标准工时×固定制造费用标准分配率

式中，固定制造费用标准分配率＝固定制造费用总额/直接人工标准总工时。

【技能训练4-5】

【技能训练4-5】
参考答案

【任务实例4-13】

根据【任务实例4-11】和【任务实例4-12】，甲产品需要经过两个工序加工完成，其变动制造费用标准成本计算结果见表4-14。

表 4-14 变动制造费用标准成本

项目	第一工序	第二工序
变动制造费用预算/元		
运输费/元	1 000	2 100
动力费/元	500	2 500
消耗材料/元	4 000	1 900
间接人工/元	2 000	3 800
小计/元	7 500	10 300
生产量标准/直接人工标准总工时	5 000	5 150
变动制造费用标准分配率	1.5	2
直接人工用量标准/人工工时	2.1	1.3
变动制造费用标准成本/元	3.15	2.6
单位产品变动制造费用标准成本/元	5.75	

【任务实例 4-14】

根据【任务实例 4-11】~【任务实例 4-13】，甲产品需要经过两个工序加工完成，其固定制造费用标准成本计算结果见表 4-15。

表 4-15 产品固定制造费用标准成本

项目	第一工序	第二工序
固定制造费用预算/元		
折旧费/元	300	1 500
管理人员工资/元	600	1 200
间接人工/元	500	1 000
其他/元	300	500
合计/元	1 700	4 200
生产量标准/人工工时	3 400	2 100
固定制造费用标准分配率	0.5	2
直接人工用量标准/人工工时	2.1	1.3
固定制造费用标准成本/元	1.05	2.6
单位产品固定制造费用标准成本/元	3.65	

（四）产品标准成本

将直接材料标准、直接人工标准和制造费用标准加总，可得到产品的标准成本，即可确定有关产品完整的标准成本，即

产品的标准成本＝直接材料标准成本＋直接人工标准成本＋
变动制造费用标准成本＋固定制造费用标准成本

企业通常要为每一产品设置一张标准成本卡，并在卡中分别列明各项成本的用量标

准与价格标准，通过直接汇总的方法来求得单位产品的标准成本。

> **想一想**
>
> 对于产品成本的不同构成项目，其数量标准和价格标准是固定不变的吗？

【任务实例 4-15】

根据【任务实例 4-11】~【任务实例 4-14】，该公司生产的该种产品单位产品标准成本卡见表 4-16。

表 4-16 产品单位产品标准成本卡

成本项目	数量标准	价格标准/元	标准成本/元
直接材料			
材料 A/kg	4.2	1.27	5.33
材料 B/kg	2.1	5.41	11.36
合计/kg			16.69
直接人工			
第一工序/h	2.1	0.95	2.00
第二工序/h	1.3	1.09	1.42
合计/h			3.42
变动制造费用			
第一工序/h	2.1	1.5	3.15
第二工序/h	1.3	2	2.6
合计/h			5.75
固定制造费用			
第一工序/h	2.1	0.5	1.05
第二工序/h	1.3	2	2.6
合计/h			3.65
单位产品标准成本/元		29.51	

【技能训练 4-8】

【技能训练 4-8】参考答案

三、标准成本差异分析

成本差异是指实际成本和标准成本之间的差额，是反映实际成本脱离预定目标的程度。若实际成本大于标准成本，其差额称为逆差，它会造成企业利润的减少；若实际成本小于标准成本，其差额称为顺差，它可以增加企业的利润。成本差异的计算与分析，就是分析成本差异的组成，找出构成成本差异的原因，以使企业更好地采取有力的措施控制成本水平。

标准成本的制定考虑了数量和价格两个因素，在差异分解时也分为价格和数量两部分，其中。

价格差异 =（实际价格 - 标准价格）× 实际产量下的投入用量

数量差异 =（实际产量下的实际用量 - 实际产量下的标准用量）× 标准价格

【知识链接 4-5】标准成本法的评价与应用

【知识链接 4-6】成本差异的账务处理

根据成本差异总是由数量或者价格变动影响造成的原理，可将成本差异分析通用模型总结为图4-9。

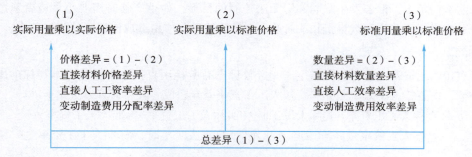

图4-9 成本差异分析通用模型

> **想一想**
>
> 为什么标准成本法的成本差异会分解为价格差异和数量差异？

（一）直接材料成本差异分析

根据前面的模型可以得到，直接材料成本差异是生产一定产品所耗用直接材料的实际成本与标准成本之间的差额，即

直接材料成本差异＝材料实际成本－标准成本
　　　　　　　　＝实际耗用量×实际单价－标准耗用量×标准单价

直接材料成本差异＝直接材料价格差异＋直接材料数量差异

直接材料数量差异＝（实际耗用量－标准耗用量）×标准单价

直接材料价格差异＝（实际单价－标准单价）×实际耗用量

其中，实际耗用量、标准耗用量均为实际产量下的耗用量。

【在线课4-8】
直接材料成本
差异分析

【任务实例4-16】

华龙公司2023年9月生产甲产品1 000件，耗用A材料2 000 kg，材料单价为1.2元/kg；直接材料的单位产品标准成本为3.8元，即每件产品耗用1.9 kg的直接材料，每千克材料的标准价格为2元。请计算直接材料成本差异。

直接材料价格差异＝2 000×(1.2－2)元＝－1 600元（该差异为有利差异）

直接材料数量差异＝(2 000－1 000×1.9)×2＝200元（该差异为不利差异）

由上可得，直接材料成本差异等于价格差异与数量差异之和，即－1 600元＋200元＝－1 400元。直接材料成本差异等于实际成本与标准成本的差额，即2 000 kg×1.2元/kg－1 000件×1.9 kg/件×2元/kg＝－1 400元。

【任务实例4-16】直接材料产生上述差异的可能原因是什么？

直接材料成本差异的原因可从数量和价格两个方面考虑。造成材料成本数量差异的因素较多，一般有工人的技术熟练程度、责任感，设备的完好程度，材料的质量，产品质量控制等。材料成本数量差异一般应由生产部门负责，但若该差异是由采购部门采购

了劣质材料引起,则应由采购部门负责。造成材料价格差异的因素一般为采购材料的数量和质量、订单顺序、运输方式、加急订单、信用条件、物价上涨等,因此价格差异应由采购部门负责,但若发生采购部门无法控制的情形,如生产临时需要小量或者紧急采购,采购部门不能享受数量折扣或者改变运输方式等,应由造成该原因的部门负责。

(二) 直接人工成本差异分析

直接人工成本差异分析是指生产一定数量产品所耗用直接人工实际成本与标准成本的差额,由直接人工效率差异和直接人工工资率差异组成,具体计算方法如下。

直接人工工资率=实际人工工时×(实际人工工资率-标准人工工资率)

直接人工效率差异=(实际人工小时-标准人工小时)×标准人工工资率

【任务实例 4-17】

华龙公司 2023 年 10 月生产甲产品 500 件,实际使用工时 1 000 h,支付工资 2 000 元;直接人工的标准成本是 5 元/件,即每件产品标准工时为 2.5 h,标准工资率为 2 元/h。请计算直接人工差异。

工资率差异=1 000×(2 000/1 000-2) 元=0 元

人工效率差异=(1 000-500×2.5)×2 元=-500 元

由上可得,直接人工成本差异等于工资率差异与人工效率差异之和,即 0 元-500 元=-500 元。而直接人工成本差异又等于实际成本与标准成本的差额,即 2 000 元-500 件×5 元/件=-500 元,为不利差异。

想一想

直接人工成本产生上述差异的可能原因是什么?

(三) 制造费用成本差异分析

由于变动制造费用和固定制造费用成本性态不同,通常根据制造费用弹性预算分别对变动制造费用和固定制造费用进行差异分析。

1. 变动制造费用差异

变动制造费用差异是指一定产量下实际变动制造费用与标准变动制造费用的差额。变动制造费用分配率差异也称耗费差异,是指单位时间实际支付的变动制造费用偏离预算规定的每小时耗用额所造成的变动制造费用差异,与直接材料价格差异和直接人工的工资率差异类似,其计算式为

变动制造费用分配率差异(耗费差异)= 实际工时×(实际分配率-标准分配率)

效率差异是指在单位时间内支付的变动制造费用不变的情况下因实际机器工时或者人工工时偏离标准工时产生的差额,与直接材料的数量差异和直接人工的效率差异类似,其计算式为

变动制造费用效率差异=(实际工时-标准工时)×标准分配率

【任务实例 4-18】

华龙公司本月生产甲产品的实际产量为 500 件,使用工时 1 000 h,实际发生变动制

造费用 600 元；变动制造费用标准成本为 1 元/件，即每件产品标准工时为 2.5 h，标准的变动制造费用分配率为 0.4 元/h。请计算变动制造费用成本差异。

$$变动制造费用耗费差异 = 1\,000 \times (600/1\,000 - 0.4) 元 = 200 元$$
$$变动制造费用效率差异 = (1\,000 - 500 \times 2.5) \times 0.4 元 = -100 元$$

由上可得，变动制造费用成本差异等于耗费差异与效率之和，即 200 元+(-100 元)=100 元，而变动制造费用成本差异又等于实际成本与标准成本的差额，即 600 元-500 件×1 元/件=100 元。因此，变动制造费用的耗费差异与效率差异之和，应当等于变动制造费用的总差异。

> **想一想**
>
> 变动制造费用产生上述差异的可能原因是什么？

2. 固定制造费用差异

企业应根据固定制造费用的性质，分析差异的形成原因，并将之追溯至相关责任中心。固定制造费用的差异分析与各项变动成本差异分析不同，由于其成本性态，其分析方法有二因素分析方法和三因素分析方法两种，如图 4-10 所示。

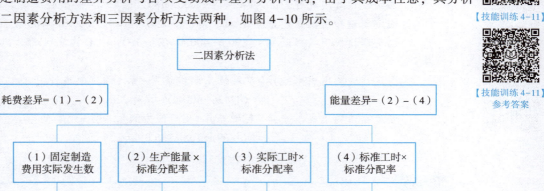

图 4-10　固定制造费用二因素分析法和三因素分析法

（1）二因素分析法。二因素分析法是将固定制造费用差异分为固定制造费用耗费差异和固定制造费用能量差异。

$$固定制造费用耗费差异 = 固定制造费用实际数 - 固定制造费用预算数$$
$$固定制造费用能量差异 = 固定制造费用预算数 - 固定制造费用标准成本$$
$$= (生产能量 - 实际产量下标准工时) \times 固定制造费用标准分配率$$

（2）三因素分析法。三因素分析法是将固定制造费用成本差异分为耗费差异、效率差异和闲置能量差异三部分。耗费差异的计算与二因素分析法相同。不同的是将二因素分析法中的"能量差异"进一步分为两部分：一部分是实际工时未达到生产能量而形成的闲置能量差异，另一部分是实际工时脱离标准工时而形成的效率差异，有关公式如下。

$$耗费差异＝固定制造费用实际数－固定制造费用预算数$$
$$＝固定制造费用实际数－固定制造费用标准分配率×生产能量$$
$$闲置能量差异＝固定制造费用预算数－实际工时×固定制造费用标准分配率$$
$$＝（生产能量－实际工时）×固定制造费用标准分配率$$
$$效率差异＝（实际工时－实际产量下标准工时）×固定制造费用标准分配率$$
$$固定制造费用总差异＝实际工时×实际分配率－标准工时×标准分配率$$
$$＝实际固定制造费用－标准固定制造费用$$
$$＝效率差异＋耗费差异＋闲置能力差异$$

【任务实例 4-19】

华龙公司 2023 年 2 月生产甲产品，实际产量 400 件，发生固定制造费用 1 424 元，实际工时为 890 h；企业生产能量为 500 件即 1 000 h；每件产品固定制造费用标准成本为 3 元/件，即每件产品标准工时为 2 h，标准分配率为 1.50 元/h。

请计算固定制造费用成本差异。

固定制造费用耗费差异＝1 424 元－1 000 h×1.50 元/h＝－76 元
固定制造费用闲置能量差异＝（1 000 元－890 元）×1.50 元/h＝165 元
固定制造费用效率差异＝（890 h－400 件×2 h/件）×1.50 元/h＝135 元

验算如下。

固定制造费用成本差异＝实际固定制造费用－标准固定制造费用
＝（1 424－400×3）元＝224 元
固定制造费用成本差异＝耗费差异＋生产能力利用差异＋效率差异
＝［（－76）＋165＋135］元＝224 元

【技能训练 4-12】

【技能训练 4-12】
参考答案

想一想

固定制造费用产生上述差异的可能原因是什么？

参考答案

任务拓展

（一）实训目标

能熟练应用标准成本法分析光泽公司成本。

（二）实训资料

根据表 4-10 中的数据，光泽公司本月生产 A 产品实际耗用材料共计 5 500 kg，采购部门经过对多家供应商报价对比，最终确定材料采购价格为 7 元。本月生产 A 产品实际工时总额为 9 200 h，支付工资总额为 82 800 元。本月实际工时为 9 200 h，实际发生变动制造费用为 26 000 元，实际发生固定制造费用为 16 000 元，企业 8 月份生产能力为 9 500 h。

（三）实训要求

（1）制定计算 A 产品标准成本，填入表 4-17。

表4-17 A产品标准成本卡

成本项目	用量标准	价格标准/元	标准成本/元
直接材料			
直接人工			
变动制造费用			
固定制造费用			
单位A产品标准成本合计/元			

（2）根据表4-10、表4-17和已知资料，应用标准成本法进行直接材料成本差异分析、直接人工成本差异分析、变动制造费用成本差异分析、固定制造费用成本差异分析，并分别简要说明出现上述差异的可能原因。

（扫描二维码查看答案。）

任务小结

企业控制是企业管理控制体系的一个重要组成部分。本任务重点介绍了标准成本法的作用，并按照成本项目的构成分别进行了直接材料、直接人工、变动制造费用和固定制造费用等方面的价格差异分析、数量差异分析，同时讨论了对成本差异进行追踪调查的思路。标准成本法是管理会计发展过程中十分重要的部分，突出了管理会计在企业日常经营过程中的控制职能。

任务4 作业成本法应用

任务导入

通过学习成本核算与管理的相关知识，应用作业成本法对华龙公司进行成本分析，华龙公司的成本资料见表4-18。

表4-18 作业成本法成本资料

	1号产品	2号产品	3号产品
直接材料/元	1 000 000	3 600 000	160 000
直接人工/元	1 160 000	3 200 000	320 000
加工工时（机器小时）/h	60 000	160 000	16 000
产量/件	20 000	40 000	8 000
制造费用总额/元		7 316 000	
装配费用/元		3 818 000	
物料处理费用/元		1 128 000	
起动准备/元		6 000	
质量控制/元		842 000	
产品包装/元		507 200	
车间管理/元		1 014 800	

任务分析

作业成本法不是对传统成本制度的替代，只是对成本习性中的成本动因进行了更科学的分析，对完全成本法间接成本核算进行了改进，是一套改进的成本核算方法。作业成本法以作业为基础，按照不同的成本动因分配成本，解决了成本归属问题，从根本上摸清了资源消耗动因和去向，为提高企业资源配置效率提供了清晰的信息决策支持。

任务实施

一、作业成本法的定义

【在线课4-10】
作业成本法的含义

作业成本法是指以"作业消耗资源、产出消耗作业"为原则，按照资源动因将资源费用追溯或分配至各项作业，以计算作业成本，再根据作业动因，将作业成本追溯或分配至各成本对象，最终完成成本计算的成本管理方法。

二、作业成本法的相关概念

作业成本法有资源、作业、成本对象和成本动因四大基本要素。在作业成本法下，资源是作业的分配对象。资源被分配给作业，作业分配给产品，企业为执行每一种作业所消耗的资源费用的总和，构成该种作业的总成本。资源作业和成本对象是成本的承担者，是可分配对象，成本动因是导致生产中成本发生变化的因素，能导致成本发生变化的就是成本动因。

【知识链接4-7】
作业类别划分

（一）作业

作业成本法的首要工作就是对作业认定。作业是指在企业中特定组织（成本中心、部门或生产线）基于特定目的重复执行的任务或活动，是链接资源和成本对象的桥梁。任何一项产品的形成都要消耗一定的作业，因此作业是作业成本计算中的最小成本归集单元，如机器制造企业有材料采购作业、零件加工作业、质量检验作业和装配作业等。每一项作业都是针对加工或服务对象重复执行的特定或标准化活动，如汽车修配企业有开单作业、调度作业、修理作业、备品供应作业、检验作业等。只要有作业发生，相关成本也随之发生。

一项作业可能是非常具体的任务或活动，如车工作业，也可以泛指一类任务或活动，如机加工车间所进行的车、刨、磨等作业可被统称为机加工作业，甚至可以将机加工作业、产品组装作业等统称为生产作业（相对于产品研发、设计、销售等作业而言）。由若干相互关联的具体作业所组成的作业集合，称为成本中心（作业成本库）。

企业可按照受益对象、层次和重要性，将作业分为以下5类：产量级作业、批别级作业、品种级作业、客户级作业、设施级作业，并分别设计相应的作业中心。将这一类成本分配到各种产品的成本中去，每一类作业称为一个作业中心，又称成本库。成本库是一个将作业成本法系统下与单个作业计量相关的成本都集中在内的"池"。企业在生产经营过程中可能涉及几十项甚至上百项作业，因此需要对每项作业进行分析，查明影响成本真实性的关键性作业，并将有着相同作业成本动因的作业作为一类，把所发生的成本归集在一起，以便具备相同的成本分配基础。

按照统一的作业动因，将各种资源耗费项目归集在一起，便形成了作业中心，作业中心有助于企业更明晰地分析一组相关作业，以便进行作业管理及企业组织机构和责任中心的设计与考核。

（二）资源

执行任何作业都要耗费一定的资源，企业作业活动系统所涉及的人力、物力、财力都属于资源，包括有形资源（如建筑物、设备、材料、商品等）和无形的资源（如信息、知识产权、土地使用权等）。企业的资源包括直接材料、直接人工、间接制造费用等。为便于将资源费用直接追溯或分配至各作业中心，企业还可按照资源与不同层次作业的关系，将资源分为如下5类：产量级资源，包括为单个产品（或服务）所取得的原材料、零部件、人工、能源等；批别级资源，包括用于生产准备、机器调试的人工等；品种级资源，包括为生产某种产品（或服务）所需要的专用化设备、软件或人力等；客户级资源，包括为服务特定客户所需的专门化设备、软件和人力等；设施级资源，包括土地使用权、房屋及其建筑物，以及不受产量、批别、产品、服务和客户变化影响的人力资源等。

企业为执行每种作业所消耗的资源费用的总和，构成该种作业的总成本。

（三）成本对象

成本对象，是指企业追溯或分配资源费用、计算成本的对象物，可以是工艺、流程、零部件、产品、服务、分销渠道、客户、作业、作业链等需要计量和分配成本的项目。企业需要计量成本的对象，根据企业的需要，成本对象还可以是生产批别、产品品种、目标顾客群体等。

（四）成本动因

成本动因是指作业成本或产品成本的驱动因素，是成本对象与其直接相关的作业和最终关联的资源之间的中介。成本动因通常以作业活动耗费的资源来度量，即作业计量。作业计量是作业成本核算系统的分配基础。例如，产量增加时直接材料成本增加，因此产量是诱导直接材料成本发生的原因，即直接材料的成本动因；检验成本随检验次数的增加而增加，因此检验次数就是诱导检验成本发生的原因，即检验成本的成本动因。在作业成本法下，成本动因是成本分配的依据，按其在资源流动中所处位置和作用，成本动因可分为资源动因和作业动因。

【在线课4-11】
作业成本法的要素

（1）资源动因。资源动因是引起作业成本增加的驱动因素，反映资源耗用与作业量之间的因果关系，为衡量一项作业的资源消耗量提供的分配依据。企业应识别当期发生的每项资源消耗，分析资源耗用与作业中心作业量之间的因果关系，选择并计量资源动因。例如，电费消耗为2 000元，这是资源消耗，多项作业都需要电的使用，因此用电量就是一资源动因；再如，搬运设备所消耗的燃料，与搬运的工作时间、搬运次数或搬运量有关，因此可选择搬运的工作时间、搬运次数或者搬运量作为该项作业成本的资源动因。以该作业的资源动因为分配依据，计算资源动因分配率，并将所耗资源费用按资源动因分配率分给各作业成本库。其计算式为

资源动因分配率＝资源费用／各作业消耗的资源动因数量

分配至某作业成本库中的该项资源＝该成本库各作业消耗的资源动因数量×资源动因分配率

某作业成本库耗用的资源费用＝$\sum$（该成本库各作业消耗的资源动因数量×资源动因分配率）

【任务实例 4-20】

某车间生产甲产品的人工支出费用为 100 000 元,其主要作业可分为分拣、检验、装配、协调,这 4 项作业人数分别为 5 人、3 人、9 人、3 人。

请计算每项作业人工成本。

解:

资源消耗 100 000 元,资源动因为作业人数,则

资源动因分配率 = 100 000 元/(5+3+9+3)人 = 5 000 元/人

分拣作业人工费 = 5 000 元/人×5 人 = 25 000 元

检验作业人工费 = 5 000 元/人×3 人 = 15 000 元

装配作业人工费 = 5 000 元/人×9 人 = 45 000 元

协调作业人工费 = 5 000 元/人×3 人 = 15 000 元

(2) 作业动因。作业动因是引起产品成本增加的驱动因素,反映产品产量与作业成本之间的因果关系。作业动因指计量各种产品对作业的耗用情况,它被用于作为作业成本的分配基础,是沟通资源消耗与最终产出的中介,是将作业成本分配到流程、产品、分销渠道、客户等成本对象的依据。比如,作业被一次次消耗,则消耗次数是作业动因,如设备维修作业的作业动因是设备维修次数。若各种产品或者劳务的每份订单上所耗用的费用相当,可按照订单分数来作为作业动因。按照作业动因分配率将作业成本库归集的成本分配于产品。其计算公式如下。

作业动因分配率 = 作业成本/该作业动因总量

分配到某产品的该作业成本 = 产品耗用的作业动因量×作业动因分配率

产品耗用的作业成本 = $\sum$(该产品耗用的作业量×作业动因分配率)

【任务实例 4-21】

根据【任务实例 4-20】,分拣作业本月分拣 A 产品 1 000 件、B 产品 4 000 件、C 产品 3 000 件,要求:计算 A,B,C 三种产品分配的分拣作业人工成本。

解:作业动因为件数,成本对象为 A,B,C 三种产品,则,

作业动因分配率 = 100 000 元/(1 000+4 000+3 000)件 = 12.5 元/件

A 产品分配分拣作业成本 = 1 000 件×12.5 元/件 = 12 500 元

B 产品分配分拣作业成本 = 4 000 件×12.5 元/件 = 50 000 元

C 产品分配分拣作业成本 = 3 000 件×12.5 元/件 = 37 500 元

三、作业成本法计算

【知识链接 4-8】
作业成本法的
应用环境及其
应用程序

【知识链接 4-9】
作业成本法
应用评价

【任务实例 4-22】

华龙公司 2023 年生产 A,B,C 三种型号产品,按完全成本法计算单位产品成本,单位产品成本的 120%设置目标售价。表 4-19、表 4-20、表 4-21 给出了三种产品生产和销售数据。在实际经营过程中,公司 A,B 两种产品在与其他公司的低价竞争中节节败退,C 产品的定价虽然是成本的两倍以上,却占领了大部分的市场份额。假设该企业没有期初、期末在产品,请用作业成本法帮助华龙公司分析产生这种现象的原因。

表 4-19　三种型号产品生产成本数据

	A 产品	B 产品	C 产品
发生的直接材料/元	1 000 000	3 600 000	160 000
直接人工/元	1 160 000	3 200 000	320 000
加工工时（机器小时）/h	60 000	160 000	16 000
产量/件	20 000	40 000	8 000
制造费用总额/元		7 316 000	
其中装配费用/元		3 818 000	
物料处理费用/元		1 128 000	
启动准备/元		6 000	
质量控制/元		842 000	
产品包装/元		507 200	
车间管理/元		1 014 800	

表 4-20　三种型号产品制造费用作业分解

制造费用	成本动因	作业量			
		A 产品	B 产品	C 产品	合计
装配	机器小时/h	40 000	86 000	40 000	166 000
物料处理	材料移动/次	1 400	6 000	12 600	20 000
启动准备	准备次数/次	2 000	8 000	20 000	30 000
质量控制	检验小时/h	8 000	16 000	16 000	40 000
产品包装	包装次数/次	896	6 096	13 296	20 288
车间管理	直接人工/h	60 000	160 000	16 000	236 000

表 4-21　三种型号产品目标售价与实际售价数据

	A 产品	B 产品	C 产品
单位产品成本/元	201	294	122
目标售价/元	241	352	146
实际售价/元	221	317	250

根据操作步骤与表中数据具体计算过程如下。

（1）确定成本计算对象：A 产品、B 产品、C 产品。

（2）确定直接计入产品成本的资源。直接材料分别为 1 000 000 元、3 600 000 元、160 000 元；直接人工分别为 1 160 000 元、3 200 000 元、320 000 元。

（3）确定作业类别和作业中心：见表 4-28。

（4）将作业成本分配到产品：根据作业成本分配率＝作业总成本/该作业动因总量，可以将表 4-27 中的数据计算如下。

装配作业的单位作业成本＝3 818 000 元/166 000 h＝23 元/h。

以装配作业为例，其他作业同理。

（5）根据成本对象分配的作业成本＝该成本对象耗用的作业成本动因量×作业成本分配率，可计算得出制造费用分配时每种产品的作业成本。

以A产品为例，制造费用中，生产A产品需要承担的作业有装配、物料处理、起动准备、质量控制、产品包装、车间管理。装配作业动因为40 000 h，装配作业成本为40 000 h×23 元/h＝920 000 元，其他作业同理。每个作业成本计算出后加总得到A产品应分摊的制造费用为1 448 160 元，B产品应分摊3 495 200 元，C产品应分摊2 372 640 元，仿照A产品填写表4-22。

表4-22 每一种产品的消耗作业成本总量

		作业成本分配率	作业动因消耗量	作业成本
A产品	装配	23	40 000	920 000
	物料处理	56.4	1 400	78 960
	启动准备	0.2	2 000	400
	质量控制	21.05	8 000	168 400
	产品包装	25	896	22 400
	车间管理	4.3	60 000	258 000
	小计			1 448 160
B产品	装配	23	86 000	1 978 000
	物料处理	56.4	6 000	338 400
	启动准备	0.2	8 000	1 600
	质量控制	21.05	16 000	336 800
	产品包装	25	6 096	152 400
	车间管理	4.3	160 000	688 000
	小计			3 495 200
C产品	装配	23	40 000	920 000
	物料处理	56.4	12 600	710 640
	启动准备	0.2	20 000	4 000
	质量控制	21.05	16 000	336 800
	产品包装	25	13 296	332 400
	车间管理	4.3	16 000	68 800
	小计			2 372 640

（6）将可以直接追溯至产品成本的直接材料和直接人工成本与通过作业成本法分摊的制造费用相加，可得到每种产品的最终产品成本，结果见表4-23。

表4-23 各产品的单位产品成本计算　　　　　　　　　　　单位：元

	A产品	B产品	C产品
直接材料	1 000 000	3 600 000	160 000
直接人工	1 160 000	3 200 000	320 000
装配	920 000	1 978 000	920 000
物料处理	78 960	338 400	710 640
启动准备	400	1 600	4 000

续表

	A 产品	B 产品	C 产品
质量控制	168 400	336 800	336 800
产品包装	22 400	152 400	332 400
管理	258 000	688 000	68 800
合计	3 608 160	10 295 200	2 852 640
产量	20 000	40 000	8 000
单位产品成本	180.41	257.38	356.58

请将以完全成本法和作业成本法计算的三种产品单位成本进行对比，并将数据填入表 4-24。

表 4-24 三种产品单位产品成本、售价对比　　　　　　　　　单位：元

	A 产品	B 产品	C 产品
传统的完全成本法下单位产品成本	201	294	122
作业成本法下单位产品成本	180.41	257.38	356.58
目标售价	241	352	146
实际售价	221	317	250

通过以上表格，请帮助华龙公司找出该现象产生的原因。

作业成本法下 C 产品的单位成本要高于 A，B 产品，原因是完全成本法下全部制造费用均按照机器小时分配，实际上并非所有的制造费用成本动因均为机器小时。

在作业成本法下，C 产品在物料处理、启动准备、质量控制和产品包装等方面的成本较高，因此制造费用在三种产品中最多，而完全成本法下，应该由 C 产品分担的制造费用转移至 A，B 产品，导致大量生产的标准化 A，B 产品补贴少量生产的定制产品 C 产品的情况。此时若仍用传统成本法下的单位成本进行产品定价，产品的销售就会出现问题。

这就是华龙公司 A，B 两种产品在与其他公司的低价竞争中节节败退的原因，而 C 产品定价虽是成本的两倍以上，却占领了大部分的市场份额。长此以往，公司必然面临不小损失。

【在线课 4-12】
作业成本法的应用（一）

【在线课 4-13】
作业成本法的应用（二）

议一议

1. 对于可直接追溯至产品成本的直接材料和直接人工还需要通过动因进行分配吗？
2. 本案例中应用作业成本法时需要注意什么？

任务拓展

（一）实训目标
理解作业成本法。

（二）实训资料
光泽公司 2023 年 8 月生产 A，B 两产品。A 产品产量 10 000 件，人工工时为 24 000 h，单位直接材料成本为 20 元，单位人工成本为 13 元。B 产品产量 2 000 件，人工工时为 4 000 h，单位材料成本为 12 元，单位人工成本为 20 元。其余有关资料见表 4-25。

【任务拓展】
参考答案

表 4-25 光泽公司 2023 年 8 月生产 A、B 两种产品有关资料

作业成本库	可追溯成本/元	成本动因	作业量/次 A产品	作业量/次 B产品	作业量/次 合计	成本动因分配率
生产准备	60 000	准备次数	280	200	480	125
质量检验	36 000	检验次数	150	30	180	200
设备维修	30 000	维修工时	200	100	300	100
生产订单	56 000	订单份数	180	100	280	200
材料订单	22 000	订单份数	150	70	220	100
生产协调	20 000	协调次数	50	50	100	200
合计	224 000					

（三）实训要求

分别按照传统的成本计算方法和作业成本法计算 A，B 两产品的单位成本（计算结果保留一位小数）。

（扫描二维码查看答案。）

任务小结

本任务介绍了作业成本法的原理和应用，从管理会计角度为企业成本核算与管理提供了基本方法，便于企业进行成本控制，帮助实现企业战略目标。

项目总结

本项目重点学习成本管理概念与原则、成本管理应用方法、程序及环境、成本性态及其分类、混合成本分解；学习企业成本核算与管理的常见方法；学习变动成本法、标准成本法、作业成本法等方法的使用步骤、优缺点和适用范围。

通过本项目的学习，帮助学生树立精打细算、厉行节约的意识，引导学生刚性与柔性相结合，培养原则性与灵活性相统一的辩证思维。

职业能力训练

【自测题】

【项目实操】

学业测评

职业能力和素养测评见表 4-26。

表 4-26 职业能力和素养测评表

评价项目	评价指标	自测结果					得分
职业素养 （10 分）	1. 积极参加教学活动，按时完成任务（2 分） 2. 遵守劳动纪律，教学场地 6S 管理（2 分） 3. 树立精打细算、厉行节约的意识（3 分） 4. 培养职业精神、工匠精神，厚植家国情怀和责任担当（3 分）	□A □A □A □A	□B □B □B □B	□C □C □C □C	□D □D □D □D	□E □E □E □E	
成本管理认知 （10 分）	1. 成本管理会计的定义（2 分） 2. 标准成本的制定（2 分） 3. 成本管理的原则（2 分） 4. 成本形态分析（4 分）	□A □A □A □A	□B □B □B □B	□C □C □C □C	□D □D □D □D	□E □E □E □E	
变动成本法 （20 分）	1. 变动成本法的原理（5 分） 2. 变动成本法与完全成本法的区别（15 分）	□A □A	□B □B	□C □C	□D □D	□E □E	
标准成本法 （30 分）	1. 标准成本法的定义（5 分） 2. 标准成本的制定（5 分） 3. 标准成本差异分析（20 分）	□A □A □A	□B □B □B	□C □C □C	□D □D □D	□E □E □E	
作业成本法 （30 分）	1. 作业成本法的认知（10 分） 2. 作业成本法的计算（20 分）	□A □A	□B □B	□C □C	□D □D	□E □E	
教师评语：							
成绩		教师签字					

注：在□中打√，A：100%，B：80%，C：60%，D：40%，E：20%。

职业能力拓展

【关键术语】

【素养进阶】

【职业能力进阶】

【职业能力进阶】
参考答案

【经典案例导读】

项目五

营运管理

项目描述

营运管理的本质是追求资源配置效益的最大化。营运管理回答的问题是在同等产出下如何实现投入最小化以及在同等投入下如何实现产出最大化。可见，企业营运管理并不产生业务价值，而是降低管理决策成本。为了完成战略目标，管理层对各部门提出绩效目标任务，营运管理部门如何进行营运管理来达到绩效目标？如果您是营运管理岗位人员，请您完成营运管理项目相关工作。

项目分析

营运管理的重心在于经营，经营的核心在于决策，决策的基础在于预测。预测是决策与规划的前提。预测结果正确与否及其可靠程度对科学决策和有效规划相当重要。决策是管理的关键，对营运管理至关重要。为完成营运项目任务，首先需要对营运管理有基本认知，然后对销售、利润、资金进行科学预测，最后对生产、存货、定价进行决策、服务业务、协助管理决策。故本项目分三个任务：任务1 营运管理认知，任务2 短期经营预测分析，任务3 短期经营决策分析。

党的二十大精神学习园地

党的二十大报告指出，"高质量发展是全面建设社会主义现代化国家的首要任务。"

学习目标

◆ 知识目标

1. 理解营运管理的概念。

附件 5-1 管理会计应用指引 第 400—403 号

2. 了解营运管理领域管理会计工具方法与程序。
3. 熟悉本量利分析的概念与基本假设。
4. 理解边际分析与敏感性分析的概念。
5. 理解短期经营预测的概念。
6. 掌握销售预测、成本预测、利润预测、资金预测等各种定性、定量分析方法。
7. 掌握短期营运相关成本分析与生产经营决策。

◈ 能力目标

1. 能够运用保本分析、保利分析与敏感性分析。
2. 能够正确使用销售预测、成本预测、利润预测、资金预测等各种定量预测方法。
3. 能够应用边际分析法、边际贡献法进行短期经营决策分析。
4. 能够运用存货经济批量模型进行存货管理。
5. 能够运用定价方法开展定价策略。

◈ 素养目标

1. 进行财富观教育、风险意识教育，培养精益管理的工匠精神，树立风险意识、安全边际意识，培养风险管控、规避风险、抵御风险的能力。
2. 通过相关成本内容的收入与成本的比较分析，深入理解"耕耘更知韶光贵，不待扬鞭自奋蹄"的自觉。
3. 通过对剩余生产能力的运用、亏损产品的处理、产品进一步加工决策和生产批量的确定等短期经营决策，有效地进行资源的配置，为企业创造价值，实现经济效益和社会效益。
4. 强调预测依据、预测方法的科学性，激发学生学科学、爱科学的人生态度，树立客观、求是、创新的科学精神。

职业素养提升

把握营运管理　　推动"中国制造"　　增强"四个自信"

营运管理是对营运过程中投入、转换、产出进行管理的一系列活动。面对复杂多变的外部环境，把握好营运管理对帮助企业降低经营成本、提高运作效率和改善经营管理非常重要。

营运管理通过应用本量利分析、边际分析、敏感性分析等工具，对企业经营活动进行预测、短期决策，分析经营的相关成本，对企业的销售、成本、利润、资金进行预测，对生产、定价、存货情况进行分析，帮助企业把控风险，提升产品质量，增强企业核心竞争力。营运管理能全力推动"中国制造"，增强"四个自信"，培养家国情怀。

配套学习资源

省级在线精品课程"数字化管理会计"——营运管理。

知识图谱

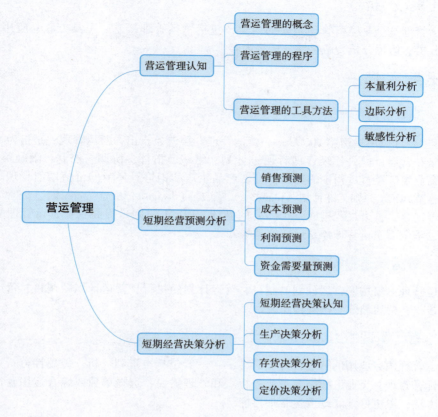

任务 1　营运管理认知

任务导入

1. 通过认知营运管理基本理论，理解营运管理的内容、工具、程序等相关内容，填写表 5-1。

表 5-1　工作任务表

维度	内容	
营运管理概念与原则	营运管理概念	
	营运管理原则	
营运管理工具方法与程序	营运管理程序	
	本量利分析	
	边际分析	
	敏感性分析	

2. 根据案例资料，应用本量利分析对华龙公司进行保本分析。

华龙公司于 2023 年 9 月生产并销售一种产品——喷雾水壶，单价为 15 元/个，单位变动成本 8 元/个，本月生产发生的固定成本为 50 000 元，计算喷雾水壶的保本点销售量和销售额,并说明保本点的实际意义。

任务分析

营运管理是企业经营管理重要的内容,包括营运管理概念、工具方法、应用程序、本量利分析、边际分析、敏感性分析等内容。

任务实施

一、营运管理的概念

《管理会计应用指引第400号——营运管理》第二条指出,营运管理,是指为了实现企业战略和营运目标,各级管理者通过计划、组织、指挥、协调、控制、激励等活动,实现对企业生产经营过程中的物料供应、产品生产和销售等环节的价值增值管理。营运管理应遵循PDCA原则,即计划(planning)、实施(design)、检查(check)、处理(act)的首字母组合,整个过程构成一个闭合的循环。PDCA原则是提高企业营运管理的重要原则,也是全面质量管理体系运转的基本方式。

二、营运管理的程序

营运管理一般按照营运计划的制订、营运计划的执行、营运计划的调整、营运监控分析与报告、营运绩效管理等程序进行。

三、营运管理的工具方法

营运管理领域应用的管理会计工具方法,一般包括本量利分析、敏感性分析、边际分析和标杆管理。企业应根据自身业务特点和管理需要,选择单独或综合运用营运管理的工具方法,以更好地实现营运管理目标。

(一)本量利分析

1. 本量利分析概念

本量利分析是指以成本性态分析和变动成本法为基础,运用数学模型和图式,对成本、利润、业务量与单价等因素间的依存关系进行分析,发现变动的规律性,为企业进行预测决策、计划和控制等活动提供支持的一种方法。其中,"本"为成本,包括固定成本和变动成本;"量"为业务量,一般为销售量;"利"为利润,一般为营业利润。

本量利分析主要用于企业生产决策、成本决策和定价决策,也可广泛用于投融资决策等其他决策,企业在营运计划的制订、调整及营运监控分析等过程中,通常也会用到本量利分析。

2. 应用本量利分析的前提假设

本量利分析的基本前提假设包括成本性态分析假设、产销平衡和品种结构不变假设、目标利润假设。

3. 本量利分析公式

本量利分析涉及5个因素,即单价(用p表示)、单位变动成本(用b表示)、业务量(用x表示)、固定成本(用a表示)、营业利润(用L表示)。

本量利分析的基本计算方法为

$$营业利润 L = (单价 p - 单位变动成本 b) \times 业务量 x - 固定成本 a$$
$$= px - bx - a$$
$$= (p-b)x - a$$

式中，$(p-b)x$ 的实际含义为边际贡献。边际贡献是本量利分析中一个重要的因素，是衡量企业服务或产品盈利性强弱的关键指标。因此，本量利分析的计算式可以写为

营业利润 L ＝单位边际贡献×业务量（销售量）－固定成本

营业利润 L ＝销售收入×边际贡献率－固定成本

4. 本量利分析的应用

（1）保本分析。

在企业经营中，保本意味着企业处于既不盈利又不亏损（盈亏平衡）的状态，即企业的销售收入正好等于销售成本，利润为零。

保本分析，又称盈亏平衡分析，是指分析、测定企业经营中处于既不盈利又不亏损的平衡点，以及相关因素变动对盈亏平衡点的影响等内容，是本量利分析的核心内容。保本分析的关键是确定保本点，通过计算企业处于盈亏平衡状态时的业务量，分析项目对市场需求变化的适应能力等。

保本分析包括单一产品的保本分析和产品组合的保本分析。保本分析的关键步骤在于确定保本点。保本点是指企业不盈不损（利润为零）时的销售量或销售额。

1）单一产品保本分析。

保本点通常有两种表现形式：一种是用实物量表现，称为保本点销售量（盈亏平衡点销售量）；另一种是用货币金额表现，称为保本点销售额（盈亏平衡点销售额）。单一产品的保本分析是指企业只经营一种产品品种时的盈亏临界点分析。通常采用公式法和图示法进行分析。下面主要介绍公式法。

根据保本点实际含义，即

利润 $L=0$

销售收入－销售成本＝0

单价 p×业务量 x－单位变动成本 b×业务量 x－固定成本 $a=0$

（单价 p－单位变动成本 b）×业务量 x－固定成本 $a=0$

可以得到

保本点的业务量＝固定成本／（单价－单位变动成本），即

$$x = \frac{a}{p-b}$$

保本点的销售额（用 s 表示）＝单价×保本点业务量，即

$$s = px$$

或

保本点的销售额＝固定成本／（1－变动成本率）＝$a \Big/ \Big(1 - \dfrac{b}{p-b}\Big)$

或

保本点的销售额＝固定成本／边际贡献率＝$a / [p/(p-b)]$

> **想一想**
>
> 变动成本率和边际贡献率有什么关系？

【任务实例 5-1】

假定华龙公司只生产和销售一种产品——玻璃密封盒。已知该产品的单位变动成本

为 12 元，售价为 20 元，每个月的固定成本为 40 800 元。求：计算该公司的保本点销售量和销售额。

解：

根据资料，该公司的保本点计算如下：

$$保本点销售量\ x = \frac{a}{p-b} = 40\,800/(20-12)\ 个 = 5\,100\ 个$$

$$保本点销售额\ s = px = 20\ 元/个 \times 5\,100\ 个 = 102\,000\ 元$$

2）多品种保本点分析。

在企业同时生产销售多种产品的情况下，保本点不能用实物量计算，而只能用货币金额计算。其原因有：第一，由于不同产品的实物计量单位不同，不同产品的产量不能简单相加；第二，由于不同产品的边际贡献率各不相同，企业整体的综合保本点销售额与产品的品种结构（各产品的销售额在全部产品总销售额中的占比重）有直接联系。实务中常用加权平均法（又称比重法）进行多品种本量利分析。

加权平均法是指在掌握每种产品本身的边际贡献率的基础上，以各种产品销售额在企业总销售额的比重作为权重，对每种产品的边际贡献率进行加权平均，以计算综合边际贡献率的一种方法，其计算式为

$$综合保本销售额 = \frac{固定成本总额}{加权平均边际贡献率}$$

$$各种产品保本销售额 = 综合保本销售额 \times 各种产品销售比重$$

其中，加权平均边际贡献率有 3 种计算方法。

① 总额法，计算式为

$$加权平均边际贡献率 = \frac{\sum 各种产品的边际贡献}{\sum 各种产品的销售收入} \times 100\%$$

② 边际贡献总和法，计算式为

$$该种产品的按全产品销售收入计算的边际贡献率 = \frac{该种产品的边际贡献}{\sum 各种产品的销售收入} \times 100\%$$

$$加权平均边际贡献率 = \sum 各种产品占全产品销售收入的边际贡献率$$

③ 比重法，计算式为

$$某种产品的销售比重 = \frac{某种产品的销售收入}{\sum 各种产品的销售收入} \times 100\%$$

$$加权平均边际贡献率 = \sum (某产品的边际贡献率 \times 该产品的销售比重)$$

加权平均法具体步骤如下。

第 1 步，计算各种产品的销售比重，某产品的销售比重 = $\frac{某种产品的销售额}{销售总额}$。

第 2 步，计算各种产品的边际贡献率。

第 3 步，计算各种产品的加权平均边际贡献率。

第 4 步，计算企业总体的综合保本额。

第 5 步，计算各种产品的保本点销售额。

【在线课 5-5】
本量利分析应用
——多种产品保本点分析①

【在线课 5-6】
本量利分析应用
——多种产品保本点分析②

【在线课 5-7】
本量利分析应用
——多种产品保本点分析③

【任务实例 5-2】

华龙公司 2023 年生产 A，B，C 三种产品，固定成本为 30 000 元，有关资料见

表5-2。求用加权平均法计算综合边际贡献率，并求出综合保本额及各种产品的保本点。

表5-2 产品生产资料

项目	计划销售量	销售单价/元	单位变动成本/元
A产品	5 000 件	20	17
B产品	1 250 张	40	32
C产品	500 m	100	50

解：（1）根据产品的销售量分别计算销售额，再计算A，B，C产品的销售比重。

A产品的销售额 = 5 000×20 元 = 100 000 元

B产品的销售额 = 1 250×40 元 = 50 000 元

C产品的销售额 = 500×100 元 = 50 000 元

全部产品的销售总额 = 200 000 元

A产品的销售比重 =（100 000 元/200 000 元）×100% = 50%

B产品的销售比重 =（50 000 元/200 000 元）×100% = 25%

C产品的销售比重 =（50 000 元/200 000 元）×100% = 25%

（2）计算A、B、C产品的贡献边际率。

A产品的边际贡献率 =（20−17）元/件/20 元/件×100% = 15%

B产品的边际贡献率 =（40−32）元/件/40 元/件×100% = 20%

C产品的边际贡献率 =（100−50）元/件/100 元/件×100% = 50%

（3）计算加权平均综合边际贡献率。

加权平均边际贡献率 = 15%×50%+20%×25%+50%×25% = 25%

（4）计算企业综合保本销售额。

综合保本销售额 = 30 000 元/25% = 120 000 元

（5）计算A、B、C产品的保本销售量和保本销售额。

A产品的保本销售额 = 120 000 元×50% = 60 000 元

B产品的保本销售额 = 120 000 元×25% = 30 000 元

C产品的保本销售额 = 120 000 元×25% = 30 000 元

A产品的保本销售量 = 60 000 元/20 元/件 = 3 000 件

B产品的保本销售量 = 30 000 元/40 元/张 = 750 张

C产品的保本销售量 = 30 000 元/100 元/m = 300 m

想一想

加权边际贡献法比较适用于哪种情形？

（2）保利分析。

虽然保本分析已为生产经营提供了非常有用的信息，但企业经营的目标不仅仅是保本，而是在未来期间获得尽可能多的利润。因此，企业需要了解在现有条件与利润目标时的销售水平，在此引入保利量分析。

保利量是指使企业实现目标利润所完成的业务量，即从本量利分析的角度，已知目标利润、单价、单位变动本和固定成本，求目标利润的销售量。

由于利润与销售量之间存在以下关系

$$目标利润 = 单位边际贡献 \times 销售量 - 固定成本$$

所以目标利润下的销售量（保利量）为

$$保利量 = \frac{固定成本 + 目标利润}{单位边际贡献}$$

目标利润下的销售量的计算公式与保本点销售量的计算公式相比，它们的分母相似，不同的是，保本点销售量计算式的分子仅包括固定成本，而目标利润的销售量计算式的分子不仅包括固定成本，它包括目标利润。目标利润的销售量计算式的经济意义是为保证实现目标利润，目标利润与固定成本均影响边际贡献。故类比保本点销售额，目标利润下的销售额（保利额）为

$$保利额 = \frac{固定成本 + 目标利润}{边际贡献率}$$

【任务实例 5-3】

某服装厂 2022 年只生产一种衬衣，衬衣销售单价为 400 元/件，单位变动成本为 240 元/件，固定成本为 80 000 元，企业的目标利润为 160 000 元，则：

$$保利量 = \frac{固定成本 + 目标利润}{单位边际贡献} = \frac{80\,000\,元 + 160\,000\,元}{400\,元/件 - 240\,元/件} = 1\,500\,件$$

$$保利额 = \frac{固定成本 + 目标利润}{边际贡献率} = \frac{80\,000\,元 + 160\,000\,元}{(400-240)\,元/件 / 400\,元/件} = 600\,000\,元$$

> **议一议**
>
> 若考虑企业所得税对实现目标利润的影响，保利点销售量和销售额应怎样计算？

（二）边际分析

《管理会计应用指引第 403 号——边际分析》第一条指出，边际分析，是指分析某可变因素的变动引起其他相关可变因素变动的程度的方法，以评价既定产品或项目的获利水平，判断保本点，提示营运风险，支持营运决策。边际分析工具方法主要有边际贡献分析、安全边际分析。

1. 边际贡献分析

边际贡献分析，是指通过分析销售收入与变动成本总额的差额，衡量产品为企业贡献利润的能力。边际贡献分析主要包括边际贡献和边际贡献率两个指标。

（1）边际贡献。边际贡献又称贡献毛益，是指产品的销售收入与相应变动成本的差额，包括绝对数指标（如边际贡献总额、单位边际贡献）和相对数指标（如边际贡献率）。

（2）边际贡献指标。单位边际贡献是指产品的销售单价与单位变动成本的差额。边际贡献率是指边际贡献占销售收入的百分比，相关计算式为

$$边际贡献总额 = 销售收入 - 变动成本$$
$$= px - bx = (p-b)x$$
$$= 单位边际贡献 \times 销售量$$

单位边际贡献＝单价－单位变动成本

$$=p-b=px-bx/x$$

$$=边际贡献总额/销售量$$

边际贡献率＝边际贡献总额/销售收入×100%

$$=单位边际贡献/单价×100\%$$

以上算式表明边际贡献指标的性质：企业各种产品提供的边际贡献并不是企业的营业净利润。因为边际贡献优先用于补偿企业的固定成本，所以只有当边际贡献大于固定成本时才能为企业提供利润，否则企业将出现亏损。因此，边际贡献是一个反映企业盈利能力的指标。

【任务实例 5-4】

华龙公司 2023 年 8 月生产一种保温水杯，该产品单价为 100 元，单位变动成本为 60 元，固定成本为 50 000 元，本月销售量为 3 000 件，请计算甲产品的边际贡献，并说明 8 月是否能够盈利。

解：边际贡献总额＝（100－60）元/件×3 000 件＝120 000 元＞50 000 元，利润大于 0，表明企业盈利。

2. 安全边际分析

安全边际是指企业实际或预期销售量（额）超过盈亏临界点销售量（额）的数额，又称安全边际销售量或安全边际销售额，该指标能够衡量企业在保本的前提下抵御营运风险的能力，以及能够承受因销售额下降带来的不利影响的程度，体现企业营运的安全程度。相关计算式如下。

安全边际销售量＝实际销售量或预期销售量－保本点销售量

安全边际销售额＝实际销售额或预期销售额－保本点销售额

$$=安全边际销售量×单价$$

安全边际率＝安全边际销售量/实际销售量或预期销售量×100%

安全边际率代表企业在亏损发生之前销售量可以下降的最大幅度。安全边际率越高，企业发生亏损的可能性越小，企业经营的安全程度越高。

【任务实例 5-5】

根据【任务实例 5-1】，假定公司下个月预算销售量为 9 000 个，要求：计算该公司的安全边际指标，并评价该公司下个月的经营安全程度。

解：

安全边际量＝9 000 个－5 100 个＝3 900 个

或安全边际额＝（20×9 000－20×5 100）元＝78 000 元

安全边际率＝3 900 个/9 000 个×100%＝43.33%

或安全边际率＝78 000 元/180 000 元×100%＝43.33%

上述计算表明，该公司的安全边际率为 43.33%，因而下个月的经营很安全。

只有当企业的安全边际量（额）与安全边际率都为正数时，才说明企业有利润，且这两项指标越大越好。一般企业用安全边际率来评价其经营的安全程度，企业经营安全程度的检验标准见表 5-3。

【技能训练 5-3】

【技能训练 5-3】
参考答案

表 5-3 企业经营安全性检验标准

安全边际率	10%以下	10%～20%	20%～30%	30%～40%	40%以上
安全程度	危险	不安全	较安全	安全	很安全

3. 与保本点相关的指标——保本作业率

保本作业率又称为盈亏临界点作业率。保本点的作业率，是指保本点的销售量（额）占企业正常开工销售量（额）的比率，其计算公式为

$$保本作业率 = 保本销售量(额) / 正常销售量(额) \times 100\%$$

该指标说明企业要实现盈利所需的最低作业水平，也反映了企业盈利能力的强弱。若保本作业率高，则企业产品的盈利能力较低，企业需利用大部分的生产能力弥补固定成本，故而所需销售的产品数量就越多，盈利区面积越小，企业从正常销售量中得的利润水平就越低。

如果保本作业率较低，则说明企业产品的盈利能力较强，只需利用较少一部分的生产能力来弥补固定成本，而在保本状态以上利用生产能力，企业可获得较大的利润。

因为企业正常销售量是安全边际量与保本点销售量之和，故安全边际率加上保本作业率等于 100%，其关系如下。

$$安全边际率 + 保本作业率 = 1$$
$$安全边际率 = 1 - 保本作业率$$

【任务实例 5-6】

根据【任务实例 5-1】资料，假设公司每月生产和销售 9 000 个玻璃密封盒，其保本作业率的计算如下。

$$保本作业率 = 5\ 100 个 / 9\ 000 个 \times 100\% = 56.67\%$$

想一想

安全边际量（率）和保本作业量（率）之间是什么关系？

（三）敏感性分析

【在线课 5-8】
本量利分析
——敏感分析

敏感性分析是指对影响目标实现的因素变化进行量化分析，以确定各因素变化对实现目标的影响及其敏感程度。敏感性分析适用短期营运决策、长期投资决策等相关风险决策，也可以用于一般经营分析。短期营运决策中，敏感性分析主要用于目标利润规划，其应用程序一般包括确定短期营运决策目标、根据决策环境确定决策目标的基准值、分析确定影响决策目标的各种因素、计算敏感系数、根据敏感系数对各因素进行排序等。本任务中主要介绍短期营运决策中的敏感性分析，即利润规划敏感性分析。

利润规划的决策目标是利润最大化。基于本量利关系，利润规划敏感性分析主要研究包括销售量、单价、单位变动成本和固定成本等影响利润的因素发生怎样的变化使盈利转为亏损，计算各因素变化对利润变化的影响程度，分析各因素变动时如何调整应对，以保证目标利润的实现。企业可以进行单因素敏感性分析或多因素敏感性分析。

(1) 单一因素变化对利润的影响。

在对利润规划进行敏感性分析时，企业应确定导致盈利转为亏损（目标利润为零）的有关变量的临界值，即确定销售量和单价的最小允许值、单位变动成本和固定成本的最大允许值。其计算式为

单价的最小值＝（单位变动成本×销售量＋固定成本）/销售量

单位变动成本的最大值＝（单价×销售量－固定成本）/销售量

固定成本的最大值＝（单价－单位变动成本）×销售量

销售量的最小值＝固定成本/（单价－单位变动成本）

【任务实例5-7】

假定华龙公司当前密封保鲜盒的销售量为1 000个，单价为40元，单位变动成本为25元，固定成本为14 000元，则利润＝1 000个×(40-25)元/个－14 000元＝1 000元。

① 销售单价最小值。

单价下降会使利润下降，下降到一定程度，利润将变为零。因此它是企业能忍受的销售单价最小值。

设最小销售单价为p_{min}，则：9 000×(p_{min}-25)-14 000＝0。

推出：p_{min}＝39元。

表明：销售单价降至39元，即降价2.5%时企业将由盈利转入亏损。

② 单位变动成本的最大值。

单位变动成本上升会使利润下降，并逐渐趋近于零，此时的单位变动成本是企业能忍受的最大值。

设单位变动成本为b_{max}，则1 000×(40-b_{max})-14 000＝0。

推出b_{max}＝26元。

表明：单位变动成本由25元上升至26元时，即单位变动成本上升4%时企业利润由1 000元降至0。

③ 固定成本最大值。

固定成本上升也会使利润下降，并趋近于零。

设固定成本为a_{max}，则1 000×(40-25)-a_{max}＝0。

推出a_{max}＝15 000元。

表明：固定成本增至15 000元时，即固定成本增加7%时企业将由盈利转为亏损。

④ 销售量最小值。

销售量最小值，是指使企业利润为零的销售量，它就是盈亏临界点销售量，其计算方法参看"保本点销售量"。

保本点销售量＝固定成本/（单价－单位变动成本）＝14 000元/(40-25)元/个＝933个。

销售计划若只完成93%，则企业利润为零。

(2) 各参数的敏感系数计算。

各参数变化都会引起利润的变化，但影响程度各不相同。有的参数发生微小变化，就会使利润发生很大的变动，若利润对这些参数的敏感系数绝对值大于1，则称这类参

数为敏感因素。若利润对这些参数的敏感系数绝对值小于1，则称这类参数为不敏感因素。企业在进行因素分析时，计算各因素的敏感系数可衡量因素变动对决策目标基准值的影响程度。

某因素敏感系数＝目标值变动百分比/因素值变动百分比

【任务实例5-8】

根据【任务实例5-7】资料，请计算销量、单价、单位变动成本、固定成本分别增长10%时各因素的敏感系数。并根据计算结果将单价、单位变动成本、销售量、固定成本4个因素按照对利润影响的敏感程度从高到低排序。

销售量的敏感系数：销售量＝1 000个×(1+10%)＝1 100个

利润＝(40-25)元/个×1 100个－14 000元＝2 500元

$$利润变动百分比 = \frac{2\,500 元 - 1\,000 元}{1\,000 元} \times 100\% = 150\%$$

销售量敏感系数＝150%/10%＝15

其余三个因素计算过程类似。以此可得单价敏感系数＝400%/10%＝40，单位变动成本敏感系数＝-250%/10%＝-25，固定成本敏感系数＝-140%/10%＝-14，根据以上计算结果，将4个因素按敏感系数绝对值从大到小排序，依次是销售单价、单位变动成本、销售量、固定成本，即对利润影响最大的因素是单价，然后是单位变动成本、销售量和固定成本。上述各因素敏感系数的排序是根据例题所设定的条件所得，如果条件发生变化，各因素敏感系数的排序也可能发生变化。

议一议

在实际工作中，企业是否可以同时改变多个因素来调整盈亏平衡点，以增加利润？

任务拓展

【任务拓展】
参考答案

(一) 营运管理领域应用的管理会计工具方法与程序

营运管理领域应用的管理会计工具方法，一般包括_____、_____、_____。

(二) 本量利分析

龙华公司本年度乙产品的销售量为5 000件，单价为25元，变动成本总额为75 000元，固定成本总额为25 000元。

求：(1) 计算乙产品的保本点；(2) 计算乙产品的安全边际，并说明本年度经营处于什么状态。

(扫描二维码查看答案。)

任务小结

本任务介绍了营运管理的概念、营运管理领域常用的工具方法及本量利分析、边际分析、敏感性分析的具体应用。

任务 2 短期经营预测分析

任务导入

甲公司 2023 年下半年各月的实际销售收入见表 5-4。

表 5-4 甲公司 2023 年 7—12 月销售收入表　　　　单位：元

月份	7	8	9	10	11	12
实际销售额	23 000	24 600	26 000	28 400	25 000	26 000

（1）采用算术平均法预测甲公司 2024 年 1 月的销售额。

（2）采用加权平均法，7—12 月的权数分别为 0.01、0.04、0.08、0.12、0.25 和 0.5，预测甲公司 2024 年 1 月的销售额。

任务分析

预测分析是指根据过去和现在的数据资料及其他信息，运用经验和科学的方法，对事物发展的未来趋势进行推断分析的过程。

现代企业经营管理离不开决策，决策是否正确关系到企业的生存与发展。而正确的决策需要科学的预测，预测分析是决策的前提和基础。一般针对企业的重要经济指标如销售、成本、利润、资金等来进行预测分析。通过预测合理确定企业的目标利润、目标销量、目标成本以及资金需要量等指标，可提高决策的科学性，以实现全面目标管理。

【在线课 5-9】
预测分析概述

任务实施

一、销售预测

（一）销售预测的含义

销售预测是在充分调查市场的基础上，根据市场供需情况的发展趋势及历史销售资料进行分析、判断，做出的对未来一定时期内有关产品的销量变化趋势的科学预计和推测，主要包括市场需求和企业销售业务量的预测分析。

销售预测是企业进行正确经营决策的基本前提，也是其他各项经济预测的基础。做好销售预测，便于根据消费需要"以销定产"，使生产、销售、调拨及库存密切配合，大大提高经营决策的科学性，提高企业的经济效益。

【在线课 5-10】
预测分析——
销售预测分析

（二）销售预测的方法

销售预测的方法很多，常用方法有趋势分析法、因果关系分析法、判断分析法和调查分析法 4 类方法。前两类属于定量分析，后两类属于定性分析。

1. 定量销售预测

（1）趋势分析法。趋势分析法是基于企业销售的历史资料，构建与时间成函数关系的序列，并予以类推，得到未来销售业务量（销售量或销售额）的预测值。根据所采用的具体数学方法的不同，趋势分析法可分为算术平均法、移动加权平均法、指数平滑法、回归分析法、二次曲线法等。

① 算术平均法。算术平均法又称简单平均法，是以过去若干期的销售业务量的算术

平均数作为未来期间的销售预测值。其计算式如下。

$$预测期销售量 = \frac{\sum 各期销售量}{期数}$$

【任务实例 5-9】

华龙公司 2022 年下半年甲产品的销售资料见表 5-5。

表 5-5　华龙公司 2022 年 7—12 月甲产品的销售额

月份	7	8	9	10	11	12
实际销售额/万元	22	24	23	26	27	28

要求：采用算术平均法预测 2023 年 1 月甲产品的销售额。

解：由算术平均法计算公式，可得 2023 年 1 月销售额 = $\frac{22+24+23+26+27+28}{6}$ 万元 = 25 万元

算术平均法的优点是计算简单、方便易行；缺点是没有考虑远、近期销售业务量的变动趋势，将不同时期资料的差异简单平均，这可能会造成较大的预测结果误差。因此，该方法适用于各期销售业务量比较稳定、没有季节性的商品的预测，如食品、文具、日常用品等商品的预测。

② 加权平均法。加权平均法是先根据过去若干期的销售业务量，按距离预测期的远近分别进行加权，计算加权平均数，并以此作为未来期间的销售预测值。其中，权数反映各期实际值对预测值的影响程度，各期权数之和为 1。一般当期数为 3 时，可分别取 0.2、0.3 和 0.5 作为各期权数；当期数为 4 时，可分别取 0.1、0.2、0.3 和 0.4 作为各期权数。以此类推。其计算公式如下。

$$预测销售业务量 = \sum (某期销售业务量 \times 该期权数)$$

【任务实例 5-10】

根据【任务实例 5-9】，要求采用加权平均法进行预测（假定期数为 4）。

解：根据算式可得，预测期销售额 = (23×0.1+26×0.2+27×0.3+28×0.4) 万元 = 26.8 万元。

③ 指数平滑。指数平滑法也称指数移动平均法。该方法也重视利用近期资料，但不采用加权计算办法，而是采用某平滑指数来调整前期实际和预测数据（平滑数据）的差异，确定下期预测数。这种方法实质也是一种加权平均法，但以平滑系数 α 和 (1-α) 为权数进行加权，其计算式如下。

$$F_t = \alpha A_{t-1} + (1-\alpha) F_{t-1}$$

式中，F_t 为预测期销售量；α 为平滑系数；A_{t-1} 为上期销售量实际值；F_{t-1} 为上期销售量预测值。

【任务实例 5-11】

A 企业生产一种产品，2023 年 1—12 月的销售量资料见表 5-6。设 α 为 0.3，2023 年 12 月的预测值为 30 千件。要求：用指数平滑法预测 2024 年 1 月的销售量。

表 5-6 销售量资料 单位：千件

月份	1	2	3	4	5	6	7	8	9	10	11	12
销售量（x）	25	23	26	29	24	28	30	27	25	29	32	32

解：2024 年 1 月预计销售量 F_t =（0.3×32+(1-0.3)×30）千件 = 30.6 千件。

在用指数平滑法预测销售量时，$α$ 值的选择很关键。这是一个经验数据，取值范围通常在 0.3~0.7。$α$ 的取值大小，决定了上期实际数和预测数对本期预测值的影响。$α$ 的取值越大，上期实际数对本期预测值的影响越大；反之，上期预测数对本期预测值的影响越小。因此，进行近期预测或销量波动较大的预测时，应采用较大的平滑系数；进行长期预测或销量波动较小的预测时，可采用较小的平滑系数。

指数平滑法比较灵活，适用范围较广，但在选择平滑系数时，存在一定的主观随意性。

【技能训练 5-4】

【技能训练 5-4】
参考答案

（2）因果预测法，又称相关预测分析法，是通过对影响销售变动各因素的分析，确定影响销售变化的主要因素，并根据主要因素与销售业务量间的因果关系建立数学模型，据此推测未来的销售业务量。因果预测法往往比趋势分析法获得更理想的预测结果。

在实际工作中，最常用且比较简单的因果预测法是直线回归分析法，又称最小平方方法。它适用于只有一个相关因素的情况。直线回归法的具体做法是，以 y 表示预测对象的销售业务量，以 x 表示影响销售变动的因素变量，建立模型 $y = a + bx$，并用收集的资料求得 a 与 b，即可利用模型预测未来销售。应用最小平方方法一般应进行相关程度检验，即通过计算相关系数来检验预测变量与因素变量间的相关性，以判断预测结果的可靠性（直线回归法可参考"项目四—成本管理—成本性态分析—混合成本分解"相关内容）。

2. 定性销售预测法

常见的定性销售预测法有市场调查法、判断分析法等。

> **想一想**
>
> 情境模拟：以一家电制造公司为例，采用专家判断分析法预测 2024 年 A 款洗衣机的销售量，计划选取 20 位专家，编号为 1~20，假设专家的销售量预测结果在 20~30 千台，请利用 Excel 软件 median 函数、quartile 四分位函数说明专家的意见是否可信。

【知识链接 5-4】
定性销售预测法

二、成本预测

（一）成本预测的含义

成本预测是根据企业未来的发展目标和现实条件，参考其他资料，通过对影响成本变动相关因素的分析和测算，对企业未来成本水平和变动趋势进行预计和推测。成本预测要综合考虑企业生产技术、生产组织和经营管理等各方面。因此，成本预测需以本企业和国内外其他企业同类产品的有关历史数据为基础，并考虑当前技术发展对本企业的生产、供应、销售、运输等可能产生的影响，进行比较、计算、分析和判断，最后作出预测。

【在线课 5-11】
预测分析——
成本预测分析

（二）成本预测的步骤

成本预测应当以企业总体经营目标为前提，同时各单位、各部门的成本预测要相互协调统一。成本预测必须有序、有效地进行，通常可分为以下几个步骤。

1. 确定预测对象

由于不同的预测对象所需的分析资料不同，选用的预测方法也不同。因此，在进行成本预测之前，必须确定预测对象，即确定预测分析的目的、要求、范围和具体内容。

2. 收集、筛选资料

收集资料是一项重要的工作，企业必须重视数据的积累，收集和掌握预测对象从过去到现在的经济数据资料和其他信息资料。此外，预测分析只有依据正确、真实的资料才能得出正确的结果，因此，企业还须对资料进行检查和筛选。

3. 拟订降低成本的各种可行性方案

动员企业内部各个部门，针对存在的问题，群策群力，挖掘潜力，拟订出降低成本水平的各种可行性方案，力求缩小预测成本与目标成本的差距。

4. 制定正式的目标成本

对降低成本的各种可行性方案进行技术、经济分析，从中优选出经济效益与社会效益最佳的方案，并制定正式的目标成本，为作出最优的成本决策提供依据。

（三）成本预测的方法

成本预测的方法有目标成本预测法、历史成本预测法和新产品成本预测法。

1. 目标成本预测法

目标成本是为实现目标利润应达到的成本水平或应控制的成本限额。它是一种在销售预测和利润预测的基础上，结合本量利分析预测目标成本的方法。预测目标成本是为控制企业生产经营过程中的劳动消耗，降低产品成本，实现企业的目标利润。用这种方法确定的目标成本，能与企业的目标利润联系起来，有利于目标利润的实现。制定目标成本一般需综合考察未来一定期间内有关产品的品种、数量、价格和目标利润等因素，计算方法一般有以下几种。

① 根据目标利润制定目标成本，公式如下。

$$目标成本 = 预计销售收入 - 目标利润$$

② 根据资金利润率制定目标成本，公式如下。

$$目标成本 = 预计销售收入 - 资金利润率 \times 平均资金占用额$$

③ 根据销售利润率制定目标成本，公式如下。

$$目标成本 = 预计销售收入 \times (1 - 销售利润率)$$

④ 根据过去先进的成本水平制定目标成本。该方法以本企业历史上最好的成本水平或国内外同行业同类产品的先进成本水平作为目标成本，也可以将本企业上年实际成本水平扣除行业或主管单位下达的成本降低率后的数额，作为目标成本。这种方法的缺陷是没有将目标成本同目标利润联系起来，因此与企业的实际情况存在一定的差距。

2. 历史成本预测法

历史成本预测法也称可比产品成本预测法，适用于企业现存产品或者与现存产品相似的产品成本的预测。它是根据企业成本的历史资料和相关数据，按照成本习性，应用数理统计方法来推测、估计成本的发展趋势，并采用一定的方法对这些数据进行处理，建立相关的数学模型，即设总成本模型为 $y = a + bx$，通过确定 a（固定成本总额）与 b（单位变动成本）的值进行成本预测。计算 a 和 b 的常用方法有高低点法、回归分析法，其中高低点法和回归分析法可参考"项目四—成本管理—任务1 混合成本分解"部分，下

【技能训练5-5】

【技能训练5-5】
参考答案

文重点介绍加权平均法。

作为预测根据的历史资料，所选用的时期不宜过长或过短。当今世界经济形势发展太快，时期选用不当可能出现失去可比性或不能反映出成本变动趋势的情况，通常以最近 3~5 年的历史资料为宜。另外，对于历史资料中某些金额较大的偶然性费用，如意外的停工损失、材料或产品的盘盈盘亏等，在引用时应予剔除。

【任务实例 5-12】

华龙公司产销甲产品，预计下年度的产销量为 10 000 件，预计销售单价为 50 元，预计的目标利润为 120 000 元，请预测该企业下年度的目标成本。

解：目标成本 = 50 元/件 × 10 000 件 − 120 000 元 = 380 000 元。

三、利润预测

（一）利润预测的含义

利润预测是按照企业经营目标的要求，通过综合分析影响利润变动的价格、成本、产销量等因素测算企业在未来一定时期内可能达到的利润水平和利润变动趋势的一种方法。

（二）利润预测的步骤

目标利润的预测步骤大致如下。

（1）调查研究，确定利润率标准。
（2）计算目标利润基数。算式为

$$目标利润基数 = 有关利润率标准 \times 相关指标$$

式中，相关指标取决于利润率指标的内容，可分别为预计销售额、预计工业总产值或预计资金平均占用额。

（3）确定目标利润修正值。目标利润修正值是指对目标利润基数的调整额。
（4）最终下达的目标利润应分解落实纳入预算体系。

$$最终下达的目标利润 = 目标利润基数 + 修正值$$

【在线课 5-12】
预测分析——
利润预测分析

（三）利润预测的方法

利润预测的方法主要有本量利分析法、销售增长比率法、资金利润率法和利润增长比率法等。

1. 本量利分析法

详见项目五任务 1。

2. 销售增长比率法

销售增长比率法是以基期实际销售利润与销售预计增长比率为依据计算目标利润的一种方法。该方法假定利润与销售同步增长，其计算式为

$$目标利润 = 基数销售利润 \times (1 + 销售预计增长比率)$$

【技能训练 5-6】

【技能训练 5-6】
参考答案

【任务实例 5-13】

宏利公司 2022 年实际销售利润为 15 万元，实际销售收入为 160 万元，若 2023 年计划销售额为 200 万元，预测宏利公司 2023 年的目标利润。

解：目标利润 $= 15 \times \left(1 + \dfrac{200-160}{160}\right)$ 万元 $= 15$ 万元 $\times (1+25\%) = 18.75$ 万元。

3. 资金利润率法

资金利润率法是根据企业预计的资金利润率水平，结合基期资金的实际占用状况与未来计划投资额来确定目标利润的一种方法。其计算公式为

目标利润＝（基期占用资金＋计划投资额）×预计资金利润率

【任务实例5-14】

华龙公司2024年实际固定资产平均占用额为120万元，全部流动资金平均占用额为40万元。2024年计划扩大生产规模，拟在年初购置一套价值25万元的新型加工设备投入生产，追加流动资金5万元。预计2024年资金利润率为10%。预测华龙公司2024年的目标利润。

解：预测目标利润＝（160万元＋30万元）×10%＝19万元。

4. 利润增长比率法

利润增长比率法是根据企业基期已经达到的利润水平，结合近期若干年（通常为近3年）利润增长比率的变动趋势，以及影响利润的有关因素在未来可能发生的变动等情况，确定一相应的预计利润增长比率，以确定目标利润的一种方法，其计算公式为

目标利润＝基期利润×（1＋预计利润增长率）

四、资金需要量预测

（一）资金需要量预测的含义

企业经营中的资金有两类：一类是固定资金，即用于固定资产的资金；另一类是营运资金，即用于流动资产的资金。这里所提的资金需要量预测包括营运资金和固定资金在内的资金需要总量的预测，即预测企业未来的融资需求。

资金需要量预测，以预测期内发展企业生产经营规模和提高资金利用效果为前提，在分析相关历史资料、技术经济条件和发展规划的基础上，对预测期内的资金需要量进行科学的预计和测算。

为了预测资金需要量，应先明晰影响资金需要量的主要因素。一般情况下，对影响资金需要量影响最大的是计划期内的预计销售量和销售额。在其他因素保持不变的情况下，当销售收入水平较高时，对应的资金需要量（尤其是营运资金占用量）较多；反之则较低。二者之间存在密切的联系。因此，良好的销售预测是资金需要量预测的主要依据。通过确定并利用销售收入和资金需要量间的相互关系，可推算出在某一特定销售收入水平的资金需要量。

（二）资金需要量预测的常用方法——销售百分比法

销售百分比法是根据资产负债表和利润表中各有关项目与营业收入之间的依存关系预测资金需求量的一种方法，即先假定相关资产、负债与营业收入存在稳定的百分比关系，再根据预计营业收入和相应的百分比预计相关资产量、负债量，最后确定融资需求。

运用销售百分比法的步骤如下。

（1）分析基期资产负债表各个项目与销售收入总额之间的依存关系。

经营资产和经营负债项目的销售百分比是指根据基期经营资产和基期经营负债占基期营业收入的百分比。资产类项目中，如经营周转用的货币资金、正常的应收账款和存货等流动资产项目，通常因销售额的增长而增加。固定资产是否要增加需视基期的固定资产是否已被充分利用而定，如尚未充分利用，通过进一步挖掘其潜力可产销更多的产

品；如基期对固定资产的利用已达饱和状态，则需追加固定资产投资以增加销售额。长期投资和无形资产以及非流动负债和所有者权益等项目通常不随销售额的增长而增加。应付账款、应付票据、应付税款和其他应付款等流动负债项目通常会随销售额的增长而增加。

（2）将以销售百分比表示的资产合计数减去以销售百分比表示的负债合计数，求出预测年度每增加1元的销售收入所需追加的资金百分比。

（3）预测年度的销售收入与每增加1元销售收入需追加的资金的百分比相乘后，再扣除企业内部形成的资金来源（如预计增加的留存收益等），与预测年度零星资金需要量相加，即可得出预测年度需追加资金的预测值。

【任务实例 5-15】

华龙公司2023年（基期）的实际销售总额为600万元，税后利润为24万元，发放普通股股利8万元。假定基期固定资产利用率已达到饱和状态。该公司基期期末简略资产负债简表见表5-7。

表5-7　华龙公司资产负债简表（2023年12月31日）　　　单位：万元

资产		权益	
货币资金	30	应付账款	72
应收账款	100	应交税费	50
存货	120	长期负债	140
厂房设备（净额）	250	实收资本	200
无形资产	30	未分配利润	68
资产总计	530	权益总计	530

若华龙公司2024年（计划期）销售收入总额增至900万元，并仍按基期发放股利；折旧准备提取数为40万元，其中80%用于改造现有的厂房设备；计划期零星资金需15万元。

请预测2024年需要追加资金的数量。

解：（1）根据基期期末资产负债表，分析研究各项资金与当年销售收入总额的依存关系并编制基期用销售百分比形式反映的资产负债简表，见表5-8。

表5-8　华龙公司资产负债简表（2023年12月31日）　　　单位：万元

资产	百分比（%）	权益	百分比（%）
货币资金	5.00	应付账款	12.00
应收账款	16.67	应交税费	8.33
存货	20.00	长期负债	不适用
厂房设备（净额）	41.67	实收资本	不适用
无形资产	不适用	未分配利润	不适用
总计	83.33*	总计	20.33

注：* 为尾数误差。

(2) 计算预测年度每增加1元的销售收入需要追加的资金的百分比，即

$$83.33\% - 20.33\% = 63\%$$

这表明每增加1元销售收入，全部资产将增加0.833 3元，负债将0.203 3元，因此需要追加资金0.63元。

(3) 计算企业内部形成的资金来源。

按计划期间销售收入、基期销售利润率计算的净利润与预计发放股利的差额（预计增加留存收益）为

$$\frac{900 \times 24}{600} \times \left(1 - \frac{8}{24}\right) 万元 = 24 万元$$

按折旧计划提取的折旧额与同期用于固定资产投资的资金差额为

$$40 万元 \times (1 - 80\%) = 8 万元$$

(4) 计算2024年预计需追加的资金的数额为

$$[(900 - 600) \times 63\% - 24 - 8 + 15] 万元 = 172 万元$$

因为销售百分比法在资金需用量预测过程中假定有关各项资产入呈比例增长，所以比较适用于近期追加资金量的预测。如要比较长期的资金、负债项目与销售相关项目的关系，可将各年销售收入作为自变量、资金需要量作为因变量进行回归分析，以提高预测的精度。

任务拓展

（一）实训目标

对青山公司进行2024年的预测分析。

（二）实训资料

青山公司生产和销售甲产品2023年1—6月的销售量资料见表5-9。

表5-9 青山公司销售量资料　　　　　　单位：千件

月份	1	2	3	4	5	6
销售量（x）	10	12	14	18	20	16

2023年实际销售利润为30万元，实际销售收入为200万元，2024年计划销售额为500万元。

（三）实训要求

(1) 用指数平滑法预测2023年7月的销售量（设指数平滑系数为0.3）。

(2) 采用销售增长比率法预测公司2024年的目标利润。

（扫描二维码查看答案。）

任务小结

本任务主要讲述了预测分析中销售预测、利润预测、成本预测和资金需求量预测的各种常用方法，帮助学生了解预测是企业编制计划、作出正确决策的重要前提。预测的目标是为企业经营规划和决策提供信息。企业为规划经营活动，必须对各项重要的经济指标，如销售、利润、成本、资金等进行科学的预测，对未来的经营发展趋势作出正确的分析与判断。

任务3　短期经营决策分析

**任务导入**

采用适当的方法，对华龙公司进行生产决策分析。

公司 2023 年生产 A，B，C 三种产品，其中 C 产品亏损。有关资料见表 5-10。

表 5-10　A，B，C 产品利润表　　　　　　　单位：万元

项目	A 产品	B 产品	C 产品	合计
销售收入	300	500	200	1 000
变动成本	220	300	190	710
边际贡献	80	200	10	290
固定成本	60	100	40	200
税前利润	20	100	30	90

注：固定成本按三种产品的销售收入比例分配。

要求：（1）该公司 C 产品是否需停产。

（2）如果 C 产品停产后，闲置设备对外出租，每年可获得租金收入 12 万元，请问公司应该做何选择？

**任务分析**

科学的决策对于企业非常重要。企业在决策中需要把握相关成本，衡量风险，以实现预定的目标。这要求企业管理人员在科学有效的预测基础上对未来经济活动的若干备选方案进行比较和分析，最后得出科学判断。决策分析是决策全过程的组成部分，是企业管理人员参与决策活动的重要内容。

任务实施

一、短期经营决策认知

（一）短期经营决策的概念

短期经营决策主要有长短期计划的决策，筹措资金的决策，产品品种开发的决策，产品定价的决策等，下文所介绍的均是与会计管理活动相关的内容。

（二）短期经营决策的一般步骤

第一步，确定决策分析目标。

第二步，设计备选方案。企业在明确决策分析目标的前提下，在充分考虑现实与可能条件的基础上，经过反复补充和修改，拟定各种可能实现决策分析目标的备选方案。

第三步，评价备选方案可行性。企业采用定性或定量的方法进行可行性研究，对备选方案的先进性、合理性与可能性进行分析评价。

第四步，确定最终方案，根据企业发展战略目标，确定最优方案。

第五步，组织最优方案实施，及时跟踪反馈。发现问题，及时调整并修改，以及做出下一轮新的决策，使决策分析行为处于动态的良性循环过程中。

【知识链接 5-5】
决策类型

【在线课 5-14】
决策概述

（三）短期经营决策中相关成本与无关成本

1. 相关成本

相关成本是指由某项特定决策方案引起的、与不同方案之间有差别的未来成本支出。在经营决策分析过程中，企业必须充分考虑每个决策方案涉及的相关成本。

常见的相关成本有差量成本、机会成本、付现成本、边际成本、重置成本、专属成本、可避免成本等。

2. 无关成本

【知识链接5-6】
短期经营决策中相关成本与无关成本

无关成本又称非相关成本，是指与特定方案无关的、在决策时不需要考虑的成本。不同方案之间无差别的未来成本就是一种典型的无关成本，即无论是否存在某个决策方案，该项成本都将发生，则该项成本是无关成本。

常见的无关成本有沉没成本、共同成本、不可避免成本、联合成本等。

3. 相关成本、无关成本与经营决策分析

通过学习可知，相关成本是一重要的决策成本概念，在经营决策分析中，判断某方案的相关成本可按以下步骤进行。

（1）汇总每个方案涉及的所有成本。
（2）排除其中的沉没成本，并剔除各方案之间无差别的成本。
（3）保留下来的成本为各方案之间有差别的成本，即相关成本。

相关收入是指由某特定决策方案直接引起的、能对决策产生重大影响的、在决策中必须予以充分考虑的未来收入。若某项收入只属于某个特定的决策方案，该方案不存在，就不会产生这项收入，那么，这项收入就是相关收入。相关收入的计算，一般要以特定决策方案的相关销售量和单价为依据。与其相对的概念是无关收入，若无论某决策方案是否存在，此项收入均会发生，那么该项收入就是决策方案的无关收入。企业在经营决策分析中不考虑无关收入。需要注意的是，相关成本与无关成本的区分并不是绝对的。有的成本在某一决策方案中是相关成本，而在另一决策方案中可能是无关成本。

> **价值引领**
>
> **妙用机会成本　作出正确决策**
>
> 企业在经营决策时，需要考虑该经营决策带来的收益，以及机会成本。以柯达公司为例，在20世纪，柯达公司是胶片时代的霸主，也是第一个发明数码相机的公司。可是面对数码相机潜力无限的机会成本，柯达公司却死守过去胶片时代的技术和市场占有率优势，无法放下投入的人力、物力等沉没成本。最后在数码时代的浪潮下巨轮倾覆。因此，我们在进行了消费、生产等各种决策时，要运用机会成本作出理性的决策。
>
> **启示**：在生产、生活中作各种决策时要牢固树立机会成本观念，尽可能全面地评估各种选择的潜在价值和风险，充分使用有限资源，以作出更明智、更高效的决策。

（四）短期经营决策的方法

【在线课5-15】
短期经营决策的基本方法

短期经营决策的方法有很多，主要包括差量损益分析法、贡献边际法和成本无差别点法等方法。

1. 差量损益分析法

差量损益分析法是指在充分分析不同备选方案差量收入、差量成本的基础上，得出差量损益，并从中选择最优方案的方法。其中，差量收入是指两个方案预期的相关收入之差，

【任务实例 5-20】

某企业现有闲置生产能力 5 000 机器小时,生产乙产品需要购置专用设备一套,价值 400 元,生产丙产品会使甲产品减产 100 件,并且发生专属成本 1 200 元。甲产品的产销量为 1 000 件,单价为 20 元/件,单位变动成本为 12 元/件。目前生产的乙、丙产品的有关资料见表 5-11。

表 5-11　产品生产资料

项目	乙产品	丙产品
单位产品机器工时	10	4
单位销售价格/元	30	10
单位变动成本/元	18	4

对于该企业来说,优先增产哪种产品的生产,能够取得较好的经济效益?
计算差量损益,分析表见表 5-12。

表 5-12　差量损益分析表　　　　　　　　　　　　单位:元

项目	乙产品	丙产品	差量(乙-丙)
收入	15 000	12 500	2 500
成本	9 400	7 000	2 400
变动成本	9 000	5 000	
专属成本	400	1 200	
机会成本	0	800	
差量损益			100

【技能训练 5-7】

【技能训练 5-7】
参考答案

计算结果表明,生产乙产品比丙产品获利多 100 元,故选择生产乙产品。

(二) 亏损产品是否停产的决策

所谓亏损产品,是指其销售收入不能补偿其全部成本支出的产品,按照亏损性质可分为两类:实亏产品,即销售收入低于变动成本,边际贡献为负数;虚亏产品,即销售收入高于变动成本,能提供边际贡献,但因其提供的贡献边际不足以弥补全部固定成本。对于实亏产品,因为其销售收入低于变动成本,生产越多企业亏损就越多,因此应该停产此类产品;对于虚亏产品,由于固定成本不变,停产会增加亏损,因此企业应当对该种亏损产品进行实证分析后,再作出决策。虚亏产品决策情况如下。

第一种是生产能力无法转移。生产能力无法转移是指停止生产亏损产品而导致暂时闲置的生产经营能力不能转产或不能对外出租等。此时,只要亏损产品满足以下任一条件,就应当继续生产,否则考虑停产。①该亏损产品的销售单价大于其单位变动成本。②该亏损产品的单位贡献边际大于 0。③该亏损产品的收入大于其变动成本。④该亏损产品的贡献边际大于 0。⑤该亏损产品的贡献边际率大于 0。⑥该亏损产品的变动成本率小于 1。

【任务实例 5-21】

华龙企业是一家亏损企业,目前生产甲、乙、丙三种产品。

成本数据见表5-13。

表5-13 华龙企业产品生产资料　　　　　单位：万元

项目	甲	乙	丙	合计
销售收入	80	56	24	160
变动成本	76	24	32	132
固定成本	24	8	4	36
利润或亏损	-20	24	-12	-8

请判断对于利润为负数的甲产品、丙产品是否要停产？

根据上述资料，编制该企业贡献毛益（见表5-14）及利润计算。

表5-14 企业贡献毛益　　　　　单位：万元

项目	甲	乙	丙	合计
销售额	80	56	24	160
变动成本	76	24	32	132
贡献边际	4	32	-8	28
固定成本	24	8	4	36
利润或亏损	-20	24	-12	-8

甲：虽然亏损200 000元，但生产它能够提供贡献毛益40 000元，故不应停产；甲产品提供的边际贡献能够抵偿一部分固定成本（40 000元），若停产甲产品，这部分固定成本会转嫁给其他产品，将使企业利润减少相应数额。

丙：亏损120 000元，贡献毛益-80 000元，应该停产。

边际贡献为负数（-80 000元）意味着其销售额不能抵偿其变动成本，更不可能补偿固定成本，继续生产会侵蚀其他产品提供的贡献毛益。

第二种为生产能力可以转移。生产能力可以转移是指因停止生产亏损产品而暂时闲置的生产经营能力可以被充分利用于其他方面，如转产或对外出租等。在这种情况下，如果转产的产品所提供的贡献边际或对外出租所获得的租金收入大于亏损产品所提供的贡献边际，那么停止生产该产品，选择转产或对外出租；反之，则选择继续生产该亏损产品。

【技能训练5-8】

【技能训练5-8】参考答案

【任务实例5-22】

华龙公司生产甲产品的生产能力可用于生产新产品丁，预计产量6 000件，单位售价46元，单位变动成本40元。其生产资料见表5-15。

表5-15 甲产品生产资料　　　　　单位：万元

项目	甲
销售额	80
变动成本	76
边际贡献	4
固定成本	24
利润或亏损	-20

企业是否应停产甲产品而转产丁产品？

解：从数据计算可得到，丁产品的边际贡献为 6 000×(46-40)万=36 000 元

由于继续生产甲产品的边际贡献（4 万元）大于相关机会成本（3.6 万元），故应继续生产甲产品，否则将使企业的利润减少。

（三）零部件自制还是外购的决策

零部件自制还是外购问题的特征：假设无论自制还是外购，所取得的零部件的功能是无差异的，因此在决策中不涉及差别收入。因此，企业可采用差量分析法进行分析，比较自制或外购方案的相关成本，选择相关成本数额最低的方案作为最优方案。

在无须增加专用固定设备的情况下，自制零部件的成本只包括变动成本（直接材料、直接人工、变动制造费用），不必考虑固定成本。外购零件的成本一般包括买价、运费、订货费等。

【任务实例5-23】

华龙公司第一车间每月需要甲零件1 000件，该企业尚有闲置的生产能力，亦无其他用途，可供制造此零件。

如果选择外购零件，外购单价为25元。

如果选择自制零件，预计的制造成本有：直接材料10元，直接人工6元，变动性制造费用4元，固定性制造费用7元，另外还需购置一专用模具，需支出3 000元。

甲零件应选择自制还是外购？

解：自制甲零件是利用剩余生产能力进行的，且没有其他用途，原有的固定成本属共同成本，不会因零件的自制而增加，也不会因零件的外购而减少。故固定成本属无关成本，不应包括在甲零件的自制成本中，因此只有直接材料、直接人工、变动性制造费用是决策的相关成本。

自制相关成本=直接材料+直接人工+变动性制造费用+专属固定成本=(10×1 000+6×1 000+4×1 000+3 000)元=23 000元。

外购相关成本=25×1 000元=25 000元，差别成本=25 000元-23 000元=2 000元，自制成本小于外购成本，所以选择自制零部件。

【技能训练5-9】

【技能训练5-9】
参考答案

（四）半成品（联产品）应否进一步加工的决策

一些企业的半成品（联产品）可以立即出售，也可以进一步加工后再行出售，因此这些企业面临半成品（联产品）应否进一步加工的决策问题。在这类决策中，半成品（联产品）继续加工之前所发生的成本，无论是变动成本还是固定成本，都属于沉没成本，现在和未来的决策无法改变它们，为决策的非相关成本。只有为了继续加工而发生的成本才属于决策的相关成本。这类问题的可通过比较立即出售与继续加工后再行出售两种方案的差别损益来进行决策。

【任务实例5-24】

某企业原先生产A产品出售，产量为10 000件。单价为10元，单位变动成本为6.25元。进一步加工后：单价增加为14元，单位变动成本为8.75元。对产品A进一步加工所需增加的工艺装备使固定成本增加13 000元。生产A产品是否应进一步加工？

根据上述资料进行计算对比，以衡量进一步加工是否有利，见表5-16。

【技能训练5-10】

【技能训练5-10】
参考答案

表 5-16 A 产品相关资料

项目	A 产品		进一步加工		差量	进一步加工 A 产品
	每单位/元	金额/万元	每单位/元	金额/万元	每单位/元	金额/万元
销售收入	10	10	14	14	4	4
变动成本	6.25	6.25	8.75	8.75	2.5	2.5
直接固定成本	—	—	—	1.3	—	1.3
合计	—	—	—	—	—	0.2

进一步加工与原来生产的差量收入为每单位 14 万 − 10 万 = 4 万元，差量成本为 3.8 万元，计算结果说明，进一步加工的差量收入比差量成本多 2 000 元，因此对产品作进一步加工是有利的。

三、存货决策分析

存货是指企业在正常生产经营过程中持有的、供销售的产成品或商品，或为出售处于生产过程中的产品，或在生产过程、劳务过程中消耗的材料、物料等。存货决策在存货信息管理的基础上进行决策分析，最后进行有效控制，其最终目的是提高经济效益。

企业置留存货一方面是为了保证生产或销售的经营需要，另一方面是出自价格的考虑。零购物资的价格往往较高，而整批购买物资有价格优惠。存货水平的高低对企业的获利能力有至关重要的影响。但是，过多的存货要占用较多资金，并且会增加仓费、保险费、维护费、管理人员工资等各项开支；存货水平过低会影响生产，导致停工损失与利润降低。因此，进行存货决策的目标就是用科学的方法，在各种成本与存货效益之间作出权衡，使两者达到最佳结合。

（一）存货相关成本

企业的存货成本是指存货所耗费的总成本，是企业为存货所发生的一切支出，主要包括采购成本、订货成本、储存成本、缺货成本等。

1. 采购成本

采购成本又称购置成本，是指货物本身的价值，包括购买价款、相关税费、运输费、装卸费、保险费及其他可归属于采购成本的费用。采购成本的总额取决于采购数量和单位采购成本。一定时期内，采购数量是既定的。因此无论分几批采购，存货的采购成本通常保持相对稳定。因此，存货的采购成本在采购批量的决策中，一般属于无关成本。当企业大批量采购，供应商给予数量折扣的优惠条件时，采购成本属于相关成本。

2. 订货成本

订货成本是指从发出订单到收到存货整个过程中所付出的成本，如订单处理成本包括办公成本和文书成本、运输费、保险费及装卸费等。订货成本有一部分与订货次数无关，称为固定性订货成本，这类成本属于无关成本，用 F 表示。另一部分与订货次数有关，称为变动性订货成本，这种变动性订货成本属于相关成本，如每次订货的变动成本，用 K 表示。订货成本的算式为

$$订货成本 = F + (D/Q) \times K$$

式中，D 代表存货年需求量，Q 代表每次进货量

3. 储存成本

储存成本包括仓库及其他储存设备的折旧费和修理费、保管员的工资、保险费、资

【在线课 5-17】短期经营决策——存货决策分析

金占用的利息,以及损坏、被窃的损失等各项费用。储存成本可以根据其是否随储存数额的变化而变化分为变动性储存成本和固定性储存成本。变动性储存成本与存货储存数额呈正比例关系,如存货占用资金的应计利息或机会成本、存货残损和变质损失、存货的保险费用等,这些成本等于单位存货年变动储存成本与平均存货量的乘积,因此这类成本属于与决策相关的成本。固定性储存成本与存货储存数额没有直接关系,如仓库的折旧费、仓库管理人员固定的月工资等,这类成本属于与决策无关的成本。

4. 缺货成本

缺货成本又称亏空成本,是指由于内外部中断供应给企业造成的损失。外部、内部短缺将最终导致延期付货或失销。缺货成本包括销售利润的损失甚至难以估量的商誉损失。不同物品的缺货成本随用户或组织内部策略的不同而不同。缺货成本是否属于与决策相关的成本,视企业是否允许出现存货短缺而定。若企业允许出现存货短缺情况,则短缺成本与存货数量负相关,该成本属于与决策相关成本;若企业不允许出现存货短缺情况,则缺货成本为零,无须加以考虑,该成本属于与决策无关成本。

(二)经济订货批量

关于存货控制决策,需要衡量存货的总成本。存货订货量的多少会直接影响存货的总成本,因此,使存货耗费的总成本能在满足正常生产的前提下达到最低水平,关键在于确定每次订货的数量。每次订货量大,则订货次数和订货成本减少,储存成本随之增加;反之,每次订货量小,则订货次数会增加,虽然降低了储存成本,但是增加了订货成本。由此可见,存货总成本中的储存成本和订货成本随订货量和订货次数的变动而反向变动。那么,企业需要确定一个最优订货次数及单次订货量以保证存货总成本最低。经济订货量即为使存货总成本最低的单次订货数量。

一般来讲,确定采购成本,主要考虑变动订货成本和变动储存成本。设 D 为年需要量,Q 为每次订货量,K 为每次订货成本,C 为单位存货储存成本,T 为存货全年总成本,为经济订货批量,则 $T=(D/Q)\times K+(Q/2)\times C$,对其进行求导,并令其导数等于零,可得 $Q'=\sqrt{2DK/C}$,则最佳订货次数 $=D/Q'$。

【任务实例5-25】

华龙生产全年需要甲材料 3 200 kg,每次订货费用为 100 元,甲材料的储存成本为 4 元/kg,确定甲材料的经济订货量和订货批次。

解:根据公式经济订货量为 $Q'=\sqrt{2DK/C}=400$ kg,最佳订货次数 = 3 200 kg/400 kg = 8 次。

(三)ABC 分析法

存货控制中,ABC 分析法是指根据存货的重要程度,按照一定的标准,把存货归为 A、B、C 三类,分别实行分品种重点管理、分类别一般控制和按总额灵活掌握的存货管理方法。

A 类存货的控制。A 类存货是三类存货中最重要的一种。由于该类存货占用资金额较大,因此要采用所学的方法来确定该类存货的经济订货量、订货时间等指标,对于存货日常管理中出现的问题,应及时调整、修正,以保持合理的存货水平。

B 类存货的控制。对于 B 类存货,企业需在订货数量和订货时间等方面加强控制,企业可按类别确定其订货数储备定额等指标。

C类存货的控制。对于C类存货，企业可以按照不同的情况采取不同的管理办法。C类存货的管理比较简单，由于它们数量比较多，成本比较低，可以增加每批订货量，减少订货次数。

四、定价决策分析

【在线课5-18】
短期经营决策
——定价决策分析

【知识拓展5-1】
定价的影响因素

定价决策分析是指企业为了确保其在流通领域经营目标的实现，在短期内围绕如何确定销售产品价格问题而展开的决策分析。定价决策将影响企业的经营规模、产品组合和长期的获利能力。

（一）定价的影响因素

定价时应当考虑的因素主要有产品成本、市场需求、产品质量、竞争者的产品和价格、产品的生命周期、其他需要的因素。

（二）定价的基本方法

（1）成本加成定价法，是指在单位产品成本的基础上，加上按一定加成率所计算的加成额作为产品售价的一种方法，其计算式为

$$价格 = 单位产品成本 \times (1 + 成本加成率)$$

（2）完全成本法下的成本加成定价法。在全部成本法下，单位产品成本就是单位生产成本，其计算方法是在单位生产成本的基础上加上一定的毛利，成本毛利率即为成本加成率，其计算式为

$$价格 = 单位生产成本 \times (1 + 成本毛利率)$$
$$成本毛利率 = (利润 + 非生产成本) / 生产成本$$

 【任务实例5-26】

华龙公司准备制定甲产品的价格，会计部门提供了在生产1 000件的生产水平下该产品的成本资料：直接材料40 000元；直接人工34 000元；变动制造费用25 000元；固定制造费用61 000元；变动销售及管理费用13 000元；固定销售及管理费用11 000元；共计184 000元。企业拟采用全部成本法下的成本加成定价法定价，公司的目标利润为56 000元，问：目标价格应该是多少？

解：根据相关资料可以得出，

产品总成本 = (40 000+34 000+25 000+61 000) 元 = 160 000 元
成本毛利率 = (56 000+13 000+11 000) 元/160 000 元 = 50%
目标价格 = (160 000 元/1 000 件) × (1+50%) = 240 元/件

（3）变动成本法下的成本加成定价法。在变动成本法下，单位产品成本一般用单位变动成本来代替，根据变动成本制定价格是在单位变动成本的基础上加上一定的边际贡献，成本贡献率即为成本加成率。其计算式为

$$价格 = 单位变动成本 \times (1 + 成本贡献率)$$
$$成本贡献率 = (利润 + 固定成本) / 变动成本$$

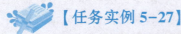 【任务实例5-27】

根据【任务实例5-26】的资料，若该企业采用变动成本法下的成本加成定价法定价，制定甲产品的目标价格。根据相关资料可以得出

变动成本总额 = (40 000+34 000+25 000+13 000) 元 = 112 000 元

成本贡献率=(56 000+61 000+11 000)元/112 000 元=114%
目标价格=(112 000 元/1 000 件)×(1+114%)= 240 元/件

对市场上有大量销售、有标准规格的正常产品，通常采用成本加成定价法。该方法适用范围较广，运用也十分简便。

（4）总成本定价法，是指企业只生产一种产品时，在已知的总成本资料的基础上作出定价决策的方法。其计算式为

价格=(预计总成本+目标利润)/预计产销量

不论在哪种成本法下，公式中的总成本都可以按相应的产品成本加上期间成本来确定，目标利润也可以事先确定，只要准确地预测出产品的产销量资料就可以预测出产品的售价，因此，该方法比较简单。

如果企业在生产过程中生产多种产品，仍可以采用此种方法。只需将有关的固定成本按一定的分配率在各产品之间进行分配，即可确定各产品的总成本，同时也要将目标利润在各种产品之间分配。这种方法在全部成本法下应用较为方便。

（5）收益比率定价法，是指在单位产品成本及相关收益比率的基础上进行定价决策的方法。其算式为

价格=单位变动成本/(1-边际贡献率)

此外，定价时还可以采用保本保利分析法，合同定价法。

【知识拓展 5-2】
定价策略

（三）定价策略

定价策略是指企业在进行定价决策时，按照一定的经验，作出特定价格定性分析所依据的原则或技巧。定价策略包括新产品定价和心理定价策略。

 任务拓展

（一）实训目标
对青山公司进行 2023 年的生产决策分析。

（二）实训资料
青山公司生产和销售 A 产品需要某种零部件 3 000 件，如向外厂定购，每个进价包括运杂费 25 元；该公司目前有剩余生产能力用于制造，经会计部门会同技术估算，预计每件零部件的成本资料见表 5–17。

表 5–17 零部件成本资料　　　　　　单位：元/件

项目	金额
直接材料	12
直接人工	5
变动制造费用	4
固定制造费用	4

【任务拓展】
参考答案

（三）实训要求
假定该公司不制造该零部件，生产设备也没有其他用途，请问该公司选择自制还是外购此零件？
（扫描二维码查看答案。）

任务小结

本任务在短期经营决策相关成本与无关成本分析的基础上，介绍了企业生产决策、存货决策、定价决策。

 项目总结

通过本项目的学习，培养学生树立风险意识和安全边际意识，培养风险管控、规避风险、抵御风险的能力，使学生具有长远的眼光，激发学生学科学、爱科学的人生态度。本项目重点学习了营运管理中的工具方法即本量利分析、边际分析、敏感分析，对营运管理中的短期经营决策进行了重点介绍，讲述了销售预测、成本预测、利润预测和资金需要量预测，学习在科学预测之上进行生产决策、存货决策、定价决策分析。

 职业能力训练

【自测题】　　　　【项目实操】

 学业测评

职业能力和素养测评表见表 5-18。

表 5-18　职业能力和素养测评表

评价项目	评价指标	自测结果	得分
职业素养 （10 分）	1. 积极参加教学活动，按时完成任务（2分） 2. 遵守劳动纪律，教学场地 6S 管理（2分） 3. 树立正确财富观、风险意识，科学精神（3分） 4. 理解"耕耘更知韶光贵，不待扬鞭自奋蹄"的自觉，实现价值创造，达成经济效益和社会效益统一（3分）	□A □B □C □D □E □A □B □C □D □E □A □B □C □D □E □A □B □C □D □E	
营运管理认知 （20 分）	1. 营运管理的定义（5分） 2. 营运管理的程序（5分） 3. 营运管理的工具方法（10分）	□A □B □C □D □E □A □B □C □D □E □A □B □C □D □E	
短期经营预测分析 （30 分）	1. 销售预测（10分） 2. 成本预测（10分） 3. 利润预测（5分） 4. 资金需要量预测（5分）	□A □B □C □D □E □A □B □C □D □E □A □B □C □D □E □A □B □C □D □E	
短期决策分析 （40 分）	1. 生产决策分析（20分） 2. 存货决策分析（10分） 3. 定价决策分析（10分）	□A □B □C □D □E □A □B □C □D □E □A □B □C □D □E	
教师评语：			
成绩		教师签字	
注：在□中打√，A：100%，B：80%，C：60%，D：40%，E：20%。			

职业能力拓展

【关键术语】

【素养进阶】

【职业能力进阶】

【职业能力进阶】
参考答案

【经典案例导读】

项目六

投融资管理

项目描述

随着社会经济高质量地发展,我国企业发展规模也逐渐在扩大。在企业发展阶段,投融资问题一直是企业比较关注的一项重点内容。公司经过多年发展,市场占有率逐年提高。公司管理层为了进一步提高产品竞争力,拟扩大生产经营规模,需要扩建厂房、生产线等。如果您是投融资管理岗位人员,请您完成此投资项目的财务可行性分析。

项目分析

投融资的目的是通过投融资的运作,提升企业效益,降低企业成本,从而壮大企业实力。在工作实践中,遵循"以投定筹"的原则,进行项目财务可行性分析,制订企业资本运作计划,选择投资方案时,也要充分考虑企业直接融资和间接融资规划,来解决企业的资金问题。故本项目分四个任务:任务1 投融资管理认知,任务2 资本成本分析,任务3 现金流量计算,任务4 贴现现金流法应用。

党的二十大精神学习园地

党的二十大报告指出,"健全宏观经济治理体系,发挥国家发展规划的战略导向作用,加强财政政策和货币政策协调配合,着力扩大内需,增强消费对经济发展的基础性作用和投资对优化供给结构的关键作用""健全资本市场功能,提高直接融资比重"。

学习目标

知识目标

1. 熟悉投资融资管理的概念、投融资分类、投融资管理的原则。

附件6-1 管理会计应用指引第500—504号

2. 掌握投融资管理的程序。
3. 认识投融资管理的重要性，以及在不同情况下投资、融资管理的流程。
4. 掌握投融资管理的主要方法。

 能力目标

1. 通过投融资管理的学习，充分认识投融资管理对于企业的重要意义。
2. 能够根据实际情况，使用贴现现金流法对企业投融资进行分析和决策。

 素养目标

1. 熟悉投融资相关法律法规，培养遵纪守法意识。
2. 培养财务思维和收集数据的能力。
3. 增强风险防控意识，把握企业的投融资项目分析与决策。

 职业素养提升

做好投融资活动　　助力高质量发展

企业投融资是一个企业运营和发展中不可或缺的环节，它关系到企业的生存和发展，企业投融资的风险管理则显得尤为重要。企业投融资活动必须遵守相关法律法规，要将"诚实守信，不逾越底线"置于首位，这也是企业安身立命、不断发展的生命线。

从国家层面看，投资是拉动经济增长的"三驾马车"之一，也是稳增长的"压舱石"。虽然目前有效需求不足问题仍然较突出，但扩大投资不能片面追求"量"的增长，而要立足长远考虑投资的综合效益。为此，中央经济工作会议提出"扩大有效益的投资"。各地应聚焦关键领域和薄弱环节来扩大有效益的投资，不仅有利于巩固和增强经济回升向好态势，而且对推进供给侧结构性改革、加快形成新质生产力具有重要意义。

 配套学习资源

省级在线精品课程"数字化管理会计"——投融资管理。

知识图谱

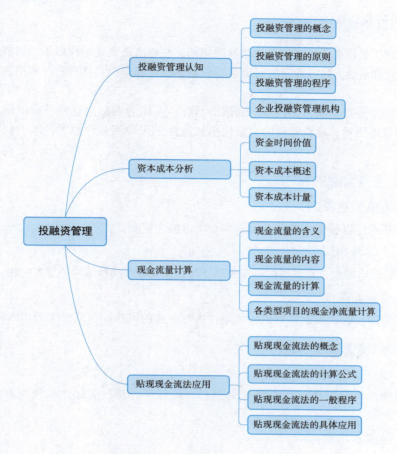

任务1 投融资管理认知

任务导入

通过认知投融资管理的概念，理解投融资类型、原则等相关内容，掌握投融资管理活动的基本理论，解决以下问题。

（1）华龙公司计划投资500万元购买一条数字自动化生产线生产保温产品，如果你是企业财务人员，如何开展这项投资管理活动？请用流程图进行讲解。

（2）华龙公司计划投资500万元购买一条数字自动化生产线生产保温产品，经论证该项目可行，目前需500万元资金如何筹集？如果你是企业财务人员，会提出什么方案？

【在线课6-1】
投融资管理前言

任务分析

投融资管理是企业经营必要的经济活动，对企业的生产经营发展有至关重要的作用。本任务涉及投融资管理的含义、分类、程序，以及投融资管理的基本理论等相关内容的学习认知。

任务实施

一、投融资管理的概念

投资管理，是指企业根据自身战略发展规划，在价值最大化的前提下，将资金投入营运过程中的管理活动。投资管理的对象包括权益性投资和非权益性投资，本书侧重于非权益性投资。

【在线课6-2】
投融资管理认知

融资管理，是指企业为实现既定的战略目标，在风险匹配的原则下，以信用为基础筹集资金的管理活动。融资管理的对象包括权益性融资和债务性融资，本书侧重于债务性融资。

二、投融资管理的原则

（一）价值创造原则

投融资管理应以持续创造社会价值和经济价值为核心。

【知识链接6-1】
投融资管理的分类

（二）战略导向原则

投融资管理应符合企业发展战略与规划，与企业战略布局和结构调整方向相一致。

（三）风险匹配原则

投融资管理应确保投融资对象的风险评级与企业的风险综合承受能力相匹配。

三、投融资管理的程序

（一）投资管理程序

投资管理的程序一般包括投资计划制订、可行性分析、实施过程控制和投资后评价等。

【在线课6-3】
投融资管理程序

（二）融资管理程序

企业应建立健全融资管理的制度体系，融资管理一般采取审批制，根据企业的战略需要，实施分级授信、逐级上报。

融资管理的程序一般包括融资计划制订、融资决策分析、融资方案的实施与调整、融资管理分析等。

【知识链接6-2】
投资管理程序

四、企业投融资管理机构

（一）投资管理机构

企业应建立健全投资管理的制度体系，根据组织架构特点，设置能够满足投资管理活动所需的，由业务、财务、法律及审计等相关人员组成的投资委员会或类似决策机构，对重大投资事项和投资制度建设等进行审核，有条件的企业可以设置投资管理机构，组织开展投资管理工作。

【知识链接6-3】
融资管理程序

企业可以自行组织开展投资可行性分析，也可委托具有相应资质的投资咨询机构执行。

（二）融资管理机构

企业应设置满足融资管理所需的，由业务、财务、法律及审计等相关人员组成的融资委员会或类似决策机构，对重大融资事项和融资管理制度等进行审批，融资管理一般由企业财务部门负责归口管理工作。

【在线课6-4】
投融资管理学
会计工具方法

价值引领

气候投融资助力　绿色低碳发展

近年来，全球自然灾害频发，气候变化风险陡增。为应对气候变化，我国将碳达峰、碳中和纳入生态文明建设整体布局和经济社会发展全局，构建起"1+N"的政策体系，并率先出台气候投融资试点工作方案，鼓励地方先行先试，引导和撬动更多社会资金进入应对气候变化领域，为应对气候变化贡献中国投融资方案。气候投融资是指为实现国家自主贡献目标和绿色低碳发展目标，引导和促进更多资金投向应对气候变化领域的投资和融资活动，是绿色金融的重要组成部分。2022年8月，23个地方入选气候投融资第一批试点。截至2023年6月底，试点地方储备近2 000个气候友好型项目，涉及资金近2万亿元，获得金融支持项目108个，授信总额545.63亿元。

启示：我国经济社会发展已进入加快绿色化、低碳化的高质量发展阶段。做好绿色金融大文章，对于促进绿色经济发展、切实把绿水青山转化为金山银山具有重要意义。大力发展绿色金融，为加快建设金融强国、实现"双碳"目标作出新的更大贡献。

任务拓展

（一）企业投资分类

(1) 按投资行为介入程度，可以分为_____和_____。
(2) 按投资回收时间长短，可以分为_____和_____。
(3) 按投资内容不同，可以分为_____和_____。
(4) 按投资活动对企业未来经营影响程度的不同，可以分为_____和_____。
(5) 按投资项目之间的相互关联关系，可以分为_____和_____。

（二）企业融资分类

(1) 按资金使用期限的长短，可分为_____和_____。
(2) 按资金属性的不同，可分为_____和_____。
(3) 按资金是否以金融机构为媒介，可分为_____与_____。
(4) 按资金来源范围不同，可分为_____与_____。

（扫描二维码查看答案。）

【任务拓展】
参考答案

任务小结

本任务介绍了投融资管理的概念、分类、原则、程序、机构等，为学生认知投融资管理活动，进行正确的业务判断、活动分析等做好准备。

任务 2　资本成本分析

任务导入

对投融资活动中资本成本进行分析，能结合投资收益进行对比分析。

资本成本是指企业取得和使用资本时所付出的代价。分析资本成本要会运用资金时间价值基本工具,以此为基础进而分析个别资本成本、综合资本成本、边际资本成本。

一、资金时间价值

资金时间价值,是指资金在经历一段时间的投资和再投资后所增加的价值,其实质是资金周转使用所形成的增加额。不同时间点上发生的收支,不宜直接进行对比。另外,资金的使用过程会产生相关风险。

资金时间价值根据所处时间点不同分为终值和现值。如图 6-1 所示,终值又称将来值或本利和,是指一笔资金经过一个时期或多个时期以后的价值,通常记作 F,即第 n 期期末的价值。现值又称本金,是指未来特定时间点或时间段的资金流按特定的计息标准折算到现在的价值,通常记作 P,即第 1 期期初的价值。

图 6-1 资金时间价值

(一) 复利的终值和现值计算

(1) 复利终值是指一定量的本金按复利计算若干期后的本利和,其计算公式为

$$F = P(1+i)^n$$

【知识链接 6-4】
资金时间价值
单利的计算方法

(2) 复利现值是复利终值的对称概念,它是指未来一定时间的特定资金按复利计算的现在价值,或者说是为取得一定本利和现在所需要的本金,其计算公式为

$$P = \frac{F}{(1+i)^n} = F(P/F, i, n)$$

(二) 普通年金终值和现值的计算

1. 普通年金的终值(已知年金 A,求年金终值 F)

年金终值相当于零存整取储蓄存款的本利和,它是一定时期内每期期末收付相等款项的复利终值之和。设每期的支付金额即年金为 A,利率为 i,期数为 n,则年金终值的计算公式为

$$F = A \frac{(1+i)^n - 1}{i} = A(F/A, i, n)$$

2. 偿债基金的计算(已知年金终值 F,求年金 A)

偿债基金是指为了偿付未来某一时点的一定金额的债务或积聚一定数额的资金而分次等额形成的存款准备金。由于每年存入等额款项属于年金形式,将来某一时点需要偿还的债务就是普通年金终值,所以偿债基金的计算是普通年金终值的逆运算,其计算公式为

$$A = F \frac{i}{(1+i)^n - 1} = F(A/F, i, n)$$

3. 普通年金现值的计算(已知年金 A,求年金现值 P)

年金现值是指一定时期内每期期末等额收付款项的复利现值之和,其计算公式为

$$P = A\frac{1-(1+i)^{-n}}{i} = A(P/A, i, n)$$

4. 年资本回收额的计算（已知年金现值 P，求年金 A）

年资本回收额是指在约定年限内等额回收初始投入资本或清偿所欠债务的金额。这里的等额回收是年金形式，初始投入的资本是普通年金现值。显然，年资本回收额的计算是普通年金现值计算的逆运算；其计算公式为

$$A = P\frac{i}{1-(1+i)^{-n}}(A/P, i, n)$$

（三）即付年金终值和现值的计算

即付年金又称预付年金或先付年金，是指从第一期起，每期期初，间隔相等时间收入或支出相等金额的系列收付款项。即付年金与普通年金的区别仅在于收付款的时间不同。

1. 即付年金终值的计算（已知即付年金 A，求年金终值 F）

即付年金终值是指把即付年金每个等额 A 都换算成第 n 期期末的数值，再来求和。其计算公式为

$$\begin{aligned}F &= A(1+i)+A(1+i)^2+\cdots+A(1+i)^n\\&=A(F/A, i, n)(1+i)\\&=A[(F/A, i, n+1)-1]\end{aligned}$$

2. 即付年金现值的计算（已知即付年金 A，求年金终值 P）

即付年金的现值就是把即付年金每个等额的年金 A 都换算成第一期期初的数值即第 0 期期末的数值，再求和。即付年金现值的计算公式为

$$\begin{aligned}P &= A\frac{1-(1+i)^{-n}}{i}(1+i) = A\left[\frac{1-(1+i)^{-n-1}}{i}+1\right]\\&=A(P/A, i, n)(1+i)\\&=A[(P/A, i, n-1)+1]\end{aligned}$$

（四）递延年金终值和现值的计算

递延年金是指第一次支付款项的发生时间与第一期无关，而是间隔若干期（假设为 m 期，m≥1）后才开始发生的系列等额收付款项。它是普通年金的特殊形式，递延年金现是从第一期开始的年金都是递延年金。m 称为递延期，一般用 n-m 表示连续期，共 n 期计算期。

1. 递延年金终值的计算

递延年金终值的计算与递延期 m 无关，其计算方法与普通年金终值相同，只是要注意期数。其计算公式为

$$F = A(F/A, i, n-m)$$

2. 递延年金现值的计算

递延年金现值是一定时期内，第 m 期开始每期期末收入或支出相等的复利现值之和。递延年金现值可用三种方法计算。

方法一：把递延年金先视为 n 期的普通年金，计算出 n 期的普通年金现值，然后减去前 m 期的普通年金现值，即递延年金现值。其计算公式为

$$P = A[(P/A, i, n)-(P/A, i, m)]$$

方法二：先将递延年金视为（n-m）期普通年金，求出在第 m 期的现值，然后再折算到第一期的期初，即递延年金现值。其计算公式为

$$P=A(P/A,i,n-m)(P/F,i,m)$$

方法三：先算出递延年金的终值，再将终值折算到第一期期初，即可求得递延年金的现值。其计算公式为

$$P=A(F/A,i,n-m)(P/F,i,n)$$

（五）永续年金现值的计算

永续年金是指无限期的等额定期收付的年金，也可视为普通年金的特殊形式，即期限趋于无穷大的普通年金。根据普通年金现值公式，当期限 n 趋于无穷大时，求其极限得0。其计算公式为

$$P=A/i$$

二、资本成本概述

资本成本，又称资金成本，是指企业取得和使用资金时所付出的代价。资本成本包括用资费用和筹资费用两部分。因企业资本来源和取得方式不同，主要有个别资本成本、综合资本成本、边际资本成本三种形式。

【知识链接6-5】
资本成本的作用

（一）用资费用

用资费用是指企业在生产经营、投资过程中因使用资金而支付的费用，如向股东支付的股利、向债权人支付的利息等，这是用资费用的主要内容。用资费用与筹资金额的大小、资金占用时间长短有直接联系。

【知识链接6-6】
三类资本成本认知

（二）筹资费用

筹资费用是指企业在筹措资金过程中为获取资金而付出的费用，如向银行支付的借款手续费，发行股票、债券需支付的发行费等，通常在筹措资金时一次性支付。

三、资本成本计量

资本成本大小可以用绝对数表示，也可以用相对数（资本成本率）表示，但在财务管理中，一般用相对数表示，即表示为用资费用与实际筹得资金（即筹资数额扣除筹资费用后的差额）的比率。其计算公式为

$$资本成本率 = \frac{年用资费用}{筹资总额-筹资费用} = \frac{年用资费用}{筹资总额 \times (1-筹资费率)}$$

（一）个别资本成本计算

1. 计算银行借款资本成本

银行借款是指企业根据借款合同，从有关银行或非银行金融机构借入的需要还本付息的款项。其计算公式为

$$银行借款资金成本 = \frac{年利息 \times (1-所得税税率税)}{银行借款总额-银行借款筹资费率} \times 100\% \qquad (6-1)$$

【在线课6-5】
个别资本成本（上）

📖 【任务实例6-1】

华龙公司与银行商定的周转信贷额度为1 000万元，承诺费率为0.5%，华龙公司年度实际借款额为600万元，计算华龙公司应向银行支付的承诺费。

应付承诺费 =（1 000万元－600万元）×0.5% = 2万元

【任务实例 6-2】

华龙公司按年利率 8% 向银行借款 100 000 元，银行要求维持贷款限额 15% 的补偿性余额，那么华龙公司实际可用的借款只有 85 000 元，该项借款的实际利率应为多少？

补偿性余额实际借款利率 = 8%/(1-15%)×100% = 9.4%

【任务实例 6-3】

华龙公司拟从某银行获得贷款 100 万元，期限 1 年，贷款的年利率为 12%，且银行要求采用贴现法付息，则华龙公司该项贷款的实际利率约为多少？

贴现贷款实际利率 = (100×12%×1)/(100-100×12%×1)×100%
= 12%/(1-12%)×100% = 13.6%

想一想

1. 银行借款有哪些类型？
2. 银行借款利息是用资费用还是筹资费用？

知识小提示

如果银行借款手续费很低，银行借款资金成本中的银行借款筹资费率常可忽略不计，则式（6-1）可简化为银行借款资金成本 = 借款利息×（1-所得税税率）

2. 计算债券资本成本

债券成本中的利息是所得税前支付，具有减税效应。债券的筹措费用一般较高，这类费用主要包括申请发行债券的手续费、债券注册费、印刷费、上市费以及推销费等。其计算公式为

$$债券的成本 = \frac{年利息 \times (1-所得税税率)}{债券筹资总额 \times (1-债券筹资费率)} \times 100\%$$

【任务实例 6-4】

华龙公司发行面值 1 000 元的债券 10 000 张，发行价为每张 1 050 元，期限 10 年，票面利率 5%，每年付息一次，发行费率为 3%，所得税率为 25%，计算该债券的资本成本？

$$债券的成本 = \frac{1\,000 \times 5\% \times (1-25\%)}{1\,050 \times (1-3\%)} \times 100\% = 3.68\%$$

想一想

1. 债券的类型有哪些？
2. 公司发行债券的条件有哪些？

3. 计算普通股资本成本

普通股股票为企业基本资金，其股利要取决于企业生产经营情况，不能事先确定，因此，普通股的资金成本率很难预先准确地加以计算。普通股的资金成本包括股利和发行费用，目前常用的普通股资金成本计算方法有股利折现模型、资本资产定价模型及无风险利率加风险溢价法等。这里仅介绍股利折现模型。

（1）如果公司采用固定股利政策，即每年分派固定数额的现金股利，则普通股资金成本计算公式为

$$普通股资本成本 = \frac{每年固定股利}{普通股筹资总额 \times (1-筹资费用率)} \times 100\%$$

（2）如果公司采用固定股利增长率政策，则普通股资金成本计算公式为

$$普通股资本成本 = \frac{预计第一年每股股利}{普通股筹资总额 \times (1-筹资费用率)} \times 100\% + 股利固定增长率$$

【任务实例 6-5】

华龙公司拟发行一批普通股，发行价格 12 元，每股发行费用 2 元，预定每年分派现金股利每股 1.2 元。计算该普通股的资金成本。

$$普通股资本成本 = \frac{1.2}{12-2} \times 100\% = 12\%$$

【任务实例 6-6】

华龙公司普通股发行价为每股 20 元，第一年预期股利 1.5 元，发行费率为 5%，预计股利增长率为 4%，计算该普通股的资金成本。

$$普通股资本成本 = \frac{1.5}{20 \times (1-5\%)} \times 100\% + 4\% = 11.89\%$$

【技能训练 6-3】

【技能训练 6-3】
参考答案

> **想一想**
> 1. 普通股资本成本计算有几种方式？
> 2. 企业发行股票的条件有哪些？

4. 计算优先股资本成本

企业发行优先股，要支付筹资费用，还要定期支付股利。但它与债券不同，股利在税后支付，且没有固定的到期日。因此，其计算公式为

$$优先股资本成本 = \frac{优先股每年股利额}{发行总额 \times (1-筹资费率)} \times 100\%$$

【任务实例 6-7】

华龙公司发行优先股，发行价为每股 10 元，每股支付年股利 1 元，发行费率为 5%。计算该资本成本。

$$优先股资本成本 = \frac{1}{10 \times (1-5\%)} = 10.5\%$$

【任务实例 6-8】

华龙公司按面值发行 5 000 万元的优先股股票，共支付筹资费用 50 万元，年优先股股利率为 10%。计算该资本成本。

$$优先股资金成本=\frac{5\,000\times 10\%}{5\,000-50}=10.1\%$$

想一想

1. 优先股与普通股有哪些区别？
2. 优先股股息支付是税前还是税后？

5. 计算留存收益资本成本

企业所获利润，按规定可留存一定比例的资金，以满足自身发展资金需要。留存收益等于股东对企业追加投资，股东对这部分投资与以前交给企业的股本一样，要求获得同普通股等价的报酬，所以留存收益的使用并非无代价，它的成本是一种机会成本，只是没有筹资费用，其成本应与普通股相同。

在普通股股利固定的情况下，留存收益资本成本的计算公式为：

$$留存收益资金成本=\frac{每年固定股利}{普通股筹资金额}\times 100\%$$

【任务实例 6-9】

华龙公司普通股目前的股价为 10 元/股，筹资费率为 8%，支付的每股股利为 2 元，股利固定增长率为 3%，则该企业留存收益资本成本是多少？

$$留存收益资金成本=\frac{2\times(1+3\%)}{10}\times 100\%+3\%=23.6\%$$

想一想

1. 留存收益为什么不包括筹资费用？
2. 留存收益包括什么？

（二）综合资本成本计算

综合资本成本，又称加权平均资本成本，是以各种不同筹资方式的资本成本为基数，以占资本总额的比重为权数计算的加权平均数。

企业取得资金的渠道和方式不尽相同，其资金成本也不同。在决策资金的筹资和投资时，如果以某一种资金成本作为依据，则往往会造成决策失误，因此就必须计算企业加权平均资本成本。加权平均资本成本是以各种资本占全部资金的比重为权数，对各种资本的成本进行加权平均计算出来的综合资本成本。计算综合资本成本主要是保证企业有一个合理的资本来源结构，使各种资本保持合理的比率，并尽可能使企业综合资本成

本有所降低。其计算公式为

$$综合资本成本 = \sum (某种资本成本 \times 该种资金占全部资金的比重)$$

【任务实例 6-10】

华龙公司共有资金 100 万元，其中债券 30 万元，优先股 10 万元，普通股 40 万元，留存收益 20 万元，各种资本的成本分别为 6%、12%、15.5% 和 15%。试计算该企业加权平均资本成本。

解：

（1）计算各种资本所占的比重。

债券占总资金的比重 = 30/100×100% = 30%

优先股占总资金的比重 = 10/100×100% = 10%

普通股占总资金的比重 = 40/100×100% = 40%

留存收益占总资金的比重 = 20/100×100% = 20%

（2）计算加权平均资本成本。

综合资本成本 = 30%×6%+10%×12%+40%×15.5%+20%×15% = 12.2%

【技能训练6-6】

【技能训练6-6】参考答案

知识小提示

在计算综合资本成本时，企业资本结构或各种资金在总资金中所占的比重取决于各种资金价值的确定。资金价值的确定基础主要有三种选择：账面价值、市场价值和目标价值。在实务中，通常以账面价值为基础确定的资金价值计算综合资本成本。

想一想

1. 综合资本成本计算步骤有哪些？
2. 企业在什么情况下计算综合资本成本？

【在线课6-8】边际资本成本

（三）边际资本成本计算

边际资本成本是指企业每增加一个单位量的资本而形成的追加资本的成本。

企业在筹集资金的过程中，当资金数额超过一定的限度时，资本成本就会发生变化，这种每增加一个单位而增加的成本称为边际资本成本。边际资本成本又称随筹资额增加而提高的加权平均资本成本。现实中，边际资本成本通常在某一筹资区间内保持稳定，当企业以某种筹资方式筹资超过一定限度时，边际资本成本就会提高。因此，当企业追加筹资时，不仅要考虑目前所使用的资本成本，还要考虑新筹集的资本成本。

【任务实例 6-11】

华龙公司采用多种筹资方式，计划追加筹资 8 000 万元，具体筹资情况见表 6-1，计算该公司的资金成本。

表 6-1　华龙公司筹资情况

筹资方式	筹资总额/万元	所占比重（%）	资本成本（%）
银行借款	800	10	5.4
长期债券	100	1.25	5.88
优先股	5 000	62.5	10.1
普通股	2 000	25	13.2
留存收益	100	1.25	13
合计	8 000	100	10.38

解：
边际资本成本 = 10%×5.4% + 1.25%×5.88% + 62.5%×10.1% + 25%×13.2% + 1.25%×13% = 10.38%

想一想

1. 边际资本成本与综合资本成本的不同之处有哪些？
2. 总结边际资本成本的计算方法。

【知识拓展】

边际资本成本的另一种计算方法如下。
（1）确定目标资本结构。
（2）测算个别资本成本。
（3）计算筹资总额分界点。筹资总额分界点是指在保持某资本成本的条件下，可以筹集到的资本总限度。

$$筹资总额分界点 = \frac{某种筹资方式的成本分界点}{目标资本结构中该种筹资方式所占比例}$$

（4）计算边际资本成本。根据计算出的分界点，可得出若干组新的筹资范围，对各筹资范围分别计算加权平均资本成本，即可得到各种筹资范围的边际资本成本。

【技能训练 6-7】

【技能训练 6-7】
参考答案

任务拓展

（一）实训目标

计算甲公司各情景的资金成本，提出融资方案。

（二）实训资料

实训情景 1：甲公司息税前利润为 600 万元，公司适用的所得税率为 25%，公司目前总资本为 2 000 万元，其中 80% 由普通股资本构成，股票账面价值为 1 600 万元，20% 由债券资本构成，债券账面价值为 400 万元，假设债券市场价值与其账面价值基本一致。该公司认为目前的资本结构不够合理，准备用发行债券购回股票的办法予以调整。经咨询调查，目前债务利息和权益资金成本见表 6-2，公司市场价值与企业综合资金成本见表 6-3。

【任务拓展】
参考答案

表 6-2 债务利息与权益资金成本

债券市场价值/万元	债券利息率	股票的β系数	无风险收益率	平均风险股票的必要收益率	权益资金成本
400	8%	1.3	6%	16%	A
600	10%	1.42	6%	B	20.20%
800	12%	1.6	C	16%	22%
1 000	14%	2.0	6%	16%	D

表 6-3 公司市场价值与企业综合资金成本

债券市场价值/万元	股票市场价值/万元	公司市场总价值/万元	债券资金比重	股票资金比重	债券资金成本	权益资金成本	加权平均资金成本
400	E	F	15.14%	84.86%	G	H	I
600	2 004.95	2 604.95	23.03%	76.97%	7.5%	20.20%	17.27%
800	1 718.18	2 518.18	31.77%	68.23%	9%	22%	17.87%
1 000	J	K	L	M	N	O	P

实训情景2：甲公司目前的财务杠杆系数为1.5，税后利润为420万元，所得税税率为25%。公司全年固定成本和费用总额共为2 280万元，其中公司当年年初平价发行了一种债券，发行债券数量为10 000张，债券年利息为当年利息总额的40%，发行价格为1 000元/张，该债券的期限为5年，每年付息一次。

甲公司的资本目前全部由发行普通股取得，其有关资料见表6-4。

表 6-4 甲公司资本资料

息税前利润	500 000 元
股票β系数	1.5
无风险利率	4%
市场组合收益率	8%
权益资金成本	10%
发行普通股股数	200 000 股
所得税税率	25%

实训情景3：乙公司准备按7%的利率平价发行债券900 000元，用发行债券所得资金以每股15元的价格回购部分发行在外的普通股。因发行债券，预计公司股票β系数将上升为1.75。乙公司预期未来息税前利润具有可持续性，且预备将全部税后利润用于发放股利。假设乙公司债券账面价值与市场价值一致。

(三) 实训要求

实训情景1要求：

(1) 填写表6-2中用字母表示的空格。

(2) 填写表6-3甲公司市场价值与企业综合资金成本（以市场价值为权重）中用字母表示的空格。

（3）根据表6-3的计算结果，确定甲公司最优资金结构。

实训情景2要求：

（1）计算当年利息总额。

（2）计算当年已获利息倍数。

（3）计算经营杠杆系数。

（4）计算债券筹资的资本成本。

（5）若预计年度销售额增长20%，甲公司没有增发普通股的计划，且没有优先股，则预计年度的税后净利润增长率为多少？

实训情景3要求：

（1）计算回购股票前、后的每股收益。

（2）计算回购股票前、后乙公司的股票价值、公司价值和加权平均资本成本。

（3）乙公司是否应发行债券回购股票，为什么？

（扫描二维码查看答案。）

任务小结

本任务详细阐述了资本成本。资本成本是企业取得和使用资金时所付出的代价，是企业选择资金来源、拟订筹资方案、评价投资项目及衡量经营成果的重要标准。资本成本的计算方法包括个别资金成本、综合资金成本及边际资金成本的计算。

任务3 现金流量计算

任务导入

结合资料，对项目投入的现金流量进行分析和计算。

任务分析

项目可行性判断，要参照项目生命期的现金流量、各类型的项目的现金流量估算，主要分析项目的现金流入量、现金流出量和现金净流量。

任务实施

一、现金流量的含义

现金流量是指企业在一定期间内现金和现金等价物的流入量和流出量，即一个投资项目引起的企业现金支出和现金收入增加的数量。它是计算项目投资决策评价指标的主要依据和重要信息。现金流量的意义如下。

（1）采用现金流量有利于科学地考虑资金时间价值因素。

（2）采用现金流量能更加客观地判别投资方案的优劣。

二、现金流量的内容

现金流量包括现金流入量、现金流出量和现金净流量三方面具体内容。

（一）现金流入量

现金流入量是指能够使投资方案的现实货币资金增加的项目，简称现金流入。

1. 完整工业项目的现金流入量

（1）营业收入。营业收入是指项目投产后每年实现的全部营业收入。营业收入是经营期主要的现金流入量项目。

（2）固定资产余值。固定资产余值是指投资项目的固定资产在终结报废清理时的残值收入或中途变价转让时的变价收入。

（3）回收流动资金。回收流动资金是指投资项目在计算期结束时，收回原来投放在各种流动资产上的营运资金。回收流动资金和回收固定资产余值统称为回收额。

（4）其他现金流入量。其他现金流入量指以上三项指标以外的现金流入量项目。

2. 单纯固定资产投资项目的现金流入量

单纯固定资产投资项目由于不涉及其他长期投资和流动资金投资项目，因此其现金流量比完整工业项目要简单一些。

（1）增加的营业收入是指固定资产投入使用后，每年实现的全部销售收入和业务收入。

（2）回收固定资产余值是指固定资产在终结报废清理时所回收的价值。

3. 更新改造投资项目的现金流入量

（1）因使用新固定资产而增加的营业收入。

（2）处置旧固定资产的变现净收入。主要是在更新改造时因处置旧设备、厂房等发生的变价收入与清理费用的差额。

（3）新旧固定资产回收与固定资产余值的差额，是指按旧固定资产原定报废年份计算的，新固定资产当时余值大于旧固定资产设定余值的差额。

（二）现金流出量

现金流出量是指投资项目增加的现金支出额或需要动用现金的项目支出，简称现金流出。

1. 完整工业项目的现金流出

（1）建设投资。建设投资是指在建设期内按一定生产经营规模和建设内容进行的固定资产投资、无形资产投资和开办费投资等各项投资的总称，它是建设期发生的主要现金流出量。

（2）垫支的流动资金。垫支的流动资金是指投资项目建成投产后为开展正常经营活动而周转使用的营运资金投资。此处的流动资金等于企业流动资产减去流动负债的差额。建设投资与流动资金投资合称为项目的原始总投资。

（3）付现成本。付现成本是指在经营期内为满足正常生产经营而需用现金支付的成本，是生产经营期内最主要的现金流出量。其计算公式为

$$付现成本 = 总成本 - 折旧额及摊销额$$

（4）各项税款。各项税款是指项目投产后依法缴纳的、单独列示的各项税款，包括所得税等。

（5）其他现金流出。其他现金流出指不包括在以上内容中的现金流出项目。

2. 单纯固定资产投资项目的现金流出量

（1）固定资产投资。

（2）新增经营成本是指固定资产投入使用后每年增加的经营成本。

（3）增加的各项税款是指固定资产投入使用后，因收入的增加而增加的所得税等。

3. 更新改造投资项目的现金流出

（1）购置新固定资产的投资。

（2）因使用新固定资产而增加（节约的用负值表示）的付现成本。

（3）因使用新固定资产而增加（节约的用负值表示）的流动资金投资。

（4）增加的各项税款是指更新改造项目投入使用后，因收入的增加而增加的税额，因应纳税所得额增加而增加的所得税等（按提前报废旧固定资产所发生的清理净损失计算的抵减当期所得税额用负值表示）。

（三）现金净流量

现金净流量（NCF）是指投资项目在项目计算期内现金流入量减去现金流出量后的净额。

三、现金流量的计算

（一）现金流入量的计算

营业收入应按项目在经营期内有关产品的各年预计单价和预测销售量进行估算。在终结点一次回收的流动资金等于各年垫支的流动资金投资额的合计数。

（二）现金流出量的计算

现金流出量主要有固定资产原值、流动资金投入、付现成本（经营成本）和各种税金等几部分。

固定资产原值为固定资产投资与建设期资本化利息之和。

流动资金投资的估算的公式为

经营期某年流动资金需用额=该年流动资产需用额−该年流动负债需用额

=本年流动资金需用额−截止上年末的流动资金占用额

经营成本的估算的公式为

某年经营成本=该年总成本费用−该年折旧额−该年摊销额−该年利息支出

（三）现金净流量的计算

现金净流量基本计算公式为

$$现金净流量=现金流入量-现金流出量$$

由于项目投资的投入、回收及收益的形成均以现金流量的形式表现，因此，在整个项目计算期的各个阶段，都有可能发生现金流量。必须逐年估算每一时点上的现金流入量和现金流出量。在不同的投资阶段，现金净流量有不同的计算公式。

（1）在建设期，由于没有任何现金流入量，所以建设期的现金净流量通常为负值。其计算公式为

$$NCF_{0 \sim s} = -I_p$$

式中 I_p——建设期内该年的原始投资额，不包括资本化利息。

（2）经营期现金净流量是指项目投产后，在经营期内由于生产经营活动而产生的现金净流量。其计算公式为

$$NCF_{(s+1) \sim (n-1)} = 营业收入-付现成本-税金$$

$$=（营业收入-总成本-税金）+折旧+摊销+利息$$

$$=净利润+折旧+摊销+利息$$

式中　s——建设期；

　　　n——运营期。

（3）终结点的净现金流量是指项目在结束时所发生的现金净流量。其计算公式为

$$NCF_n = 净利润 + 折旧 + 摊销 + 利息 + 回收额$$

四、各类型项目的现金净流量计算

（一）单纯固定资产项目投资的现金净流量计算

【任务实例6-12】

华龙公司准备进行一项固定资产投资。需投资100 000元，建设期为1年，使用寿命为5年。按直线法折旧，期满固定资产残值收入为10 000元。5年中每年销售收入为40 000元，每年的付现成本为8 000元。该公司适用的所得税率为25%，试计算该方案的现金净流量。

解：（1）固定资产的折旧=（100 000-10 000）/5元=18 000元

（2）该项目的项目计算期=1年+5年=6年

建设期净现金流量：

$$NCF_0 = -100\,000\ 元$$
$$NCF_1 = 0$$

经营期净现金流量：

$$NCF_{2\sim5} = [(40\,000 - 8\,000 - 18\,000) \times (1 - 25\%) + 18\,000]\ 元 = 28\,500\ 元$$

终结点净现金流量：

$$NCF_6 = [(40\,000 - 8\,000 - 18\,000) \times (1 - 25\%) + 18\,000 + 10\,000]\ 元 = 38\,500\ 元$$

【技能训练6-8】

【技能训练6-8】
参考答案

> **想一想**
>
> 1. 建设期现金流量一定为负数或零吗？项目是否一定有建设期？
> 2. 经营期净现金流量为什么要扣减所得税？

（二）完整工业项目投资的净现金流量计算

【任务实例6-13】

华龙公司拟进行一项项目投资，投资总额为100 000元，其中固定资产投资36 000元，建设期为2年，从建设起点分2年于每年年初投入。无形资产投资24 000元，于投产时投入。流动资金投资40 000元，于投产开始垫付。该项目的经营期为6年，期满残值收入6 000元。6年中每年的销售收入为28 000元，付现成本每年为7 000元，随着设备陈旧，逐年将增加修理费500元。该企业适用的所得税率为25%，试计算该项目的现金净流量。

解：（1）固定资产的折旧=（36 000-6 000）/6元=5 000元

（2）无形资产的摊销额=24 000/6元=4 000元

（3）该项目的项目计算期=2年+6年=8年

建设期净现金流量：

$$NCF_0 = -18\,000 \text{ 元}$$
$$NCF_1 = -18\,000 \text{ 元}$$
$$NCF_2 = -40\,000 \text{ 元} + (-24\,000 \text{ 元}) = -64\,000 \text{ 元}$$

经营期净现金流量：

$NCF_3 = [(28\,000-7\,000-5\,000-4\,000)\times(1-25\%)+5\,000+4\,000]$ 元 $= 18\,000$ 元

$NCF_4 = [(28\,000-7\,500-5\,000-4\,000)\times(1-25\%)+5\,000+4\,000]$ 元 $= 17\,625$ 元

$NCF_5 = [(28\,000-8\,000-5\,000-4\,000)\times(1-25\%)+5\,000+4\,000]$ 元 $= 17\,250$ 元

$NCF_6 = [(28\,000-8\,500-5\,000-4\,000)\times(1-25\%)+5\,000+4\,000]$ 元 $= 16\,875$ 元

$NCF_7 = [(28\,000-9\,000-5\,000-4\,000)\times(1-25\%)+5\,000+4\,000]$ 元 $= 16\,500$ 元

$NCF_8 = [(28\,000-9\,500-5\,000-4\,000)\times(1-25\%)+5\,000+4\,000+6\,000+40\,000]$ 元
$= 62\,125$ 元

【技能训练6-9】

【技能训练6-9】
参考答案

想一想

1. 完整工业项目运营期现金净流量的计算方法？
2. 原始投资额通常包括几部分？

（三）更新改造项目投资的净现金流量计算

【任务实例6-14】

华龙公司打算变卖一套尚可使用5年的旧设备，另购置一套新设备来代替它。旧设备原价12 000元，折余价值为8 000元，期满残值1 000元。旧设备每年营业收入15 000元，付现成本9 000元。新设备投资总额25 000元，无建设期，可用5年，使用新设备后每年可增加营业收入500元，并减少付现成本800元，期满残值600元。要求如下：

【技能训练6-10】

【技能训练6-10】
参考答案

（1）计算旧方案的各年现金净流量。
（2）计算更新方案的各年现金净流量。
（3）计算新旧方案的各年差量净现金流量。

解：

（1）继续使用旧设备的各年现金净流量。

$$NCF_0 = -8\,000 \text{ 元}$$
$$NCF_{1\sim4} = 15\,000 \text{ 元} - 9\,000 \text{ 元} = 6\,000 \text{ 元}$$
$$NCF_5 = 15\,000 \text{ 元} - 9\,000 \text{ 元} + 1\,000 \text{ 元} = 7\,000 \text{ 元}$$

（2）采用新设备的各年净现金流量。

$$NCF_0 = -25\,000 \text{ 元}$$
$$NCF_{1\sim4} = 15\,500 \text{ 元} - 8\,200 \text{ 元} = 7\,300 \text{ 元}$$
$$NCF_5 = 15\,500 \text{ 元} - 8\,200 \text{ 元} + 600 \text{ 元} = 7\,900 \text{ 元}$$

（3）更新方案的各年差量净现金流量。

$$\Delta NCF_0 = -25\,000 \text{ 元} - (-8\,000 \text{ 元}) = -17\,000 \text{ 元}$$
$$\Delta NCF_{1\sim4} = 7\,300 \text{ 元} - 6\,000 \text{ 元} = 1\,300 \text{ 元}$$
$$\Delta NCF_5 = 7\,900 \text{ 元} - 7\,000 \text{ 元} = 900 \text{ 元}$$

想一想

1. 是否更换设备需要考虑哪些因素？
2. 如何利用净现金流量计算结果来判断是否更换设备？

价值引领

逆风翻盘 从现金流断裂到融资千万

这个逆风翻盘的故事，就发生在汉阳闽东商务大厦之内。成立于 2018 年的武汉悉水科技有限公司（以下简称悉水科技）是一家专注于智慧水厂建设的高新技术企业，其研发的智慧水厂根据客户当地实际情况配套配置专业的净化、消毒设备，自控系统及信息化软件，让三四线城市和农村地区不仅能快速喝上优质健康水，还提升水厂的智慧运营水平。二次创业的洪汉伟将深耕供水领域多年的技术成果研发集成系统，陆续在湖北省内承接农村水厂改造项目。

2021 年以来，企业部分项目回款困难，几千万元的欠款无法按期收回，公司现金流遇到困难。截至 2022 年 6 月，公司现金流一度断裂，不得不缩减团队规模。最严峻的半年时间里，老员工一起坚守都没有领工资，洪汉伟甚至抵押了部分个人资产。

在调研走访企业过程中，汉阳区委主要领导了解到悉水科技的发展情况和困难后，现场办公调动资源。一方面将汉阳区对口帮扶贫困县来凤县的水厂改造项目引荐给企业，另一方面帮助推荐汉阳辖区银行的各类融资产品。几个月内，悉水科技成功融资近千万元，其中部分为信用贷款，所承接的来凤县水厂改造项目资金及时回笼也如同雪中送炭，让企业在寒冬中缓了过来。

启示： 现金流作为企业运营过程中的生命线，其重要性不容忽视。企业现金流的健康状况不仅直接关系到企业的生存，还对企业的长期发展起着决定性作用。良好的营商环境也是企业发展的保障，积极打造一流营商环境是习近平总书记在新时代提出的重大命题。优化营商环境，是党中央、国务院根据新形势新发展新要求做出的重大决策部署。汉阳政府以全生命周期理念精准为企业、创业者服务护航，支持本土中小企业做大做优做强，营造包容的营商环境，打造多元的产业结构，释放蓬勃的经济活力。

任务拓展

（一）实训目标

分析甲公司扩建新厂房项目。

（二）实训资料

甲公司主要业务是生产装载机，20××年开发出一种新型机械手，可用于各种自动化生产线。预计每台机器价格为 3 万元，每年可售出 2 000 台。为生产这种机械手，公司预备投资 800 万元建新厂房，建筑用地在一期工程时早已购得，目前并没有买主。设备总投资为 1 000 万元。为研制新产品已花去研究开发费用 600 万元，若此项目成立，研究开发费转化为项目的无形资产在经营期内摊销；项目不成立，则此项目费用计入公司成本冲销利润。项目投产时需净营运资本 650 万元。各项投资数额及分年投入见表 6-5。项目建设期为 2 年。

【任务拓展】
参考答案

表 6-5　各项投资数额及分年投入　　　　　　　　单位：万元

年末 项目	0	1	2	总计
1. 固定资产				
1.1　建筑物	300	500		800
1.2　设备			1 000	1 000
固定资产投资总额				1 800
2. 净营运资本			650	650
3. 无形资产				
研究开发费的机会成本	198			198
总计	498	500	1 650	2 648

项目经营寿命期为 6 年，经营期变动成本为销售额的 65%，除折旧、摊销费外的固定成本为 1 000 万元。经预测，未来 6 年间年通货膨胀率为 8%。本项目的销售价格、变动成本、固定成本（除折旧、摊销）和净营运资本均按 8% 的年率增长。

建筑物的折旧年限为 20 年，设备的折旧年限为 8 年，折旧期末资产残值均为零，折旧方法为直线折旧法。所得税税率 25%，项目筹资的加权平均资本成本 12%。项目经济寿命 8 年，预计期末厂房的市场价格 600 万元，设备的市场价格 100 万元。土地不出售，留待公司以后使用。

（三）实训要求

（1）计算甲公司投资费用。
（2）计算甲公司经营现金流量。
（3）计算期末资产回收额。
（4）分析该项目的投资决策。

（扫描二维码查看答案。）

任务小结

本任务详细阐述了现金流量和现金净流量的具体内容，现金净流量是现金流量表中的一个指标，是指一定时期内，现金及现金等价物的流入（收入）减去流出（支出）的余额（净收入或净支出），反映了企业本期内净增加或净减少的现金及现金等价物数额。按照企业生产经营活动的不同类型，现金净流量可以分为经营活动现金净流量、投资活动现金净流量和筹资活动现金净流量。

任务 4　贴现现金流法应用

任务导入

本任务涉及投资管理活动中使用的计算方法，使用贴现现金流法，结合资本成本分析投融资活动资金情况，据此判断项目是否可行。

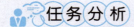

企业进行投融资活动分析，要站在货币时间价值的角度，使用贴现现金流法分析项目效益，贴现现金流法主要有净现值、现值指数、内含报酬率三个主要指标，通过项目信息计算出各项指标，根据计算指标分析项目是否可行。

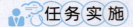

一、贴现现金流法的概念

【在线课6-9】
贴现现金流法的概念、应用

贴现现金流法（discounted cash flow，DCF），是以明确的假设为基础，选择恰当的贴现率对预期的各期流入和各期流出进行贴现，通过贴现值的计算和比较，为财务合理性提供判断依据的价值估算方法。

贴现现金流法一般适用于企业日常经营过程中，与投融资管理相关的资产价值估算、企业估值和项目投资决策等。

贴现现金流法也适用于其他价值评估方法不适用的企业，包括正在经历巨大变化的企业，如债务重组、重大转型、战略性重新定位、亏损或者处于开办期的企业等。

二、贴现现金流法的计算公式

贴现现金流法，从其基本目标与基础假设入手，在对方案进行适当而必要分类的基础上，寻求投资项目正确合适的评价方法，是评估投资价值的基本方法，对该方法的正确运用与否直接关系到投资决策的效果，是最具代表性的一种估值方法。贴现现金流法的基本公式为

$$V = \sum_{t=1}^{n} \frac{CF_t}{(1+r)^t}$$

式中　V——企业的评估值；
　　　n——资产（企业）的寿命；
　　　CF_t——资产（企业）在 t 时刻产生的现金流；
　　　r——反映预期现金流的折现率。

三、贴现现金流法的一般程序

贴现现金流法评估投资活动的总体思路：估计投资活动后增加的现金流量和用于计算这些现金流量现值的折现率，然后计算出这些增加的现金流量的现值，就是投资活动未来所创造的现金流的价值。如果实际成交价格高于这个价格，则不仅不会给企业带来好处，反而会引起亏损。

【知识链接6-7】
应用贴现现金流法考虑因素

知识小提示

贴现现金流法是资本投资和资本预算的基本模型，是企业估值定价在理论上最有成效的模型，因为企业的经济活动就表现为现金的流入和流出。由于有坚实的基础，当与其他方案一起使用时，贴现现金流法所得出结果往往是检验其他模型结果合理与否的基本标准。

四、贴现现金流法的具体应用

(一) 净现值法

1. 净现值法的计算

净现值（net present value，NPV）是指在项目计算期内，按照行业基准收益率或企业设定的贴现率计算的投资项目未来各年现金净流量现值的代数和。也可将净现值理解为一项投资项目现金流入现值与现金流出现值之间的差值。净现值的计算公式为

$$NPV = \sum_{t=0}^{n} NCF_t \times (P/F, i, t)$$

【在线课6-10】
净现值法（上）

式中 n——项目计算期；
　　　NCF_t——第 t 年的现金净流量；
　　　$(P/F, i, t)$——第 t 年、折现率为 i 的复利现值系数。

【在线课6-11】
净现值法（下）

> **知识小提示**
>
> 正确地选择折现率 i 至关重要，它直接影响项目评价的结论。在项目评价中，一般选择投资项目的资本成本、投资者所要求的最低投资收益率或者行业的平均投资收益率来确定项目的折现率。

【任务实例6-15】

华龙公司拟增加一项固定资产，需投资100万元，采用直线法计提折旧。使用寿命10年，期末无残值。该项工程于当年投产，预计投产后每年可获利10万元。假定该项目的行业基准折现率为10%。要求：

（1）求净现值。
（2）若资产报废时有10万元的残值，求净现值。
（3）假定建设期为一年，无残值，求净现值。
（4）若建设期为一年，年初年末各投入50万元，期末无残值，求净现值。

解：

（1）每年折旧：100/10 = 10 万元
每年现金流量：10+10 = 20 万元
净现值：$20 \times (P/A, 10\%, 10) - 100 = 22.89$ 万元

（2）每年折旧：(100−10)/10 = 9 万元
每年现金流量：10+9 = 19 万元
净现值：$NPV = 19 \times (P/A, 10\%, 10) + 10 \times (P/F, 10\%, 10) - 100 = 20.6$ 万元

（3）$NPV = 20 \times (P/A, 10\%, 10)/(1+10\%) - 100 = 11.72$ 万元

（4）$NPV = 20 \times (P/A, 10\%, 10)/(1+10\%) - [50 + 50/(1+10\%)] = 16.27$ 万元

【任务实例6-16】

以【任务实例6-13】所给现金净流量为依据，假定投资者所要求的最低投资收益率为10%，试计算该项目的净现值。

解：

$$NPV = \sum_{t=s+1}^{n} NCF_t \times (P/F, i, t) - \sum_{t=0}^{s} NCF_t \times (P/F, i, t)$$

$= 62\,125(P/F,10\%,8) + 16\,500(P/F,10\%,7) + 16\,875(P/F,10\%,6) +$
$\quad 17\,250(P/F,10\%,5) + 17\,625(P/F,10\%,4) + 18\,000(P/F,10\%,3) -$
$\quad 64\,000(P/F,10\%,2) - 18\,000(P/F,10\%,1) - 18\,000$

$= 62\,125 \times 0.466\,5 + 16\,500 \times 0.513\,2 + 16\,875 \times 0.564\,5 + 17\,250 \times 0.620\,9 +$
$\quad 17\,625 \times 0.683\,0 + 18\,000 \times 0.751\,3 - 64\,000 \times 0.826\,4 -$
$\quad 18\,000 \times 0.909\,1 - 18\,000$

$= -4\,006.55 \text{ 元}$

计算表明，该方案的净现值为-4 006.55元。因此，该方案不具有财务可行性。

2. 净现值法的评价

净现值法主要优点：①考虑了资金的时间价值，增强了投资经济性评价的实用性；②考虑了项目计算期内全部现金净流量，体现了流动性与收益性的统一；③考虑了投资风险，项目投资风险可以通过提高贴现率加以控制。

净现值法主要缺点：①净现值是一个绝对数，不能从动态的角度直接反映投资项目的实际收益率来进行互斥性投资决策，当投资额不等时，仅用净现值法往往无法确定投资项目的优劣；②净现值的计算比较复杂，且较难理解和掌握；③净现值的计算需要对现金净流量有较准确的预测，并且要正确选择贴现率，而实际上现金净流量的预测和贴现率的选择都比较困难。

【技能训练6-11】

【技能训练6-11】
参考答案

知识小提示

采用净现值进行决策的标准

如果投资方案的NPV≥0，说明该方案现金流入量现值大于或等于现金流出量现值，项目所获得收益能够把投资额收回，该方案为可行方案。

如果投资方案的NPV<0，说明该方案现金流入量现值小于现金流出量现值，项目收益无法全部收回投资额，该方案为不可行方案。

想一想

1. 采用净现值法如何确定贴现率？
2. 净现值法适用于评价什么类型的投资方案？

（二）现值指数

1. 现值指数法的计算

现值指数法（present value index，PVI）也称获利指数法（profitability index，PI），是指项目投产后按行业基准收益率或企业设定的贴现率折算的各年营业期现金净流量的现值合计（报酬总现值）与原始投资的现值合计（投资总现值）之比。现值指数计算公式为

$$PI = \frac{\sum_{t=s+1}^{n} NCF_t(P/F,i,t)}{\left|\sum_{t=0}^{s} NCF_t(P/F,i,t)\right|}$$

> **知识小提示**
>
> 现值指数法是动态研究投资决策方法之一。净现值法仅从几个投资方案净现值的大小来考虑,为了正确比较投资的经济效益,应进一步用相对数来比较,即用现值指数法来计算。这个指数在西方又称已贴现的效益与成本比率,它是将建设项目各年回收额的复利现值总和与各年投资额的复利现值总和进行对比。

【在线课6-12】
现值指数法

【任务实例6-17】

根据【任务实例6-13】有关数据为例,计算该方案的现值指数。

解:

$$PI = \frac{\sum_{t=s+1}^{n} NCF_t \times (P/F,i,t)}{\left|\sum_{t=0}^{s} NCF_t \times (P/F,i,t)\right|} \times 100\%$$

$$= \frac{83\ 246.85}{87\ 253.4} \times 100\%$$

$$\approx 95.41\%$$

计算得出,该方案的现值指数为95.41%。

2. 现值指数法的评价

现值指数法的优点:可以从动态的角度反映投资项目的资金投入与产出之间的关系,可以弥补净现值法在投资额不同的项目之间不便比较的缺陷。

现值指数法的缺点:无法直接反映投资项目的实际收益率,且计算过程比净现值法复杂,计算口径也不统一。

【技能训练6-12】

> **知识小提示**
>
> 采用现值指数法进行决策的标准
>
> 如果$P \geq 1$,则该投资项目可行;如果$P<1$,则该投资项目不可行;如果几个投资项目的现值指数都大于1,那么现值指数越大,投资项目越好。
>
> 但在进行互斥性投资决策时,正确的选择原则不是选择现值指数最大的项目,而是在保证现值指数大于1的情况下,使追加投资收益最大化。

【技能训练6-12】
参考答案

> **想一想**
>
> (1)现值指数计算方法是什么?
> (2)现值指数法适合评价什么类型的投资方案?

（三）内含报酬率法

1. 内含报酬率的含义

内含报酬率（internal rate of return，IRR），又称内部收益率，是指投资项目实际可以实现的收益率，亦可将其定义为能使一项投资项目的现金流入现值等于现金流出现值时的折现率。内含报酬率满足以下公式

$$\text{NPV} = \sum_{t=1}^{n} \frac{\text{NCF}_t}{(1+\text{IRR})^t}$$

内含报酬率的计算是解一个 n 次方程，通常采用试误法求 IRR 的值。

【在线课6-13】内含报酬法（上）

2. 内含报酬率法的计算原理

（1）未来每年现金净流量相等时。

每年现金净流量相等是一种年金形式，通过查年金现值系数表，可计算出未来现金量现值，并令其净现值等于零，则有

未来每年现金净流量×年金现值系数−原始投资额现值＝0

计算出净现值等于零时的年金现值系数后，通过查年金现值系数表，即可找出相应的贴现率，该贴现率就是方案的内含报酬率。

【在线课6-14】内含报酬法（下）

（2）未来每年现金净流量不相等时。

这时不能用年金形式解决，而需要采用逐次测试法。具体做法：根据已知的有关资料先估计一个贴现率，来试算未来现金净流量的现值，并将这个现值与原始投资额现值相比较。如净现值大于零，为正数，说明估计的贴现率低于方案实际可能达到的投资报酬率，需要重估一个较高的贴现率进行试算；如净现值小于零，为负数，说明估计的贴现率大于方案实际可能达到的投资报酬率，需要重新估一个较低的贴现率进行试算。如此反复试算，直到净现值等于零或基本接近于零，这时所估计的贴现率就是希望求得的内含报酬率。

【任务实例 6-18】

根据【任务实例 6-12】的资料，假设该项目并没有建设期，计算该项目的内含报酬率。

解：

$$\text{NCF}_0 = -100\,000 \text{ 元}$$
$$\text{NCF}_{2-5} = (40\,000 - 8\,000 - 18\,000) \times (1-25\%) + 18\,000 = 28\,500 \text{ 元}$$
$$\text{NCF}_6 = (15\,000 - 8\,000 - 18\,000) \times (1-25\%) + 18\,000 + 10\,000 = 38\,500 \text{ 元}$$

内含报酬率的计算步骤如下。

$$(P/A, \text{IRR}, 5) = \frac{100\,000}{28\,500} \approx 3.508\,8$$

查 5 年的年金现值系数表如下。

$$(P/A, 12\%, 5) = 3.604\,8$$
$$(P/A, 14\%, 5) = 3.433\,1$$

$$\text{IRR} = r_m + \frac{c_m - c}{c_m - c_{m+1}} \times (r_{m+1} - r_m)$$

$$= 12\% + \frac{3.604\,8 - 3.508\,8}{3.604\,8 - 3.433\,1} \times (14\% - 12\%)$$

$$\approx 13.12\%$$

【任务实例 6-19】

华龙公司某投资项目建设起点现金净流量为 $NCF_0=-30\,000$ 元,其他时点的现金净流量分别为 $NCF_1=8\,000$ 元,$NCF_2=9\,000$ 元,$NCF_3=10\,000$ 元,$NCF_4=11\,000$ 元,$NCF_5=12\,000$ 元。试计算该方案的内含报酬率。

解:

由于该方案的净现金流量不相等,所以只能用一般方法计算内含报酬率,其计算过程见表 6-6。

表 6-6　净现金流量不相等的内含报酬率计算

年份	现金净流量 NCF/元	贴现率 18%		贴现率 20%	
		$(P/F,18\%,t)$	现值/元	$(P/F,20\%,t)$	现值/元
0	-30 000	1	-30 000	1	-30 000
1	8 000	0.847 5	6 780	0.833 3	6 666
2	9 000	0.718 2	6 464	0.694 4	6 250
3	10 000	0.608 6	6 086	0.578 7	5 787
4	11 000	0.515 8	5 674	0.482 3	5 305
5	12 000	0.437 1	5 245	0.401 9	4 823
净现值 NPV			248.8		-1 168.9

先按 18% 估计的贴现率进行测试,其结果净现值为 248.8 元,大于 0。于是把贴现率提高到 20% 进行测算,净现值为 -1 168.9 元,小于 0。两次结果说明该项目的内含报酬率在 18%~20% 之间。通过内插法求出内含报酬率。

$$IRR = 18\% + \frac{248.8-0}{248.8-(-1\,168.9)} \times (20\% - 18\%) \approx 18.35\%$$

3. 内含报酬率法的评价

内含报酬率法的优点:①考虑了资金时间价值;②可以反映出投资项目的真实报酬率,且不受行业基准收益率高低的影响,比较客观,有利于对投资额不同的项目进行决策。

内含报酬率法的缺点:①计算比较复杂,特别是对每年现金净流量不相等的投资项,一般要经过多次测算才能求得答案;②当经营期大量追加投资时,可能导致多个 IRR 出现,或偏高或偏低,缺乏实际意义;③再投资收益率假设与实际可能不符。

【技能训练 6-13】

【技能训练 6-13】
参考答案

知识小提示

按照内含报酬率进行决策的标准,如果内含报酬率≥资金成本率(或预期收益率)时,项目可行;否则,项目不可行。如果进行多项目互斥决策时,内含报酬率越大越好。

想一想

(1) 内含报酬率的基本原理是什么?
(2) 如何使用内含报酬率进行项目投资决策?

任务拓展

（一）实训目标

分析泽蓝公司的投资计划是否可行。

（二）实训资料

泽蓝公司是一家上市公司，适用的企业所得税税率为25%。公司现阶段基于发展需要，拟实施新的投资计划，有关资料如下。

（1）公司项目投资的必要收益率为15%，有关货币时间价值系数如下。

$(P/A,15\%,2)=1.625\ 7$；$(P/A,15\%,3)=2.283\ 2$；$(P/A,15\%,6)=3.784\ 5$；$(P/F,15\%,3)=0.657\ 5$；$(P/F,15\%,6)=0.432\ 3$。

（2）公司的资本支出预算为5 000万元，有A、B两种互斥投资方案可供选择，A方案的建设期为0年，需要于建设起点一次性投入资金5 000万元，运营期为3年，无残值，现金净流量每年均为2 800万元。B方案的建设期为0年，需要于建设起点一次性投入资金5 000万元，其中：固定资产投资4 200万元，采用直线法计提折旧，无残值；垫支营运资金800万元，第6年末收回垫支的营运资金。预计投产后第1~第6年每年营业收入2 700万元，每年付现成本700万元。

（3）经测算，A方案的年金净流量为610.09万元。

（4）泽蓝公司目前生产X产品，2022年销售量为600万件，销售单价为30元，单位变动成本为14元，固定成本总额为3 200万元。

（5）2023年泽蓝公司发现一个新的商机，决定利用剩余生产能力生产一种新产品Y，预计Y产品的年销售为300万件，销售单价为36元，单位变动成本为20元，固定成本每年增加600万元，与此同时，X产品的销售会受到一定冲击，销售量将在原来基础上减少200万件。

（三）实训要求

（1）计算A方案的静态回收期、动态回收期、净现值、现值指数。

（2）计算B方案的净现值和现金净流量。

（3）判断公司在选择A，B两种方案时，应采用净现值法还是年金净流量法。

（4）判断公司应选择A方案还是B方案。

（5）计算X产品盈亏平衡点销售量。

（6）计算投资生产Y产品为公司增加的息税前利润，并据此作出是否投产Y产品的决策。

（扫描二维码查看答案。）

任务小结

本任务详细阐述了贴现现金流法的应用，在正确测算净现金流量的基础上，介绍了净现值法、现值指数法和内含报酬率法。掌握决策评价指标的计算、特点和评价标准，为进一步进行项目投资决策打好基础。

项目总结

通过本项目的学习，要求具备资金管理的财务思维和收集数据的能力；在素养进阶中熟悉投融资相关法律法规，培养遵纪守法意识；在案例分析中增强风险防控意识，把握企业的投融资项目分析与决策。本项目的内容可以概括为"一个基础、三种评价指标","一个基础"是指以净现金流量的确定为基础;"三种评价指标"是指主要评价指标(净现值、现值指数和内含报酬率),其逻辑关系为,先确定投资项目各期的净现金流量,计算各种财务评价指标(如投资收益率、净现值、净现值率、现值指数、内含报酬率等)与资本成本进行比较,然后进行财务可行性评价,最后运用项目投资决策法对投资方案进行决策,选出最优方案。

职业能力训练

【自测题】　　　　　【项目实操】

学业测评

职业能力和素养测评见表 6-7。

表 6-7　职业能力和素养测评表

评价项目	评价指标	自测结果					得分
职业素养 (10分)	1. 积极参加教学活动,按时完成任务(2分) 2. 遵守劳动纪律,教学场地6S管理(2分) 3. 自觉遵纪守法,培养法治思维(3分) 4. 培养财务思维、风险思维(3分)	□A □A □A □A	□B □B □B □B	□C □C □C □C	□D □D □D □D	□E □E □E □E	
投融资管理 活动认知 (10分)	1. 投融资管理的概念(5分) 2. 投融资管理的原则(5分) 3. 投融资管理的程序(5分) 4. 企业投融资管理机构(5分)	□A □A □A □A	□B □B □B □B	□C □C □C □C	□D □D □D □D	□E □E □E □E	
资本成本分析 (20分)	1. 资金时间价值(5分) 2. 资本成本概述(5分) 3. 资本成本计量(10分)	□A □A □A	□B □B 　B	□C □C 　C	□D □D 　D	□E □E □E	
现金流量计算 (30分)	1. 现金流量的含义(10分) 2. 现金流量的内容(10分) 3. 现金流量的计算(10分)	□A □A □A	□B □B □B	□C □C □C	□D □D □D	□E □E □E	
贴现现金 流量法应用 (30分)	1. 贴现现金流法的概念(5分) 2. 贴现现金流法的计算公式(5分) 3. 贴现现金流法的一般程序(10分) 4. 贴现现金流法的具体应用(10分)	□A □A □A □A	□B □B □B □B	□C □C □C □C	□D □D □D □D	□E □E □E □E	
教师评语:							
成绩		教师签字					

注:在□中打√,各选项占比 A:100%,B:80%,C:60%,D:40%,E:20%。

职业能力拓展

【关键术语】

【职业能力进阶】

【职业能力进阶】
参考答案

【经典案例导读】

项目七

绩效管理

项目描述

在日益发达的商业社会，企业如何对员工和部门的业绩进行准确、快速和高效的评估是绩效管理的核心。有效的绩效管理可最大限度地调动企业员工的工作积极性，持续提升个人、部门和组织的绩效。因此，绩效管理对企业的良好发展起到至关重要的作用。为了完成公司战略目标，绩效管理部门对各部门绩效目标完成情况进行绩效考核。如果您是绩效管理岗位人员，请您完成绩效管理项目相关工作。

项目分析

绩效管理是确保员工的工作过程和工作产出与组织目标保持一致而实施的管理过程，是赢得竞争优势的核心环节。为完成绩效管理项目任务，首先需要对绩效管理有基本认知，然后选择恰当的绩效管理方法来评估企业的业绩。故本项目分四个任务：任务1 绩效管理认知；任务2 责任会计；任务3 关键绩效指标法；项目4 平衡计分卡。

党的二十大精神学习园地

党的二十大报告指出："提升科技投入效能，深化财政科技经费分配使用机制改革，激发创新活力。"

学习目标

知识目标

1. 理解绩效管理的概念、原则。
2. 掌握绩效管理的工具方法。
3. 理解责任会计的概念、分类和特点。
4. 了解经济增加值的内容、计算方法。

附件7-1 管理会计应用指引第600—603号

5. 理解平衡计分卡的主要内容、应用程序。
6. 理解关键绩效指标法的概念、原则。

 能力目标

1. 能够应用绩效管理的工具方法。
2. 能够用成本中心、利润中心、投资中心考核指标分析评价绩效。
3. 能够通过构建平衡计分卡的指标体系进行企业绩效管理。
4. 能够使用经济增加值评价企业经济效益。

 素养目标

1. 培养学生实事求是的理念、客观公正的职业道德。
2. 培养学生的责任感、责任担当意识,树立良好的职业形象。
3. 培养学生不贪图眼前的安逸,激励学生将"个人梦"和"中国梦"相结合,刻苦学习,提高技能,全面发展,为国家富强和民族复兴努力奋斗。
4. 培养学生树立终身学习的理念。
5. 培养学生的节约意识、社会责任意识、可持续发展理念。

职业素养提升

认知绩效管理　激发员工动力、创造力

绩效管理（performance management）是企业发展的重要驱动力。通过对员工工作成果的考核与评价,企业既能够优化人力资源配置,提升整体业绩,还能够激发员工的积极性和创造力,推动员工不断超越自我,为企业创造更大的价值;同时,绩效管理也是员工职业素养提升的重要途径。通过绩效管理,员工可以明确自己的职业定位和发展方向,了解自己在工作中的优点和不足,有针对性地提升自己的专业技能、知识水平、团队合作精神和沟通能力等职业素养。这些提升不仅有助于员工个人职业发展,还能够为企业带来更高效的团队和更优秀的业绩。因此,绩效管理与企业的发展和员工职业素养提升之间存在着相互促进的关系。

企业需要不断完善绩效管理制度,激发员工的动力和创造力,推动企业的持续发展;同时,员工也需要积极参与绩效管理,不断提升自己的职业素养,为个人职业发展奠定坚实的基础。

配套学习资源

省级在线精品课程"数字化管理会计"——绩效管理

项目七
绩效管理

171

知识图谱

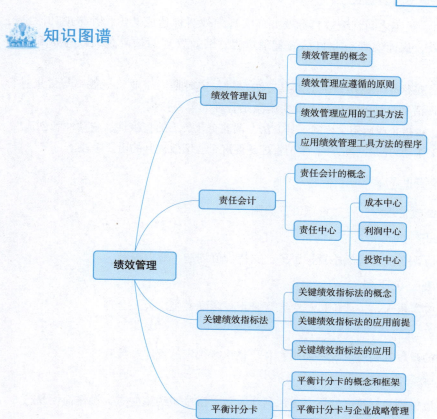

任务1　绩效管理认知

任务导入

认知绩效管理的基本概念和理论，理解绩效管理的工具方法和应用程序；以"华龙公司"为例，根据财务和客户维度的相关指标，确定业绩评价指标并计算业绩指标值。

【在线课7-1】
绩效管理

任务分析

随着公司发展壮大，为提升企业价值，华龙公司开始实施绩效管理，并采用关键绩效指标法和平衡计分卡相结合的工具方法展开绩效管理。公司决定先从财务和客户的维度展开绩效管理工作，待时机成熟后，再从财务、客户、内部业务流程、学习与成长4个维度实施全面的绩效管理。那么，绩效管理都有哪些工作内容，又有哪些工具方法呢？

任务实施

一、绩效管理的概念

《管理会计应用指引第600号——绩效管理》第二条指出：绩效管理，是指企业与所属单位（部门）、员工之间就绩效目标及如何实现绩效目标达成共识，并帮助和激励员工取得优异绩效，从而实现企业目标的管理过程。绩效管理的核心是绩效评价和激励管理。

绩效评价，是指企业运用系统的工具方法，对一定时期内企业营运效率与效果进行综合评判的管理活动。绩效评价是企业实施激励管理的重要依据。

激励管理，是指企业运用系统的工具方法，调动企业员工的积极性、主动性和创造性，激发企业员工工作动力的管理活动。激励管理是促进企业绩效提升的重要手段。

二、绩效管理应遵循的原则

企业进行绩效管理时，一般遵循以下原则。

（一）战略导向原则

绩效管理应为企业实现战略目标服务，支持价值创造、能力提升。

（二）客观公正原则

绩效管理应实事求是，评价过程应客观公正，激励实施应公平合理。

（三）规范统一原则

绩效管理的政策和制度应统一明确，并严格执行规定的程序和流程。

（四）科学有效原则

绩效管理应做到目标符合实际，方法科学有效，激励与约束并重，操作简便易行。

三、绩效管理应用的工具方法

绩效管理领域应用的管理会计工具方法一般包括关键绩效指标法、经济增加值法、平衡计分卡、股权激励等。企业可根据自身战略目标、业务特点和管理需要，结合不同工具方法的特征及适用范围，可以选择一种适合的绩效管理工具方法单独使用，也可以选择两种或两种以上的工具方法综合运用。

四、应用绩效管理工具方法的程序

企业一般按照制订绩效计划与激励计划、执行绩效计划与激励计划、实施绩效评价与激励、编制绩效评价与激励管理报告的程序应用绩效管理工具方法。

【知识链接7-1】
企业应用绩效
管理工具的程序

【任务实例7-1】

华龙公司根据财务和客户维度的相关指标，确定业绩评价指标为销售增长率、总资产周转率、新客户数量增长率、客户满意度和经销商满意度。根据上述指标，华龙公司借鉴绩效管理优秀案例，设计该公司评价量化等级表和绩效指标功效系数表，见表7-1和表7-2。华龙公司确定绩效目标为销售增长率、总资产周转率、客户满意度和经销商满意度达到良好，新客户数量增长率达到合格。经过绩效管理，华龙公司上述评价指标的实际值均达标，其中，销售增长率、总资产周转率、客户满意度和经销商满意度实际值达到18%，新客户数量增长率达到14%。

表 7-1 华龙公司评价量化等级表

比较情况	比较结果	量化
两个指标同等重要	同等重要	1
根据经验一个指标比另一个指标略微重要	略微重要	3
根据经验一个指标比另一个指标更为重要	更为重要	5
事实证明一个指标比另一个指标更为重要	确实重要	7
理论经验与事实均表明一个指标比另外的指标明显重要	绝对重要	9
两个指标的情况介于上述相邻的情况之间，并需要折中	取中间值	2，4，6，8

表 7-2 华龙公司绩效指标功效系数表

等级	优秀	良好	合格	较低	较差
标准值	20%	15%	12%	8%	5%
标准系数	1.0	0.8	0.6	0.4	0.2

任务具体实施过程如下。

（1）利用层次分析法，对上述 5 项指标进行两两比较，确定华龙公司各项指标权重。华龙公司根据表 7-1 评价量化等级表中列示的重要程度将销售增长率、总资产周转率、新客户数量增长率、客户满意度和经销商满意度 5 个指标分别标注为 A、B、C、D、E 后进行两两比较，并将结果填入表 7-3 中。

表 7-3 比较结果表

指标	A	B	C	D	E	权重
A	1	1/2	1/3	1/3	1/5	0.07
B	2	1	1/4	1/4	1/4	0.08
C	3	4	1	1	7	0.38
D	3	4	1	1	1	0.25
E	5	4	1/7	1	1	0.22
合计	14	13.5	2.73	3.58	9.45	1

（2）确定华龙公司的绩效目标值。

根据华龙公司的绩效目标和以往华龙公司的业绩标准，确定华龙公司的绩效目标值如下：销售增长率和总资产周转率的评价标准值为 15%，新客户数量增长率为 12%，客户满意度和经销商满意度为 15%。

（3）利用功效系数法，计算各个指标的得分。

华龙公司销售增长率、总资产周转率、客户满意度和经销商满意度指标的实际值均为 18%，介于 15%~20%。新客户数量增长率达到 14%，介于 12%~15%。

① 计算销售增长率的指标得分。

$$功效系数=(实际值-本档标准值)/(上档标准值-本档标准值)$$
$$=(18\%-15\%)/(20\%-15\%)$$
$$=60\%$$
$$本档基础分=指标权重×本档标准系数×100=0.07×0.8×100=5.6$$
$$上档基础分=指标权重×上档标准系数×100=0.07×1.0×100=7$$
$$调整分=功效系数×(上档基础分-本档基础分)$$
$$=60\%×(7-5.6)=0.84$$
$$销售增长率指标得分=本档基础分+调整分$$
$$=5.6+0.84$$
$$=6.44$$

② 根据上述思路,依次计算下列指标得分。

$$总资产周转率指标得分=[0.08×0.8+(18\%-15\%)/(20\%-15\%)×$$
$$(0.08×1-0.08×0.8)]×100$$
$$=7.36$$

$$新客户数量增长率指标得分=[0.38×0.6+(14\%-12\%)/(15\%-12\%)×$$
$$(0.08×0.8-0.08×0.6)]×100$$
$$≈23.87$$

$$客户满意度指标得分=[0.25×0.8+(18\%-15\%)/(20\%-15\%)×$$
$$(0.25×1-0.25×0.8)]×100$$
$$=23$$

$$经销商满意度指标得分=[0.22×0.8+(18\%-15\%)/(20\%-15\%)×$$
$$(0.22×1-0.22×0.8)]×100$$
$$=20.24$$

(4) 计算华龙公司业绩指标总得分。

$$业绩指标总得分=\sum 单项指标得分=6.44+7.36+23.87+23+20.24=80.91$$

【知识链接7-2】
绩效管理的
应用环境

价值引领

实施绩效管理　激发员工潜能

华为作为全球领先的通信技术解决方案供应商,其成功不仅来源于技术的创新,更在于其有效的绩效管理体系和持续的员工成长机制。华为始终坚持绩效目标确定的科学性、客观公正的评价原则、责任会计的职能落实,以及平衡计分卡中对"学习与成长维度"的重视,从而实现了企业绩效与员工个人成长的双赢。在每年的战略规划中,华为都会明确公司的整体绩效目标,并根据各部门、各岗位的实际情况,分解具体的绩效指标。这些指标既体现了公司的战略目标,又符合员工的实际工作能力,确保了目标的可达成性。同时,华为强调结果导向,鼓励员工用结果说话,以绩效论英雄,从而培养了员工的问题导向、结果导向和目标导向意识。

启示：科学的绩效管理体系是企业成功的关键。企业应建立符合实际、科学有效的绩效管理体系，明确绩效目标，确保评价的客观公正，激发员工的积极性和创造力。员工成长是企业发展的重要支撑，企业应关注员工的成长和发展，提供必要的培训和发展机会，帮助员工提升自身素质和能力，实现个人价值和企业价值的双赢、绩效管理与员工成长相互促进。通过科学的绩效管理和员工成长机制，企业可以激发员工的潜能和创造力，推动企业的创新和发展；同时，员工的成长和发展也可以为企业的长远发展提供有力的人才保障。

任务拓展

（一）实训目标
能够进行绩效评价。

（二）实训资料
某公司设计 A、B、C、D 四项绩效指标，其相关资料见表 7-4，请用功效系数法计算该公司绩效得分。

表 7-4　某公司绩效指标情况

项目	权重	指标实际值	本档标准值	上档标准值	本档标准系数	上档标准系数
A	0.25	4.23	2.7	8.0	0.6	0.8
B	0.35	4.7	2.4	5.3	0.6	0.8
C	0.12	2.38	0.9	0.9	1.0	1.0
D	0.28	4.23	1.3	1.3	1.0	1.0

（三）实训要求
根据以上资料，计算该公司绩效得分。
（扫描二维码查看答案。）

【任务拓展】
参考答案

任务小结

本任务介绍了企业绩效管理的概念和绩效管理应用的工具方法，讨论了企业绩效管理所需的环境，以及绩效计划和奖励计划的制订、实施与管理，并以实例的形式展示企业绩效管理如何具体开展，明确了绩效管理在企业管理和个人职业发展中的重要作用。

任务2　责任会计

任务导入

对华龙公司内部划分责任中心，并完成以下任务，见表 7-5。

【在线课 7-2】
责任会计

表 7-5 责任中心

维度	类别	指标	特点
成本中心	标准成本中心		
	费用中心		
利润中心	自然利润中心		
	人为利润中心		
投资中心			

任务分析

公司实行分权管理体制，必须建立和健全有效的业绩评价和考核制度。公司整体的业绩目标，需要落实到内部各部门和经营单位，成为内部单位业绩评价的依据。根据内部单位职责范围和权限大小，可以将其分为成本中心、利润中心和投资中心。

任务实施

一、责任会计的概念

责任会计是指企业内部按各部门所承担的经济责任将其划分为若干不同种类、不同层次的责任中心，并为责任中心编制责任预算，确定责任目标，对其工作业绩进行核算、控制、分析、考核的内部控制制度。责任会计的对象是责任中心而不是产品，强调对责任中心进行事前、事中、事后的全过程管理。企业实行责任会计，需要在传统的会计系统之外，建立一套针对责任中心的会计确认、计量、记录和报告系统。

责任会计主体就是企业内部的各个责任中心。责任会计主体与财务会计主体不同，财务会计主体可以是一个企业，也可以是一个由若干个企业通过控股关系组织起来的集团公司，是按照正确处理企业与所有者关系的要求设立的。责任会计是企业内部控制会计，是企业内部的一项管理工作，要求其明确企业内部各个责任中心的责任归属，正确处理企业内部各个责任中心之间及各个责任中心与企业之间的经济关系。因此，各个责任中心应成为相对独立的内部核算单位，分别反映各自在生产经营活动中的耗费及工作成果。

二、责任中心

责任中心是指承担一定经济责任，并拥有相应管理权限和享受相应利益的企业内部责任单位的统称。它是企业内部责权利相结合的基本责任单位，是责任会计的主体。

【知识链接 7-3】
责任中心特征

责任中心按照控制范围来划分，一般分为成本中心、利润中心和投资中心。

（一）成本中心

1. 成本中心的划分

一个责任中心，如果不形成或者不考核其收入，而着重考核其发生的成本和费用，这类中心称为成本中心。

2. 成本中心的特点

没有收入，或者有少量收入，收入不是主要的考核内容。任何发生成本的责任领域，都可以确定为成本中心，大的成本中心可能是一个分公司、分厂，小的成本中心可能是车间、工段、班组。

3. 成本中心的类型

（1）标准成本中心（standard cost center，SCC）。标准成本中心必须是所生产的产品稳定明确，并且已经知道单位产品所需要投入量的责任中心。典型代表是制造业工厂、车间、工段、班组等。

标准成本中心的基本特点：①产出能够计量；②投入与产出之间存在函数关系。总体来看，标准成本中心就是能够对其制定标准成本的责任中心。

（2）费用中心（expense center，EC）。费用中心适用于那些产出物不能用财务指标来衡量，或者投入和产出之间没有密切关系的单位。

费用中心的基本特点：①产出不能使用财务指标衡量；②投入与产出之间的关系不密切。费用中心一般包括行政管理部门和研究开发部门等。

【任务实例7-2】

下列各项中，适合建立标准成本中心的单位或部门是（　　）。

A. 行政管理部门　　　　B. 医院放射科
C. 企业研究开发部门　　D. 企业广告宣传部门

解析：标准成本中心必须发生重复性的活动，而且这种活动能够计量产出的实际数量，并且能够说明投入与产出之间的函数关系，在本题选项中，只有医院放射科满足这一条件，因此本题答案为B。

（3）成本中心的考核指标。成本中心的考核指标包括责任成本的变动额和变动率两种指标，其计算公式为

$$责任成本的变动额 = 实际责任成本 - 预算责任成本$$

$$责任成本的变动率 = 责任成本变动额 / 预算责任成本 \times 100\%$$

在对成本中心进行考核时，如果预算产量与实际产量不一致，应注意按弹性预算的方法先行调整预算指标，再按上述指标计算。

【任务实例7-3】

某公司第一车间是一个成本中心，只生产甲产品。其预算产量为3 000件，单位标准材料成本为100元/件，即10元/kg×10 kg/件；实际产量为3 500件，实际单位材料成本为96元/件，即12元/kg×8 kg/件。假定其他成本忽略不计。要求计算该成本中心消耗的直接材料责任成本的变动额和变动率，分析并评价该成本中心的成本控制情况。

解析：责任成本的变动额 = 96×3 500 - 100×3 500 = -14 000（元）

责任成本的变动率 = -14 000 / (100×3 500) ×100% = -4%

计算结果表明，该成本中心的成本降低额为14 000元，降低率为4%。其原因分析如下：

由于材料价格上升对成本的影响：(12-10)×8×3 500 = 56 000（元）

由于材料用量降低对成本的影响：10×(8×3 500 - 10×3 500) = -70 000（元）

该成本中心的直接材料成本节约了14 000元。

原因分析与评价：

（1）由于材料采购价格上升使成本超支56 000元，这属于第一车间的不可控成本，应将此超支责任由车间转出，转由采购部门承担。

（2）由于材料用量降低使得成本节约了70 000元，属于该中心取得的成绩。

4. 责任成本

责任成本是以具体的责任单位（部门、单位或个人）为对象，以其承担责任为范围所归集的成本，也就是特定责任中心的全部可控成本。

可控成本是指在特定时期内、特定责任中心能够直接控制其发生的成本。所谓可控成本，通常应符合以下三个条件：①成本中心有办法知道将发生的耗费的性质；②成本中心有办法计量它的耗费；③成本中心有办法控制并协调它的耗费。凡不符合上述三个条件的，即为不可控成本。可控成本总是针对特定责任中心，一项成本对某个责任中心来说是可控的，对另外的责任中心者来说是不可控的。例如，耗用材料的进货成本，采购部门可以控制，使用单位的生产部门不可控制。

（二）利润中心

1. 利润中心的概念

一个责任中心如果能同时控制生产和销售，即既对成本负责，又对收入负责，但没有责任或权力决定该中心资产投资的水平，只能根据其利润的多少来评价该中心的业绩，那么该中心称为利润中心。

并不是可以计量利润的组织单位都是真正意义上的利润中心。从根本目的上看，利润中心是指管理人员有权对其供货来源和市场选择进行决策的单位。

2. 利润中心的类型

（1）自然利润中心（natural profit center，NPC）是指直接向企业外部出售产品，在市场上进行购销业务的利润中心。

（2）人为利润中心（artificial profit center，APC）是指主要在企业内部按照内部转移价格出售产品的利润中心。

3. 利润中心的考核指标

在评价利润中心业绩时，至少有三种选择，即边际贡献、部门可控边际贡献、部门税前经营利润（营业利润）。

（1）边际贡献。

$$边际贡献 = 销售收入 - 销货成本 - 变动费用$$

以边际贡献作为业绩评价依据不够全面，因为部门经理可以控制某些固定成本，并且在固定成本和变动成本的划分上有一定的选择余地，所以，业绩评价至少应包括可控制的固定成本。

（2）部门可控边际贡献。

$$部门可控边际贡献 = 边际贡献 - 可控固定成本$$

以部门可控边际贡献作为业绩评价依据可能是最好的方式，它反映了部门经理在其权限和控制范围内有效使用资源的能力。

（3）部门税前经营利润。

$$部门税前经营利润 = 部门可控边际贡献 - 不可控固定成本$$

以部门税前经营利润作为业绩评价依据，可能更适合评价该部门对企业利润和管理费用的贡献，但不适合对部门经理的评价。

尽管利润指标具有综合性，但仍然需要一些非货币的衡量方法作为补充，如生产率、市场地位、产品质量、职工态度、社会责任、短期目标与长期目标的平衡等。

【任务实例7-4】

某公司一个生产部门的有关数据见表7-6。

表7-6 某公司生产部门数据   单位：元

项目	成本费用	收益	说明
销售收入		10 000	
减：销货成本	5 000		
变动费用			
1. 边际贡献		5 000	业绩评价依据不够全面，至少应包括可控固定成本
减：可控固定成本	1 000		
2. 部门边际贡献		4 000	适合评价部门经理业绩
减：可控固定成本	1 500		
3. 部门税前经营利润		2 500	适合评价该部门对公司利润和管理费用的贡献

（三）投资中心

能够熟练并准确计算投资中心的相关指标。能够根据实际业务内容选择合理的投资中心指标。

1. 投资中心的概念

投资中心是指某些分散经营的单位或部门，其经理所拥有的自主权不仅包括制定价格、确定产品和生产方法等短期经营决策权，还包括决定投资规模和投资类型等投资决策权。

2. 投资中心的主要考核指标

（1）部门投资报酬率（return on investment，RI）。

部门投资报酬率＝部门营业利润/部门平均总资产

【任务实例7-5】

某公司A和B两个部门的有关数据见表7-7。

表7-7 A、B部门数据   单位：元

项目	A部门	B部门
部门营业利润	108 000	90 000
平均总资产	900 000	600 000

【知识链接7-4】
部门投资报酬率及剩余收益评价投资中心的优缺点

公司要求的税前投资报酬率为11%。
要求如下。
① 计算A、B部门各自的投资报酬率。
解析：A部门投资报酬率＝108 000/900 000＝12%
B部门投资报酬率＝90 000/600 000＝15%
② 假设B部门经理面临一个投资税前报酬率为13%的投资机会，投资额为100 000元，每年的营业利润为13 000元。如果该公司采用投资报酬率作为业绩评价标准，B部门经理是否会采纳该投资方案？从公司角度进行决策，应否采纳该投资方案？

解析：采纳后的投资报酬率=(90 000+13 000)/(600 000+100 000)=14.71%

由于投资报酬率下降，因此，B部门经理不会采纳该投资方案。

由于该项投资的投资报酬率高于公司要求的报酬率，因此从公司角度进行决策应采纳该投资方案。

③ 假设B部门面临一个减资方案（资产价值为50 000元，每年税前获利6 500元，税前投资报酬率13%）。如果该公司采用投资报酬率作为业绩评价标准，B部门经理是否会采纳该减资方案？从公司角度进行决策，应否采纳该减资方案？

解析：采纳后的投资报酬率=(90 000-6 500)/(600 000-50 000)=15.18%

由于投资报酬率提高，因此，B部门经理会采纳该减资方案。

由于该资产报酬率高于公司要求的投资报酬率，因此从公司角度进行决策应采纳该减资方案。

(2) 剩余收益（residual income）。

剩余收益=部门营业利润-部门平均总资产×要求的报酬率

【任务实例7-6】

某公司A和B两个部门的有关数据见表7-8。

表7-8

项目	A部门	B部门
部门营业利润	108 000	90 000
平均总资产	900 000	600 000

假设A部门要求的税前报酬率为10%，B部门为12%。

要求如下。

① 计算A、B部门各自的剩余收益。

解析：A部门剩余收益=108 000-900 000×10%=18 000（元）

B部门剩余收益=90 000-600 000×12%=18 000（元）

② 假设B部门经理面临一个投资方案（投资额100 000元，每年部门税前经营利润13 000元，税前报酬率为13%）。如果该公司采用剩余收益作为业绩评价标准，B部门经理是否会采纳该投资方案？

解析：采纳投资方案后的剩余收益=(90 000+13 000)-(600 000+100 000)×12%
=19 000（元）

由于剩余收益增加，因此，B部门经理会采纳该投资方案。

③ 假设B部门面临一减资方案（资产价值为50 000元，每年税前获利为6 500元，投资税前报酬率13%）。如果该公司采用剩余收益作为业绩评价标准，B部门经理是否会采纳该减资方案？

解析：采纳减资方案后的剩余收益=(90 000-6 500)-(600 000-50 000)×12%
=17 500（元）

由于剩余收益减少，因此B部门经理会放弃该减资方案。

任务拓展

（一）实训目标

能够根据责任中心的相关指标进行分析评价。

（二）实训资料

资料 1：已知某集团公司下设多个投资中心，有关数据见表 7-9。

表 7-9 投资中心数据

指标	A 投资中心	B 投资中心	C 投资中心
部门税前经营利润/万元	10 400	15 800	8 450
部门所有者权益/万元	94 500	145 000	75 500
规定税前投资报酬率	10%	9%	11%

资料 2：D 利润中心营业收入为 52 000 元，变动成本总额为 25 000 元，利润中心负责人可控的固定成本为 15 000 元，利润中心负责人不可控但应由该中心负担的固定成本为 6 000 元。

资料 3：E 利润中心的边际贡献为 80 000 元，可控边际贡献为 60 000 元，税前经营利润为 45 000 元。

（三）实训要求

(1) 根据资料 1 分别计算各个投资中心的下列指标。

① 投资报酬率，并据此评价各投资中心的业绩。

② 剩余收益，并据此评价各投资中心的业绩。

(2) 根据资料 2 计算 D 利润中心的边际贡献总额、可控边际贡献和税前经营利润。

(3) 根据资料 3 计算 E 利润中心负责人的可控固定成本以及不可控但应由该利润中心负担的固定成本。

（扫描二维码查看答案。）

任务小结

本任务主要介绍了责任会计的含义以及责任中心的确定，其中包括成本中心、利润中心和投资中心的概念、类型以及考核指标。为学生能够正确地理解不同的绩效管理考评方法打好基础。

任务 3　关键绩效指标法

任务导入

对华龙公司下属子公司 A 公司采用关键绩效指标法进行绩效评价。

任务分析

在选择各部门关键绩效指标时，运用鱼骨图对企业的关键成功要素进行分析，确定该公司的关键成功要素一共有 4 项：市场领先、客户服务、利润增长和组织建设（见图 7-1）。

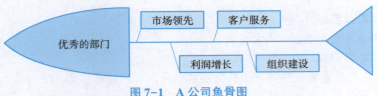

图 7-1　A 公司鱼骨图

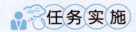 任务实施

一、关键绩效指标法的概念

【在线课 7-4】
关键绩效指标法

关键绩效指标法（key performance indicator，KPI）是指基于企业战略目标，通过建立关键绩效指标体系，将价值创造活动与战略规划目标进行有效联系，并据此进行绩效管理的方法。关键绩效指标是对企业绩效产生关键影响力的指标，是通过分析企业战略目标、关键成果领域的绩效特征，识别和提炼出的最能有效驱动企业价值创造的指标。关键绩效指标法既可以单独使用，也可以与经济增加值法、平衡计分卡等其他方法结合使用。关键绩效指标法的应用对象可以是企业，也可以是企业所属的单位（部门）和员工。

二、关键绩效指标法的应用前提

企业在应用关键绩效指标法时，应综合考虑绩效、评价期间的宏观经济政策、外部市场环境、内部管理需要等因素，构建指标体系。企业应有明确的战略目标，战略目标是确定关键绩效指标体系的基础，而关键绩效指标又反映战略目标，对战略目标的实施效果进行衡量和监控；企业应清晰识别价值创造模式，按照价值创造路径识别出关键驱动因素，科学地选择和设置关键绩效指标。

三、关键绩效指标法的应用

企业应用关键绩效指标法一般包括制订以关键绩效指标为核心的绩效计划，制订激励计划，执行绩效计划与激励计划，实施绩效评价与激励，编制绩效评价报告与激励管理报告等。其中，关键绩效指标法与其他业绩评价方法的主要不同是制订和实施以关键绩效指标为核心的绩效计划。

【知识链接 7-5】
制订绩效计划的程序

【任务实例 7-7】

A 公司对于业绩评价工作非常重视，决定采用关键绩效指标法进行绩效管理，现要对 A 公司分部门进行考核。具体任务实施过程如下。

（1）KPI 要素分析。

根据 A 公司关键成功要素，进行 KPI 要素分析，见表 7-10。

（2）根据 KPI 要素分析，选择 KPI 指标，建立 KPI 指标体系。

进一步细化要素后，设计和选择 KPI 指标，选择指标的时候要遵循 SMART 原则，汇总形成 A 公司 KPI 指标体系，见表 7-11。

表 7-10 关键成功要素分析

KPI 维度	KPI 要素
市场领先	市场竞争力
	市场拓展力
	品牌影响力
客户服务	客户满意度
	客户资源管理
利润增长	应收账款
	费用控制
	净利润
组织建设	人员
	纪律
	文化

表 7-11 A 公司 KPI 指标体系

KPI 维度	KPI 要素	KPI 指标
市场领先	市场竞争力	当期接待团次
		当期接待人次
		当期营业收入
	市场拓展力	新客户数量
		新业务营业增长率
	品牌影响力	市场宣传的有效性
客户服务	客户满意度	客户对品牌认知度
		客户投诉数量
	客户资源管理	客户档案管理
利润增长	应收账款	回款速度、期限
	费用控制	坏账数量
		办公费用
	净利润	业务招待费
		净利润目标达成率
组织建设	人员	骨干人才离职率
		干部输出数量
	纪律	总公司政策执行情况
	文化	员工综合满意指数

【任务实例 7-8】

（多选）以下对关键绩效指标法的表述中，正确的有（　　）。

A．评价指标相对较多，实施成本较高

B．构建关键绩效指标体系时，应该分层次建立体系

【知识链接 7-6】
评价关键绩
效指标法

C. 关键绩效指标类别一般包括结果类、动因类和效率类
D. 关键指标的选取需要深入理解企业价值创造模式和战略目标

解析：关键绩效指标法的评价指标相对较少，实施成本较低，因此选项 A 的说法不正确；关键绩效指标类别一般包括结果类和动因类，因此选项 C 的说法不正确，本题答案为 BD。

任务拓展

【任务拓展】
参考答案

（1）企业应用关键绩效指标法，一般包括如下程序：_____、_____、_____、_____、_____、_____等。

（2）制订绩效计划的核心环节包括_____、_____、_____等。

（扫描二维码查看答案。）

任务小结

本任务介绍了关键绩效指标法的含义及应用，为平衡计分卡的构建奠定了基础。

任务 4 平衡计分卡

【能力拓展】
经济增加值法

任务导入

对华龙公司采用平衡计分卡进行绩效评价。

任务分析

平衡计分卡在基于企业战略的基础上，从 4 个维度将战略目标转化成关键绩效指标。

【在线课 7-5】
平衡计分卡

任务实施

一、平衡计分卡的概念和框架

平衡计分卡（balanced score card，BSC），是指基于企业战略，从财务、客户、内部业务流程、学习与成长 4 个维度，将战略目标逐层分解转化为具体的、相互平衡的绩效指标体系，并据此进行绩效管理的方法。平衡计分卡通过将财务指标与非财务指标相结合，将企业的业绩评价同企业战略发展联系起来，设计出了一套能使企业高管迅速且全面了解企业经营状况的指标体系，用来表达企业进行战略性发展所必须达到的目标，把任务和决策转化成目标和指标。设计平衡计分卡的目的就是要建立"实现战略制导"的绩效管理系统，从而保证企业战略得到有效的执行。因此，人们通常称平衡计分卡是加强企业战略执行力最有效的战略管理工具。

平衡计分卡包括 4 个维度，见表 7-12。

表 7-12　平衡计分卡的 4 个维度

维度	含义	内容
财务维度	股东如何看待我们	投资报酬率、权益净利率、经济增加值、息税前利润、自由现金流量、资产负债率、总资产周转率等
顾客维度	顾客如何看待我们	市场份额、客户满意度、客户获得率、客户保持率、客户获利率、战略客户数量等
内部业务流程维度	我们的优势是什么	交货及时率、生产负荷率、产品合格率、存货周转率、单位生产成本等
学习和成长维度	我们是否能继续提高并创造价值	新产品开发周期、员工满意度、员工保持率、员工生产率、培训计划完成率等

平衡计分卡特别强调战略背后的因果关系，借助客户维度、内部运营维度、学习与成长维度评估指标的完成达到最终的财务目标。平衡计分卡 4 个维度之间的关系如图 7-2 所示。

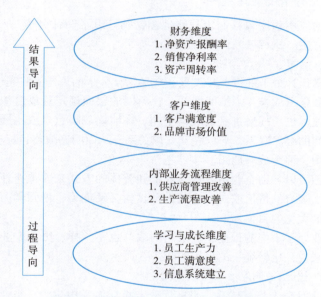

图 7-2　平衡计分卡 4 个维度之间的关系

二、平衡计分卡与企业战略管理

战略管理是企业管理的高级阶段，通过立足于企业的长远发展，根据外部环境及自身特点，围绕战略目标，采取独特的竞争战略，以取得竞争优势。平衡计分卡突破了传统业绩评价系统的局限性，在战略高度评价企业的经营业绩，将一整套财务与非财务指标同企业的战略联系在一起，是进行战略管理的基础。建立平衡计分卡，明确企业的愿景目标，就能协助管理人员建立一个得到大家广泛认同的愿景和战略，并将这些愿景和战略转化为一系列相互联系的衡量指标，从而确保企业各个层面了解战略，使各级部门采取有利于实现愿景和战略的行动，将部门和个人目标同长期战略相联系。

【知识链接 7-7】平衡计分卡中如何"平衡"

（一）平衡计分卡和战略管理的关系

（1）战略规划中所制定的目标是平衡计分卡考核的一个基准。

(2) 平衡计分卡是一个有效的战略执行系统。

(二) 平衡计分卡的要求

为了使平衡计分卡同企业战略更好地结合，必须做到以下几点。

(1) 平衡计分卡的 4 个维度应互为因果，最终结果是实现企业的战略；平衡计分卡不能仅是业绩衡量指标的结合，各个指标之间应互相联系、互相补充，围绕企业战略所建立的因果关系链，应当贯穿于平衡计分卡的 4 个维度。

(2) 平衡计分卡中不能只有具体的业绩衡量指标，还应包括这些业绩衡量指标的驱动因素。

(3) 平衡计分卡应该最终和财务指标联系起来，因为企业的最终目标是实现良好的经济利润。

三、平衡计分卡的应用

(一) 平衡计分卡的应用程序

平衡计分卡的应用程序包括制定战略地图，制订以平衡计分卡为核心的绩效计划，制定战略性行动方案、执行绩效计划与激励计划等。

【在线课 7-6】
平衡计分卡应用

1. 制定战略地图

战略地图是平衡计分卡的进一步发展，在平衡计分卡的思想上将组织战略通过财务、客户、内部运营和学习成长 4 个维度展开，在不同的层面确定达成组织战略所必备的关键驱动因素，往往称之为战略重点或战略主题。在明确战略重点或主题的同时，建立各个重点或主题之间的必然联系，形成相互支撑关系，从而明确战略目标达成的因果关系，将其绘制成一张图，称为战略地图。

战略管理地图可以帮助企业用连贯、系统和整体的方式来看待企业的战略，有助于企业更精准地定义客户的价值取向，增进内部运营活动能力，增强学习与成长能力，最终达到股东价值最大化的目标。

由于不同企业处于不同的行业，所采用的战略也不一样，因此企业的战略管理地图千差万别。总体来说，比较统一的模板如图 7-3 所示。

2. 编制以平衡计分卡为核心的绩效计划

(1) 构建平衡计分卡指标体系。平衡计分卡指标体系构建时，企业应以财务维度为核心，其他维度的指标与核心维度的一个或多个指标相联系。通过梳理核心维度目标的实现过程，确定每个维度的关键驱动因素，结合战略主题，选取关键绩效指标。

① 财务维度指标体系的构建。财务维度通过使用财务术语描述战略目标的有形成果。

② 客户维度指标体系的构建。客户维度界定了目标客户的价值主张，确立了企业将竞争的客户和市场。企业应以目标客户和目标市场为导向，专注于满足核心客户，而不是企图满足所有客户的偏好。在此基础上，树立清晰的战略目标，并将这些战略目标细化为具体的指标。

③ 内部运营维度指标体系的构建。内部运营维度确定了对战略目标产生影响的关键流程，帮助企业提供价值主张，以吸引和留住目标市场的客户，并满足股东对卓越财务回报的期望。内部运营维度绩效考核应以对实现财务目标和客户满意度影响最大的业务流程为核心。内部运营维度指标既包括短期现有业务的改善，又涉及长期产品和服务的革新。

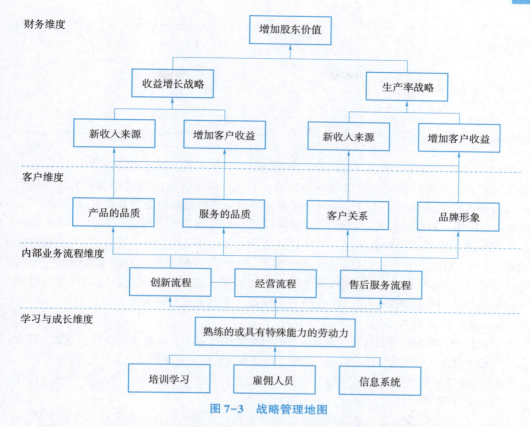

图 7-3　战略管理地图

④ 学习与成长维度指标体系的构建。学习与成长维度是驱使前三个维度获得卓越成果的动力，其确定了对战略来说最重要的无形资产，确立了企业为了持续的成长和改善而必须建立的基础框架，确立了未来成功的关键因素。平衡计分卡的前三个维度一般会揭示企业企业的实际能力与实现突破性业绩所必需的能力之间的差距，为了弥补这个差距，企业必须投资于员工技术、组织程序和日常工作，这些都是平衡计分卡学习与成长维度所追求的目标。学习与成长维度指标涉及员工的能力、信息系统的能力与激励、授权与相互配合等。

（2）确定平衡计分卡指标权重。平衡计分卡指标的权重分配应以战略目标为导向，反映被评价对象对企业战略目标贡献或支持的程度，以及各指标之间的重要性水平。企业绩效指标权重一般设定在 5%～30%，对特别重要的指标可适当提高权重。对特别关键、影响企业整体价值的指标可设立"一票否决"制度，即如果某项绩效指标未完成，无论其他指标是否完成，均视为未完成绩效目标。

【任务实例 7-9】

某酒店的平衡计分卡指标按照重要性和可控性原则由高级管理人员打分并排序，将排名前七的指标作为公司绩效考核指标并赋予相应的权重，见表 7-13。

表 7-13　考核的关键绩效指标及权重

序号	指标	权重
1	餐饮、"康乐计划"完成率 100%	30%
2	提高酒店净资产收益率至 1.8%	25%
3	引用国际通用的服务质量测评问卷	15%

续表

序号	指标	权重
4	引进"本土国际化人才"4名	10%
5	核心员工流失率控制在10%以内	10%
6	直销和会员体系营业收入分别达到总收入的10%和15%	5%
7	酒店员工培训时长达到人均20日/年,培训一次通过率90%	5%
	合计	100%

(3) 确定平衡计分卡绩效目标值。平衡计分卡绩效目标值应根据战略地图的因果关系分别设置。首先,确定战略主题的目标值;其次,确定主题内的目标值;最后,基于平衡计分卡评价指标与战略目标的对应关系,为每个评价指标设定目标值,通常设计3~5年的目标值。目标值应具有挑战性和可实现性,可设定基本目标值、挑战目标值等类似目标层级,激发评价对象潜能,并得到被评价对象的普遍认同。平衡计分卡绩效目标值确定后,应规定因内外部环境发生重大变化、自然灾害等不可抗力因素对绩效完成结果产生重大影响时,对目标值进行调整的办法和程序。在一般情况下,应由被评价对象或评价主体测算确定影响程度,报薪酬与考核委员会或类似机构审批。

3. 制定战略性行动方案

绩效计划与激励计划制订后,企业应在战略主题的基础上,制定战略性行动方案,实现短期行动计划与长期战略目标的协同。战略性行动方案的制定主要有以下几方面内容。

(1) 选择战略性行动方案。制定每个战略主题的多个行动方案,并从中区分、排序和选择最优的战略性行动方案。

(2) 提供战略性资金。建立战略性支出的预算,为战略性行动方案提供资金支持。

(3) 建立责任制。明确战略性行动方案的执行责任方,定期回顾战略性行动方案的执行进程和效果。

4. 制订绩效计划与激励计划

绩效计划与激励计划执行过程中,企业应按照纵向一致、横向协调的原则,持续地推进组织协同,将协同作为一个重要的流程进行管理,使企业和员工的目标、职责与行动保持一致,创造协同效应。

绩效计划与激励计划执行过程中,企业应持续深入地开展流程管理,及时识别存在问题的关键流程,根据需要对流程进行优化完善,必要时进行流程再造,将流程改进计划与战略目标相协同。

绩效计划与激励计划的执行、实施及编制报告参照《管理会计应用指引第600号——绩效管理》。

平衡计分卡的实施是一项长期的管理改善工作,在实践中通常采用先试点后推广的方式,循序渐进,分步实施。

(二) 平衡计分卡的应用示例

华龙公司采用平衡计分卡等绩效管理工具方法实施绩效管理,经过一年的绩效管理,企业经营状况良好,相关内容如下。

1. 平衡计分卡绩效指标体系

(1) 财务层面。财务层面指标体系通过提升现有产品的销售收入和提高现有资产的利用率来构建,具体指标依次为销售增长率、总资产周转率。

(2) 客户层面。客户层面指标体系通过保持客户、开发新客户、提供优质产品使客户满意、帮助经销商提升经营能力来构建，具体指标依次为客户保持率、新客户数量增长率、客户满意度、经销商满意度。

（3）内部业务流程层面。内部业务流程层面指标体系通过推出新产品、加强存货管理、消除质量隐患、创建高度忠诚的客户、加强订单实现管理、提高环境绩效、做好安全生产来构建，具体指标依次为新品推出数量、存货周转率、产品合格率、重点客户拜访率、交货及时率、环保达标率、事故次数。

（4）学习与成长层面。学习与成长层面指标体系通过提高全员劳动效率、加强培训、提高员工的技能、改善信息平台、创造和谐的环境、减少员工的流动率来构建，具体指标依次为人均营业收入、培训计划完成率、外部获取信息的满意度、员工流失率。

2. 指标权重

采用层次分析法确定各指标权重。

通过将4个维度的每个考核指标进行求和，得出综合得分，该综合得分影响"2020年准备授予员工的奖金池"。其中，每项指标得分＝单项得分×对应的指标权重（注意保留整数）。

3. 绩效目标值

平衡计分卡绩效目标值应根据战略地图的因果关系分别设置，并分开档次设置为优秀、良好、合格、较低、较差五档。

4. 计分方法

按照绩效计划收集相关信息，获取被评价对象的绩效指标实际值，对照目标值，选定功效系数法，计算评价分值，并进一步形成对被评价对象的综合评价结果。

通过查询财务部"2020年财务报表"、绩效管理岗位"管理会计报告"、财务部"2020年收入成本明细表"、行政人事部"员工基本信息"、行政人事部"离职人员统计表"的相关资料。公司现有员工90人，2020年有5位员工离职。根据管理会计信息报告环境保护情况，企业环保达标率为100%，履行社会责任情况中事故数量合计3次。通过销售部"客户拜访情况"，可以查询5位公司重点客户，分别于2020年6月份、11月份进行拜访，完成本年度重点客户拜访计划。其他相关数据见表7-14~表7-16。

表7-14 财务相关数据表

项目	2019年	2020年
营业收入/元	24 350 000.00	34 164 000.00
营业成本/元	15 132 619.00	22 140 809.00
净利润/元	4 967 948.35	5 567 040.28
总资产/元	32 183 880.16	37 840 606.14
存货/元	515 634.00	592 122.00
老客户交易额/元	19 645 800.00	26 075 860.00
新客户数量/个	10	15
新产品	0	0

表7-15 满意度调查统计表

项目	很满意	满意	不满意	合计
经销商	0	4	1	5
客户	1	22	2	25
外部获取信息	36	43	11	90

表 7-16　生产经营相关数据

项目	第一季度	第二季度	第三季度	第四季度
产品合格量/个	41 420	41 150	37 780	40 860
产品生产量/个	42 900	42 000	39 200	42 300
及时交货订单数/单	29	36	39	32
交货订单总数/单	30	38	42	34
培训执行总时数/h	25	26	26	28
培训计划总时数/h	30	30	30	30

5. 平衡计分卡指标综合得分

通过对 4 个维度的每个考核指标求和，得出综合得分。其中，每项指标得分 = 单项得分×对应的指标权重，华龙公司综合得分为 80.91 分。绩效管理评价周期为年度评价。

6. 激励计划

华龙公司针对高级管理人员、普通管理人员和其他人员设置激励计划，激励计划管理表由行政财务编制，报股东审批，激励奖金通过股东审批最终确认后，按年终奖金予以发放。通过行政人事部"激励管理制度"，可以了解到 2020 年激励计划相关公式及数据如下：

准备授予员工的奖金池 = 年度净利润×计划授予净利润比例×平衡计分卡指标综合得分/100

奖金分配标准 = 奖金池总金额/分配总系数

分配总系数 = $\sum$ 岗位总系数 = $\sum$ 岗位系数×岗位人数

岗位绩效总奖金 = 分配标准×对应岗位总系数

（注意：涉及尾差部分采用倒挤方式。）

【任务实例 7-10】

采用平衡计分卡对华龙公司实施绩效管理

（1）计算华龙公司平衡计分卡绩效指标体系的各项指标值。

① 财务维度指标体系的构建。

销售增长率 =（34 164 000 - 24 350 000）/24 350 000 ≈ 40.30%

总资产周转率 = 34 164 000/[（32 183 880.16 + 37 840 606.14）/2] ≈ 0.98（次）

② 客户维度指标体系的构建。

老客户交易增长率 =（26 075 860.00 - 19 645 800.00）/19 645 800.00 ≈ 32.73%

新客户数量增长率 =（15 - 10）/10 = 50.00%

客户满意度 =（1 + 22）/25 = 92.00%

经销商满意度 =（0 + 4）/5 = 80.00%

③ 内部业务流程维度指标体系的构建。

新产品推出数量 = 0

存货周转率 = 22 140 809/[（515 634 + 592 122）/2] ≈ 39.97（次）

产品合格率 =（41 420 + 41 150 + 37 780 + 40 860）/（42 900 + 42 000 + 39 200 + 42 300）

≈96.88%

重点客户拜访率=100%

交货及时率=(29+36+39+32)/(30+38+42+34)≈94.44%

环保达标率=100.00%

事故次数=(0+1+2)=3（次）

人均营业收入=34 164 000/90=379 600（元）

④ 学习与成长维度指标体系的构建。

培训计划完成率=(25+26+26+28)/(30+30+30+30)=87.50%

外部获取信息的满意度=(36+43)/90≈87.78%

员工流失率=(1+1+2+1)/90≈5.56%

（2）计算华龙公司授予激励奖金总额度。

准备授予员工的奖金池=年度净利润×计划授予净利润比例×平衡计分卡指标综合得分/100

准备授予员工的奖金池=5 567 040.28×8%×80.91/100≈360 343.38（元）

（3）计算华龙公司奖金分配标准。

高级管理人员岗位总系数=1.5×1=1.5

中层管理人员岗位总系数=1.2×9=10.8

普通管理人员岗位总系数=0.8×80=64

分配总系数=$\sum$岗位总系数=1.5+10.8+64=76.3

奖金分配标准=奖金池总金额/分配总系数=360 343.38/76.3≈4 722.72（元）

（4）计算华龙公司各岗位绩效总奖金。

岗位绩效总奖金=分配标准×对应岗位总系数

高级管理人员岗位绩效总奖金=4 722.72×1.5=7 084.08（元）

中层管理人员岗位绩效总奖金=4 722.72×10.8≈51 005.38（元）

普通管理人员岗位绩效总奖金=4 722.72×64=302 254.08（元）

【知识链接7-8】
平衡计分卡法
的应用评价

任务拓展

（1）平衡计分卡的框架。

平衡计分卡源于企业愿景和战略，这些目标和指标从_____、_____、_____、_____4个维度来考察企业的业绩。

（2）平衡计分卡的应用程序包括_____、_____、_____、_____等。

（扫描二维码查看答案。）

【任务拓展】
参考答案

任务小结

本任务详细介绍了平衡计分卡绩效管理方法，并对该方法的优缺点进行了评价。平衡计分卡绩效管理法不仅是考核工具，更是战略执行和持续改进的框架。它突破了传统财务指标的限制，强调了客户、内部业务流程、学习与成长等非财务指标的重要性，为企业提供了全面的绩效评价视角。

 ## 项目总结

通过本项目的学习，深入理解绩效管理的核心原则、方法和实践，认识到绩效管理不仅是企业管理的关键环节，更是实现组织目标、提升员工绩效的战略工具。要掌握绩效管理的核心流程，包括绩效计划制订、绩效辅导沟通、绩效考核评价以及绩效结果应用等。认识到这些流程相互关联、循环往复，共同构成了绩效管理的完整体系。能够熟练掌握不同绩效管理方法的特点和适用场景，如目标管理法、关键绩效指标法、经济增加值法、平衡计分卡等，可根据企业的实际情况和需求进行灵活选择和应用。从而实现高效的绩效管理，使企业优化资源配置、提升整体业绩、实现战略目标；使员工明确个人职业方向、激发工作动力、促进个人成长。

 ## 职业能力训练

【自测题】

【项目实操】

 ## 学业测评

职业能力和素养测评见表7-17。

表7-17　职业能力和素养测评表

评价项目	评价指标	自测结果					得分
职业素养 （20分）	1. 积极参加教学活动，按时完成任务（2分）	□A	□B	□C	□D	□E	
	2. 遵守劳动纪律，教学场地6S管理（2分）	□A	□B	□C	□D	□E	
	3. 培养客观公正、履行节约的职业品质，强化社会责任意识、可持续发展理念（3分）	□A	□B	□C	□D	□E	
	4. 树立正确的价值观、人生观，激发"个人梦"追求融入"中国梦"，为国家富强和民族复兴提供人才支撑，培养学生树立终身学习的理念（3分）	□A	□B	□C	□D	□E	
绩效管理认知 （20分）	1. 绩效管理的概念（2分）	□A	□B	□C	□D	□E	
	2. 绩效管理的原则（2分）	□A	□B	□C	□D	□E	
	3. 绩效管理应用的工具方法（2分）	□A	□B	□C	□D	□E	
	4. 绩效管理工具方法的程序（2分）	□A	□B	□C	□D	□E	
	5. 绩效管理的应用环境（2分）						
责任会计 （20分）	1. 责任会计的概念（2分）	□A	□B	□C	□D	□E	
	2. 成本中心（4分）	□A	□B	□C	□D	□E	
	3. 利润中心（6分）	□A	□B	□C	□D	□E	
	4. 投资中心（8分）	□A	□B	□C	□D	□E	
关键绩效指标法 （20分）	1. 关键绩效指标法的概念（5分）	□A	□B	□C	□D	□E	
	2. 关键绩效指标法的应用（10分）	□A	□B	□C	□D	□E	
	3. 评价关键绩效指标法（5分）	□A	□B	□C	□D	□E	

续表

评价项目	评价指标	自测结果	得分
平衡计分卡 （20分）	1. 平衡计分卡的概念（5分） 2. 平衡计分卡的应用（10分） 3. 平衡计分卡的应用评价（5分）	□A □B □C □D □E □A □B □C □D □E □A □B □C □D □E	
教师评语：			
成绩		教师签字	
注：在□中打√，A：100%，B：80%，C：60%，D：40%，E：20%。			

职业能力拓展

【关键术语】　　【素养进阶】　　【职业能力进阶】　　【职业能力进阶】参考答案　　【经典案例导读】

项目八

企业风险管理

项目描述

在充满不确定性和挑战的现代商业环境中，风险管理可帮助企业在风险中求生存，在挑战中寻机遇，为企业持续稳健发展保驾护航。如果您是风险管理岗位的人员，请您担任决策智囊（发挥决策价值，降低经营风险）、守门员（帮助企业守住合规底线）、企业医生（帮助企业把脉治病，提早防范和应对）、公关团队（保护公司形象和声誉）等全能多角色，在经营活动事项全过程各环节，发挥决策支持、合规把关、问题发现、危机公关等方面的助手作用。

项目分析

企业风险管理是一个系统化的过程，旨在识别、评估、控制、监控和报告可能影响企业目标实现的各种风险。为完成风险管理项目任务，首先需要对企业风险有基本认知，然后对企业进行风险管理：识别风险、评估风险、应对风险等。故本项目分三个任务：任务1 企业风险认知；任务2 企业风险管理；任务3 内部控制系统。

党的二十大精神学习园地

党的二十大报告指出："我国发展进入战略机遇和风险挑战并存、不确定难预料因素增多的时期，各种'黑天鹅''灰犀牛'事件随时可能发生。我们必须增强忧患意识，坚持底线思维，做到居安思危、未雨绸缪，准备经受风高浪急甚至惊涛骇浪的重大考验。"

学习目标

知识目标

1. 了解风险的概念和种类。
2. 理解风险管理的定义与特征。

附件 8-1　管理会计应用指引第 700 号——风险管理

3. 掌握风险管理的基本流程。
4. 理解内部控制的定义与框架。
5. 理解内部控制的要素。

◆ 能力目标

1. 能够识别企业可能面临的风险。
2. 能够运用企业风险管理基本流程。

◆ 素养目标

1. 培养学生风险意识，树立风险防控意识。
2. 培养学生识别企业风险的敏锐度与洞察力。
3. 培养学生形成良好的企业内部控制设计、评估与报告的思维框架。

 职业素养提升

认知风险管理　严守风险底线

企业风险管理是一个系统性的过程，旨在识别、评估、控制、监控和报告可能影响企业目标实现的各种风险。这个过程涉及企业的各个层面和职能部门，需要全员参与和跨部门协作。企业风险管理的目标是确保企业能够在面对不确定性时作出明智的决策，从而保护企业的资产、声誉和保证企业的持续运营。

企业防风险、守底线，通过有效的企业风险管理，提高防范风险化解风险能力，可以降低潜在损失，提高运营效率，增强企业的竞争力和应变能力。同时，企业风险管理还有助于提升企业的声誉和品牌价值，为企业的长期发展奠定坚实基础。

 配套学习资源

省级在线精品课程"数字化管理会计"——企业风险管理

知识图谱

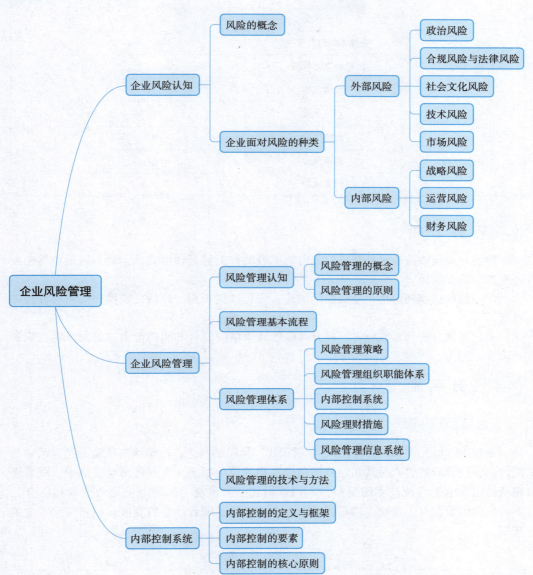

任务1　企业风险认知

任务导入

认知风险的概念以及企业风险的基本理论，认知企业管理中常见的风险种类（内部风险和外部风险），完成表8-1。

表 8-1　工作任务表

维度	内容	
外部风险	政治风险	
	法律风险和合规风险	
	社会文化风险	
	技术风险	
	市场风险	
内部风险	战略风险	
	运营风险	
	财务风险	

任务分析

熟悉企业面临的各种外部风险和内部风险的种类和表现形式，了解不同风险对企业经营的影响和后果。

学习如何识别和评估企业面临的风险，掌握风险识别、评估、监控和应对的方法和技巧。

通过案例分析和实践练习，提升风险管理策略的制订和实施能力，培养风险意识和风险管理能力。

任务实施

一、风险的概念

早在 19 世纪，西方古典经济学派就提出了风险的概念，他们认为风险是经营活动的副产品，经营者的收入是其在经营活动中承担风险的报酬。在现代市场经济中，随着全球贸易以及电子科技技术的发展，人们意识到必须重视"风险能够导致变革和机会"，对待风险的看法有了本质上的不同。表 8-2 中汇总了随着社会的发展人们对风险观念的转变。

表 8-2　风险观念的转变

社会发展阶段	风险内涵	对风险的反应	应对风险机制
前现代社会	命运、迷信、罪恶	接受、责备	补偿、惩罚、复仇、报应
现代社会	可预测、可度量的负面因素	避免、保护	赔偿、财务
现代市场经济	可管理、可操纵的机会	接受专业的控制建议，并建立自我纠错系统	系统改善

【知识链接 8-1】
风险内涵
多维度理解

国资委发布的《中央企业全面风险管理指引》中，将企业风险（business risk）定义为"未来的不确定性对企业实现其经营目标的影响"，并以能否为企业带来盈利等机会为标志，将风险分为纯粹风险（只有带来损失一种可能性）和机会风险（带来损失和盈利的可能性并存）。

二、企业面对风险的种类

企业面对的主要风险分为两大类：外部风险（external risk）和内部风险（internal risk）。外部风险主要包括政治风险（political risk）、法律风险（legal risk）、社会文化风险（social and cultural risk）、技术风险（technical risk）、市场风险（market risk）等；内部风险主要包括战略风险（strategic risk）、运营风险（operational risk）、财务风险（financial risk）等。

（一）外部风险

1. 政治风险

政治风险是指完全或部分由政府官员行使权力和政府组织的行为而产生的不确定性。虽然政治风险更多地与海外市场风险有关，但这一定义适用于国内外所有市场。

政治风险常常表现为限制投资领域，设置贸易壁垒，外汇管制规定，进口配额和关税，组织结构及要求最低持股比例，限制向东道国的银行借款，没收资产等。

2. 合规风险与法律风险

合规风险（compliance risk）与法律风险都是现代企业风险体系中重要的部分，两者有重合，又各有侧重。

合规风险是指因违反法律或监管要求而受到制裁、遭受金融损失以及因未能遵守所有适用法律、法规、行为准则或相关标准而给企业信誉带来损失的可能性。法律风险是指企业在经营过程中因自身经营行为的不规范或者外部法律环境发生重大变化而造成的不利法律后果的可能性。通常包括以下三方面：一是法律环境因素，包括立法不完备、执法不公正；二是市场主体自身法律意识淡薄，在经营活动中不考虑法律因素等；三是交易对方的失信、违约或欺诈等。

【知识拓展 8-1】光祖公司国际化经营中所面对的政治风险与市场风险

合规风险侧重于行政责任和道德责任的承担，而法律风险侧重于民事责任的承担。比如银行与客户约定的利率超出了人民银行规定的基准利率幅度，那么银行合规风险表现为监管机关的行政处罚、重大财产损失和声誉损失等，而法律风险则表现为银行对客户民事赔偿责任的承担。

【知识拓展 8-2】AB 公司所面临的合规风险与法律风险

合规风险和法律风险有时会同时发生，比如在前文中，银行会同时面对监管机构的处罚和客户的起诉。但两者有时也会发生分离，比如银行的违规经营被媒体曝光，银行的声誉将面临重大损失，这显然属于合规风险，与法律风险无关。

3. 社会文化风险

文化风险是指文化这一不确定因素给企业经营活动带来的影响。从文化风险成因来看，文化风险存在并作用于企业经营的更深领域，主要有以下几个方面。

（1）跨国经营活动引发的文化风险。跨国经营使企业面临东道国文化与母国文化的差异，这种文化的差异直接影响着管理的实践，构成经营中的文化风险。企业将在一种特定文化环境中行之有效的管理方法，应用到另一种文化环境中，也许会产生截然相反的结果。

（2）企业并购活动引发的文化风险。并购活动导致双方企业文化的直接碰撞与交流，尤其对于跨国并购而言，双方企业面临组织文化与民族文化的双重风险。如果一个组织中存在两种或者两种以上的组织文化，对于任何一个成员来说，识别组织的目标都是困难的；同样，在为达成组织目标而努力时，判断针对不同情景的实施行为也将是困难的。

（3）组织内部因素引发的文化风险。组织文化的变革、组织员工队伍的多元文化背景会导致个人层面的文化风险。广泛开展的跨国地区间的经济合作与往来，会导致组织内部的价值观念、经营思想与决策方式不断面临冲击、更新与交替，进而在组织内部引发多种文化的碰撞与交流。即使没有并购和跨国经营，企业也会面临组织文化与地区文化、外来文化的交流问题以及组织文化的更新问题。

4. 技术风险

从技术风险范围考察，技术风险的定义有广义和狭义之分。

（1）广义技术风险是指某一种新技术给某一行业或某些企业带来增长机会的同时，可能对另一行业或另一企业形成巨大威胁。例如，晶体管的发明和生产严重危害了直头管行业；高性能塑料和陶瓷材料的研制和开发严重削弱了钢铁业的获利能力。

（2）狭义的技术风险是指技术在创新过程中，由于技术本身复杂性和其他相关因素变化的不确定性而导致技术创新遭遇失败的可能性。例如技术手段的局限性、技术系统内部的复杂性、技术难度过高、产品寿命的不可预测性、替代性技术的缺乏等原因都可能导致技术创新夭折；又如，如果技术创新目标出现较大起伏，一旦企业现有科研水平不能满足新技术目标的需求，那么技术创新就有面临失败的风险。

从技术活动过程所处的不同阶段考察，技术风险可以划分为技术设计风险、技术研发风险和技术应用风险。

（1）技术设计风险是指技术在设计阶段，由于技术构思或设想的不全面性导致技术及技术系统存在先天"缺陷"或创新不足而引发的各种风险。例如氟利昂技术在设计之初就存在着"缺陷"，其产生的氯原子会不断分解大气中的臭氧分子从而破坏臭氧层。又如，我国采用模仿创新途径开发的一些技术不适用于中国国情，在设计思路上就存在着因创新不足引发的风险。

（2）技术研发风险是指在技术研究或开发阶段，由于外界环境变化的不确定性、技术研发项目本身的难度和复杂性、技术研发人员自身知识和能力的有限性都可能导致技术的研发面临失败的危险。例如，外部环境不具备一个协调规范的由产权制度、市场结构、投资管理、政策组成的社会技术创新体系，没有形成一个由社会流动资本、专业技术人员、风险投资者、筹资（退资）渠道组成的高效便利的风险投资体系；或者从微观组织结构来看，缺乏灵活的技术开发组织形式、创新观念和创业理念的企业家精神等，低水平管理、低效率运行等都可能使企业的技术研发活动陷入困境，难以实现预期目标。

（3）技术应用风险是指技术成果在产品化、产业化的过程中带来的一系列不确定的负面影响或效应。例如，外部环境没有良好的社会化服务和技术的聚集效应，缺乏成熟的市场经济体制、规范的市场环境、透明的行业政策等；市场对新技术的接受程度不高；他人的技术模仿行为；由于市场准入的技术门槛较低，大量企业涌入致使竞争激烈；道德诚信等问题都可能使企业面临技术应用风险。

5. 市场风险

市场风险是指企业面对的外部市场的复杂性和变动性所带来的与经营相关的风险。依据《中央企业全面风险管理指引》，市场风险至少要考虑以下几个方面。

（1）产品或服务的价格及供需变化。

（2）能源、原材料、配件等物资供应的充足性、稳定性和价格变化。

（3）主要客户、主要供应商的信用情况。

（4）税收政策和利率、汇率、股票价格指数的变化。

（5）潜在竞争者、竞争者及其主要产品、替代品情况。

【知识拓展8-3】
P公司近年来所面临的市场风险

（二）内部风险

1. 战略风险

战略风险指企业在战略管理过程中，由于内外部环境的复杂性和变动性以及主体对环境的认知能力和适应能力的有限性，导致企业整体性损失和战略目标无法实现的可能性及损失。我国《企业内部控制应用指引第 2 号——发展战略》从企业制定与实施发展战略角度阐明企业战略风险具体体现在以下三个方面。

（1）缺乏明确的发展战略或发展战略实施不到位，可能导致企业盲目发展，难以形成竞争优势，丧失发展机遇和动力。

（2）发展战略过于激进，脱离企业实际能力或偏离主业，可能导致企业过度扩张，甚至经营失败。

（3）发展战略因主观原因频繁变动，可能导致资源浪费，甚至危及企业的生存和持续发展。

2. 运营风险

运营风险是企业在运营过程中，由于内外部环境的复杂性和变动性以及主体对环境的认知能力和适应能力的有限性，导致运营失败或使运营活动达不到预期的目标的可能性及损失。依据《中央企业全面风险管理指引》，运营风险至少要考虑以下几个方面。

【知识拓展 8-4】
江新公司存在的战略风险

（1）企业产品结构、新产品研发方面可能引发的风险。

（2）企业新市场开发，市场营销策略（包括产品或服务定价与销售渠道，市场营销环境状况等）方面可能引发的风险。

（3）企业组织效能，管理现状，企业文化，高、中层管理人员和重要业务流程中专业人员的知识结构、专业经验等方面可能引发的风险。

（4）期货等衍生产品业务中流程和环节发生失误带来的风险。

（5）质量、安全、环保、信息安全等管理发生误导的风险。

（6）因企业内、外部人员的道德风险致使企业遭受损失或业务控制系统失灵导致的风险。

（7）给企业造成损失的自然灾害等风险。

（8）企业现有业务流程和信息系统操作运行情况在监管、运行评价及持续改进能力方面引发的风险。

 价值引领

深化风险防控　筑牢风险防线

华为作为全球知名的通信设备制造商，在快速发展的同时，也面临着供应链管理中的诸多风险。这些风险包括供应商的质量问题、交货延误、成本波动等，都可能对华为的生产运营和产品质量产生负面影响。为了有效应对这些风险，华为积极加强风险管理，并在风险管理中融入社会责任理念，推动供应链的绿色转型。

启示：风险管理应关注社会责任。企业在风险管理过程中，应充分考虑自身的社会责任和可持续发展目标，将社会责任理念融入风险应对策略中。绿色供应链管理是降低环境风险的有效途径。通过推动供应链的绿色转型，企业可以降低环境风险，树立风险意识，筑牢底线思维。提升供应链的可持续性，同时也有助于提升企业的品牌形象和市场竞争力。

3. 财务风险

财务风险是指企业在生产经营过程中，由于内外部环境中各种难以预料或无法控制的不确定性因素的作用，使企业在一定时期内所获取的财务收益与预期收益发生偏差的可能性。财务风险是客观存在的，企业管理者对财务风险只有采取有效措施来降低风险，而不可能完全消除风险。从企业内部控制角度考察，财务风险可以从以下几个方面展开。

（1）全面预算。依据《企业内部控制应用指引第15号——全面预算》，实行全面预算管理需关注的主要风险包括不编制预算或预算不健全，可能导致企业经营缺乏约束或盲目经营；预算目标不合理、编制不科学，可能导致企业资源浪费或发展战略难以实现；预算缺乏刚性、执行不力、考核不严，可能导致预算管理流于形式。

（2）资金活动。依据《企业内部控制应用指引第6号——资金活动》，资金活动需关注的主要风险包括筹资决策不当，引发资本结构不合理或无效融资，可能导致企业筹资成本过高或债务危机；投资决策失误，引发盲目扩张或丧失发展机遇，可能导致资金链断裂或资金使用效益低下；资金调度不合理、营运不畅，可能导致企业陷入财务困境或资金冗余；资金活动管控不严，可能导致资金被挪用、侵占、抽逃或企业遭受欺诈。

（3）财务报告。依据《企业内部控制应用指引第14号——财务报告》，编制、对外提供和分析利用财务报告需关注的主要风险包括编制财务报告违反会计法律法规和国家统一的会计准则制度，可能导致企业承担法律责任和声誉受损；提供虚假财务报告，误导财务报告使用者，造成决策失误，干扰市场秩序；不能有效利用财务报告，难以及时发现企业经营管理中存在的问题，可能导致企业财务和经营风险失控。

【知识拓展8-5】
P公司近年来所存在的运营风险

【任务实例8-1】

甲公司曾是一家世界著名的照相机生产企业，近年来，面对各类新型照相设备的兴起，该公司业务转型迟缓。目前出现巨额亏损，濒临破产。甲公司遭遇的风险属于（　　）。

A. 财务风险　　B. 技术风险　　C. 产业风险　　D. 战略风险

【答案】D

（扫描二维码查看解析。）

【任务实例8-1】
参考解析

任务拓展

企业面对的主要风险分为两大类：_____风险和_____风险。_____风险主要包括_____、_____、_____、_____、_____；_____主要包括_____、_____、_____、_____等。

（扫描二维码查看答案。）

【任务拓展】
参考答案

任务小结

本任务介绍了风险的定义，分析了在复杂多变的市场环境中，企业所面临着的各种潜在的风险，包括外部风险和内部风险，这些风险不仅可能对企业的正常运营造成干扰，甚至可能威胁到企业的生存和发展。通过风险识别，企业可以了解自身在运营过程中可能面临的各种风险点，为企业进一步进行风险管理奠定了基础。

任务 2　企业风险管理

任务导入

通过认知企业风险管理的基本理论，完成表 8-3。

表 8-3　工作任务表

维度	内容	
企业风险管理应用程序	设定目标	
	收集风险管理初始信息	
	进行风险评估	
	制订风险管理策略	
	实施风险管理解决方案	
	考核评价风险管理	
风险管理体系	风险管理策略	
	风险管理组织职能体系	
	内部控制系统	
	风险理财措施	
	风险管理信息系统	

任务分析

深入理解风险管理的概念、原则和流程，掌握风险管理的基本框架和核心理念。

学习如何构建和完善风险管理体系，包括制订风险管理策略、建立风险管理组织职能体系、优化内部控制系统、实施风险理财措施以及建立风险管理信息系统等。

通过案例分析、模拟演练等方式，提升实际操作能力，培养学生在复杂环境下进行风险管理的能力。

任务实施

一、风险管理认知

（一）风险管理的概念

《管理会计应用指引第 700 号——风险管理》第二条指出：风险管理是指企业为实现风险管理目标，对企业风险进行有效识别、评估、预警和应对等管理活动的过程。企业风险是指对企业的战略与经营目标实现产生影响的不确定性。需要注意的是，企业风险管理并不能替代内部控制。

（二）风险管理的原则

企业进行风险管理，一般应遵循的原则如下。

（1）融合性原则。企业风险管理应与企业的战略设定、经营管理与业务流程相结合。

（2）全面性原则。企业风险管理应覆盖企业所有的风险类型、业务流程、操作环节

【知识拓展 8-6】
《中央企业全面风险管理指引》如何定义风险管理

和管理层级与环节。

（3）重要性原则。企业应对风险进行评价，确定需要进行重点管理的风险，并有针对性地实施重点风险监测，及时识别、应对。

（4）平衡性原则。企业应权衡风险与回报、成本与收益之间的关系。

二、风险管理基本流程

企业应用风险管理工具方法，一般按照设定目标，收集风险管理初始信息，进行风险评估，制订风险管理策略，提出和实施风险管理解决方案，风险管理的监督与改进的流程进行。

三、风险管理体系

《中央企业全面风险管理指引》指出，企业风险管理体系包括五大体系：风险管理策略、风险理财措施、风险管理的组织职能体系、风险管理信息系统、内部控制系统，如图 8-1 所示。

【在线课 8-1】
企业风险管理认知（上）

【在线课 8-2】
企业风险管理认知（下）

【知识链接 8-2】
风险管理流程具体内容

【知识链接 8-3】
收集风险管理初始信息

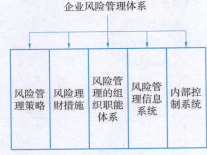

图 8-1　企业风险管理体系

（一）风险管理策略

1. 风险管理策略总体定位与作用

风险管理策略是指企业根据自身条件和外部环境，围绕企业发展战略，确定风险偏好、风险承受度、风险管理有效性标准，选择风险承担、风险规避、风险转移、风险转换、风险对冲、风险补偿、风险控制等适合的风险管理工具的总体策略，并确定风险管理所需人力和财力资源的配置原则。

【知识拓展 8-7】
风险管理部门的主要职责

从这一纲领性的指引中可以看出，风险管理策略的总体定位有以下几点。

（1）风险管理策略是根据企业经营战略制订的全面风险管理的总体策略。

（2）风险管理策略在整个风险管理体系中起着统领全局的作用。

（3）风险管理策略在企业战略管理的过程中起着承上启下的作用，制定与企业战略保持一致的风险管理策略降低了企业战略错误的可能性。从企业战略到风险管理策略如图 8-2 所示。

【知识拓展 8-8】
顺雅公司业务外包所需关注的主要风险

风险管理策略的总体定位决定了风险管理策略的作用。

（1）为企业的总体战略服务，保证企业经营目标的实现。

（2）连接企业的整体经营战略和运营活动。

（3）指导企业的一切风险管理活动。

2. 风险管理策略的组成部分

（1）风险偏好和风险承受度——明确企业要承担什么风险，承担多少风险。

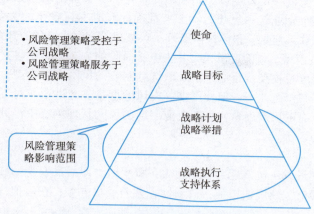

图 8-2　从企业经营战略到风险管理策略

（2）全面风险管理的有效性标准——明确如何衡量企业的风险管理工作成效。

（3）风险管理的工具选择——明确如何管理重大风险。

（4）全面风险管理的资源配置——明确如何安排人力、财力、物资、外部资源等风险管理资源。

3. 风险管理策略的工具

风险管理策略的工具共有7种：风险承担、风险规避、风险转移、风险转换、风险对冲、风险补偿和风险控制。在实施中，企业要注意策略性工具使用的技术并选择合适的手段。

（1）风险承担。风险承担亦称风险保留、风险自留，是指企业对所面临的风险采取接受的态度，从而承担风险带来的后果。

（2）风险规避。风险规避是指企业回避、停止或退出蕴含某一风险的商业活动或商业环境，避免成为风险的所有人。

（3）风险转移。风险转移是指企业通过合同将风险转移到第三方，企业对转移后的风险不再拥有所有权。转移风险不会降低其可能的严重程度，只是从一方移除后转移到另一方。

（4）风险转换。风险转换指企业通过战略调整等手段将企业面临的风险转换成另一个风险。风险转换的手段包括战略调整和衍生产品等。

（5）风险对冲。风险对冲是指采取各种手段，引入多个风险因素或承担多个风险，使这些风险能够互相对冲，也就是使这些风险的影响互相抵消。

（6）风险补偿。风险补偿是指企业对风险可能造成的损失采取适当的措施进行补偿。风险补偿表现在企业主动承担风险，并采取措施以补偿可能的损失。

（7）风险控制。风险控制是指控制风险事件发生的动因、环境、条件等，以达到减少风险事件发生时的损失或降低风险事件发生概率的目的。

4. 确定风险偏好和风险承受度

风险偏好和风险承受度是风险管理策略的重要组成部分。《中央企业全面风险管理指引》指出："确定风险偏好和风险承受度，要正确认识和把握风险与收益的平衡，防止和纠正忽视风险、片面追求收益而不讲条件、范围，认为风险越大、收益越高的观念和做法；同时，也要防止单纯为规避风险而放弃发展机遇。"

5. 风险度量

（1）风险量化。风险承受度的表述需要对所针对的风险进行量化描述，风险偏好可以定性，但风险承受度一定要定量，如果不能量化，仅靠直觉或感觉观察就很可能会出错，如不容易使整个企业统一思想、不能够准确计算成本与收益的关系、不容易管理、不容易同绩效考核联系起来。很多风险管理手段如风险理财，必须有风险的量化描述。

（2）风险度量模型。风险度量模型是指度量风险的方法。企业建立风险管理策略需要确定合适的风险度量模型。企业应该采取统一制订的风险度量模型，对所采取的风险度量取得共识，但整个企业不一定使用唯一的风险度量，允许企业对不同的风险采取不同的度量方法。所有的风险度量应当在企业层面的风险管理策略中得到评价，比如对企业战略目标影响的评价。

6. 风险度量方法

常用的风险度量方法包括最大可能损失；概率值，即损失发生的概率或可能性；期望值，即统计期望值，效用期望值；波动性；方差或均方差；在险值（VaR）以及其他类似的度量。

（二）风险管理组织职能体系

【知识链接 8-4】风险管理组织职能体系具体内容

企业风险管理组织体系主要包括规范的公司法人治理结构，风险管理职能部门、内部审计部门和法律事务部门以及其他有关职能部门、业务单位的组织领导机构及其职责。

（三）内部控制系统

内部控制系统指围绕风险管理策略目标，针对企业战略、规划、产品研发、投融资、市场运营、财务、内部审计、法律事务、人力资源、采购、加工制造、销售、物流、质量、安全生产、环境保护等各项业务管理及其重要业务流程，通过执行风险管理基本流程，制定并执行的规章制度、程序和措施。

（四）风险理财措施

风险管理体系中的一个重要部分是风险理财措施。

1. 风险理财的基本概念

风险理财是用金融手段管理风险。

（1）公司为了转移自然灾害可能造成的损失而购买巨灾保险。

（2）公司在对外贸易中产生了大量的外币远期支付或应收账款，为了对冲可能出现的利率变化造成的损失，公司使用了外币套期保值，以降低汇率波动的风险。

（3）公司为了应对原材料价格的波动风险，在金属市场上运用期货进行套期保值。

（4）公司为了应对可能突发事件造成的资本需求，与银行签订了应急资本合同。

2. 风险理财的策略与方案

前面已经提到风险管理策略的七大工具分别是风险承担、风险规避、风险转移、风险转换、风险对冲、风险补偿、风险控制。风险理财是运用金融手段来实施这些策略的。企业选择风险理财的策略与方案时，涉及对金融衍生产品的选择。常用衍生产品包括远期合约、互换交易、期货、期权等。

（五）风险管理信息系统

企业的管理信息系统在风险管理中发挥着至关重要的作用。企业应将信息技术应用于风险管理的各项工作，建立涵盖风险管理基本流程和内部控制系统各环节的风险管理信息系统，包括信息的采集、存储、加工、分析、测试、传递、报告、披露等。

企业应采取措施确保向风险管理信息系统输入的业务数据和风险量化值的一致性、准确性、及时性、可用性和完整性。对输入信息系统的数据，未经批准，不得更改。

风险管理信息系统应能够进行对各种风险的计量和定量分析、定量测试；能够实时反映风险矩阵和排序频谱、重大风险和重要业务流程的监控状态；能够对超过风险预警上限的重大风险实施信息报警；能够满足风险管理内部信息报告制度和企业对外信息披露管理制度的要求。

风险管理信息系统应实现信息在各职能部门、业务单位之间的集成与共享，既能满足单项业务风险管理的要求，也能满足企业整体和跨职能部门、业务单位风险管理的综合要求。企业应确保风险管理信息系统稳定运行，并根据实际需要不断进行改进、完善或更新。

已建立或基本建立企业管理信息系统的企业，应补充、调整、更新已有的管理流程和管理程序，建立完善的风险管理信息系统；尚未建立企业管理信息系统的，应将风险管理与企业各项管理业务流程和管理软件统一规划、统一设计、统一实施、同步运行。

四、风险管理的技术与方法

风险管理的技术与方法有很多，既有定性分析，也有定量分析，这取决于不同风险识别技术和方法的特点。风险定性分析，往往带有较强的主观性，需要凭借分析者的经验和直觉或者是以行业标准和惯例为风险各要素的大小或高低程度定性分级。虽然看起来比较容易，但实际上要求分析者具备较高的经验和能力，否则会因操作者经验和直觉的偏差使分析结果失准。定量分析是对构成风险的各个要素和潜在损失的水平赋予数值或货币金额，当度量风险的所有要素都被赋值时，风险分析和评估过程及结果就得以量化。定量分析比较客观，但对数据的要求较高，同时还需借助数学工具和计算机程序，操作难度较大。

风险管理的技术与方法同样也可以在企业战略分析中使用。以下主要介绍头脑风暴法、德尔菲法（Delphi method）、失效模式影响和危害度分析法（failure mode effect and criticality analysis, FMECA）、流程图分析法（flow charts analysis）、马尔科夫分析法（Markov analysis）、风险评估系图法、情景分析法、敏感性分析法、事件树分析法（event tree analysis, ETA）、决策树法（decision tree）、统计推论法。

（一）头脑风暴法

头脑风暴法又称智力激励法、B股法、自由思考法，是指刺激并鼓励一群知识渊博、知悉风险情况的人员畅所欲言，开展集体讨论的方法。头脑风暴法又可分为直接头脑风暴法（通常简称为"头脑风暴法"）和质疑头脑风暴法（也称"反头脑风暴法"）。前者是专家群体决策，尽可能激发创造性，产生尽可能多的设想的方法，后者则是对前者提出的设想、方案逐一质疑，分析其现实可行性的方法。将头脑风暴法应用于风险识别，就是由指定的主持人提出与风险有关的问题，然后要求小组成员依次在第一时间给出对问题的看法。之后由风险管理小组对集体讨论后识别的所有风险进行复核，并且认定核心风险。

（二）德尔菲法

德尔菲法又名专家意见法，是指在一组专家中取得可靠共识的程序，其基本特征是专家单独、匿名表达各自的观点，同时在进展过程中，他们有机会了解其他专家的观点。德尔菲法采用背对背的通信方式征询专家小组成员的意见，专家之间不得互相讨论，不发生横向联系，只能与调查人员发生联系。通过反复填写问卷，搜集各方意见，以形成专家之间的共识。

（三）失效模式影响和危害度分析法

失效模式影响和危害度分析法是一种由点到面的分析方法，可用来分析、审查系统的潜在故障模式。FMECA 按规则记录系统中所有可能存在的影响因素，分析每种因素对系统的工作及状态的影响，将每种影响因素按其影响的严重程度及发生概率排序，从而发现系统中潜在的薄弱环节，提出可能采取的预防措施，以消除或减少风险发生的可能性，保证系统的可靠性。根据其重要性和危害程度，FMECA 可对每种被识别的失效模式进行排序。FMECA 可用于协助挑选具有高可靠性的替代性设计方案；确保所有的失效模式及其对运行成功的影响得到分析；列出潜在的故障并识别其影响的严重性；为测试及维修工作的规划提供依据；为定量的可靠性及可用性分析提供依据；可为其他风险识别方法提供数据支持，例如定性及定量的故障树分析。

（四）流程图分析法

流程图分析法是指对流程的每一阶段、每一环节逐一进行调查分析，从中发现潜在风险，找出导致风险发生的因素，分析风险产生后可能造成的损失以及对整个组织可能造成的不利影响。流程图是指使用一些标准符号代表某些类型的动作，直观地描述一个工作过程所涉及的具体步骤。流程图分析法将一项特定的生产或经营活动按步骤或阶段顺序以若干模块形式组成一个流程图系列，在每个模块中都标示出各种潜在的风险因素或风险事件，从而给决策者一个清晰的总体印象。在企业风险识别过程中，运用流程图绘制企业的经营管理业务流程，可以将与企业各种活动有关的关键点清晰地表现出来，结合企业中这些关键点的实际情况和相关历史资料，就能够明确企业的风险状况。

（五）马尔科夫分析法

如果系统未来的状况仅取决于其现在的状况，那么就可以使用马尔科夫分析法。这种方法通常用于对那些存在多种状态（包括各种降级使用状态）的可维修复杂系统进行分析。马尔科夫分析是一项定量技术，可以是不连续的（利用状态间变化的概率）或者连续的（利用各状态的变化率）。虽然可以手动进行马尔科夫分析，但是该技术的性质使其更适用于计算机程序。马尔科夫分析法主要围绕"状态"这个概念展开，随机转移概率矩阵可用来描述状态间的转移，以便计算各种输出结果。

【任务实例 8-2】

为了说明马尔科夫分析法，不妨分析一种仅存在三种状态的复杂系统。将功能、降级和故障分别界定为状态 S1、状态 S2 以及状态 S3。每天系统都会存在于这三种状态中的某一种。马尔科夫矩阵（转移矩阵）说明了系统每天处于状态 S_i 的概率（i 可以是 1、2 或 3），见表 8-4。

表 8-4　马尔科夫矩阵

项目		今天状态		
		S1	S2	S3
明天状态	S1	0.95	0.3	0.2
	S2	0.04	0.65	0.6
	S3	0.01	0.05	0.2

注意，每栏数值之和是 1，因为它们是每种情况一切可能结果的总和。这个系统可以用图 8-3 所示的马尔科夫图示来表示。其中，圆圈表示状态，箭头表示相应概率的转移。

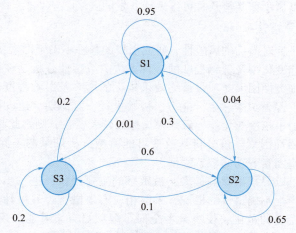

图 8-3　系统马尔科夫图示

P 表示系统处于状态 i（i 可以是 1，2 或 3）的概率，那么需要解决的联立方程包括：

$$P1 = 0.95P1 + 0.30P2 + 0.20P3$$
$$P2 = 0.04P1 + 0.65P2 + 0.60P3$$
$$P3 = 0.01P1 + 0.05P2 + 0.20P3$$

这三个方程无法解出三个未知数。因此，必须使用下列方程，而上述方程中有一个方程可以弃用。

$$1 = P1 + P2 + P3$$

解联立方程组，分别得到状态 S1，S2 及 S3 的概率 $P1$，$P2$，$P3$ 为 0.85，0.13 和 0.02，即该系统只有 85% 的时间能充分发挥功效，有 13% 的时间内处于降级状态，而有 2% 的时间存在故障。现实中的系统状态要比上述例子复杂得多，需联立求解的方程也更为复杂，故需要借助计算机程序来完成。

（六）风险评估系图法

用以评估风险影响的常见定性方法是制作风险评估系图。风险评估系图能够识别某一风险是否会对企业产生重大影响，并将此结论与风险发生的可能性联系起来，为确定企业风险的优先次序提供框架。

（七）情景分析法

情景分析法可用来预计威胁和机遇可能发生的方式，以及如何将威胁和机遇用于各类长期及短期风险。在周期较短且数据充分的情况下，可以从现有情景中推断出可能出现的情景；对于周期较长或数据不充分的情况，情景分析的有效性更依赖于合乎情理的想象力。在识别和分析那些反映诸如最佳情景、最差情景及期望情景的多种情景时，可用来识别在特定环境下可能发生的事件并分析潜在的后果及每种情景的可能性。如果积极后果和消极后果的分布存在比较大的差异，情景分析就会有很大用途。

情景分析需要分析的变化可能包括外部情况的变化（如技术变化）；不久将要做出的决定，而这些决定可能会产生各种不同的后果；利益相关者的需求以及需求可能的变化方式；宏观环境的变化（如监管及人口统计等）。有些变化是必然的，而有些变化是不确定的。有时，某种变化可能归因于另一个风险带来的结果，例如，气候变化的风险正在造成与食物链有关的消费需求发生变化。局部及宏观因素或趋势可以按重要性和不确定性进行列举并排序。应特别关注那些最重要、最不确定的因素，可以绘制出关键因素或趋势的图形，以显示哪些情景是可以进行开发的区域。

（八）敏感性分析法

敏感性分析法是针对潜在的风险性，研究项目的各种不确定因素变化至一定幅度时，计算其主要经济指标变化率及敏感程度的一种方法。敏感性分析是在确定性分析的基础上，进一步分析不确定性因素对项目最终效果指标的影响及影响程度。一般可选择主要参数（如销售收入、经营成本、生产能力、初始投资、寿命期、建设期、达产期等）进行分析，若某参数的小幅度变化能导致效果指标的较大变化，则称此参数为敏感性因素，反之则称其为非敏感性因素。该分析从改变可能影响分析结果的不同因素的数值入手，估计分析结果对这些因素变动的敏感程度。

敏感性分析法可以寻找出影响最大、最敏感的主要因素，进一步分析、预测或估算其影响程度，找出产生不确定性的根源，采取相应有效措施；通过计算主要因素的变化引出项目评价指标变动的范围，使决策者全面了解项目方案可能出现的效益变动情况，以减少和避免不利因素的影响；通过可能出现的最有利与最不利的效益变动范围的分析，为决策者预测可能出现的风险程度，并为原方案采取某些控制措施或寻找可替代方案，为最后确定可行方案提供可靠的决策依据。敏感性分析法最常用的显示方式是龙卷风图（因显示形式像龙卷风而得名）。龙卷风图有助于比较具有较高不确定性的因素与相对稳定的因素之间的相对重要程度。

（九）事件树分析法

事件树是一种表示初始事件发生之后互斥性后果的图解技术，其依据是为减轻后果而设计的各种系统是否起作用，它可以定性和定量地应用。

【任务实例8-3】

图8-4分析了发生初始事件为爆炸之后，在发生火灾、洒水系统工作、火警激活等不确定性事件下产生各种后果的频率。爆炸发生以后（频率为0.01，即100年发生一次），发生火灾的概率为0.8，不发生火灾的概率为0.2；发生火灾后，洒水系统工作的概率为0.99，不工作的概率为0.01；在洒水系统工作下，火警激活的概率为0.999，不激活的概率为0.001。因此，爆炸发生以后发生火灾，洒水系统工作，火警激活，将发生"有报警的可控火灾"这一结果，其发生频率为 $0.01 \times 0.8 \times 0.99 \times 0.999 = 7.9 \times 10^{-3}$。

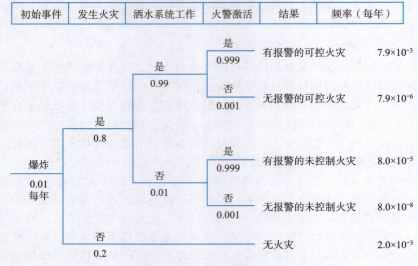

图8-4 火灾事件树分析

图 8-4 显示当分支完全独立时对简单事件树的简单计算。ETA 具有散开的树形结构，可用于初始事件后建模、计算和排列（从风险观点）不同事故情景。ETA 定性分析有利于群体对初始事项之后可能出现的情景及依次发生的事项进行汇总，同时就各种处理方法、障碍或旨在缓解不良结果的控制手段对结果的影响方式提出各种看法。而定量分析更有利于分析控制措施的可接受性，主要用于拥有多项安全措施的失效模式。

（十）决策树法

决策树是指在不确定的情况下，以序列方式表示决策选择和结果的一种方法。类似于事件树，决策树开始于初因事项或最初决策，同时由于可能发生的事项及可能做出的决策，它需要对不同路径和结果进行建模。决策树用于项目风险管理和其他环境，以便在不确定的情况下选择最佳的行动步骤。图形显示也有助于沟通决策原因。决策树开始于最初决策，例如继续项目 A，而不是项目 B。随着两种假定项目的继续，不同的事项会发生，同时需要做出不同的可预见性决定，并用树形格式表示。事项发生的可能性与路径最终结果的成本或用途一起进行估算。有关最佳决策路径的信息是富有逻辑性的，考虑各条路径上的条件概率和结果值可以产生最高的期望值。决策树显示采取不同选择的风险逻辑分析，同时给出每一个可能路径的预期值计算结果。

【任务实例 8-4】

A1、A2 两方案投资额分别为 450 万元和 240 万元，经营年限为 5 年，销路好的概率为 0.8，销路差的概率为 0.2。A1 方案销路好、销路差的损益值分别为 300 万元和 -60 万元；A2 方案分别为 120 万元和 30 万元。据此绘制决策树，如图 8-5 所示。

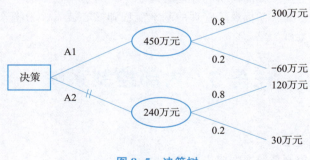

图 8-5 决策树

A1 的净收益值 =[300×0.8+(-60)×0.2]×5-450=690（万元）
A2 的净收益值 =(120×0.8+30×0.2)×5-240=270（万元）
选择：因为 A1 的净收益值大于 A2 的净收益值，所以选择 A1 方案。
剪枝：在 A2 方案枝上做标记，表明舍弃。

（十一）统计推论法

统计推论法是进行项目风险评估和分析的一种十分有效的方法，它可分为前推、后推和旁推三种类型。前推就是根据历史的经验和数据推断出未来事件发生的概率及其后果。如果历史数据具有明显的周期性，就可据此直接对风险做出周期性的评估和分析；如果从历史记录中看不出明显的周期性，就可用一曲线或分布函数来拟合这些数据再进行外推，此外还得注意历史数据的不完整性和主观性。后推是指在手头没有历史数据供使用时所采用的一种方法,由于很多项目风险具有一次性和不可重复性,所以这些项目在风险评估和分析时常用后推法。后推法是把未知想象的事件及后果与一已知事件及后果联系起来,把未来风险事件归结到有数据可查的造成这一风险事件的初始事件上,从而对风险做出评估和分析。旁推就是利用类似项目的数据进行外推,用某一项目的历史记录对新的类似建设项目可能遇到的风险进行评估和分析,当然,这还得充分考虑新环境的各种变化。这三种统计推论法在项目风险评估和分析中都得到了广泛采用。

任务拓展

(1) 风险管理基本流程包括_____、_____、_____、_____、_____。
(2) 风险管理的技术与方法主要包括_____、_____、_____、_____、_____、_____、_____、_____、_____、_____。
(扫描二维码查看答案。)

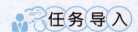
【任务拓展】
参考答案

任务小结

通过系统学习风险管理的基础知识,建立对风险管理的全面认识,明确其在组织运营中的重要性和价值。学习风险管理基本流程,了解如何收集初始信息、进行风险评估、制订风险管理策略、提出并实施风险管理解决方案,以及进行风险管理的监督与改进。深入探索风险管理体系的构建,包括风险管理策略的制定、风险管理组织职能体系的构建、内部控制系统的完善、风险理财措施的运用以及风险管理信息系统的建设。最后学习风险管理技术与方法,提高组织的风险管理水平。通过本任务的学习,学生将建立起对风险管理的全面认知,掌握风险管理的基本流程和核心技术,为将来的职业生涯和组织发展奠定坚实的基础。

任务 3　内部控制系统

任务导入

通过认知内部控制系统,完成表 8-5。

表 8-5　内部控制系统

维度	内容	
内部控制的要素	控制环境	
	风险评估	
	控制活动	
	信息与沟通	
	监控	
我国内部控制规范体系	企业内部控制基本规范	
	企业内部控制应用指引	
	企业内部控制评价指引	
	企业内部控制审计指引	

任务分析

本任务学习旨在帮助学生深入理解并掌握内部控制的核心内容。通过学习，学生能够全面把握内部控制的定义、框架和要素，理解其内在逻辑和相互关系。同时，能够对比 COSO 框架与我国内部控制规范体系的异同，加深对不同规范体系的理解和认识。此外，还应能够掌握内部控制的核心原则，理解其在内部控制设计和实施中的重要性，并能够根据这些原则指导实际工作。在学习过程中，应注重理论与实践的结合，通过案例分析、模拟演练等方式加深对内部控制的理解和掌握，提高解决实际问题的能力。

【在线课 8-3】
内部控制

任务实施

一、内部控制的定义与框架

（一）COSO 委员会关于内部控制的定义与框架

成立于 1985 年的美国反虚假财务报告委员会下属的发起人委员会（The Committee of Sponsoring Organizations of the Treadway Commission，COSO）对内部控制（internal control）的定义是"公司的董事会、管理层及其他人士为实现以下目标提供合理保证而实施的程序：运营的效益和效率、财务报告的可靠性和遵守适用的法律法规"。

COSO 的上述定义为内部控制的基本概念提供了一些深入见解，并特别指出：

（1）内部控制是一个实现目标的程序及方法，而其本身并非目标；

（2）内部控制只提供合理保证，而非绝对保证；

（3）内部控制需由企业中各级人员实施与配合。

1992 年 9 月，COSO 提出了《内部控制——整合框架》，1994 年、2003 年和 2013 年又进行了增补和修订，简称《内部控制框架》，即 COSO 内部控制框架。《内部控制——整合框架》提出了内部控制的三项目标和五大要素。

内部控制的三项目标包括取得经营的效率和有效性、确保财务报告的可靠性、遵循适用的法律法规。

内部控制的五大要素包括控制环境（包括员工的正直、道德价值观和能力，管理当局的理念和经营风格，管理当局确立权威性和责任、组织和开发员工的方法等）、风险评估（为了达成组织目标而对相关的风险所进行的辨别与分析）、控制活动（为了确保实现管理当局的目标而采取的政策和程序，包括审批、授权、验证、确认、经营业绩的复核、资产的安全性等）、信息与沟通（为了保证员工履行职责而必须识别、获取的信息及相关沟通）、内部监督（对内部控制实施质量的评价，主要包括经营过程中的持续监控，即日常管理和监督、员工履行职责的行动等，也包括个别评价或者是两者的结合）。

（二）我国内部控制规范体系

1.《企业内部控制基本规范》

《企业内部控制基本规范》（以下简称《基本规范》）规定了内部控制的目标、要素、原则和总体要求，是内部控制的总体框架，在内部控制标准体系中起统领作用。

《基本规范》要求企业建立内部控制体系时应符合以下目标：合理保证企业经营管理合法合规、资产安全、财务报告及相关信息真实完整，提高经营效率和效果，促进企业实现发展战略。

《基本规范》借鉴了以 COSO 委员会内部控制整合报告为代表的国际内部控制框架，

并结合中国国情,要求企业所建立与实施的内部控制应当包括下列5个要素:内部环境、风险评估、控制活动、信息与沟通、内部监督。

2.《企业内部控制应用指引》

《企业内部控制应用指引》(以下简称《应用指引》)是对企业按照内部控制原则和内部控制"五要素"建立健全本企业内部控制所提供的指引,在配套指引乃至整个内部控制规范体系中占据主体地位。

《应用指引》针对组织结构、发展战略、人力资源、社会责任、企业文化、资金活动、采购业务、资产管理、销售业务、研究与开发、工程项目、担保业务、业务外包、财务报告、全面预算、合同管理、内部信息传递、信息系统共18项企业主要业务的内控领域或内控手段,提出了建议性的应用指引,为企业以及外部审核人建立与评价内控体系提供了参照性标准。

3.《企业内部控制评价指引》和《企业内部控制审计指引》

《企业内部控制评价指引》(以下简称《评价指引》)和《企业内部控制审计指引》(以下简称《审计指引》)是对企业按照内部控制原则和内部控制"五要素"建立健全本企业"事后控制"的指引,是对企业贯彻《基本规范》和《应用指引》效果的评价与检验。

《评价指引》为企业对内部控制的有效性进行全面评价、形成评价结论、出具评价报告提供了指引。该评价指引明确内部控制评价应围绕内部环境、风险评估、控制活动、信息与沟通、内部监督等要素,企业应当确定评价的具体内容及对内部控制设计与运行情况进行全面评价。同时,指引中对内部控制评价的内容、程序、缺陷的认定、评价报告、工作底稿要求、评估基准日等方面作出了规定。

《审计指引》为会计师事务所对特定基准日与财务报告相关内部控制设计与执行有效性进行审计提供了指引。它明确注册会计师应对财务报告内部控制的有效性发表审计意见,并对内部控制审计过程中注意到的非财务报告内部控制的重大缺陷予以披露。同时,就审计计划工作、审计实施、如何评价控制缺陷、审计期后事项、审计报告内容和方法以及审计工作底稿作出规定。

二、内部控制的要素

(一)控制环境

【在线课8-4】内部控制的要素(上)

1. COSO《内部控制框架》关于控制环境要素的要求

控制环境决定了企业的基调,直接影响企业员工的控制意识。控制环境提供了内部控制的基本规则和构架,是其他四要素的基础。控制环境包括员工的诚信度、职业道德和才能,管理哲学和经营风格,权责分配方法,人事政策,董事会的经营重点和目标等。

【在线课8-5】内部控制的要素(下)

2. 我国《企业内部控制基本规范》关于内部环境要素的要求

(1)企业应当根据国家有关法律法规和企业章程,建立规范的公司治理结构和议事规则,明确决策、执行、监督等方面的职责权限,形成科学有效的职责分工和制衡机制。

(2)董事会负责内部控制的建立健全和有效实施。监事会对董事会建立与实施内部控制进行监督。经理层负责组织领导企业内部控制的日常运行。企业应当成立专门机构或者指定适当的机构具体负责组织协调内部控制的建立实施及日常工作。

(3)企业应当在董事会下设立审计委员会。审计委员会负责审查企业内部控制,监督内部控制的有效实施和内部控制自我评价情况,协调内部控制审计及其他相关事宜等。审计委员会负责人应当具备相应的独立性、良好的职业操守和专业胜任能力。

（4）企业应当结合业务特点和内部控制要求设置内部机构，明确职责权限，将权利与责任落实到各责任单位。企业应当通过编制内部管理手册，使全体员工掌握内部机构设置、岗位职责、业务流程等情况，明确权责分配，正确行使职权。

（5）企业应当加强内部审计工作，保证内部审计机构设置、人员配备和工作的独立性。内部审计机构应当结合内部审计监督，对内部控制的有效性进行监督检查。内部审计机构对监督检查中发现的内部控制缺陷，应当按照企业内部审计工作程序进行报告；对监督检查中发现的内部控制重大缺陷，有权直接向董事会及其审计委员会、监事会报告。

（6）企业应当制定和实施有利于企业可持续发展的人力资源政策。人力资源政策应当包括下列内容：员工的聘用、培训、辞退与辞职，员工的薪酬、考核、晋升与奖惩，关键岗位员工的强制休假制度和定期岗位轮换制度，掌握国家秘密或重要商业秘密的员工离岗的限制性规定，有关人力资源管理的其他政策。

（7）企业应当将职业道德修养和专业胜任能力作为选拔和聘用员工的重要标准，切实加强员工培训和继续教育，不断提升员工素质。

（8）企业应当加强文化建设，培育积极向上的价值观和社会责任感，倡导诚实守信、爱岗敬业、开拓创新和团队协作精神，树立现代管理理念，强化风险意识。董事、监事、经理及其他高级管理人员应当在企业文化建设中发挥主导作用。企业员工应当遵守员工行为守则，认真履行岗位职责。

（9）企业应当加强法制教育，增强董事、监事、经理及其他高级管理人员和员工的法制观念，严格依法决策、依法办事、依法监督，建立健全法律顾问制度和重大法律纠纷案件备案制度。

【任务实例8-5】

华龙公司近年来不断加强企业内部控制体系建设，在董事会下设立了审计委员会，负责审查企业内部控制，监督内部控制的有效实施和内控自我评价情况，协调内控审计及其他相关事宜。根据COSO《内部控制框架》，公司的上述做法属于内控要素中的（　　）。

A．控制环境　　B．监控　　C．风险评估　　D．控制活动

【答案】A

（二）风险评估

1. COSO《内部控制框架》关于风险评估要素的要求

每个企业都面临诸多来自内部和外部的有待评估的风险。风险评估的前提是使经营目标在不同层次上相互衔接、保持一致。风险评估指识别、分析相关风险以实现既定目标，从而形成风险管理的基础。由于经济、产业、法规和经营环境的不断变化，需要确立一套机制来识别和应对由这些变化带来的风险。

2. 我国《企业内部控制基本规范》关于风险评估要素的要求

（1）企业应当根据设定的控制目标，全面、系统、持续地收集相关信息，结合实际情况，及时进行风险评估。

（2）企业开展风险评估，应当准确识别与实现控制目标相关的内部风险和外部风险，确定相应的风险承受度。风险承受度是企业能够承担的风险限度，包括整体风险承受能力和业务层面的可接受风险水平。

（3）企业识别内部风险应当关注下列因素：董事、监事、经理及其他高级管理人

员的职业操守、员工专业胜任能力等人力资源因素，组织机构、经营方式、资产管理、业务流程等管理因素，研究开发、技术投入、信息技术运用等自主创新因素，财务状况、经营成果、现金流量等财务因素，营运安全、员工健康、环境保护等安全环保因素，其他有关内部风险因素。

（4）企业识别外部风险应当关注下列因素：经济形势、产业政策、融资环境、市场竞争、资源供给等经济因素，法律法规、监管要求等法律因素，安全稳定、文化传统、社会信用、教育水平、消费者行为等社会因素，技术进步、工艺改进等科学技术因素，自然灾害、环境状况等自然环境因素，其他有关外部风险因素。

（5）企业应当采用定性与定量相结合的方法，按照风险发生的可能性及其影响程度等，对识别的风险进行分析和排序，确定关注重点和优先控制的风险。企业进行风险分析，应当充分吸收专业人员，组成风险分析团队，严格按照规范的程序开展工作，确保风险分析结果的准确性。

（6）企业应当根据风险分析的结果，结合风险承受度，权衡风险与收益，确定风险应对策略。企业应当合理分析、准确掌握董事、经理及其他高级管理人员、关键岗位员工的风险偏好，采取适当的控制措施，避免因个人风险偏好给企业经营带来重大损失。

（7）企业应当综合运用风险规避、风险降低、风险分担和风险承受等风险应对策略，实现对风险的有效控制。

（8）企业应当结合不同发展阶段和业务拓展情况，持续收集与风险变化相关的信息，进行风险识别和风险分析，及时调整风险应对策略。

价值引领

构建内控体系　筑企长远之基

修正药业集团随着规模扩大和业务复杂，内部控制问题逐渐凸显，特别是财务审批不规范和药品质量控制不严格，给企业带来了财务风险和合规挑战，影响了药品质量和企业声誉。为此，集团成立专业团队，深入分析业务流程，通过风险评估和测试找出关键问题，并制定优化措施。财务方面，重新设计审批流程，强化监督机制；药品生产方面，引入先进质量管理体系和追溯制度。同时加强内部审计和风险管理，建立定期评估机制。这些措施显著提高了内部控制，降低了风险，提升了药品质量和企业声誉，展现了内部控制优化对企业可持续发展的重要性。

启示：内部控制优化是企业持续发展的基石。企业应定期评估审查内部控制体系，适应市场变化，及时调整战略。全员参与共筑防线，方能筑牢企业长远发展之基。企业加强内部控制不仅能提升效率与竞争力，还能树立良好的企业形象，为可持续发展奠定基础。只有通过不断优化内部控制，企业才能稳健前行，迎接市场挑战。

（三）控制活动

1. COSO《内部控制框架》关于控制活动要素的要求

控制活动是指那些有助于管理层决策顺利实施的政策和程序。控制活动有助于确保实施必要的措施以管理风险，实现经营目标。控制活动体现在整个企业的不同层次和不同部门中，它们包括诸如批准、授权、查证、核对、复核经营业绩、资产保护和职责分工等活动。

2. 我国《企业内部控制基本规范》关于控制活动要素的要求

（1）企业应当结合风险评估结果，通过手工控制与自动控制、预防性控制与发现性控制相结合的方法，运用相应的控制措施，将风险控制在可承受度之内。控制措施一般包括不相容职务分离控制、授权审批控制、会计系统控制、财产保护控制、预算控制、运营分析控制和绩效考评控制等。

（2）不相容职务分离控制要求企业全面系统地分析、梳理业务流程中所涉及的不相容职务，实施相应的分离措施，形成各司其职、各负其责、相互制约的工作机制。

（3）授权审批控制要求企业根据常规授权和特别授权的规定，明确各岗位办理业务和事项的权限范围、审批程序和相应责任。企业应当编制常规授权的权限指引，规范特别授权的范围、权限、程序和责任，严格控制特别授权。常规授权是指企业在日常经营管理活动中按照既定的职责和程序进行的授权。特别授权是指企业在特殊情况、特定条件下进行的授权。企业各级管理人员应当在授权范围内行使职权和承担责任。企业对于重大的业务和事项，应当实行集体决策审批或者联签制度，任何个人不得单独进行决策或者擅自改变集体决策。

（4）会计系统控制要求企业严格执行国家统一的会计准则制度，加强会计基础工作，明确会计凭证、会计账簿和财务会计报告的处理程序，保证会计资料真实完整。企业应当依法设置会计机构，配备会计从业人员。

（5）财产保护控制要求企业建立财产日常管理制度和定期清查制度，采取财产记录、实物保管、定期盘点、账实核对等措施，确保财产安全。企业应当严格限制未经授权的人员接触和处置财产。

（6）预算控制要求企业实施全面预算管理制度，明确各责任单位在预算管理中的职责权限，规范预算的编制、审定、下达和执行程序，强化预算约束。

（7）运营分析控制要求企业建立运营情况分析制度，经理层应当综合运用生产、购销、投资、筹资、财务等方面的信息，通过因素分析、对比分析、趋势分析等方法，定期开展运营情况分析，发现存在的问题，及时查明原因并加以改进。

（8）绩效考评控制要求企业建立和实施绩效考评制度，科学设置考核指标体系，对企业内部各责任单位和全体员工的业绩进行定期考核和客观评价，将考评结果作为确定员工薪酬以及职务晋升、评优、降级、调岗、辞退等的依据。

（9）企业应当根据内部控制目标，结合风险应对策略，综合运用控制措施，对各种业务和事项实施有效控制。

（10）企业应当建立重大风险预警机制和突发事件应急处理机制，明确风险预警标准，对可能发生的重大风险或突发事件，制定应急预案、明确责任人员、规范处置程序，确保突发事件得到及时妥善处理。

（四）信息与沟通

1. COSO《内部控制框架》关于信息与沟通要素的要求

公允的信息必须被确认、捕获并以一定形式及时传递，以便员工履行职责；信息系统产出涵盖经营、财务和遵循性信息的报告，以助于经营和控制企业；信息系统不仅处理内部产生的信息，还包括与企业经营决策和对外报告相关的外部事件、行为和条件等；有效的沟通从广义上说是信息的自上而下、横向以及自下而上地传递；所有员工必须从管理层得到准确的信息，认真履行控制职责；员工必须理解自身在整个内控系统中的位置，理解个人行为与其他员工工作的相关性；员工必须有向上传递重要信息的途径；同时，与外部诸如客户、供应商、管理当局和股东之间也需要有效的沟通。

2. 我国《企业内部控制基本规范》关于信息与沟通要素的要求

（1）企业应当建立信息与沟通制度，明确内部控制相关信息的收集、处理和传递程序，确保信息及时沟通，促进内部控制有效运行。

（2）企业应当对收集的各种内部信息和外部信息进行合理筛选、核对、整合，提高信息的有用性。

（3）企业应当将内部控制相关信息在企业内部各管理级次、责任单位、业务环节之间以及企业与外部投资者、债权人、客户、供应商、中介机构和监管部门等有关方面之间进行沟通和反馈。

（4）企业应当利用信息技术促进信息的集成与共享，充分发挥信息技术在信息与沟通中的作用。企业应当加强对信息系统开发与维护、访问与变更、数据输入与输出、文件储存与保管、网络安全等方面的控制，保证信息系统安全稳定运行。

（5）企业应当建立反舞弊机制，坚持惩防并举、重在预防的原则，明确反舞弊工作的重点领域、关键环节和有关机构在反舞弊工作中的职责权限，规范舞弊案件的举报、调查、处理、报告和补救程序。

（6）企业应当建立举报投诉制度和举报人保护制度，设置举报专线，明确举报投诉处理程序、办理时限和办结要求，确保举报、投诉成为企业有效掌握信息的重要途径。

（五）内部监督

1. COSO《内部控制框架》关于内部监督要素的要求

内部控制系统需要被监控，即对该系统有效性进行评估的全过程；可以通过持续性的监控行为、独立评估或两者结合来实现对内控系统的监控；持续性的监控行为发生在企业的日常经营过程中，包括企业的日常管理和监督行为、员工履行各自职责的行为；独立评估活动的广度和频度有赖于风险预估和日常监控程序的有效性；内部控制的缺陷应该自下而上进行汇报，性质严重的应上报最高管理层和董事会。

2. 我国《企业内部控制基本规范》关于内部监督要素的要求

（1）企业应当根据本规范及其配套办法，制定内部控制监督制度，明确内部审计机构（或经授权的其他监督机构）和其他内部机构在内部监督中的职责权限，规范内部监督的程序、方法和要求。

（2）企业应当制定内部控制缺陷认定标准，对监督过程中发现的内部控制缺陷，应当分析缺陷的性质和产生的原因，提出整改方案，采取适当的形式及时向董事会、监事会或者经理层报告。

（3）企业应当结合内部监督情况，定期对内部控制的有效性进行自我评价，出具内部控制自我评价报告。

（4）企业应当以书面或者其他适当的形式，妥善保存内部控制建立与实施过程中的相关记录或者资料，确保内部控制建立与实施过程的可验证性。

三、内部控制的核心原则

企业应基于内部控制的目标，确保内部控制的有效实施，应当遵循的原则包括：全面覆盖原则、重点关注原则、相互制衡原则、适应变化原则、成本效益原则。

【知识链接8-5】内部控制应遵循的原则

任务拓展

（1）内部控制的三项目标包括＿＿＿＿、＿＿＿＿、＿＿＿＿。
（2）内部控制的五大要素包括＿＿＿＿、＿＿＿＿、＿＿＿＿、＿＿＿＿、＿＿＿＿。
（扫描二维码查看答案。）

【任务拓展】参考答案

任务小结

本任务深入剖析了内部控制在企业运营中的重要性，详细阐述了其五大要素及如何设计、实施、评估和改进内部控制系统。强调了内部控制对于确保企业资产安全、财务报告准确性和法规遵循的关键作用，同时也指出了内部控制对于提高企业经营效率和效果的重要性。学生通过学习本任务，能够全面理解并掌握内部控制的核心原理和方法，为建立健全的内部控制体系提供有力支持，为企业的稳健发展奠定坚实基础。

项目总结

企业风险管理和内部控制共同构成了企业稳健运营的两大支柱。风险管理侧重于识别和评估潜在风险，制订应对策略，而内部控制则侧重于确保企业业务运作的规范、高效和合法。两者相辅相成，共同保障企业目标的实现和资产安全。通过本项目的学习，能够全面理解企业风险管理和内部控制的重要性，掌握其原理和方法，建立健全的风险管理和内部控制体系，从而为企业的稳健发展提供有力保障。这不仅有助于企业应对复杂多变的市场环境，还能够提升企业的竞争力和应变能力，实现可持续发展。

职业能力训练

【自测题】

学业测评

职业能力和素养测评见表8-6。

表8-6 职业能力和素养测评表

评价项目	评价指标	自测结果	得分
职业素养 （10分）	1. 积极参加教学活动，按时完成任务（2分） 2. 遵守劳动纪律，教学场地6S管理（2分） 3. 培养风险意识，树立风险思维（3分） 4. 培养学生对企业风险方面问题的敏锐度与洞察力（3分）	□A □B □C □D □E □A □B □C □D □E □A □B □C □D □E □A □B □C □D □E	
企业风险认知 （15分）	1. 风险的概念（5分） 2. 企业面对风险的种类（10分）	□A □B □C □D □E □A □B □C □D □E	
企业风险管理 （45分）	1. 企业风险管理的概念及原则（10分） 2. 企业风险管理的基本流程（5分） 3. 企业风险管理的目标（10分） 4. 风险管理体系（10分） 5. 风险管理的技术与方法（10分）	□A □B □C □D □E □A □B □C □D □E □A □B □C □D □E □A □B □C □D □E □A □B □C □D □E	

续表

评价项目	评价指标	自测结果	得分
内部控制 （30分）	1. 内部控制的定义（5分） 2. 内部控制的目标（10分） 3. 内部控制的要素（10分） 4. 内部控制的核心原则（5分）	□A □B □C □D □E □A □B □C □D □E □A □B □C □D □E □A □B □C □D □E	
教师评语：			
成绩		教师签字	

注：在□中打√，A：100%，B：80%，C：60%，D：40%，E：20%。

职业能力拓展

【关键术语】

【素养进阶】

【职业能力进阶】

【职业能力进阶】参考答案

经典案例导读

项目九

管理会计信息与报告

项目描述

面临数字经济时代的新要求，随着经济全球化、全球产业链的形成，企业之间的竞争也已经演绎成为企业所在的价值链上相关企业的集合体与其他价值链企业集合体之间的竞争。管理会计报告作为管理会计工具使用的信息载体，满足利益相关者的需求。如果您是公司的管理会计师，请您根据企业情况优化管理会计报告体系。

项目分析

一份好的管理会计报告一定是切合企业实际、适合企业经营管理并符合管理者需求的。管理会计报告要以发现并解决问题为导向、以价值管理为核心、以指导决策为引领、以服务战略为目标。企业可以从经营层面、管理层面、财务层面、绩效层面等不同层面完善管理会计报告。为完成管理会计信息与报告项目任务，首先需要掌握管理会计报告编制、管理会计报告体系内容等；然后搭建或优化管理会计信息系统，加强数字平台建设，打通财务系统和业务系统壁垒，做到数据的融合和共享。故本项目分两个任务：任务1 管理会计报告认知；任务2 管理会计信息系统。

党的二十大精神学习园地

党的二十大报告指出："教育、科技、人才是全面建设社会主义现代化国家的基础性、战略性支撑。必须坚持科技是第一生产力、人才是第一资源、创新是第一动力，深入实施科教兴国战略、人才强国战略、创新驱动发展战略，开辟发展新领域新赛道，不断塑造发展新动能新优势。"

学习目标

知识目标

1. 理解管理会计报告的概念。

附件9-1 管理会计应用指引第801—802号

2. 理解管理会计信息系统的概念。
3. 掌握管理会计报告编制方法。

 能力目标

1. 能够编制管理会计报告。
2. 能够掌握管理会计信息系统建设的应用策略。
3. 能够分析用户评价。

 素养目标

1. 能够合理运用相关工具和方法，为企业提供便利、准确、高效的管理会计信息，为企业的决策提供支持。
2. 培养学生精益求精、坚持不懈的精神，能够编制出符合企业需求的高质量管理会计报告。
3. 培养学生的底线思维和敬畏之心。

 ## 职业素养提升

善用管理会计信息与报告　做有智慧的管理会计人才

管理会计报告是管理会计信息输出的呈现方式之一，能够为企业各层级进行规划、决策、控制和评价等管理活动提供有价值的信息。管理会计信息系统是指以财务和业务信息为基础，借助计算机、网络通信等现代信息技术手段，对管理会计信息进行收集、整理、加工、分析和报告等操作处理，为企业有效开展管理会计活动提供全面、及时、准确信息支持的各功能模块的有机集合。

管理会计报告和管理会计信息系统的应用能够对企业的经济效益提高和可持续发展产生积极影响。通过对管理会计报告的学习，学生能更好地理解企业的运营以及在运营过程中面临的固有风险和运营风险，培养底线意识、敬畏之心等职业素养。应将社会主义核心价值观贯穿于学习与工作中，爱岗敬业、诚实守信；同时，应强化管理会计信息系统建设，全面提升我国管理会计信息技术化水平。在未来的工作岗位上要善用管理会计报告与管理会计信息系统，才能在职业生涯中成为有担当、有智慧的管理会计人才。

配套学习资源

省级在线精品课程"数字化管理会计"——管理会计信息与报告

知识图谱

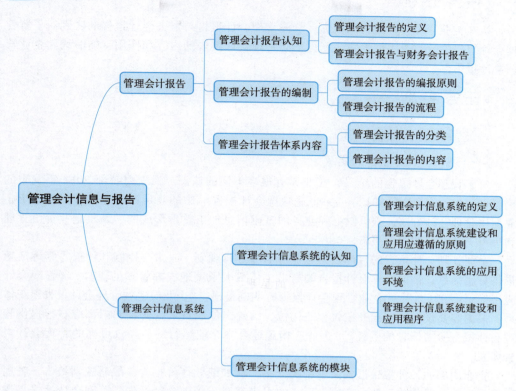

任务1　管理会计报告

任务导入

（1）以游戏的形式随机或按照自由组合方式将班级学生分成若干小组（5~8人为一小组），各小组分别走访调研一家单位，分析该单位财务会计报告和管理会计报告的关系，并形成分析报告。每位同学都要参加。

（2）组织讨论，每个小组推荐一位代表汇报讨论情况，并说明思路和方法。班级全体同学对其汇报情况进行评分。

（3）每个小组将汇报情况形成文字资料，并上交授课老师评阅。

任务组队形式：

小组（　　）	个人（　　）
小组成员（　人）：	
本人角色：	
本人负责任务：	

任务分析

认知企业管理会计报告的概念，掌握管理会计报告与财务会计报告的区别，了解管理会计报告的分类及不同形式，掌握不同管理会计报告的内容和作用，能够编制企业管理会计报告。

任务实施

一、管理会计报告认知

（一）管理会计报告的定义

对于管理会计报告的定义，在业界有很多不同的认识。根据财政部 2017 年发布的《管理会计应用指引第 801 号——企业管理会计报告》中的规定：管理会计报告是指企业运用管理会计方法，根据财务和业务的基础信息加工整理形成的，满足企业价值管理和决策支持需要的内部报告。

企业管理会计报告的目标是为企业各层级进行规划、决策、控制和评价等管理活动提供有用信息，帮助管理会计报告的需求主体最大限度地发挥管理的优势。《管理会计应用指引第 801 号——企业管理会计报告》明确提出："企业应建立管理会计报告组织体系，根据需要设置管理会计报告相关岗位，明确岗位职责。企业各部门都应履行提供管理会计报告所需信息的责任。"企业应构建适合本企业运行的、高效可靠的管理会计报告体系。

【在线课 9-1】
如何理解管理会计报告

企业内部的各种报告形式文本种类众多，例如绩效评价报告、战略规划报告、管理决策报告等，但并非企业内部所有形式的报告都属于管理会计报告。管理会计报告是致力于总结、设计、规范管理会计的信息输出，以使管理会计工作目标更好地实现的报告。需要注意的是，管理会计报告的边界与管理会计的边界相同，在快速变化的外部环境下，企业可以通过管理会计报告将管理者的决策能力、员工的执行能力始终与公司战略保持一致，使公司的价值得以持续提升。管理报告定义理解示意图如图 9-1 所示。

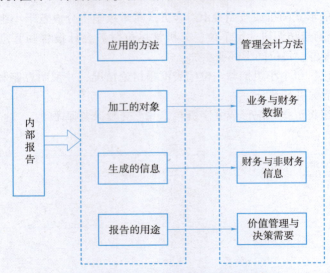

图 9-1　管理会计报告定义理解示意图

(二) 管理会计报告与财务会计报告

管理会计报告和财务会计报告之间既有联系,又有区别。其联系如下:

(1) 两者均以企业整体经营活动为基础,通过财务信息以及非财务信息为企业内外的利益相关者提供决策支持,是现代会计信息系统中的两个核心子系统。

(2) 管理会计报告弥补了财务会计报告的不足。管理会计报告更详尽和具体地揭示了公司运营管理、战略实施乃至风险管理的各个方面。财务会计报告有一套规范的概念、准则和原则体系,能够使得不同企业的会计信息可比,便于信息使用者比较分析,但不利于内部管理者根据管理的需求从新的维度分析和阐释信息。管理工作的机动性和动态性,使得管理者对信息的诉求也是机动、动态、多维度的。管理会计报告与财务会计报告结合,可以为内部管理者和外部信息使用者提供更综合的信息。

(3) 管理会计报告与财务会计报告互相影响和促进。内部报告与外部报告的划分是相对的,有些本属于内部管理会计报告的内容在对外披露时,会作为财务会计报告的附属部分。外部信息使用者对信息的诉求会使得信息披露规则发生变化,原本属于管理会计报告的内容也可能会进入对外披露之列。企业管理者在进行管理会计决策时,也会利用财务会计报告,此时财务会计报告就变成了管理会计报告的一部分。

管理会计报告和财务会计报告的区别体现在编制基础、服务对象、报告内容、报告的范围、报告的期间、计量方式、信息类型、规范要求等方面。两者的区别实质上就是管理会计与财务会计在报告呈现形式上的区别。表 9-1 展示了管理会计报告与财务会计报告的区别。

表 9-1 管理会计报告与财务会计报告的区别

项目	管理会计报告	财务会计报告
编制基础	财务信息和非财务信息	财务信息为主
服务对象	服务于对管理会计信息有需求的各个层次、各个环节的管理者	主要服务于外部使用者
报告内容	不限于反映企业整体的经营活动情况,可以根据决策需要对某个局部、某个细节、某个流程、某个产品、某个责任人等编制各类相关信息	主要反映企业整体的财务状况、经营成果和现金流量
报告的范围	不限于历史信息,将影响企业未来决策的重要信息度都纳入报告范围	主要反映历史信息
报告的期间	可以根据管理的需要和管理会计活动的性质设定报告期间	定期编制,以月度、季度、年度作为会计报告期间
计量方式	不限于货币计量	货币计量
信息类型	数据信息和非数据信息并重,根据管理决策需要选取不同的信息类型	主要披露财务会计数据信息,非数据信息只作为数据信息的补充
规范要求	格式灵活	受会计准则等相关制度的规范,格式统一

二、管理会计报告的编制

(一) 管理会计报告的编报原则

为适应企业支持管理决策的需要,管理会计报告在报告内容、信息类型、表现形式

【知识链接 9-1】
管理会计
编报原则

等方面均具有一定的灵活性。灵活性的特点使得管理会计报告能够根据决策需要进行适当创新，这种常变常新也意味着管理会计报告的编报原则需要更加明确，以保证其聚焦于支持管理决策、提升企业价值。管理会计报告的编报原则是指在管理会计报告的设计、编制、传递等过程中需要遵循的基本原则，即责任匹配原则、例外原则、比较原则、及时原则、标准化原则、清晰原则、成本收益原则等。

> **价值引领**
> **构建可持续发展的管理会计报告体系　有效提升企业价值**
>
> 　　宝山钢铁股份有限公司（以下简称宝钢股份）从经济、环境和社会三个维度建立企业发展目标体系，经济方面以合理化安排财务工作和成本精细化管控为目标，环境方面以节约能源和资源、碳中和与生态保护为目标，社会方面以员工权益和薪酬福利、人才发展、健康和安全、员工关怀、精准扶贫和美好社区等为目标。在可持续发展理论下，宝钢股份通过整合企业的财务和非财务信息建立管理会计报告，为管理者进行正确的决策提供依据，保证企业的投资和经营活动实现经济、环境和社会的共同可持续发展。通过宝钢股份的管理会计实施情况可以发现，在经济维度，宝钢股份通过成本精细化管理和财务合理安排进行管理；在环境维度，以节约能源和生态保护作为主要切入点；在社会发展维度，注重在职工权益、薪酬福利、职业规划、健康和安全、社会公益等方面加强管理。在每一个维度下以报告和报表的形式再进行细分，最终形成宝钢股份可持续发展理论下的管理会计报告，将企业的利润最大化目标转为综合目标最大化，使宝钢股份注重节约能源、研发创新、质量效益、环境友好和社会责任，为企业管理者的经营决策提供准确的信息；同时，对经济、环境和社会三个维度下的业绩制定和完成情况进行核实和评价，实现企业整体目标最大化。
>
> 　　**启示**：可持续发展理论下的管理会计报告已经成为现代企业发展的内在需求，它能够有效提高企业价值，使企业在经济、环境、社会维度得到全面提升。实行可持续发展的企业能够综合考虑企业内外部环境的变化，有利于企业的长远发展，与行业竞争对手相比有更多的发展机遇；同时，企业的可持续发展契合全球可持续发展的背景，有利于塑造良好的企业形象，提高企业在市场中的竞争力。

（二）管理会计报告的流程

企业管理会计报告的流程包含报告的编制、审批、报送、使用、评价等环节。

（1）编制。企业管理会计报告由管理会计信息归集、处理、报送的相关责任部门进行编制。

（2）审批。企业应根据报告的内容、重要性和报告对象等，确定不同的审批流程。经审批后的报告方可报出。

（3）报送。企业应合理设计报告报送路径，确保企业管理会计报告及时、有效地送达报告对象。企业管理会计报告可以根据报告性质、管理需要进行逐级报送或直接报送。

（4）使用。企业应建立管理会计报告使用的授权制度，使用人应在权限范围内使用企业管理会计报告。

（5）评价。企业应对管理会计报告的质量传递的及时性、保密情况等进行评价，并将评价结果与绩效考核挂钩。

企业应当充分利用信息技术，强化企业管理会计报告及相关信息集成和共享，将企业管理会计报告的编制、审批、报送和使用等纳入企业统一信息平台；企业应定期根据企业管理会计报告使用效果以及内外部环境变化对企业管理会计报告体系、内容、编制、审批、报送、使用等进行优化；企业管理会计报告属内部报告，应在允许的范围内传递和使用，相关人员应遵守保密规定。

三、管理会计报告体系内容

（一）管理会计报告的分类

企业管理会计报告可以按照多种标准进行分类，包括但不限于按照企业管理会计报告使用者所处的管理层级分为战略层管理会计报告、经营层管理会计报告和业务层管理会计报告；按照企业管理会计报告内容分为综合企业管理会计报告和专项企业管理会计报告；按照管理会计功能分为管理规划报告、管理决策报告、管理控制报告和管理评价报告；按照责任中心分为投资中心报告、利润中心报告和成本中心报告；按照报告主体整体性程度分为整体报告和分部报告，见表9-2。

【知识链接9-2】
管理会计报告类型

表9-2 管理会计报告的5种分类标准和报告的结构与内容

序号	分类标准	报告的结构与内容
1	按照企业管理会计报告使用者所处的管理层级	战略层管理会计报告 经营层管理会计报告 业务层管理会计报告
2	按照企业管理会计报告内容	综合企业管理会计报告 专项企业管理会计报告
3	按照管理会计功能	管理规划报告 管理决策报告 管理控制报告 管理评价报告
4	按照责任中心	投资中心报告 利润中心报告 成本中心报告
5	按照报告主体整体性程度	整体报告 分部报告

注：本表根据《管理会计应用指引第801号——企业管理会计报告》总则第十一条的内容整理而成。

（二）管理会计报告的内容

不同层级的管理会计报告，撰写的内容并不相同。

1. 战略层管理会计报告的内容

（1）综合业绩报告的内容一般包括关键绩效指标预算及其执行结果、差异分析以及其他重大绩效事项等。

（2）价值创造报告的内容一般包括价值创造目标、价值驱动的财务因素与非财务因素、内部各业务单元的资源占用与价值贡献，以及提升公司价值的措施等。

（3）经营分析报告的内容一般包括过去经营决策执行情况回顾、本期经营目标执行的差异及其原因、影响未来经营状况的内外部环境与主要风险分析、下一期的经营目标及管理措施等。

【在线课9-2】
会计报告中的战略管理报告与全面预算报告

（4）风险分析报告的内容一般包括企业全面风险管理工作回顾、内外部风险因素分析、主要风险识别与评估、风险管理工作计划等。

【在线课9-3】
会计报告中的成本管理报告和业绩评价报告

（5）重大事项报告是针对企业的重大投资项目、重大资本运作、重大融资、重大担保事项、关联交易等事项进行的报告。

（6）例外事项报告是针对企业发生的自然灾害、管理层变更、股权变更、安全事故等偶发性事项进行的报告。

2. 经营层管理会计报告的内容

（1）全面预算管理报告的内容一般包括预算目标制定与分解、预算执行差异分析以及预算考评等。

（2）投资分析报告的内容一般包括投资对象、投资额度、投资结构、投资进度、投资效益、投资风险和投资管理建议等。

（3）项目可行性报告的内容一般包括项目概况、市场预测、产品方案与生产规模、厂址选择、工艺与组织方案设计、财务评价、项目风险分析，以及项目可行性研究结论与建议等。

（4）融资分析报告的内容一般包括融资需求测算、融资渠道与融资方式分析及选择、资本成本、融资程序、融资风险及其应对措施和融资管理建议等。

（5）盈利分析报告的内容一般包括盈利目标及其实现程度、利润的构成及其变动趋势、影响利润的主要因素及其变化情况，以及提高盈利能力的具体措施等。企业还应对收入和成本进行深入分析。盈利分析报告可基于企业集团、独立企业，也可基于责任中心、产品、区域、客户等进行。

（6）资金管理报告的内容一般包括资金管理目标、主要流动资金项目（如现金、应收票据）、应收账款、存货的管理状况、资金管理存在的问题以及解决措施等。企业集团资金管理报告的内容一般还包括资金管理模式（集中管理还是分散管理）、资金集中方式、资金集中程度、内部资金往来等。

（7）成本管理报告的内容一般包括成本预算、实际成本及其差异分析，成本差异形成的原因以及改进措施等。

（8）业绩评价报告的内容一般包括绩效目标、关键绩效指标、实际执行结果、差异分析、考评结果，以及相关建议等。

3. 业务层管理会计报告的内容

（1）研究开发报告一般包括研发背景、主要研发内容、技术方案、研发进度、项目预算等。

（2）采购业务报告的内容一般包括采购业务预算、采购业务执行结果、差异分析及改善建议等。采购业务报告要重点反映采购质量、数量以及时间、价格等方面的内容。

（3）生产业务报告的内容一般包括生产业务预算、生产业务执行结果、差异分析及改善建议等。生产业务报告要重点反映生产成本、生产数量以及产品质量、生产时间等方面的内容。

（4）配送业务报告的内容一般包括配送业务预算、配送业务执行结果、差异分析及改善建议等。配送业务报告要重点反映配送的及时性、准确性以及配送损耗等方面的内容。

（5）销售业务报告的内容一般包括销售业务预算、销售业务执行结果、差异分析及改善建议等。销售业务报告要重点反映销售的数量结构和质量结构等方面的内容。

（6）售后服务业务报告的内容一般包括售后服务业务预算、售后服务业务执行结果、差异分析及改善建议等。售后服务业务报告要重点反映售后服务的客户满意度等方面的内容。

(7) 人力资源报告的内容一般包括人力资源预算、人力资源执行结果、差异分析及改善建议等。人力资源报告要重点反映人力资源使用及考核等方面的内容。

任务拓展

（1）根据要求对实地走访的公司编制企业战略管理报告。
（2）根据要求对实地走访的公司编制企业成本管理报告。
（3）根据要求对实地走访的公司编制企业销售业务报告。
（4）企业管理会计报告的流程包含报告的_____、_____、_____、_____、_____等环节。
（5）企业管理会计报告可以按照多种标准进行分类，按照企业管理会计报告使用者所处的管理层级可以分为_____、_____、_____。
（扫描二维码查看答案。）

【任务拓展】参考答案

任务小结

本任务主要阐述了管理会计报告的定义，分析了管理会计报告与财务会计报告的联系与区别；介绍了管理会计报告的编制原则、流程及体系内容，管理会计报告的类别等。

任务2 管理会计信息系统

任务导入

从我国管理会计信息化发展现状入手，明晰管理会计信息系统建设的必要性，总结管理会计信息系统建设和应用策略。

任务分析

了解管理会计信息系统建设和应用应遵循的原则、应用环境，清楚管理会计信息系统建设应用程序及功能模块。

【在线课9-4】管理会计信息概述

任务实施

通过应用各类数据信息，促使管理工作与会计工作有机结合，提升企业经营规划的合理性，保障战略目标制定的科学性，提高财务管控的有效性。管理会计最早起源于西方国家，是会计工作的核心部分。在信息化时代背景下，推动信息技术与管理会计相结合，能够全面提升财务管理工作效率，促进企业得到更好的发展。

【在线课9-5】会计信息主要特征

一、管理会计信息系统的认知

（一）管理会计信息系统的定义

管理会计信息系统是指以财务和业务信息为基础，借助计算机、网络通信等现代信息技术手段，对管理会计信息进行收集、整理、加工、分析和报告等操作处理，为企业有效开展管理会计活动提供全面、及时、准确信息支持的各功能模块的有机集合。

【知识链接9-3】管理会计信息系统建设的必要性和重要性

（二）管理会计信息系统建设和应用应遵循的原则

企业建设和应用管理会计信息系统，一般遵循以下原则。

1. 系统集成原则

管理会计系统功能模块应与财务及业务系统功能模块紧密集成，完成财务和业务数据到管理会计数据的自动生成过程，同时实现对财务和业务数据的预警或控制。

2. 数据共享原则

企业建设管理会计信息系统应实现系统间的无缝对接，通过制定统一的标准和规范，实现数据的集中统一管理，一次采集、全程共享，避免产生信息孤岛。

3. 规则可配置原则

管理会计系统功能模块应提供规则配置功能，实现其他功能模块与管理会计模块相关内容的映射和自定义配置。

4. 灵活扩展性原则

管理会计系统功能模块应具备灵活扩展性，及时满足企业内部管理的需要，通过及时补充有关参数或功能模块，对环境、业务、产品、组织和流程的变化作出响应。

5. 安全可靠原则

应保障管理会计信息系统的设备、网络、应用及数据安全；严格权限授权，做好数据储备建设，从而具备良好的抵御外部攻击能力，保证系统的正常运行并确保信息的安全、保密、完整。

（三）管理会计信息系统的应用环境

企业建设管理会计系统，一般应同时具备以下条件。

（1）对企业营运主体、营运范围、业务流程、责任中心等有清晰定义。

（2）设有具备管理会计职能的相关部门或岗位，具有一定的管理会计工具方法的应用基础以及相对清晰的管理会计应用流程。

（3）具备一定的财务和业务信息系统应用基础。

（四）管理会计信息系统建设和应用程序

【知识链接 9-4】管理会计信息系统的规划建设和应用

管理会计信息系统的建设和应用程序既包括系统的规划和建设过程，也包括系统的应用过程，如图 9-2 所示。

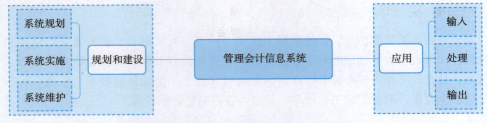

图 9-2 管理会计信息系统建设和应用程序

二、管理会计信息系统的模块

【知识链接 9-5】管理会计信息系统的功能模块

管理会计信息系统以责任中心为主要对象，包括成本管理、预算管理、绩效管理、投资管理、管理会计报告及其他功能模块，如图 9-3 所示。

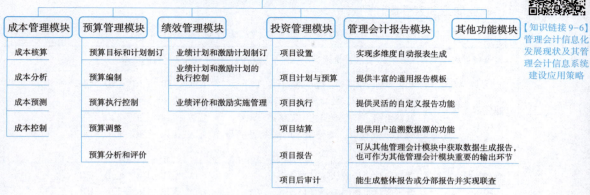

图9-3 管理会计信息系统功能模块

任务拓展

（1）企业建设和应用管理会计信息系统，一般遵循以下原则：_____、_____、_____、_____、_____、_____。

（2）管理会计信息系统以责任中心为主要对象，包括_____、_____、_____、_____及_____。

（3）了解用友、金蝶、甲骨文等企业常用的会计信息系统的功能、界面、使用方法。（扫描二维码查看答案。）

任务小结

本任务介绍了管理会计信息系统的定义，阐述了管理会计信息系统建设和应用应遵循的原则、程序，介绍了管理会计信息系统应用环境和主要模块的功能，为学生能正确地建设和应用管理会计信息系统作好知识准备。

项目总结

通过本项目的学习，学生要具备精益求精、坚持不懈的精神，对待工作要有底线思维和敬畏之心。通过本项目的学习，理解管理会计报告的概念、特征、编制要求，战略管理层下的三级管理会计报告、战略层管理会计报告、经营层管理会计报告、业务层管理会计报告；理解管理会计信息系统的概念、应用环境，建设和应用管理会计信息系统应遵循的原则、应用程序，及管理会计信息系统的功能模块。

职业能力训练

【自测题】

【项目实操】

学业测评

职业能力和素养测评见表9-3。

表9-3 职业能力和素养测评表

评价项目	评价指标	自测结果	得分
职业素养 （10分）	1. 积极参加教学活动，按时完成任务（2分） 2. 遵守劳动纪律，教学场地6S管理（2分） 3. 精益求精、坚持不懈的工匠精神（3分） 4. 树立风险意识，培养学生的底线思维和敬畏之心（3分）	□A □B □C □D □E □A □B □C □D □E □A □B □C □D □E □A □B □C □D □E	
管理会计报告 （50分）	1. 管理会计报告的认知（10分） 2. 管理会计报告的编制（15分） 3. 管理会计报告体系内容（15分）	□A □B □C □D □E □A □B □C □D □E □A □B □C □D □E	
管理会计信息系统 （40分）	1. 管理会计信息系统的认知（20分） 2. 管理会计信息系统的模块（20分）	□A □B □C □D □E □A □B □C □D □E	
教师评语：			
成绩		教师签字	

注：在□中打√，A：100%，B：80%，C：60%，D：40%，E：20%。

职业能力拓展

【关键术语】

【素养进阶】

【经典案例导读】

项目十

财务分析与可视化

项目描述

财务分析是企业根据财务报告中的财务指标进行比较分析，得出重要的财务信息，以评价企业财务状况和经营成果，提高企业资金使用效率，增强企业发展的动力，帮助企业改进财务管理工作并作出科学、准确的经济决策。财务分析是企业财务管理的重要内容和基本手段之一，也是我们认识、了解财务活动最根本的手段之一。作为管理会计师，应当认识财务分析的重要作用，掌握财务分析的基本方法，并掌握大数据财务分析与可视化方法。

项目分析

本项目要求掌握各种财务指标的计算与分析，熟悉财务分析的基本方法和程序，提升解读的财务报表能力。故本项目分五个任务：任务1 财务分析认知；任务2 财务指标计算与分析；任务3 财务综合分析与应用；任务4 财务数据采集与清洗；任务5 财务大数据分析与可视化。

党的二十大精神学习园地

党的二十大报告指出："必须坚持守正创新。我们从事的是前无古人的伟大事业，守正才能不迷失方向、不犯颠覆性错误，创新才能把握时代、引领时代。"

学习目标

知识目标

1. 了解财务分析的目的、内容和依据。

附件 10-1　企业内部控制应用指引第 14 号——财务报告

2. 熟悉财务分析的基本方法和程序。
3. 掌握企业偿债能力、运营能力、盈利能力和发展能力指标的计算及其分析方法。
4. 掌握杜邦财务分析体系指标的计算及其分析方法。

 能力目标

1. 能解读各类财务报表，并对企业的业绩进行评价。
2. 能够分析与评价企业偿债能力、资金周转能力、企业盈利能力和企业发展能力。
3. 能运用杜邦财务分析体系进行财务状况综合分析。
4. 能够使用 Excel 等数据工具设计财务分析模型。
5. 能使用大数据工具进行财务分析和可视化展示。

 素养目标

1. 熟悉财务分析相关法律法规，培养遵纪守法意识。
2. 培养数字思维和用数据说话的能力。
3. 培养利用新技术进行数据分析的能力和解决实际问题的能力。

职业素养提升

诚信为本守正创新　精益求精完成财务分析

通过对财务分析与可视化的学习和应用，同学们需要在未来的学习和工作中树立辩证思维，坚持守正创新；培养自身的诚信意识，恪守商业伦理；坚持系统观念，强化责任意识。同学们要认识到作为财务工作者，在进行财务分析时，要以发展的眼光寻找财务指标发展变化进程中的运动规律，在沿用长期使用的科学方法的基础上，通过使用大数据分析方法，不断充实和完善企业财务分析指标体系。要牢固树立"诚信为本、操守为重、遵循原则、不做假账"的职业思想。在分析财务报表时，应坚持系统观念，不能只看某项指标本身，要从它的来源，以及与其他指标及整体报表的关系等多个视角进行考量，并注意提高自身的数字安全意识与素养，做好财务分析工作。

配套学习资源

省级在线精品课程"数字化管理会计"——财务分析与可视化

知识图谱

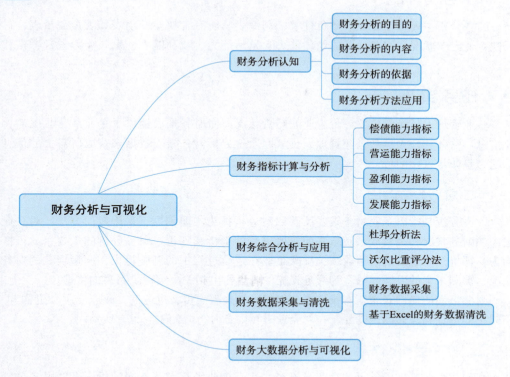

任务1　财务分析认知

任务导入

1. 以游戏的形式随机或按照自由组合方式将班级学生分成若干小组（5～8人为一组），各小组分别选择一家上市公司，运用比率分析法、趋势分析法分析公司整体状况，并形成分析报告。

2. 组织讨论，每个小组推荐一位代表汇报讨论情况，并说明思路和方法。全体同学对其汇报情况进行评分。

3. 每个小组将汇报情况形成文字资料，并上交授课老师评阅。

任务组队形式：

小组（　　）	个人（　　）

小组成员（　　人）：

本人角色：

本人负责任务：

任务分析

财务分析主要基于企业资产负债表、利润表、所有者权益变动表和现金流量表，对反映企业经营状况和财务状况的偿债能力、营运能力、盈利能力、发展能力进行考察和解读。

任务实施

企业管理人员经常需要评价企业的经营状况，而财务报表提供了企业经营状况的重要信息。财务管理人员和企业管理人员掌握通过分析财务报表数据来获取所需要的信息的能力是非常重要的。

一、财务分析的目的

【知识链接 10-1】
财务分析目的

财务分析是指以企业财务报告反映的财务指标为主要依据，采用专门方法，对企业过去的财务状况和经营成果及未来前景所进行的剖析和评价。财务分析的主要目的可概括为：评价企业过去的经营业绩，反映企业在运营过程中的利弊得失；衡量现在的财务状况，预测未来的发展趋势；为财务报表使用者作出相关决策提供可靠的依据。

财务报表的使用者主要有投资者、债权人、经理人员、供应商、政府、中介机构等。不同主体由于利益倾向的差异，在对企业进行财务分析时侧重点也有所不同。

二、财务分析的内容

在现代企业制度条件下，企业投资多元化，企业经营者及不同的投资者对财务分析有不同的要求，但概括来说，财务分析的内容主要有以下几个方面。

（一）偿债能力分析

偿债能力是指企业对债务的清偿能力或保证程度。偿债能力或保证程度具体是指企业的资产拥有量和是否有足够的现金来偿付各种到期债务。对偿债能力大小的分析是判断企业财务状况稳定与否的重要内容。企业偿债能力强，说明企业可以举债筹集资金来获取收益；反之，则说明企业资金紧张，难以偿还到期应偿债务，甚至会危及企业生存。

（二）营运能力分析

营运能力即资金的利用效率。运用资金是否有效是决定企业经营理财水平高低的前提。企业资金的多少可以表现出经营能力的大小，有效地经营可以提高资金利用效率，使企业增加收入，加速资金周转。因此，判断企业经营理财水平，需要分析企业是否有效地运用了资金。营运能力的大小对企业获利能力是否持续增长与偿债能力是否不断提高有着决定性影响。

（三）盈利能力分析

盈利能力是指企业赚取利润和使企业的资金增值的能力。它通常体现为企业收益数额的大小与水平的高低。盈利是企业经营理财的核心，盈利能力的大小是衡量企业经营好坏的重要指标。一般来说，经营良好、管理有方的企业就有较强的盈利能力。

（四）发展能力分析

发展能力分析主要是通过观察、考核企业经营规模、资本增值、支付能力、生产经营成果、财务成果的增长情况等，全方位地对企业经营状况、财务状况及企业的发展能力作出准确的判断与评价，以便发现问题，采取对策，规划和调整企业的市场定位目标、策略，使企业不断提高经营理财水平，增强市场竞争力。

三、财务分析的依据

财务分析的依据主要是财务报表。财务分析常用的财务报表主要有资产负债表、利润表、所有者权益变动表和现金流量表。这些报表的组合，从会计的角度反映了公司的经营状况和财务状况。

【知识链接10-2】
财务分析的依据

四、财务分析方法应用

财务分析中常用的分析方法有比较分析法、比率分析法、趋势分析法和因素分析法。

（一）比较分析法

比较分析法是通过财务指标对比确定数量差异，据以鉴别和判断的一种分析方法。比较是最基本的分析方法，没有比较，就没有鉴别，分析也就无法进行。比较分析法常用的比较标准主要有历史标准、行业标准、经验标准和预算标准。

（二）比率分析法

比率分析法是将影响财务状况的两个相关因素联系起来，通过计算比率，反映它们之间的关系，借以评价企业财务状况和经营状况的一种财务分析方法。比率分析法是财务分析最基本、最重要的方法。比率分析法的形式主要有构成比率分析法和相关比率分析法。

（三）趋势分析法

趋势分析法又称水平分析法，是通过对比两期或连续数期财务报告中的相同指标，确定其增减变动的方向、数额和幅度，以说明企业财务状况或经营成果变动趋势的一种财务分析方法。趋势分析法的形式主要有绝对数趋势分析和相对数趋势分析。

（四）因素分析法

因素分析法是依据分析指标和影响因素的关系，从数量上确定各因素对指标的影响程度，具体包括连环替代法和差额计算法。

【知识链接10-3】
财务分析方法
认知

1. 连环替代法

连环替代法是从数量上来确定一个综合经济指标所包含的各项因素的变动对该指标影响程度的一种分析方法。运用这一方法的出发点在于，当有若干因素对综合指标发生影响作用时，假定其他各个因素都无变化，按顺序确定每一个因素单独变化所产生的影响。

连环替代法的计算程序如下。

（1）确定某项经济指标由哪几个因素组成。

（2）确定各个因素与某项指标的关系，如加减关系、乘除关系等。

（3）按照经济指标的因素，以一定的顺序将各个因素加以替代，具体测算各个因素对指标变动的影响方向和程度。

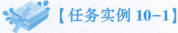
【任务实例10-1】

华龙公司2023年3月某种原材料费用的实际数为4 620元，其计划数是4 000元。实际比计划增加620元。由于原材料费用是由产品产量、单位产品材料消耗用量和材料单价三个因素的乘积构成，因此可以把材料费用这一总指标分解为三个因素，然后逐个分析它们对材料费用总额的影响程度。现假定这三个因素的数值如表10-1所示。

表10-1 原材料费用表

项 目	单 位	计划数	实际数
产品产量	件	100	110
单位产品材料消耗量	千克	8	7
材料单价	元	5	6
材料费用总额	元	4 000	4 620

根据表中资料，材料费用总额实际数较计划数增加620元，运用连环替代法分析这一现象，计算各因素对材料费用的影响程度如下。

计划指标：

$$100×8×5=4\ 000（元）\qquad ①$$

第一次替代：

$$110×8×5=4\ 400（元）\qquad ②$$

第二次替代：

$$110×7×5=3\ 850（元）\qquad ③$$

第三次替代：

$$110×7×6=4\ 620（元）\qquad ④$$

产量增加的影响：

$$式②-式①=4\ 400-4\ 000=400（元）$$

材料节约的影响：

$$式③-式②=3\ 850-4\ 400=-550（元）$$

价格提高的影响：

$$式④-式③=4\ 620-3\ 850=770（元）$$

全部因素的影响：

$$400-550+770=620（元）$$

2. 差额计算法

差额计算法是连环替代法的一种简化形式，是根据各项因素的实际数与基数的差额来计算各项因素的影响程度的方法。

【任务实例10-2】

根据【任务实例10-1】资料，可采用差额计算法确定各因素变动对材料费用的影响。

（1）产量增加对材料费用的影响：

$$(110-100)×8×5=400（元）$$

（2）材料节约对材料费用的影响：

$$(7-8)×110×5=-550（元）$$

（3）价格提高对材料费用的影响：

$$(6-5)×110×7=770（元）$$

项目十 财务分析与可视化

任务拓展

(一) 实训目标

掌握因素分析法的基本应用技能。

(二) 实训资料

某企业 2023 年 6 月某种原材料费用的实际数为 5 500 元，计划数是 4 500 元。实际比计划增加 1 000 元。影响原材料费用的主要因素的相关数值见表 10-2。

表 10-2 原材料费用表

项目	计划数	实际数
产品产量/件	100	110
单位产品材料消耗量/kg	10	10
材料单价/元	4.5	5
材料费用总额/元	4 500	5 500

(三) 实训要求

要求：根据表中资料，运用因素分析法分析各因素变动对材料费用的影响。（扫描二维码查看答案。）

【任务拓展】参考答案

任务小结

本任务主要阐述了财务分析的目的、内容、依据和方法。财务分析的内容主要包括偿债能力分析、营运能力分析、获利能力分析和发展能力分析；财务分析的主要依据为财务报表，如资产负债表、利润表、现金流量表和所有者权益变动表；财务分析的主要方法有比较分析法、比率分析法、趋势分析法和因素分析法等方法。

任务 2 财务指标计算与分析

任务导入

根据华龙公司 2023 年的资产负债表、利润表（见表 10-3、表 10-4），计算并分析该公司的偿债能力、营运能力、盈利能力和发展能力。

表 10-3 华龙公司 2023 年资产负债表　　　　　　　　单位：万元

资产类科目	年末余额	年初余额	负债及所有者权益科目	年末余额	年初余额
货币资金	310.00	408.00	短期借款	516.00	490.00
交易性金融资产	166.00	166.00	应收账款	336.00	205.00
应收账款	1 344.00	1 156.00	其他流动负债	468.00	360.00
存货	790.00	700.00	流动负债合计	1 320.00	1 055.00
流动资产合计	2 610.00	2 430.00	长期负债	1 026.00	1 026.00

续表

资产类科目	年末余额	年初余额	负债及所有者权益科目	年末余额	年初余额
持有至到期投资	220.00	0.00	实收资本	1 200.00	1 200.00
固定资产净额	1 170.00	1 170.00	盈余公积	210.00	183.00
非流动资产合计	1 390.00	1 170.00	未分配利润	244.00	136.00
资产总额	4 000.00	3 600.00	权益总额	4 000.00	3 600.00

表 10-4 华龙公司 2023 年利润表　　　　　　　单位：万元

项目	本年金额	上年金额
一、营业收入	6 350.00	4 100.00
减：营业成本	5 400.00	3 400.00
税金及附加	170.00	150.00
销售费用	180.00	160.00
管理费用	400.00	240.00
财务费用	100.00	90.00
加：投资收益	80.00	80.00
二、营业利润	180.00	140.00
加：营业外收入	0.00	0.00
减：营业外支出	0.00	0.00
三、利润总额	180.00	140.00
减：所得税费用	45.00	35.00
净利	135.00	105.00

注：表中财务费用全部为偿付的短期借款利息费用。

任务分析

总结和评价企业财务状况与经营成果的分析指标，主要包括偿债能力指标、营运能力指标、盈利能力指标和发展能力指标，并掌握计算和分析以上财务指标的方法。

任务实施

一、偿债能力指标

偿债能力是指企业用其资产到期偿付长短期债务（包括本息）的能力。偿债能力的强弱是衡量一个企业财务状况好坏的重要标志。偿债能力分析包括短期偿债能力分析和长期偿债能力分析。

（一）短期偿债能力指标的计算及分析方法

短期偿债能力是指企业流动资产对流动负债及时足额偿还的保证程度。短期偿债能力分析主要借助于短期偿债能力比率。短期偿债能力比率是衡量企业当前财务能力，特别是流动资产变现能力的重要标志。反映企业短期偿债能力的主要指标有流动比率、速动比率、现金比率和营运资金。

【在线课 10-1】
企业基本财务
指标分析

1. 流动比率

流动比率是衡量企业短期偿债能力最常用的指标，是流动资产与流动负债之间的比率。其计算公式为

流动比率=流动资产/流动负债×100%

2. 速动比率

速动比率是速动资产（变现迅速的流动资产）与流动负债之间的比率，是反映企业用快速可变现资产偿还流动负债能力的指标。其计算公式为

速动比率=速动资产/流动负债×100%

速动资产是指货币资金、金融交易性资产、应收票据和应收款项等资产的总和。由于速动资产变现能力较强，因此，速动比率能够更加准确、可靠地评价企业资产的流动性及偿还短期负债的能力。其中

速动资产=流动资产-存货

将存货从流动资产中减去是因为：①存货是流动资产中变现能力最差的资产；②由于会计计价原则，存货的账面成本并不代表其可变现净值。

影响速动比率的重要因素是应收账款的变现能力，投资者在分析时结合应收账款周转率和坏账准备计提政策考虑。

【知识链接10-4】
短期偿债能力指标分析

【知识链接10-5】
短期偿债能力表外因素

3. 现金比率

现金比率又称超速动比率，是指企业的现金和现金等价物与流动负债之间的比率，即现金和有价证券与流动负债的比率。其计算公式为

现金比率=(现金+有价证券)/流动负债×100%

现金比率相比速动比率更能体现企业资产的流动性及债务的偿还能力，是对流动比率进一步的补充。现金流动负债比率从现金流入和流出的动态角度对企业的实际偿债能力进行考察。由于有利润的年份不一定有足够的现金（含现金等价物）来偿还债务，因此利用以收付实现制为基础计量的现金流动负债比率指标，能充分体现企业经营活动所产生的现金净流量可以在多大程度上保证当期流动负债的偿还，能直观反映出企业偿还流动负债的实际能力。因此用该指标评价企业偿债能力更加符合谨慎性。该指标越大，表明企业经营活动产生的现金净流量越多，越能保障企业按期偿还到期债务，但该指标并不是越大越好，过大则表明企业流动资金利用不充分，盈利能力不强。

4. 营运资金

营运资金是指企业流动资产减去流动负债后的差额，其计算公式为

营运资金=流动资产-流动负债

上述短期偿债能力指标都可以从财务资料中取得，财务报表资料中没有反映出来的因素，也会影响企业的短期偿债能力。

> **想一想**
>
> 速动比率的计算公式中为什么要将存货项目去除？

【任务实例10-3】

根据【任务导入】中华龙公司2023年的资产负债表（见表10-3）、利润表（见表10-4），对该公司的短期偿债能力进行计算与分析，见表10-5。

表 10-5　华龙公司短期偿债能力计算分析表

偿债能力指标		计算公式	指标值	说明
短期偿债能力指标	流动比率	流动比率=流动资产/流动负债×100%	2 610/1 320×100%≈198%	该比率越高，说明企业偿还流动负债的能力越强。经验表明，流动比率为2∶1比较合适。计算结果表明，华龙公司有较强的短期偿债能力
	速动比率	速动比率=（流动资产－年末存货）/流动负债×100%	（2 610－790）/1 320×100%＝138%	该比率越高，表明企业偿还流动负债的能力越强。一般速动比率保持为1∶1较为适宜
	现金比率	现金比率=（现金+有价证券）/流动负债×100%	310/1 320×100%＝24%	该比率越高，表明企业经营活动产生的现金净流量越多，越能保障企业按期偿还到期债务，但也并不是越大越好，该指标过大则表明企业流动资金利用不充分，盈利能力不强，现金比率在24%左右维持企业直接支付能力即可

【技能训练10-1】

【技能训练10-1】参考答案

【知识链接10-6】长期偿债能力指标分析

（二）长期偿债能力指标的计算及分析方法

长期偿债能力分析主要借助于长期偿债能力比率。长期偿债能力比率是衡量企业偿还长期债务能力的指标，它与企业的盈利能力和资金结构有十分密切的关系。反映企业长期偿债能力的主要指标有资产负债率、产权比率、有形净值债务率、权益乘数和利息保障倍数。

1. 资产负债率

资产负债率又称负债比率，是指企业负债总额与资产总额之间的比率。它能够衡量企业利用债权人资金进行经营活动的能力，能够反映债权人发放贷款的安全程度，表明企业资产总额中债权人提供资金所占的比重，以及企业资产对债权人权益的保障程度。其计算公式为

$$资产负债率＝负债总额/资产总额×100\%$$

2. 产权比率

产权比率又称资本负债率，是指负债总额与所有者权益之间的比率，是衡量企业财务结构稳健与否的重要标志。其计算公式为

$$产权比率＝负债总额/所有者权益总额×100\%$$
$$＝负债总额/（资产总额－负债总额）×100\%$$

3. 有形净值债务率

有形净值债务率是企业负债与有形净值之间的比率。有形净值是股东权益减去无形资产净值后的净值，即股东所有权的有形资产的净值。其计算公式为

$$有形净值债务率＝[负债总额/（股东权益－无形资产净值）]×100\%$$

4. 权益乘数

权益乘数又称股本乘数，是指资产总额相当于股东权益的倍数。权益乘数反映了企业财务杠杆的大小，权益乘数越大，说明股东投入的资本在资产中所占的比重越小，财务杠杆越大。

$$权益乘数＝资产总额/股东权益总额，即＝1/（1－资产负债率）$$

5. 利息保障倍数

利息保障倍数又称已获利息倍数,是利润总额(息税前利润)与利息之间的比率。其计算公式为

$$利息保障倍数 = 息税前利润/利息费用 \times 100\%$$
$$= (利润总额 + 利息费用)/利息费用 \times 100\%$$

此外,还有其他影响企业长期偿债能力的因素,必须引起足够的重视,如长期租赁、担保责任、或有事项等。

【任务实例 10-4】

根据【任务导入】中华龙公司 2023 年的资产负债表(见表 10-3)、利润表(见表 10-4),对该公司的长期偿债能力进行计算与分析,见表 10-6。

表 10-6 华龙公司长期偿债能力计算分析表

偿债能力指标		计算公式	指标值	说明
长期偿债能力指标	资产负债率	资产负债率 = 负债总额/资产总额 × 100%	(1 320+1 026)/4 000 × 100% = 58.65%	资产负债率能够衡量企业利用债权人资金进行经营活动的能力,也反映企业资产对债权人权益的保障程度。计算结果表明,华龙公司每百元资金中负债达 58.65 元
长期偿债能力指标	产权比率	产权比率 = 负债总额/所有者权益总额 × 100% = 负债总额/(资产总额 − 负债总额) × 100%	(1 320+1 026)/1 654 × 100% = 142%	产权比率是衡量企业财务结构稳健与否的重要标志。反映企业在偿还债务时对债权人的保障程度。该比率越低,说明企业偿债能力越强,对债权人越有保障。计算结果表明,华龙公司的负债总额是所有者权益总额的 1.42 倍。偿债安全性较差,为高风险的财务结构
长期偿债能力指标	权益乘数	权益乘数 = 总资产/股东权益 = 1/(1 − 资产负债率)	1/(1 − 58.65%) = 2.42	权益乘数可用来衡量公司的财务风险,它与资产负债率同方向变动,乘数越高,负债率越高,公司的财务风险就越大
长期偿债能力指标	利息保障倍数	利息保障倍数 = 息税前利润/利息费用 × 100% = (利润总额 + 利息费用)/利息费用 × 100%	(180+100)/100 = 2.8	利息保障倍数反映企业息税前利润为所需支付的债务利息的倍数。只要利息保障倍数足够大,企业就有充足的能力支付利息。一般来说,企业的利息保障倍数应大于 1。计算结果表明,华龙公司有较强的偿付负债利息的能力

议一议

将企业短期偿债能力与长期偿债能力进行比较发现,由于企业的部分债务期限都在一年以内,期限较短,对企业来说财务风险较小,所以应将财务管理的重点应该放在企业的长期偿债能力上。你同意这种观点吗?如果不同意,请说明原因。

【技能训练 10-2】

【技能训练 10-2】
参考答案

二、营运能力指标

营运能力是指企业的经营运转能力,是用来衡量公司资产管理效果的指标。资产营运效果的好坏主要通过资产周转速度的快慢来体现。常用的反映企业营运能力分析指标有营业周期、应收账款周转率、存货周转率、流动资产周转率和总资产周转率。

(一)营业周期

营业周期是指从取得存货开始到销售存货并收回现金为止的这段时间。营业周期的长短取决于存货周转天数和应收账款周转天数。其计算公式为

$$营业周期=存货周期天数+应收账款周转天数$$

一般情况下,营业周期短,说明资金周转速度快;营业周期长,说明资金周期速度慢。

(二)应收账款周转率

应收账款周转率是指销售收入与会计期间的平均应收账款余额之间的比率,该指标反映应收账款的变现能力,即应收账款周转的快慢程度。其计算公式为

$$应收账款周转率=销售净额/平均应收账款总额$$

$$应收账款周转天数=360/应收账款周转率$$

其中,销售净额是利润表中销售收入扣除折扣和折让后的余值。平均应收账款总额是因销售产品或提供劳务等应向购货单位或接受劳务单位收取的款项,以及收到的商业汇票,是资产负债表中"应收账款"和"应收票据"期初和期末金额的平均数。

应收账款周转率指标反映每年应收账款周转的次数;应收账款周转天数指标反映年均应收账款周转一次所需要的天数。

(三)存货周转率

存货周转率是指销售成本与会计期间内平均存货余额之间的比率,该指标反映企业存货周转速度,即存货周转的快慢程度。其计算公式为

$$存货周转率=营业成本/平均存货$$

$$存货周转天数=360/存货周转率$$

公式中的营业成本来自利润表中的"主营业务成本",平均存货来自资产负债表中"期初存货"与"期末存货"的平均数。

存货周转率指标反映每年存货周转的次数,为避免季节性波动的影响,可以计算季度指标。存货周转天数指标反映年均的存货每周转一次所需要的天数。一般来说,存货周转率越高,存货周转天数越少,存货转化为应收账款和现金的速度就越快,企业经营状况就越好;反之则越差。

使用存货周转率指标和周转天数指标来分析企业的营运能力,必须考虑不同会计期间企业存货发出的计价方法。如计价方法发生变化,则不同会计期间的指标值不可比。为避免存货或销货成本的数据不合理所造成的影响,可采用实物指标代替价值指标。

(四)流动资产周转率

流动资产周转率是销售收入与流动资产平均总额之间的比率。其计算公式为

$$流动资产周转率=销售收入/流动资产平均总额$$

其中,流动资产平均总额=(期初流动资产+期末流动资产)/2

$$流动资产周转期(天数)=360/流动资产周转率$$

流动资产周转率反映整个流动资产的周转速度。周转速度快,会相对节约流动资产,即相对扩大资产投入,增强企业的盈利能力;而延缓周转速度,需要补充流动资产参与

周转，会形成资金浪费，降低企业盈利能力。

（五）总资产周转率

总资产周转率是销售收入与平均资产总额之间的比率。其计算公式为

总资产周转率＝销售收入/平均资产总额

该指标用于分析企业总资产的使用效率。如果该指标数值较低，说明企业对总资产的利用效率不高。

在分析总资产营运能力时，应单独分析各项重要资产的营运能力。如果营运能力强的资产占总资产的比例小，而营运能力弱的资产占总资产的比例大，那么总资产的营运能力就较弱。

不同行业的总资产营运能力有着较大差异（如商品流通企业的总资产营运能力一般远高于制造业企业的总资产营运能力），计算分析时一般要参照同行业先进水平或平均水平。

【任务实例10-5】

根据【任务导入】中华龙公司2023年的资产负债表（见表10-3）、利润表（见表10-4），对该公司的营运能力进行计算与分析，见表10-7。

表10-7 华龙公司营运能力计算分析表

营运能力指标	计算公式	指标值	说明
应收账款周转率	应收账款周转率＝销售净额/平均应收账款总额	6 350/[（1 156+1 344)/2]＝5.08（次）	通常，应收账款周转率越高（或周转天数越短），表明应收账款周转效率越高。计算结果表明，华龙公司一年内应收账款周转5.08次，每周转一次需要70.87天
	应收账款周转天数＝360/应收账款周转率	360/5.08＝70.87（天）	
存货周转率	存货周转率＝营业成本/平均存货	5 400/[（700+790)/2]＝7.25（次）	一般来说，存货周转率越高，存货周转天数越少，存货转化为应收账款和现金的速度就越快，企业经营状况就越好。计算结果表明，华龙公司一年内存货周转7.25次，每周转一次所需时间为49.66天
	存货周转天数＝360/存货周转率	360/7.25＝49.66（天）	
流动资产周转率	流动资产周转率＝销售收入/流动资产平均总额	6 350/[（2 610+2 430)/2]＝2.52（次）	流动资产周转率反映流动资产的周转速度。周转速度快，会相对节约流动资产，等于相对扩大资产投入，增强企业的盈利能力；而延缓周转速度，需要补充流动资产参与周转，会形成资金浪费，降低企业盈利能力。计算结果表明，华龙公司一年内流动资产周转了2.52次，每周转一次需要142.86天
	流动资产周转期（天数）＝360/流动资产周转率	360/2.52＝142.86（天）	
总资产周转率	总资产周转率＝销售收入/平均资产总额	6 350/[（3 600+4 000)/2]＝1.67（次）	该指标用于分析企业总资产的使用效率。如果该指标数值较低，说明企业整体资产的利用效率不高。计算结果表明，华龙公司一年内总资产周转1.67次

【技能训练10-3】

【技能训练10-3】
参考答案

三、盈利能力指标

盈利能力分析是指分析企业在一定时期内赚取利润的能力。企业经营业绩的好坏最终可通过企业的盈利能力反映。盈利能力分析是财务报表分析的重点。不论是投资者、债权人还是企业经理人，都日益重视和关心企业的盈利能力。企业盈利能力从一般企业盈利能力分析和上市公司盈利能力特殊分析两个方面来研究。

（一）一般企业盈利能力分析

反映企业盈利能力的指标主要有销售净利率、销售毛利率、资产净利率和净资产报酬率等。

1. 销售净利率

销售净利率是指企业利润总额与企业销售收入净额（一般可用利润表中的营业收入来表示）之间的比率。它反映企业每单位销售收入所带来的净利润。其计算公式为

$$销售净利率 = 净利润 / 销售收入净额 \times 100\%$$

销售净利率越高，表明企业为社会创造价值越多，贡献越大，也反映企业在增产的同时，为企业多创造了利润，实现了增产增收。

2. 销售毛利率

销售毛利率是毛利占销售收入的百分比，其中毛利是销售收入（营业收入）扣除销售成本（营业成本）的差额。它反映每单位销售收入扣除成本后，可以用于各项期间费用和形成盈利的金额。其计算公式为

$$销售毛利率 = (销售收入 - 销售成本) / 销售收入 \times 100\%$$

3. 资产净利率

资产净利率又称资产报酬率或投资报酬率，是企业在一定时期内的净利润和平均资产总额之间的比率，它是反映企业资产综合利用效果的指标，也是衡量企业利用债权人和所有者权益总额取得盈利与否的重要指标。其计算公式为

$$资产净利率 = 净利润 / 平均资产总额 \times 100\%$$

资产净利率主要用来衡量企业利用资产获取利润的能力，反映企业总资产的利用效率，表示企业每单位资产能获得净利润的数额，这一比率越高，说明企业的获利能力越强。

4. 净资产报酬率

净资产报酬率是净利润与平均净资产的比率，又称净资产收益率，它反映公司所有者权益的投资报酬率，具有很强的综合性，其计算公式为

$$净资产收益率 = 净利润 / 平均净资产 \times 100\%$$

式中，平均净资产 =（年初净资产 + 年末净资产）/ 2。

【任务实例10-6】

根据【任务导入】中华龙公司2023年的资产负债表（见表10-3）、利润表（见表10-4），若华龙公司是一般企业，对该公司的盈利能力进行计算与分析，见表10-8。

表10-8 一般企业盈利能力计算分析表

盈利能力指标		计算公式	指标值	说明
一般企业盈利能力	销售净利率	销售净利率 = 净利润/销售收入净额×100%	135/6 350×100% = 2.13%	该比率越高，表明企业为社会创造价值越多，贡献越大，也反映企业在增产的同时，为企业多创造了利润，实现了增产增收

续表

盈利能力指标		计算公式	指标值	说明
一般企业盈利能力	销售毛利率	销售毛利率=(销售收入-销售成本)/销售收入×100%	(6 350－5 400)/6 350×100%＝14.96%	如果销售毛利率很低,则表明企业没有足够的毛利额,补偿期间费用后的盈利水平就不会高,也可能无法弥补期间费用,甚至会出现亏损局面
	资产净利率	资产净利率=净利润/平均资产总额×100%	135/[(4 000+3 600)/2]×100%＝3.56%	资产净利率反映企业总资产的利用效率,表示企业每单位资产能获得净利润的数量,这一比率越高,说明企业的获利能力越强
	净资产收益率	净资产收益率=净利润/平均净资产×100%	135/[(1 200+183+136+1 200+210+244)/2]×100%＝8.51%	该指标是企业盈利能力的核心指标,也是杜邦分析体系的核心。一般来说,净资产收益率越高,所有者和债权人的利益保障程度越高

【技能训练10-4】

【技能训练10-4】参考答案

(二) 上市公司盈利能力特殊分析

对于上市公司,除了应用上述有关指标分析盈利能力外,还有与股本有关的盈利能力指标来分析说明上市公司的盈利能力,评价股东投资回报水平的高低。上市公司最重要的财务指标有每股收益、市盈率和每股净资产等。

1. 每股收益

每股收益又称每股利润或每股盈余,是上市公司本年净利润与年末普通股总数的比值,反映普通股的获利水平,是衡量上市公司盈利能力时最常用的财务分析指标,其计算公式为

普通股每股利润=(净利润-优先股股利)/普通股总数

其中,普通股总数用普通股平均股数来表示。

2. 市盈率

市盈率又称价格-盈余比率,是普通股每股市场价格与每股收益的比值。其计算公式为

市盈率=普通股每股市场价格/普通股每股收益

该比值是反映股票盈利状况的重要指标,也是反映投资者对1元利润所愿支付的价格,可以用来估计股票的投资报酬。它是市场对公司的共同期望指标。市盈率越高,表明市场对公司的未来越看好,公司的社会信赖度越高。但是,从投资者角度来看,市盈率越高,投资风险越大。股票投资者可将市盈率作为投资选择的参考。

3. 每股净资产

每股净资产是指期末净资产(即股东权益)与普通股总数的比值。其计算公式为

每股净资产=期末净资产总额/年度末普通股总数

这一指标反映每股股票所拥有的资产现值。每股净资产越高,股东拥有的资产现值越多;每股净资产越少,股东拥有的资产现值越少。通常每股净资产越高越好。

【任务实例10-7】

根据【任务导入】中华龙公司2023年的资产负债表(见表10-3)、利润表(见

表10-4），若华龙公司是上市企业，优先股股利为0万元，年末普通股股数为200万股，每股市场价格为3.6元，对该公司的盈利能力进行计算与分析，见表10-9。

表10-9 上市企业盈利能力计算分析表

盈利能力指标		计算公式	指标值	说明
上市公司盈利能力	每股收益	普通股每股收益=（净利润－优先股股利）/普通股总数	（135－0）/200＝0.675（元/股）	该指标是衡量上市公司盈利能力最常用的财务分析指标，每股收益越高说明上市公司盈利能力越强
	市盈率	市盈率＝普通股每股市场价格/普通股每股收益	3.6/0.675＝5.33（倍）	市盈率越高，表明市场对公司的未来越看好，公司的社会信赖度越高。但是，从投资者的角度来看，市盈率越高，投资风险越大
	每股净资产	每股净资产＝期末净资产总额/年末普通股总数	（4 000－1 320－1 026）/200＝8.27（元/股）	这一指标反映每股股票所拥有的资产现值。每股净资产越高，股东拥有的资产现值越多。通常每股净资产越高越好

【技能训练10-5】

【技能训练10-5】参考答案

四、发展能力指标

企业无论是增强盈利能力、偿债能力，还是提高营运能力，其目的都是提高企业的增长能力。从某种意义上来讲，企业发展能力分析其实也是企业盈利能力、偿债能力和营运能力的综合分析。

发展能力是企业在生存的基础上，扩大规模、壮大实力的潜在能力。分析发展能力主要考察8项指标：营业收入增长率、资本保值增长率、资本积累率、总资产增长率、营业利润增长率、技术投入比率、营业收入三年平均增长率和资本三年平均增长率。

（一）营业收入增长率

营业收入增长率是企业本年营业收入增长额与上年营业收入总额的比率，反映企业营业收入的增减变动情况，是评价企业成长状况和发展能力的重要指标。其计算公式为

营业收入增长率＝本年营业收入增长额/上年营业收入总额×100%

式中，本年营业收入增长额＝本年营业收入总额－上年营业收入总额

营业收入增长率大于零，表明企业本年营业收入有所增长。该指标越大，表明企业营业收入的增长速度越快，企业市场前景越好。

（二）资本保值增长率

资本保值增长率是企业扣除客观因素后的本年末所有者权益总额与年初所有者权益总额的比率，反映企业当年资本实际增减变动情况。其计算公式为

资本保值增长率＝扣除客观因素后的本年末所有者权益总额/年初所有者权益总额×100%

一般认为，资本保值增长率越高，表明企业的资本保全状况越好，所有者权益增长越快，债权人的债务越有保障，企业发展后劲越强。资本保值增长率大于1，资本能增值；资本保值增长率等于1，资本能保值；资本保值增长率小于1，表明资本受到侵蚀，资本减值。该指标通常应该大于1。

（三）资本积累率

资本积累率是企业本年所有者权益增长额与年初所有者权益之间的比率，反映企业当年资本的积累能力。其计算公式为

$$资本积累率 = 本年所有者权益增长额 / 年初所有者权益 \times 100\%$$

式中，本年所有者权益增长额＝所有者权益年末数－所有者权益年初数。

资本积累率越高，表明企业的资本积累越多，应对风险和持续发展的能力越强。

（四）总资产增长率

总资产增长率是企业本年总资产增长额与年初资产总额的比率，可以衡量企业本期资产规模的增长情况。其计算公式为

$$总资产增长率 = 本年总资产增长额 / 年初资产总额 \times 100\%$$

式中，本年总资产增长额＝总资产年末数－总资产年初数。

总资产增长率越高，表明企业一定时期内资产经营规模扩张的速度越快。但在分析时，要注意资产规模扩张质和量的关系，以及企业的后续发展能力，避免资产盲目扩张。

（五）营业利润增长率

营业利润增长率是企业本年营业利润增长额与上年营业利润总额的比率，反映企业营业利润增减变动情况。其计算公式为

$$营业利润增长率 = 本年营业利润增长额 / 上年营业利润总额 \times 100\%$$

式中，本年营业利润增长额＝本年营业利润总额－上年营业利润总额

该指标越大，表明企业的利润增长状况越好，企业发展能力越强。

（六）技术投入比率

技术投入比率是企业本年科研支出（包括用于研究开发、技术改造、科技创新等方面的支出）与上年营业收入净额的比率，反映企业在科技进步方面的投入，在一定程度上可以体现企业的发展能力。其计算公式为

$$技术投入比率 = 企业本年科研支出 / 上年营业收入净额$$

（七）营业收入三年平均增长率

营业收入三年平均增长率，表明企业营业收入连续三年的增长情况，反映企业的持续发展态势和市场扩张能力。其计算公式为

$$营业收入三年平均增长率 = \sqrt[3]{\frac{本年营业收入}{三年前营业收入}} - 1$$

一般认为，营业收入三年平均增长率越高，企业持续增长势头越好，市场扩张能力越强。

（八）资本三年平均增长率

资本三年平均增长率表示企业资本连续三年的积累情况，在一定程度上反映了企业的持续发展水平和发展趋势。其计算公式为

$$资本三年平均增长率 = \sqrt[3]{\frac{年末所有者权益总额}{三年前年末所有者权益总额}} - 1$$

一般认为，该指标越高，表明企业所有者权益得到保障的程度越大，应对风险和可持续发展的能力越强。

【任务实例10-8】

根据【任务导入】中华龙公司2023年的资产负债表（见表10-3）、利润表（见

表10-4），对该公司的发展能力进行计算与分析，见表10-10。

表10-10 华龙公司发展能力计算分析表

发展能力指标	计算公式	指标值	说明
营业收入增长率	营业收入增长率＝本年营业收入增长额/上年营业收入总额×100%	（6 350－4100）/4 100×100%＝54.88%	营业收入增长率大于零，表明企业本年营业收入有所增长。该指标越大，表明企业营业收入的增长速度越快，企业市场前景越好
资本保值增值率	资本保值增值率＝扣除客观因素后的本年末所有者权益总额/年初所有者权益总额×100%	1 654/1 519×100%＝108.89%	一般认为，资本保值增长率越高，表明企业的资本保全状况越好，所有者权益增长越快，债权人的债权越有保障，企业发展后劲越强。资本保值增长率为108.89%，大于1，表明资本能增值
总资产增长率	总资产增长率＝本年总资产增长额/年初资产总额×100%	（4 000－3 600）/3 600×100%＝11.11%	总资产增长率越高，表明企业一定时期内资产经营规模扩张的速度越快
营业利润增长率	营业利润增长率＝本年营业利润增长额/上年营业利润总额×100%	（180－140）/140×100%＝28.57%	该指标越大，表明企业的利润增长状况越好，企业发展能力越强

【技能训练10-6】

【技能训练10-6】
参考答案

【任务拓展】
参考答案

任务拓展

（一）实训目标

掌握财务指标计算与分析的方法。

（二）实训资料

在网上获取贵州茅台酒股份有限公司（以下简称贵州茅台）近几年的年报数据，对该公司进行2022年度财务指标的计算与分析。

（三）实训任务

根据贵州茅台的财务报表，进行偿债能力、营运能力、盈利能力和发展能力指标的计算与分析。

（扫描二维码查看答案。）

任务小结

本任务主要介绍了偿债能力指标、营运能力指标、盈利能力指标和发展能力指标的计算与分析方法及其应用。

任务3 财务综合分析与应用

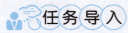

任务导入

根据华龙公司2023年的资产负债表（见表10-3）、利润表（见表10-4），运用杜邦财务分析体系和沃尔比重评分法综合分析企业财务状况。

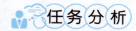

财务状况的综合分析是将营运能力、偿债能力和获利能力等方面的分析纳入一个有机整体中，全面地分析企业经营状况和财务状况，从而对企业经济效益的优劣作出准确评价与判断的系统分析。财务状况综合分析方法主要有杜邦分析法和沃尔比重评分法。

一、杜邦分析法

杜邦分系法（又称杜邦财务分析体系）是利用各个主要财务比率之间的内在联系，综合分析和评价企业财务状况和盈利能力的方法。该体系以权益净利率为核心，以总资产净利率和权益乘数为分解因素，重点揭示公司获利能力及杠杆水平对权益净利率的影响，以及各相关指标之间的关系。

权益净利率就是净资产收益率，不仅有较强的可比性，而且还有较强的综合性。

公司为了提高权益净利率，从资产净利率和权益乘数入手，三者关系为

$$权益净利率 = 资产净利率 \times 权益乘数$$

其中，资产净利率=营业净利率×总资产周转率，所以

$$权益净利率 = 营业净利率 \times 总资产周转率 \times 权益乘数$$

其中

$$权益乘数 = 1/(1-资产负债率)$$
$$资产净利率 = 营业净利率 \times 资产周转率$$
$$销售净利率 = 净利润/营业收入$$
$$总资产周转率 = 营业收入/总资产$$
$$资产负债率 = 负债总额/总资产$$

【在线课 10-2】
企业综合财务
指标分析

无论提高哪个比率，权益净利率都会提高。其中，营业净利率是利润表的一种概括表示，净利润和营业收入两者相除可以概括企业经营成果；权益乘数是资产负债表的一种概括表示，表示资产、负债和股东权益的比率关系，可以反映企业最基本的财务状况；总资产周转次数把利润表和资产负债表联系起来，使权益净利率可以综合评价整体企业经营成果和财务状况。

杜邦财务分析体系框架如图 10-1 所示。

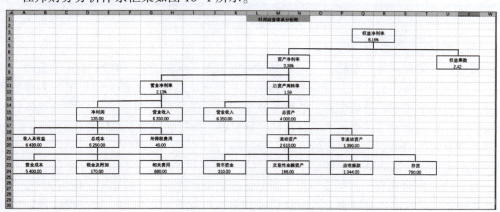

图 10-1　杜邦财务分析体系框架

从杜邦财务分析体系框架可以看出，杜邦分析法实际上从两个角度分析财务：一是对内部管理因素进行分析；二是对资本结构和风险进行分析。

【任务实例10-9】

视频：用Excel做杜邦分析体系

以华龙公司为例，借助Excel进行杜邦财务体系分析。

图10-1所有数据资料取自表10-3和表10-4。

由图10-1可见，该体系是一个多层次的财务比率体系。权益净利率可分解为营业净利率、总资产周转率和权益乘数。分解出来的营业净利率和总资产周转率可以反映企业的经营战略。通常，营业净利率较高的制造业，其周转次数都较低；周转次数较高的零售业，营业净利率较低。采用"高盈利、低周转"还是"低盈利、高周转"的策略，需要企业根据外部环境和自身资源作出战略选择。将营业净利率和总资产周转次数综合起来即总资产净利率，总资产利率可以反映管理者运用企业资源盈利的能力。

分解出来的财务杠杆（以权益乘数表示）可以反映企业的财务政策，其主要受资产负债比率的影响。负债比例大，权益乘数就高，说明企业有较高的负债程度，能给企业带来较大的杠杆利益，同时也给企业带来较大的风险。通常，企业总资产净利率与财务杠杆负相关，两者共同决定企业的权益净利率，故企业必须使经营战略和财务政策相匹配。

营业净利率高低的因素分析，需要从营业收入和营业成本两个方面进行，这方面的分析可以参见有关盈利能力指标的分析。当然管理者还可以根据企业的内部报表和资料进行更详细的分析，企业外部财务报表使用者不具备这个条件。

【技能训练10-7】

资产周转率是反映企业运用资产获取销售收入的能力的指标。对资产周转率的分析，需分析影响资产周转的各因素。除了分析资产的各个构成部分从占用量上是否合理外，还可以分析流动资产周转率、存货周转率、应收账款周转率等有关各资产组成部分的使用效率，判断影响资产周转的主要问题。

【技能训练10-7】参考答案

应当指出，杜邦财务分析体系是一种分解财务比率的方法，而不是另外建立新的财务指标，它可以用于各种财务比率的分解。总之，杜邦财务分析体系关键不在于对指标的计算而在于对指标的理解和运用。

> **想一想**
>
> 杜邦财务分析体系使用了哪些财务指标？

二、沃尔比重评分法

财务状况综合评价的先驱者之一是美国亚历山大·沃尔教授。1928年亚历山大·沃尔出版的《信用晴雨表研究》和《财务报表比率分析》等著作中提出了信用能力指数的概念。沃尔比重评分法是指将选定的财务比率用线性关系结合起来，并分别给定各自的分数比重，然后通过与标准比率进行比较，确定各项指标的得分及总体指标的累计分数，从而对企业的信用水平作出评价的方法。

沃尔比重评分法的基本步骤如下。

(1)选择评价指标。选择7个财务指标，包括流动比率、产权比率、固定资产比率、存货周转率、应收账款周转率、固定资产周转率、自有资金周转率。这些指标分别反映了企业的偿债能力、营运能力和发展能力的状况。

（2）确定指标权重。根据每个指标的重要性，赋予不同的权重，流动比率为25%、产权比率为25%、固定资产比率为15%、存货周转率为10%、应收账款周转率为10%、固定资产周转率为10%、自有资金周转率为5%。

（3）确定各项指标的标准值，即各项指标在企业现时条件下的最优值。

（4）计算企业在一定时期各项指标的实际值。沃尔评分法的公式为：单项实际分数=实际值/标准值×权重，总分为各单项分数之和。

（5）形成评价结果。

沃尔比重评分法是评价企业总体财务状况的一种比较可取的方法，这一方法的关键在于指标的选定、权数的分配及标准值的确定等。

但是，沃尔比重评分法从理论上讲有一个明显的问题：评定所选取的7项指标及其每项指标所占比重的合理性缺乏证明力，这个问题至今仍然没有在理论上得到解决。

【任务实例10-10】

用沃尔比重评分法对华龙公司的财务状况进行评分，所有数据资料取自表10-3和表10-4，对华龙公司的财务数据计算出的沃尔比重评分结果见表10-11。

表10-11 沃尔比重评分法

财务比率	比重 ①	标准比率 ②	实际比率 ③	相对比率 ④=③/②	评分 ⑤=①×④
流动资产/流动负债	25	2.00	1.98	0.99	24.75
净资产/负债	25	1.50	0.71	0.47	11.75
资产/固定资产	15	2.50	3.42	1.37	20.52
销售成本/存货	10	8	7.25	0.91	9.1
销售额/应收账款	10	6	5.1	0.85	8.5
销售额/固定资产	10	4	5.43	1.36	13.6
销售额/净资产	5	3	3.84	1.28	6.4
合计	100				94.62

综合评分100分，说明经济效益总体水平达到标准要求。该指标越高，经济效益水平越高。本例中华龙公司总分为94.62，说明企业经济效益较好。

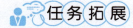

（一）实训目标

掌握杜邦财务分析体系的应用及评价方法。

（二）实训资料

在网上搜集贵州茅台的近几年的财务报表，计算该公司2022年度杜邦财务分析体系中的各项指标并进行综合财务评价。

（扫描二维码查看答案。）

【任务拓展】
参考答案

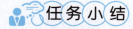

财务分析和财务评价指标主要包括偿债能力、营运能力、获利能力、发展能力和综

合能力等方面，每一个方面又包括若干具体指标。杜邦分析法和沃尔评分法是财务综合分析中常用的两种方法。

任务 4 财务数据采集与清洗

任务导入

了解财务数据采集时数据的来源，掌握用 Excel 工具进行财务数据清洗的方法，如缺失值处理、空格清洗、重复值数据清洗、逻辑错误数据的检验与修正、数据格式规范化处理等。

任务分析

进行财务数据分析，首先必须了解财务数据采集的方式。获取财务数据后，数据清洗是财务分析的第一步，也是保证后续财务分析结果准确性的重中之重。

任务实施

一、财务数据采集

【知识链接 10-7】
财务数据

财务数据的采集是进行财务数据分析的第一步，在财务分析的所有环节中占据重要地位。在当前数据大爆炸的时代，能够采集到的数据种类、形式和结构多样，数据量巨大，从获取数据的范围上划分，既有来自企业内部的数据，也有源自企业外部的数据。

二、基于 Excel 的财务数据清洗

在财务数据分析中，数据的规范化处理是保证最终分析结果准确的关键性步骤，其中数据清洗步骤尤为重要。通过各种方式采集来的原始财务数据可能存在数据缺失、重复、异常值、格式错误或逻辑错误等问题，这样的数据被称为"脏数据"。"脏数据"可能会影响最终财务分析的结果，得出错误的结论，所以在财务分析前，一定要进行数据清洗。

数据清洗是指将数据表中多余、重复的数据筛选出来并删除，将缺失、不完整的数据补充完整，将内容、格式错误的数据加以纠正的数据操作行为。数据清洗能够保证数据的完整性和一致性，提升数据的质量，保证最终财务分析的结果准确。数据清洗主要包括以下内容。

（一）缺失值处理

缺失值处理可通过 Excel 的定位功能快速将其找到，再进行补齐操作。

1. Excel 定位功能

Excel 中的定位功能，可以快速定位指定条件的单元格。具体操作如下。

（1）按 Ctrl+G 组合键或者 F5 功能键，打开"定位"对话框。

（2）单击"定位条件"按钮，打开"定位条件"对话框，可在此对话框根据需要选择包括空值、批注、常量、公式、空值、当前区域、当前数组、对象、引用单元格、可见单元格等 15 种不同类型的单元格进行定位设置。

2. 缺失值补齐

通过 Excel 定位功能找到缺失值后，根据产生缺失值的原因，如会计制表或录入时遗漏、报表编制错误等，补齐缺失值。

【任务实例 10-11】

以图 10-2"存在缺失的华龙公司资产负债表"为基础，进行缺失值处理。

资产类科目	年末余额	年初余额	负债及所有者权益科目	年末余额	年初余额
\multicolumn{6}{c}{资产负债表（简表）}					
编制单位：华龙公司			2023年12月31日		单位：万元
货币资金	310.00	408.00	短期借款	516.00	490.00
交易性金融资产	166.00	166.00	应付账款	336.00	205.00
应收账款	1 344.00	1 156.00	其他流动负债	468.00	360.00
存货		700.00	流动负债合计	1 320.00	
流动资产合计	2 610.00	2 430.00	长期负债	1 026.00	1 026.00
持有至到期投资	220.00	0.00	实收资本	1 200.00	1 200.00
固定资产净额	1 170.00	1 170.00	盈余公积	210.00	183.00
非流动资产合计	1 390.00	1 170.00	未分配利润	244.00	136.00
资产总额	4 000.00	3 600.00	权益总额	4 000.00	3 600.00

图 10-2 存在缺失的华龙公司资产负债表

【操作过程】

步骤 1：按 Ctrl+G 组合键或者 F5 功能键，打开"定位"对话框，如图 10-3 所示。

图 10-3 打开"定位"对话框

步骤 2：单击"定位条件"按钮，打开"定位条件"对话框，选中"空值"单选按钮，单击"确定"按钮，如图 10-4 和图 10-5 所示。

图 10-4 "定位条件"对话框

	A	B	C	D	E	F
1	资产负债表（简表）					
2	编制单位：华龙公司			2023年12月31日		单位：万元
3	资产类科目	年末余额	年初余额	负债及所有者权益科目	年末余额	年初余额
4	货币资金	310.00	408.00	短期借款	516.00	490.00
5	交易性金融资产	166.00	166.00	应付账款	336.00	205.00
6	应收账款	1 344.00	1 156.00	其他流动负债	468.00	360.00
7	存货		700.00	流动负债合计	1 320.00	
8	流动资产合计	2 610.00	2 430.00	长期负债	1 026.00	1 026.00
9	持有至到期投资	220.00	0.00	实收资本	1 200.00	1 200.00
10	固定资产净额	1 170.00	1 170.00	盈余公积	210.00	183.00
11	非流动资产合计	1 390.00	1 170.00	未分配利润	244.00	136.00
12	资产总额	4 000.00	3 600.00	权益总额	4 000.00	3 600.00

图 10-5　空值定位

步骤 3：查找到 2 个空值，分别为 B7、F7 单元格。判断 B7 单元格缺失值原因为工作人员忘记录入，经核实，在此单元格填写数据"790"；判断 F7 单元格缺失值原因为工作人员忘记计算，根据流动负债合计＝短期借款＋应付账款＋其他流动负债，在 F7 单元格输入"=F4+F5+F6"，如图 10-6 所示，可得出 F7 单元格数值为"1055"。

	A	B	C	D	E	F
1	资产负债表（简表）					
2	编制单位：华龙公司			2023年12月31日		单位：万元
3	资产类科目	年末余额	年初余额	负债及所有者权益科目	年末余额	年初余额
4	货币资金	310.00	408.00	短期借款	516.00	490.00
5	交易性金融资产	166.00	166.00	应付账款	336.00	205.00
6	应收账款	1 344.00	1 156.00	其他流动负债	468.00	360.00
7	存货	790.00	700.00	流动负债合计	1 320.00	=F4+F5+F6
8	流动资产合计	2 610.00	2 430.00	长期负债	1 026.00	1 026.00
9	持有至到期投资	220.00	0.00	实收资本	1 200.00	1 200.00
10	固定资产净额	1 170.00	1 170.00	盈余公积	210.00	183.00
11	非流动资产合计	1 390.00	1 170.00	未分配利润	244.00	136.00
12	资产总额	4 000.00	3 600.00	权益总额	4 000.00	3 600.00

图 10-6　缺失值补齐

（二）空格清洗

当获取的财务数据中存在空格时，会影响财务报表的准确性，并导致财务分析的结果不准确，而且当数据中存在空格时，很难被发现，因此当获取财务数据时，应先进行空格清洗。可以利用数据查找和替换功能，清除财务数据中夹杂的无意义的空格。

【任务实例 10-12】

以图 10-7 "存在空格的华龙公司资产负债表"为基础，进行空格清洗。

	A	B	C	D	E	F
1	资产负债表（简表）					
2	编制单位：华龙公司			2023年12月31日		单位：万元
3	资产类科目	年末余额	年初余额	负债及所有者权益科目	年末余额	年初余额
4	货币资 金	310.00	408.00	短期借款	516.00	490.00
5	交易性 金融资产	166.00	166.00	应付账款	336.00	205.00
6	应收账款	1 344.00	1 156.00	其他流动负债	468.00	360.00
7	存货	790.00	700.00	流动 负债合计	1 320.00	1 055.00
8	流动资产合计	2 610.00	2 430.00	长期负债	1 026.00	1 026.00
9	持有至到期投资	220.00	0.00	实收资本	1 200.00	1 200.00
10	固定资产净额	1 170.00	1 170.00	盈余公积	210.00	183.00
11	非流动资产合计	1 390.00	1 170.00	未分配利润	244.00	136.00
12	资产总额	4 000.00	3 600.00	权益总额	4 000.00	3 600.00

图 10-7　存在空格的华龙公司资产负债表

【操作过程】

步骤1：选择"开始"→"查找和选择"→"查找"选项或者按Ctrl+F组合键（查找），在"查找内容"文本框输入"空格"，单击"查找全部"按钮，判断数据中是否存在空格，确定空格存在于A5和D7单元格，如图10-8所示。

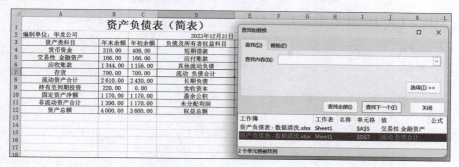

图10-8　查找空格

步骤2：选择"开始"→"查找和选择"→"替换"选项或者按Ctrl+H组合键（替换），在"查找内容"文本框输入"空格"，单击"全部替换"按钮，即可实现步骤1中查找出的A5和D7单元格中的空值清洗，如图10-9所示。

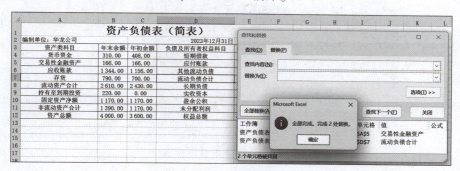

图10-9　空格替换

（三）重复值数据清洗

重复数据是重复、多次记录的数据，因为重复数据会影响数据处理结果的准确性，导致数据分析结果出现偏差，因此需要将其删除。

【任务实例10-13】

以图10-10"华龙公司资产负债表"为基础，进行数据重复值处理。

	A	B	C	D	E	F
1	资产负债表（简表）					
2	编制单位：华龙公司			2023年12月31日		单位：万元
3	资产类科目	年末余额	年初余额	负债及所有者权益科目	年末余额	年初余额
4	货币资金	310.00	408.00	短期借款	516.00	490.00
5	交易性金融资产	166.00	166.00	应付账款	336.00	205.00
6	应收账款	1 344.00	1 156.00	其他流动负债	468.00	360.00
7	存货	790.00	700.00	流动负债合计	1 320.00	1 055.00
8	流动资产合计	2 610.00	2 430.00	长期负债	1 026.00	1 026.00
9	持有至到期投资	220.00	0.00	实收资本	1 200.00	1 200.00
10	固定资产净额	1 170.00	1 170.00	盈余公积	210.00	183.00
11	非流动资产合计	1 390.00	1 170.00	未分配利润	244.00	136.00
12	资产总额	4 000.00	3 600.00	权益总额	4 000.00	3 600.00
13	资产总额	4 000.00	3 600.00	权益总额	4 000.00	3 600.00

图10-10　存在数据重复的华龙公司资产负债表

【操作过程】

选中 A3:F13 区域，选择"数据"→"数据工具"→"删除重复项"选项，可实现重复数据的删除，如图 10-11、图 10-12 所示。

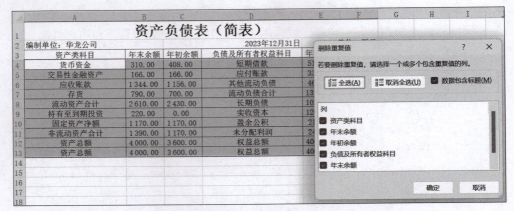

图 10-11　删除重复项

图 10-12　删除重复项结果

（四）逻辑错误数据的检验与修正

逻辑错误数据是指因违反逻辑规则而产生错误的数据，逻辑错误数据主要包括不符合常识的数据、不符合规则的数据、自相矛盾的数据等，对逻辑错误数据的检验和修正可以有效提高财务分析的效率和准确性。

【任务实例 10-14】

以图 10-13 "销售明细记录表"为基础，进行数据逻辑错误检验与修正，错误值用"错误"代替，销售金额单位为元，已知当销售金额大于等于 100 元时包邮。

【操作过程】

步骤 1：性别列逻辑检验修正。

因为性别只能为"男"或"女"，所以在性别列除此之外的内容为"错误"，根据任务要求，错误值用"错误"代替。选中 E 列，右击，在弹出的快捷菜单中选择"插入"选项，系统插入一个空白列，为 E 列。在单元格 E2 中输入公式"=IF(E2="男"，"男"，IF(E2="女"，"女"，"错误"))"，并向下拖动填充公式，根据公式，系统自动将错误值替换为"错误"，如图 10-14 所示。选中 E 列并复制，选中 F 列，右击，从弹出的快捷菜单中选择"选择性粘贴"→"粘贴数值"选项，再输入字段名"性别"，删除 E 列，实现了将不符合逻辑的单元格 E6、E14 替换为"错误"，完成处理结果如图 10-15 所示。

项目十 财务分析与可视化

	A	B	C	D	E	F	G	H	I	J
1	下单日期	下单时间	支付单号	用户名	性别	年龄	地区	销售金额	运费	物流公司
2	2023/9/1	7:05	20230401220011605305475247532	株树hhw	女	33	北京	228.67	包邮	中通
3	2023/9/1	8:25	20230401220011623705110482262	妙妙lein	女	40	河南	10.89	10	中通
4	2023/9/1	8:26	20230401220011255205561473822	小新	男	29	天津	10.9	10	中通
5	2023/9/1	9:00	20230401220011201005881504991	哈哈we	女	47	天津	13.8	10	中通
6	2023/9/1	9:09	20230401220011176005141640006	怡畅lfi	陕西	26	河南	12.77	10	中通
7	2023/9/1	9:12	20230401220011024105042966006	北风lmst	女	38	天津	12.8	10	中通
8	2023/9/1	9:23	20230401220011605305475247532	anyt00	男	37	广东	123	包邮	中通
9	2023/9/1	9:30	20230401220011250605905799994	闫梅mesa	女	32	广东	56.68	18	顺丰
10	2023/9/1	9:31	20230401220011255205561473822	湖绿ee	男	20	山西	12.63	10	中通
11	2023/9/1	9:38	20230401220011923205762834233	荣荣4589	女	40	广东	59	12	中通
12	2023/9/1	9:40	20230401220011623705110482262	小洲ewf	男	35	河南	67	包邮	中通
13	2023/9/1	9:45	20230401220011784305298326077	柳絮wed	女	108	四川	109.8	18	顺丰
14	2023/9/1	10:10	20230401220011176005141640006	畅畅498	包邮	45	陕西	90.88	10	中通
15	2023/9/1	10:10	20230401220011024105042966006	风筝	女	30	天津	19.8	10	中通
16	2023/9/1	10:25	20230401220011777705037822955	姗姗856	女	37	浙江	188.89	包邮	中通
17	2023/9/1	11:30	20230401220011889905671614499	绿藻wbg8	女	35	山西	38.68	10	中通
18	2023/9/1	10:31	20230401220011981305879502266	小静098hh	男	18	山西	98.98	10	中通
19	2023/9/1	10:39	20230401220011868005667369303	加油999	女	40	广东	129	10	中通
20	2023/9/1	11:40	20230401220011748605462612644	小米xm	女	35	河南	129.79	12	中通
21	2023/9/1	11:59	20230401220011399805454989666	东东907hu	女	24	湖南	12.8	15	中通

图 10-13　销售明细记录表

E2　=IF(F2="男","男",IF(F2="女","女","错误"))

	A	B	C	D	E	F	G	H	I	J	K
1	下单日期	下单时间	支付单号	用户名		性别	年龄	地区	销售金额	运费	物流公司
2	2023/9/1	7:05	20230401220011605305475247532	株树hhw	女	女	33	北京	228.67	包邮	中通
3	2023/9/1	8:25	20230401220011623705110482262	妙妙lein	女	女	40	河南	10.89	10	中通
4	2023/9/1	8:26	20230401220011255205561473822	小新	男	男	29	天津	10.9	10	中通
5	2023/9/1	9:00	20230401220011201005881504991	哈哈we	女	女	47	天津	13.8	10	中通
6	2023/9/1	9:09	20230401220011176005141640006	怡畅lfi	错误	陕西	26	河南	12.77	10	中通
7	2023/9/1	9:12	20230401220011024105042966006	北风lmst	女	女	38	天津	12.8	10	中通
8	2023/9/1	9:23	20230401220011605305475247532	anyt00	男	男	37	广东	123	包邮	中通
9	2023/9/1	9:30	20230401220011250605905799994	闫梅mesa	女	女	32	广东	56.68	18	顺丰
10	2023/9/1	9:31	20230401220011255205561473822	湖绿ee	男	男	20	山西	12.63	10	中通
11	2023/9/1	9:38	20230401220011923205762834233	荣荣4589	女	女	40	广东	59	12	中通
12	2023/9/1	9:40	20230401220011623705110482262	小洲ewf	男	男	35	河南	67	包邮	中通
13	2023/9/1	9:45	20230401220011784305298326077	柳絮wed	女	女	108	四川	109.8	18	顺丰
14	2023/9/1	10:10	20230401220011176005141640006	畅畅498	错误	包邮	45	陕西	90.88	10	中通
15	2023/9/1	10:10	20230401220011024105042966006	风筝	女	女	30	天津	19.8	10	中通
16	2023/9/1	10:25	20230401220011777705037822955	姗姗856	女	女	37	浙江	188.89	包邮	中通
17	2023/9/1	11:30	20230401220011889905671614499	绿藻wbg8	女	女	35	山西	38.68	10	中通
18	2023/9/1	10:31	20230401220011981305879502266	小静098hh	男	男	18	山西	98.98	10	中通
19	2023/9/1	10:39	20230401220011868005667369303	加油999	女	女	40	广东	129	10	中通
20	2023/9/1	11:40	20230401220011748605462612644	小米xm	女	女	35	河南	129.79	12	中通
21	2023/9/1	11:59	20230401220011399805454989666	东东907hu	女	女	24	湖南	12.8	15	中通

图 10-14　性别列逻辑检验修正

	A	B	C	D	E	F	G	H	I	J
1	下单日期	下单时间	支付单号	用户名	性别	年龄	地区	销售金额	运费	物流公司
2	2023/9/1	7:05	20230401220011605305475247532	株树hhw	女	33	北京	228.67	包邮	中通
3	2023/9/1	8:25	20230401220011623705110482262	妙妙lein	女	40	河南	10.89	10	中通
4	2023/9/1	8:26	20230401220011255205561473822	小新	男	29	天津	10.9	10	中通
5	2023/9/1	9:00	20230401220011201005881504991	哈哈we	女	47	天津	13.8	10	中通
6	2023/9/1	9:09	20230401220011176005141640006	怡畅lfi	错误	26	河南	12.77	10	中通
7	2023/9/1	9:12	20230401220011024105042966006	北风lmst	女	38	天津	12.8	10	中通
8	2023/9/1	9:23	20230401220011605305475247532	anyt00	男	37	广东	123	包邮	中通
9	2023/9/1	9:30	20230401220011250605905799994	闫梅mesa	女	32	广东	56.68	18	顺丰
10	2023/9/1	9:31	20230401220011255205561473822	湖绿ee	男	20	山西	12.63	10	中通
11	2023/9/1	9:38	20230401220011923205762834233	荣荣4589	女	40	广东	59	12	中通
12	2023/9/1	9:40	20230401220011623705110482262	小洲ewf	男	35	河南	67	包邮	中通
13	2023/9/1	9:45	20230401220011784305298326077	柳絮wed	女	108	四川	109.8	18	顺丰
14	2023/9/1	10:10	20230401220011176005141640006	畅畅498	错误	45	陕西	90.88	10	中通
15	2023/9/1	10:10	20230401220011024105042966006	风筝	女	30	天津	19.8	10	中通
16	2023/9/1	10:25	20230401220011777705037822955	姗姗856	女	37	浙江	188.89	包邮	中通
17	2023/9/1	11:30	20230401220011889905671614499	绿藻wbg8	女	35	山西	38.68	10	中通
18	2023/9/1	10:31	20230401220011981305879502266	小静098hh	男	18	山西	98.98	10	中通
19	2023/9/1	10:39	20230401220011868005667369303	加油999	女	40	广东	129	10	中通
20	2023/9/1	11:40	20230401220011748605462612644	小米xm	女	35	河南	129.79	12	中通
21	2023/9/1	11:59	20230401220011399805454989666	东东907hu	女	24	湖南	12.8	15	中通

图 10-15　性别列逻辑检验修正结果

步骤2：运费列逻辑检验修正。

已知当销售金额大于等于100元时包邮，所以需要挑选出销售金额小于100元且包邮的订单，标黄后与客服核对是否处理有误。需要用到Excel的"高级筛选"功能，在空白单元格L3输入"销售金额"，L4输入"<100"，M3输入"运费"，M4输入"包邮"，选中整个数据区域A1:J21，选择"数据"→"排序与筛选"→"高级"选项，打开"高级筛选"对话框，此时"列表区域"默认为A1：J21，不用修改，"条件区域"选择L3：M4，如图10-16所示。单击"确定"按钮，筛选出符合筛选条件的记录，如图10-17所示。将这个问题记录底色标识为黄色，随后与客服核实是否有误。选择"筛选"选项，恢复显示全部数据，如图10-18所示。

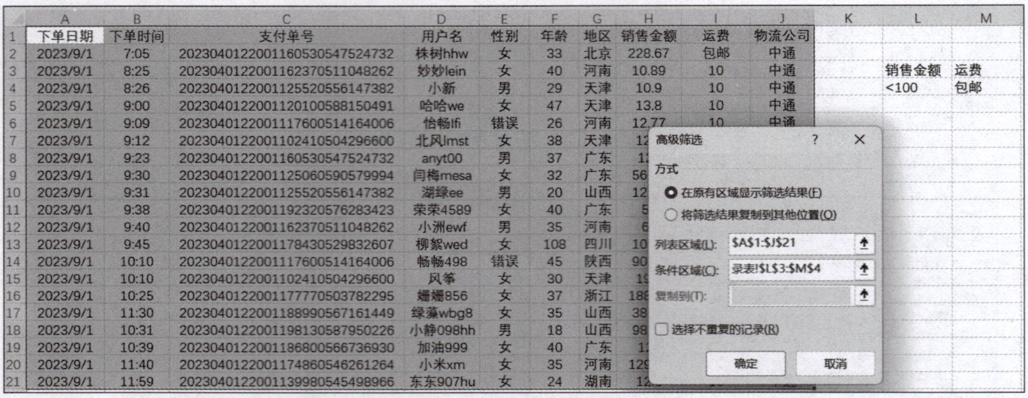

图10-16 高级筛选操作

	A	B	C	D	E	F	G	H	I	J
1	下单日期	下单时间	支付单号	用户名	性别	年龄	地区	销售金额	运费	物流公司
12	2023/9/1	9:40	20230401220011623705110482262	小洲ewf	男	35	河南	67	包邮	中通

图10-17 高级筛选结果

	A	B	C	D	E	F	G	H	I	J
1	下单日期	下单时间	支付单号	用户名	性别	年龄	地区	销售金额	运费	物流公司
2	2023/9/1	7:05	20230401220011605305475247322	株树hhw	女	33	北京	228.67	包邮	中通
3	2023/9/1	8:25	20230401220011623705110482262	妙妙lein	女	40	河南	10.89	10	中通
4	2023/9/1	8:26	20230401220011255205561473822	小新	男	29	天津	10.9	10	中通
5	2023/9/1	9:00	20230401220011201005881504911	哈哈we	女	47	天津	13.8	10	中通
6	2023/9/1	9:09	20230401220011176005141640066	怡畅lfi	错误	26	河南	12.77	10	中通
7	2023/9/1	9:12	20230401220011024105042966000	北风lmst	女	38	天津	12.8	10	中通
8	2023/9/1	9:23	20230401220011605305475247322	anyt00	男	37	广东	123	包邮	中通
9	2023/9/1	9:30	20230401220011250605907599944	闫梅mesa	女	32	广东	56.68	18	顺丰
10	2023/9/1	9:31	20230401220011255205561473822	湖绿ee	男	20	山西	12.63	10	中通
11	2023/9/1	9:38	20230401220011923205762834233	荣荣4589	女	40	广东	59	12	中通
12	2023/9/1	9:40	20230401220011623705110482262	小洲ewf	男	35	河南	67	包邮	中通
13	2023/9/1	9:45	20230401220011784305298326077	柳絮wed	女	108	四川	109.8	18	顺丰
14	2023/9/1	10:10	20230401220011176005141640066	畅畅498	错误	45	陕西	90.88	10	中通
15	2023/9/1	10:10	20230401220011024105042966000	风筝	女	30	天津	19.8	10	中通
16	2023/9/1	10:25	20230401220011777705037822955	姗姗856	女	37	浙江	188.89	包邮	中通
17	2023/9/1	11:30	20230401220011889905671614499	绿藻wbg8	女	35	山西	38.68	10	中通
18	2023/9/1	10:31	20230401220011981305879502266	小静098hh	男	18	山西	98.98	10	中通
19	2023/9/1	10:39	20230401220011868005667369300	加油999	女	40	广东	129	10	中通
20	2023/9/1	11:40	20230401220011748605462612644	小米xm	女	35	河南	129.79	12	中通
21	2023/9/1	11:59	20230401220011399805454989666	东东907hu	女	24	湖南	12.8	15	中通

图10-18 运费列逻辑检验结果

步骤3：年龄列逻辑检验修正。

根据常识，年龄不应该出现大于100岁的情况，因此将筛选条件设置为">100"，选中整个数据区域A1:J21，选择"数据"→"筛选"选项，字段名出现下拉按钮，选择"数字筛选"→"大于"选项，设置筛选条件为">100"，如图10-19所示。单击"确定"按钮，系统筛选出年龄为"108"的记录，如图10-20所示。设置底色为蓝色进行标识，并与客服核实，修改为正确年龄，选择"筛选"选项，恢复全部数据，如图10-21所示。

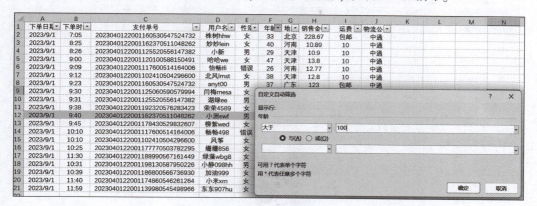

图 10-19　设置筛选条件

图 10-20　筛选结果

图 10-21　年龄列逻辑检验结果

（五）数据格式规范化处理

由于数据获取渠道或输入习惯不同，采集的原始数据往往出现格式与要求不符的情况，需要进行数据格式规范化处理，使后续的数据分析更加高效准确。

【任务实例 10-15】

以图 10-22 "销售明细记录表"为基础,进行数据格式规范化处理。

	A	B	C	D	E	F	G	H
1	下单时间	支付数据	用户名	性别	年龄	地区	运费	物流公司
2	2023-9-1,07:05	支付单号:2023040122001160530547524732,金额:228.67	株树hhw	女	33	北京	包邮	中通
3	2023-9-1,08:25	支付方式:2023040122001162370511048262,金额:10.89	妙妙lein	女	40	河南	10	中通
4	2023-9-1,08:26	支付方式:2023040122001255205561473827,金额:10.9	小新	男	29	天津	10	中通
5	2023-9-1,08:37	支付方式:2023040122001201005881504917,金额:13.8	哈哈we	女	47	天津	10	中通
6	2023-9-1,08:45	支付方式:2023040122001177600514164006,金额:12.77	怡畅lfi	错误	26	河南	10	中通
7	2023-9-1,08:52	支付方式:2023040122001102410504296600,金额:12.8	北风lmst	女	38	天津	10	中通
8	2023-9-1,09:00	支付方式:2023040122001160530547524732,金额:123	anyt00	男	37	广东	包邮	中通
9	2023-9-1,09:01	支付方式:2023040122001250605905799945,金额:56.68	闫梅mesa	女	32	广东	18	顺丰
10	2023-9-1,09:12	支付方式:2023040122001255205561473827,金额:12.63	湖绿ee	女	20	山西	10	中通
11	2023-9-1,09:23	支付方式:2023040122001192320576283423,金额:59	荣荣4589	女	40	广东	12	中通
12	2023-9-1,09:30	支付方式:2023040122001162370511048262,金额:67	小洲lewf	男	35	河南	包邮	中通
13	2023-9-1,09:31	支付方式:2023040122001178430529832607,金额:109.8	柳絮wed	女	25	四川	18	顺丰
14	2023-9-1,09:31	支付方式:2023040122001177600514164006,金额:90.88	畅畅498	错误	45	陕西	10	中通
15	2023-9-1,09:40	支付方式:2023040122001102410504296600,金额:19.8	风筝	女	30	天津	10	中通
16	2023-9-1,09:45	支付方式:2023040122001177770503782295,金额:188.89	姗姗856	女	37	浙江	包邮	中通
17	2023-9-1,10:01	支付方式:2023040122001188990567161449,金额:38.68	绿藻wbg8	女	35	山西	10	中通
18	2023-9-1,10:05	支付方式:2023040122001198130587950226,金额:98.98	小静098hh	男	18	山西	10	中通
19	2023-9-1,10:10	支付方式:2023040122001186800566736930,金额:129	加油999	女	40	广东	10	中通
20	2023-9-1,10:25	支付方式:2023040122001174860546261264,金额:129.79	小米xm	女	35	河南	12	中通
21	2023-9-1,11:30	支付方式:2023040122001139980545498966,金额:12.8	东东907hu	女	24	湖南	15	中通

图 10-22 销售明细记录表

【操作过程】

步骤1:观察发现图10-22"销售明细记录表"在数据格式上存在如下问题:A列与B列数据杂乱,需要进一步拆分整理。

步骤2:A列数据格式规范化处理。观察A列,包含日期、时间。因此,在A列后插入空白列,用来存放拆分后的结果。

选中A列,选择"数据"→"分列"选项,在打开的"文本分列向导-第1步,共3步"对话框中选中"固定宽度"单选按钮,如图10-23所示。单击"下一步"按钮,单击鼠标绘制分隔线,如图10-24所示。单击"下一步"按钮,设置第1列格式为"日期",如图10-25所示,第2列为"不导入此列",如图10-26所示,其他为"常规",单击"完成"按钮,分别修改两个字段名称为"下单日期""下单时间",A列数据格式整理完毕,如图10-27所示。

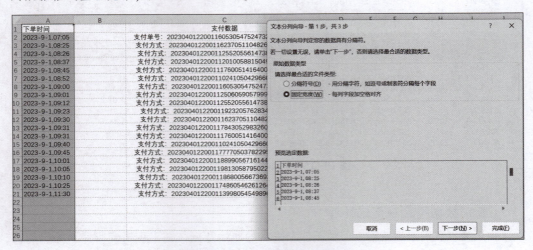

图 10-23 设置固定宽度分列

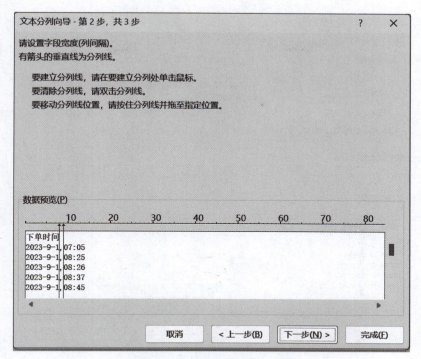

图 10-24　固定宽度拆分设置

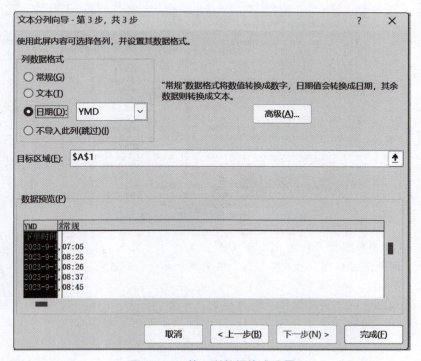

图 10-25　第 1 列数据格式设置

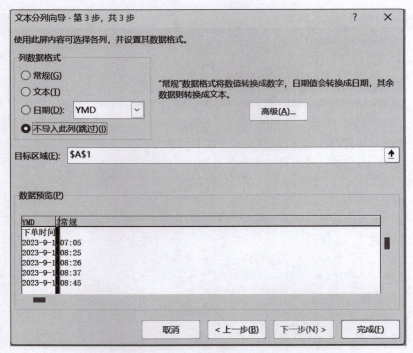

图 10-26　第 2 列数据格式设置

	A	B	C	D	E	F	G	H	I
1	下单日期	下单时间	支付数据	用户名	性别	年龄	地区	运费	物流公司
2	2023/9/1	7:05	支付单号：20230401220011605305475247324732，金额：228.67	株树hhw	女	33	北京	包邮	中通
3	2023/9/1	8:25	支付方式：20230401220011623705110482622，金额：10.89	妙妙lein	女	40	河南	10	中通
4	2023/9/1	8:26	支付方式：20230401220011255205561473822，金额：10.9	小新	男	29	天津	10	中通
5	2023/9/1	8:37	支付方式：20230401220011201005885150491，金额：13.8	哈哈we	女	47	天津	10	中通
6	2023/9/1	8:45	支付方式：20230401220011176005141640062，金额：12.77	怡畅lfi	错误	26	河南	10	中通
7	2023/9/1	8:52	支付方式：20230401220011024105042966002，金额：12.8	北风lmst	女	38	天津	10	中通
8	2023/9/1	9:00	支付方式：20230401220011605305475247324732，金额：123	anyt00	男	37	广东	包邮	中通
9	2023/9/1	9:01	支付方式：20230401220011250605905799942，金额：56.68	闫梅mesa	女	32	广东	18	顺丰
10	2023/9/1	9:12	支付方式：20230401220011255205561473822，金额：12.63	湖绿ee	男	20	山西	10	中通
11	2023/9/1	9:23	支付方式：20230401220011923205762834232，金额：59	荣荣4589	女	40	广东	12	中通
12	2023/9/1	9:30	支付方式：20230401220011623705110482622，金额：67	小洲ewf	男	35	河南	包邮	中通
13	2023/9/1	9:31	支付方式：20230401220011784305298326072，金额：109.8	柳絮wed	女	25	四川	18	顺丰
14	2023/9/1	9:31	支付方式：20230401220011176005141640062，金额：90.88	畅畅498	错误	27	陕西	10	中通
15	2023/9/1	9:40	支付方式：20230401220011024105042966002，金额：19.8	风筝	女	30	天津	10	中通
16	2023/9/1	9:45	支付方式：20230401220011777705037822952，金额：188.89	姗姗856	女	37	浙江	包邮	中通
17	2023/9/1	10:01	支付方式：20230401220011889905671614492，金额：38.68	绿藻wbg8	女	35	山西	10	中通
18	2023/9/1	10:05	支付方式：20230401220011981305879502262，金额：98.98	小静098hh	男	18	山西	10	中通
19	2023/9/1	10:10	支付方式：20230401220011868005667369302，金额：129	加油999	女	40	广东	10	中通
20	2023/9/1	10:25	支付方式：20230401220011748605462612642，金额：129.79	小米xm	女	35	河南	12	中通
21	2023/9/1	11:30	支付方式：20230401220011399805454989662，金额：12.8	东东907hu	女	24	湖南	15	中通

图 10-27　数据格式规范化处理结果

步骤 3：B 列数据格式规范化处理（拆分 A 列后为 C 列）。观察 C 列，包含支付单号、金额。因此，在 C 列后插入空白列，用来存放拆分后的结果。

选中 C 列，选择"数据"→"分列"选项，在打开的"文本分列向导-第 1 步，共 3 步"对话框中选中"固定宽度"单选按钮。单击"下一步"按钮，单击鼠标绘制分隔线，如图 10-28 所示。单击"下一步"按钮，设置第 1 列格式为"不导入此列"，第 2 列为"文本"，第 3 列格式为"不导入此列"，第 4 列为"常规"，单击"完成"按钮，分别修改两个字段名称为"支付单号""销售金额"，C 列数据格式整理完毕，如图 10-29 所示。

项目十 财务分析与可视化

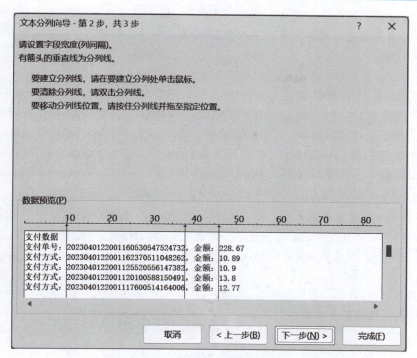

图 10-28　固定宽度拆分设置

	A	B	C	D	E	F	G	H	I	J
1	下单日期	下单时间	支付单号	销售金额	用户名	性别	年龄	地区	运费	物流公司
2	2023/9/1	7:05	20230401220011605305475247532	228.67	株树hhw	女	33	北京	包邮	中通
3	2023/9/1	8:25	20230401220011623705110482620	10.89	妙妙lein	女	40	河南	10	中通
4	2023/9/1	8:26	20230401220011255205561473820	10.9	小新	男	29	天津	10	中通
5	2023/9/1	8:37	20230401220011201005881504910	13.8	哈哈we	女	47	天津	10	中通
6	2023/9/1	8:45	20230401220011176005141640060	12.77	怡畅lfi	错误	26	河南	10	中通
7	2023/9/1	8:52	20230401220011024105042966000	12.8	北风lmst	女	38	天津	10	中通
8	2023/9/1	9:00	20230401220011605305475247532	123	anyt00	男	37	广东	包邮	中通
9	2023/9/1	9:01	20230401220011250605905799940	56.68	闫梅mesa	女	32	广东	18	顺丰
10	2023/9/1	9:12	20230401220011255205561473820	12.63	湖绿ee	男	20	山西	10	中通
11	2023/9/1	9:23	20230401220011923205762834230	59	荣荣4589	女	40	广东	12	中通
12	2023/9/1	9:30	20230401220011623705110482620	67	小洲ewf	男	35	河南	包邮	中通
13	2023/9/1	9:31	20230401220011784305298326070	109.8	柳絮wed	女	25	四川	18	顺丰
14	2023/9/1	9:31	20230401220011176005141640060	90.88	畅畅498	错误	45	陕西	10	中通
15	2023/9/1	9:40	20230401220011024105042966000	19.8	风筝	女	30	天津	10	中通
16	2023/9/1	9:45	20230401220011777705037822950	188.89	姗姗856	女	37	浙江	包邮	中通
17	2023/9/1	10:01	20230401220011889905671614490	38.68	绿藻wbg8	女	35	山西	10	中通
18	2023/9/1	10:05	20230401220011981305879502260	98.98	小静098hh	男	18	山西	10	中通
19	2023/9/1	10:10	20230401220011868005667369300	129	加油999	女	40	广东	10	中通
20	2023/9/1	10:25	20230401220011748605462612640	129.79	小米xm	女	35	河南	12	中通
21	2023/9/1	11:30	20230401220011399805454989660	12.8	东东907hu	女	24	湖南	15	中通

图 10-29　数据格式规范化处理结果

任务拓展

（一）实训目标
掌握财务数据清洗的方法。

（二）实训任务
请将表 10-12 中需数据清洗的民生公司资产负债表复制在 Excel 中，并进行数据清洗。

【任务拓展】
参考答案

表 10-12　需数据清洗的民生公司资产负债表　　　　　　　单位：万元

资产类科目	年末余额	年初余额	负债及所有者权益科目	年末余额	年初余额
货币资金	9 000.00	8 000.00	短期借款	5 000.00	5 000.00
交易性金融资产	5 000.00	10 000.00	应付账款	12 000.00	10 000.00
应收账款	13 000.00	12 000.00	其他流动负债	23 000.00	19 000.00
存货	52 000.00		流动负债合计	40 000.00	34 000.00
流动资产合计	79 000.00	70 000.00	长期负债	25 000.00	20 000.00
持有至到期投资	2 000.00	2 000.00	实收资本	108 000.00	109 000.00
固定资产净额	140 000.00	120 000.00	盈余公积	19 000.00	19 000.00
非流动资产合计	142 000.00	122 000.00	未分配利润	29 000.00	10 000.00
非流动资产合计	142 000.00	122 000.00	未分配利润	29 000.00	10 000.00
资产总额	221 000.00	192 000.00	权益总额	221 000.00	192 000.00

（扫描二维码查看答案。）

任务小结

本任务介绍了财务数据采集时数据的来源，从缺失值处理、空格清洗、重复值数据清洗、逻辑错误数据的检验与修正和数据格式规范化处理的角度，介绍了使用 Excel 工具进行财务数据清洗的方法。

任务 5　财务大数据分析与可视化

任务导入

了解大数据的概念，使用中联教育的大数据平台进行财务大数据分析及可视化。

任务分析

结合已学过的财务分析指标及综合财务分析方法，利用中联教育的大数据平台进行财务大数据分析及可视化。

任务实施

大数据（big data）表示规模庞大的数据。针对大数据，目前存在多种不同的理解和定义。维基百科对"大数据"的解释是大数据或称量数据、海量数据、大资料，指的是所涉及的数据量规模巨大到无法通过人工在合理时间内实现截取、管理、处理并整理成为人类所能解读的信息。维克托·迈尔-舍恩伯格和肯尼斯·克耶编写的《大数据时代》一书认为，大数据具有 4V 特征，即规模性（volume）、高速性（velocity）、多样性（variety）、价值性（value）。根据 IDC 发布的《数字化世界：从边缘到核心》白皮书，IDC 预测全球数据量将从 2018 年的 33ZB 增至 2025 年的 175ZB。

项目十　财务分析与可视化

价值引领

应用可视化财务分析，推进数字化财务转型

以顺丰控股 2022 年度报告为例，采用财务数据可视化的方式，将关键经营业务和财务指标用可视化的形式呈现，如图 10-30、图 10-31 所示，使报表使用者清晰直观地了解其经营情况和盈利能力。企业财务数据可视化使财务分析更加准确；使不同的财务报表使用者掌握海量、有效的资讯；提高非财会专业管理层解决问题的效率。与传统的财务数据分析相比，可视化模型能让非财会专业的管理层及时发现企业可能存在的问题，大大缩短发现问题的时间，进而提高企业处理问题的效率，提升企业的经济效益。企业运用数据可视化方式，可以提高财务风险管理水平、获得经济价值的能力，以及对人力、物力等相关资源的配置能力。

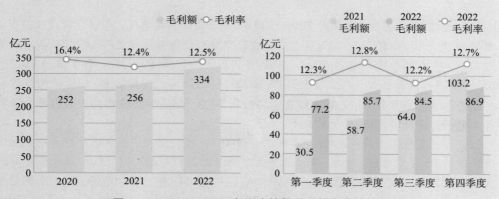

图 10-30　2022 年顺丰控股业绩总览图

图 10-31　2020—2022 年顺丰控股毛利额变动趋势图

启示：大数据可视化系统更迭日新月异，在财务的应用中发挥了积极作用，不仅使财务分析由传统的 Excel 平面分析转向可视化的立体分析，推动了财务数字化转型，还使企业在信息化、人才培养等方面发生了巨大变化，从而增强企业的竞争力。

【任务实例10-16】

北京康佳医疗有限公司（以下简称康佳医疗）（所属证监会行业名称为医药制造业）召开战略会议，公司董事会想要了解公司的综合竞争力，于是让财务部对公司进行财务分析。

要求：

结合康佳医疗的资产负债表、利润表与大数据分析平台中上市公司财务报表等资料，对康佳医疗2018—2020年的综合竞争能力进行趋势分析，设计并填写康佳医疗综合竞争力对比分析表，将2020年康佳医疗的综合竞争能力指标值与2020年对应指标的所属证监会行业均值和标杆企业（以各指标排名第一的企业作为标杆企业）指标值进行对比分析，并进行可视化呈现。

说明：

（1）计算结果均保留两位小数。

（2）在运用大数据分析工具计算行业指标时，剔除证券简称中包含＊ST和u的公司。

本任务借助中联教育的大数据平台进行财务大数据分析。

【在线课10-3】
财务大数据
分析与可视化

【操作过程】（扫描二维码查看操作步骤示意图）

步骤1：分析题目，题目要求对康佳医疗进行综合竞争能力分析，可以利用已学习的杜邦分析法进行分析，杜邦分析法涵盖了企业的盈利能力分析、营运能力分析和偿债能力分析，是一个非常全面的综合分析方法，利用该方法，可以实现对企业的综合竞争能力的分析。

杜邦分析法涉及4个指标值：净资产收益率、营业净利率、总资产周转率、权益乘数。题目要求对康佳医疗2018—2020年的综合竞争能力进行趋势分析，所以需要计算康佳医疗2018—2020年的这4个指标值及同行业的均值，还有同行业标杆企业的指标值。根据以上思路设计康佳医疗综合竞争力对比分析表。

操作步骤
示意图

步骤2：

（1）通过Excel实现康佳医疗2018—2020年财务指标计算填写。根据净资产收益率＝净利润/平均净资产×100%，在工作表"康佳医疗综合能力对比分析"中的B4单元格输入公式"='康佳医疗利润表2017—2020'!C29*2/('康佳医疗资产负债表2017—2020'!B115+'康佳医疗资产负债表2017—2020'!C115)"，并设置B4：D4单元格格式的"分类"为"百分比"，小数位数为"2"。从B4向右拖动至D4填充公式，得到康佳医疗2019年、2020年的净资产收益率。

（2）根据营业净利率＝净利润/营业收入×100%，在工作表"康佳医疗综合能力对比分析"中的B5单元格输入公式"='康佳医疗利润表2017—2020'!C29/'康佳医疗利润表2017—2020'!C4"，并设置B5：D5单元格格式的"分类"为"百分比"，小数位数为"2"。从B5向右拖动至D5填充公式，得到康佳医疗2019年、2020年的营业净利率。

（3）根据总资产周转率＝营业收入/平均资产总额×100%，在工作表"康佳医疗综合能力对比分析"中的B6单元格输入公式"='康佳医疗利润表2017—2020'!C4*2/('康佳医疗资产负债表2017—2020'!B57+'康佳医疗资产负债表2017—2020'!C57)"。从B6向右拖动至D6填充公式，得到康佳医疗2019年、2020年的总资产周转率。

（4）根据权益乘数＝1/（1-资产负债率），在工作表"康佳医疗综合能力对比分析"中的B7单元格输入公式"=1/(1-'康佳医疗资产负债表2017—2020'!C99/'康佳医疗资产负债表2017—2020'！C57)"。从B6向右拖动至D6填充公式，得到康佳医疗2019年、2020年的总资产周转率。

（5）因为B4：D7单元格都为公式，为了方便后续计算，需将B4：D7单元格转化为数值形式。选中B4：D7单元格，右击，选择"复制"选项，选中B4单元格，右击，选择"选择性粘贴"→"数值"→"确定"选项，完成格式设置。

步骤3：利用中联教育大数据平台计算财务指标同行业均值。

（1）进入中联教育大数据平台，选择"报表"选项，单击"准备数据"按钮。进入"准备数据"界面，单击"直连数据集"中的"创建"按钮。在数据源列表中选择"利润表2020""资产负债表2019""资产负债表2020""行业分类"，单击"确定"按钮。拖出"行业分类明细"，拖出"利润表2020"，选择"内连接"→"保存"选项，同理，拖出"资产负债表2019"，选择"内连接"→"保存"选项，拖出"资产负债表2020"，选择"内连接"→"保存"选项，形成关联关系。

（2）字段列表选择。选择所需的字段，在"行业分类明细"中勾选"证券简称""所属证监会行业名称"复选框。同理，在"利润表2020"中勾选"证券简称""净利润""营业收入"复选框；在"资产负债表2019"和"资产负债表2020"中勾选"证券简称""所有者权益""资产总额""负债总额"复选框。

（3）添加计算字段。单击"添加计算字段"按钮。在"字段名称"处填写"行业净资产收益率"，在"字段类型"处选择"数字"，填写表达式内容时在数据集处选择相应字段，注意此处的运算符号输入时要用英文模式，表达式为[净利润]*2/([所有者权益合计]+[资产负债表2020_所有者权益合计])，单击"保存并继续创建"按钮。同理，完成行业营业净利率、行业总资产周转率、行业权益乘数的计算字段添加。在"字段列表"的最后检查"计算字段"的"字段名称""表达式""类型"无误后完成。

（4）数据过滤器选择。单击"添加规则"按钮，选择"所属证监会行业名称""=""医药制造业"；单击"添加规则"按钮，选择"证监简称""不包含""*ST"；单击"添加规则"按钮，选择"证监简称""不包含""u"。

（5）数据集保存。单击"保存"按钮，名称处输入"2020年医药制造业财务指标"，单击"保存"按钮，完成数据集保存。

（6）行业财务指标计算。单击"报表"按钮，选择"空白RDL报表"，双击"矩表"，出现矩表。单击"数据绑定"→"添加"按钮，选择数据集"2020年医药制造业财务指标"，单击"添加"按钮，此时，在数据集中可见：行业净资产收益率、行业营业净利率、行业总资产周转率、行业权益乘数。单击矩表，单击右上角的"齿轮"符号，出现"矩表设计向导"。将数据集中的行业净资产收益率、行业营业净利率、行业总资产周转率、行业权益乘数拖至"数值"，计算方式选择"平均值"，并设置这4个指标的数据格式，完成矩表设计向导设置。单击"预览"按钮，可见行业财务指标值。将行业财务指标值对应填入"康佳医疗综合能力对比分析"表中。

步骤4：利用中联教育大数据平台进行财务指标可视化呈现。

（1）上传康佳医疗的财务报表至中联教育大数据平台。需上传康佳医疗2018—2020年的利润表、康佳医疗2017—2020年的资产负债表、康佳医疗的证券简称，单击"数据源"按钮。选择"Excel"，选择需上传文件，修改"名称"为"2018年康佳医疗利润表"，选择"下一步"→"下一步"→"创建"选项，2018年康佳医疗利润表上传成功，上传康佳医疗2019—2020年的利润表、康佳医疗2017—2020年的资产负债表、康佳医疗的证券简称至中联教育大数据平台。

(2) 康佳医疗可视化数据准备。单击"准备数据"按钮，在"缓存数据集"处单击"创建"按钮。在数据源中选择康佳医疗证券简称、康佳医疗利润表2018—2020、康佳医疗资产负债表2017—2020，单击"确定"按钮，将康佳医疗证券简称、康佳医疗利润表2018—2020、康佳医疗资产负债表2017—2020进行内连接。单击"字段列表"按钮，选择财务指标计算时所需字段。单击"添加计算字段"按钮，在"字段名称"处填写"净资产收益率2018"，字段类型选择"数字"，表达式在左侧的数据集中选择所需的字段，表达书中填写［净利润］*2/（［所有者权益合计］+［2018_所有者权益合计］），单击"保存并继续创建"按钮，"净资产收益率2018"创建完毕。以同样的方式创建其他所需的11个计算字段："净资产收益率2019—2020""营业净利率2018—2020""总资产周转率2018—2020""权益乘数2018—2020"。保存数据集，命名为"康佳医疗财务指标可视化"，单击"保存"按钮。

(3) 行业可视化数据准备。单击"准备数据"按钮，在"缓存数据集"处单击"创建"按钮。在数据源中选择行业分类、利润表2020、资产负债表2019、资产负债表2020，单击"确定"按钮，将行业分类、利润表2020、资产负债表2019、资产负债表2020进行内连接。单击"字段列表"按钮，选择行业财务指标计算时所需字段。单击"添加计算字段"按钮，在"字段名称"处填写"行业净资产收益率"，字段类型选择"数字"，表达式在左侧的数据集中选择所需的字段，表达书中填写"［净利润］*2/（［所有者权益合计］+［资产负债表2020_所有者权益合计］）"，单击"保存并继续创建"按钮，"行业净资产收益率"创建完毕。创建其他所需的3个计算字段："行业营业净利率""行业总资产周转率""行业权益乘数"。单击"数据过滤器"按钮，单击"添加规则"按钮，选择"所属证监会行业名称""=""医药制造业"；单击"添加规则"按钮，选择"证监简称""不包含""*ST"；单击"添加规则"按钮，选择"证监简称""不包含""u"。保存数据集，命名为"2020年医药制造业财务指标可视化"，单击"保存"按钮。

(4) 财务指标大数据可视化。设计可视化大屏分为3个板块，康佳医疗财务指标可视化、同行业均值财务指标可视化和同行业标杆企业财务指标可视化。

① 可视化标题创建。单击"仪表板"按钮，单击"组件"中的"富文本"按钮，输入大数据可视化题目"康佳医疗综合竞争力对比可视化大屏"，进行字体及字号调整并居中。在"属性设置"中选择"背景图片"→"共享图片"→"动画标题1005"选项，单击"确定"按钮，也可以在"内嵌图片"或"外部链接"中进行设置。将标题拖至合适的大小。

② 康佳医疗财务指标可视化呈现。根据数据特征，用柱状图进行康佳医疗财务指标可视化。在"图表"中拖出"柱状图"，在"数据绑定"中选择数据集"康佳医疗财务指标可视化"，首先做2018—2020年康佳医疗净资产收益率的可视化展现，在"数值"处拖入"净资产收益率2018""净资产收益率2019""净资产收益率2020"，"分类"处拖入"证券简称"。在"属性设置"的标题处修改康佳医疗的净资产收益率可视化标题为"2018—2020年康佳医疗净资产收益率"，"对齐方式"选择"居中"，选择"粗体"，1.2号字。在"属性设置"的"数据标签"中"显示数据标签"处选择"是"，在"数据绑定"的"数值"处的"格式化字段"里选择"百分比"选项，"小数位数"输入"2"，如图10-71所示，单击"确定"按钮，2018—2020年康佳医疗净资产收益率可视化呈现完成。同理，进行"2018—2020年康佳医疗营业净利率""2018—2020年康佳医疗总资产周转率""2018—2020年康佳医疗权益乘数"的可视化呈现，康佳医疗的财务指标

可视化呈现完成。

③ 同行业均值财务指标可视化呈现。根据数据特征，用柱状图进行同行业均值财务指标可视化。在"图表"中拖出"柱状图"，在"数据绑定"中选择数据集"2020年医药制造业财务指标可视化"，首先做行业净资产收益率的可视化呈现，在"数值"处拖入"行业净资产收益率"，"分类"处拖入"所属证监会行业名称"。在"属性设置"的标题处修改康佳医疗的净资产收益率可视化标题为"2020年行业净资产收益率平均数"，"对齐方式"选择"居中"，选择"粗体"，1.2号字。在"属性设置"的"数据标签"中"显示数据标签"处选择"是"，在"数据绑定"的"数值"处的"格式化字段"里选择"百分比"选项，"小数位数"输入"2"，单击"确定"按钮。因为是行业均值，所以在"数值"的设置处选择"聚合运算"→"平均数"选项，2020年行业净资产收益率平均数可视化呈现完成。同理，进行"2020年行业营业净利率平均数""2020年行业总资产周转率平均数""2020年行业权益乘数平均数"的可视化呈现，同行业均值财务指标可视化呈现完成。

④ 同行业标杆企业财务指标可视化呈现。选择同行业财务指标前五名的企业进行可视化呈现，根据数据特征，用柱状图进行同行业均值财务指标可视化。在"图表"中拖出"柱状图"，在"数据绑定"中选择数据集"2020年医药制造业财务指标可视化"，首先做行业标杆企业净资产收益率的可视化呈现，在"数值"处拖入"行业净资产收益率"，"分类"处拖入"证券简称"。在"属性设置"的"数据标签"中"显示数据标签"处选择"是"，在"数据绑定"的"数值"处的"格式化字段"里选择"百分比"选项，"小数位数"输入"2"，单击"确定"按钮。选择净资产收益率行业前五名的企业，净资产收益率越大，表示企业的盈利能力越强，在"计算结果"选项区域的"顺序"下拉列表中选择"降序"选项，单击"确定"按钮。在"排名筛选设置"中"保留前N项"中输入"5"。在"属性设置"的标题处修改康佳医疗的净资产收益率可视化标题为"行业前五名的净资产收益率"，"对齐方式"选择"居中"，选择"粗体"，1.2号字。行业前五名的企业净资产收益率可视化呈现完成。同理，进行"行业前五名营业净利率""行业前五名总资产周转率""行业前五名的企业权益乘数"的可视化呈现，同行业标杆企业财务指标可视化呈现完成。财务指标大数据可视化如图10-32所示。

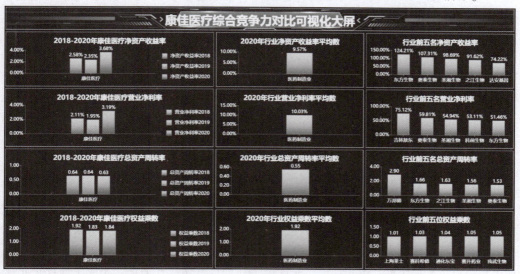

图10-32 财务指标大数据可视化

⑤ 康佳医疗综合能力对比分析表完善及分析。根据行业标杆企业财务指标可视化结果，填写康佳医疗综合能力对比分析表。

康佳医疗2018—2020年的净资产收益率的变化，表明从2018年到2020年对所有者和债权人的利益保障程度是一个先下降后提高的趋势，将康佳医疗2020年的净资产收益率水平与2020年的行业平均数和行业前五位的企业进行对比，发现康佳医疗2020年的净资产收益率与行业均值和标杆企业有很大差距。再看2018—2020年康佳医疗的营业净利率，呈现出先下降后上升的趋势，这说明康佳医疗从2018到2020年的盈利能力是一个先下降后上升的趋势，将其与2020年的行业平均数和行业前五位的企业的营业净利率进行对比，发现康佳医疗2020年的营业净利率与行业平均数和标杆企业有很大差距。观察2018—2020年康佳医疗总资产周转率的变化情况，基本上是处于一个稳定的水平，与2020年行业的均值对比，康佳医疗的总资产周转率是优于行业均值的，但是与总资产周转率行业前五位企业对比，还是存在很大差距。观察2018—2020年康佳医疗的权益乘数，从2018到2020年保持基本持平，有一个先下降后少量上升的趋势，康佳医疗2020年的权益乘数与行业均值对比，它是优于行业平均水平的，说明康佳医疗的负债率是优于行业平均水平的，但是与行业前5位企业的权益乘数对比，还是存在很大差距。以上就是依据康佳医疗综合竞争力可视化大屏对于康佳医疗综合竞争力的分析。

通过康佳医疗综合竞争力对比分析表和康佳医疗综合竞争力可视化大屏，企业的决策者可以对康佳医疗的综合竞争力作出一个合理的判断，并对于企业未来的发展方向作出一个正确的决策。

任务拓展

【任务拓展】
参考答案

（一）实训目标
掌握财务大数据分析与可视化的方法。

（二）实训要求
选择一家上市公司，根据该公司2022年年末的资产负债表和2022年度利润表，利用大数据平台进行财务大数据分析及可视化。
（扫描二维码查看答案。）

任务小结

本任务利用已学习的财务指标和综合财务分析方法，利用Excel工具和大数据平台实现财务大数据分析及可视化。

项目总结

财务分析是以企业的财务报表等会计资料为依据，对企业的财务状况和经营成果进行分析和评价的一种方法。三大财务报表是财务分析的主要依据。财务分析和财务评价指标主要包括偿债能力、营运能力、获利能力、发展能力和综合能力等方面，每一个方面又包括若干具体指标。由于任何一类评价指标都具有相对片面性，不能全面评价企业的财务状况和经营成果，只有把各种指标和相关比率综合进行系统分析，才能全面合理地分析和评价。杜邦分析法和沃尔评分法是财务综合分析中常用的两种方法，还要掌握利用中联教育的大数据平台实现财务大数据分析及可视化。

职业能力训练

【自测题】　　　　　　　【项目实操】

学业测评

职业能力和素养测评见表10-13。

表10-13　职业能力和素养测评表

评价项目	评价指标	自测结果	得分
职业素养（10分）	1. 积极参与教学活动，按时完成学习任务（2分） 2. 遵守劳动纪律、教学场地6S管理（2分） 3. 培养数字思维、数据安全（3分） 4. 培养利用新技术进行数据分析能力、解决实际问题的能力（3分）	□A □B □C □D □E □A □B □C □D □E □A □B □C □D □E □A □B □C □D □E	
财务分析认知（20分）	1. 财务分析的目的（5分） 2. 财务分析的内容（5分） 3. 财务分析的依据（5分） 4. 财务分析方法应用（5分）	□A □B □C □D □E □A □B □C □D □E □A □B □C □D □E □A □B □C □D □E	
财务指标计算与分析（20分）	1. 偿债能力指标（5分） 2. 营运能力指标（5分） 3. 盈利能力指标（5分） 4. 发展能力指标（5分）	□A □B □C □D □E □A □B □C □D □E □A □B □C □D □E □A □B □C □D □E	
财务综合分析与应用（20分）	1. 杜邦财务分析体系（15分） 2. 沃尔比重评分法应用（5分）	□A □B □C □D □E □A □B □C □D □E	
财务数据采集与清洗（10分）	1. 财务数据采集（5分） 2. 基于Excel的财务数据清洗（5分）	□A □B □C □D □E □A □B □C □D □E	
财务大数据分析与可视化（20分）	财务大数据分析与可视化（20分）	□A □B □C □D □E	
教师评语：			
成绩		教师签字	

注：在□中打√，A：100%，B：80%，C：60%，D：40%，E：20%。

职业能力拓展

【关键术语】

【素养进阶】

【职业能力进阶】

【职业能力进阶】参考答案

【经典案例导读一】

【经典案例导读二】

项目十一

环境管理会计

项目描述

地球正经历全球变暖、人口过剩、污染严重、偷猎盗猎以及冰川快速融化等诸多环境危机,保护地球生态,爱护人类家园,是全人类面临的共同责任。我国积极推进生态文明建设,在经济发展中促进绿色转型,克服传统会计中不考虑环境因素的不足,在会计中引入可持续发展观,促成环境会计的产生。作为管理会计师,应如何做好公司的环境管理会计工作?

项目分析

环境管理会计是实现我国经济可持续发展的重要手段,企业应当肩负起环境保护方面的社会责任和历史使命。本项目要求掌握环境成本管理方法进行环境成本控制,熟悉环境成本效益分析模式与评价指标进行环保项目成本效益决策,服务企业的同时,提升社会效益。故本项目分三个任务:任务1 环境管理会计认知,任务2 环境成本管理,任务3 成本效益分析。

党的二十大精神学习园地

党的二十大报告指出:"推动经济社会发展绿色化、低碳化是实现高质量发展的关键环节。"

学习目标

◆ 知识目标

1. 理解环境会计和环境管理会计的概念。
2. 理解环境成本管理的内容。
3. 理解环境成本效益的内涵。

附件11-1 ISO14000 环境管理体系标准

附件11-2 中华人民共和国清洁生产促进法

◆ **能力目标**
1. 能明晰管理会计与环境管理会计的关系。
2. 掌握环境成本管理方法。
3. 掌握环保项目成本效益决策方法。

◆ **素养目标**
1. 树立绿色会计理念，厚植爱护环境的生态意识和大局意识。
2. 主动迎接问题挑战，积极寻求解决方案，担当绿色时代发展重任。

 ## 职业素养提升

认知环境会计　增强社会责任感

环境管理会计是指企业以绿色发展为导向，对生产过程中用于环境保护相关的经济效益进行计量，并将这些成本和效益集中到日常业务决策中的一种机制。在经济可持续发展的前提下，强调企业发展应当与自然和谐相处，而还是破坏和污染生态环境来追求发展，达到节能、降耗、增效、减污的目的，促进企业发展方式绿色转型，减轻在生产生活中对自然环境的破坏程度。

高质量发展的核心是绿色发展，优化绿色经济发展模式，在统筹环境保护和经济发展的同时，培养企业可持续发展的全局意识，增强企业社会责任感。

 ## 配套学习资源

省级在线精品课程"数字化管理会计"——环境管理会计

知识图谱

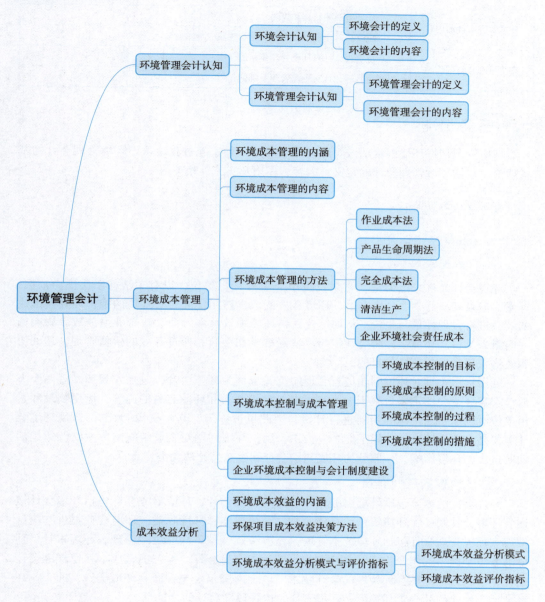

任务1　环境管理会计认知

任务导入

通过学习环境管理会计的基本理论，理解环境管理会计的内容和作用，完成表11-1。

表 11-1　工作任务表

维度	内容	
环境管理会计的内容	企业环境影响核算和控制	
	环境反应对企业财务影响核算和控制	
环境管理会计的作用	环境管理会计对环境管理体系的作用	
	环境管理会计对企业管理系统的作用	

任务分析

环境管理是将环境因素纳入管理会计职能的一种实施过程。认知环境管理会计的基本理论，包括环境管理会计的定义、内容、作用及实施等相关内容。

任务实施

一、环境会计认知

（一）环境会计的定义

环境会计又称绿色会计，它是以货币为主要计量单位，以有关法律、法规为依据，计量、记录环境污染、环境防治、环境开发的成本费用，同时对环境的维护和开发形成的效益进行合理计量与报告，从而综合评估环境绩效及环境活动对企业财务成果影响的一门新兴学科。环境会计将会计学与环境经济学相结合，通过有效的价值管理，达到协调经济发展和保护环境的目的。

利用货币工具对环境问题进行管理的范畴统称为环境会计，包括宏观和微观两个方面。宏观环境会计主要着眼于国民经济中与自然资源和环境有关的内容，运用物理和货币单位对国家自然资源的消耗进行计量，因此也被称为"自然资源会计"。微观环境会计主要是企业环境会计，以工业企业为主，反映环境问题对企业组织财务业绩及组织活动所造成的环境影响，一般分为环境差别会计和生态会计两大类。

（二）环境会计的内容

环境会计的内容包括环境财务会计和环境管理会计。环境财务会计包括环境会计概述、环境会计制度、环境资产、环境负债、环境成本、环境收益、环境会计报告与信息披露。环境管理会计包括环境成本管理、环境绩效管理、环境风险管理、环境审计、环境财务学基础、气候变化应对会计方法、排污权交易会计、生态损害成本补偿标准会计量化，以及其他环境会计领域的会计技术。以上内容仅仅包含微观环境会计，即企业环境会计。企业的社会责任首先是环境责任，也是环境会计的立足点。

二、环境管理会计认知

（一）环境管理会计的定义

环境管理会计是在传统的企业成本会计的基础上，将环境因素纳入管理会计职能的实施过程，为企业在面临环境挑战的前提下实现可持续发展目标提供依据。因此，环境管理会计不是对传统管理会计的否定，而是一种扩展和补充。

【在线课 11-1】
环境管理会计认知

（二）环境管理会计的内容

企业范围内的环境事项主要包括两部分：一是企业一般经济活动对环境产生的影响，二是企业出于各种动机对环境产生的反应。对这两类环境事项进行核算，并对其结果进行管理控制，构成了环境管理会计的两个基本组成部分。

1. 生产经营过程中所耗费的资源费用和产生的废弃物

企业对环境的影响产生于企业生产经营活动的全过程。一方面企业生产要消耗资源，另一方面生产过程要向环境排放残余物，污染环境。传统会计关注企业生产经营流程，从经济投入与经济产出之间寻求对应关系，专门关注企业的资源消耗和污染物产生量。环境管理会计沿着企业生产经营链条完整追溯其物质流循环过程，对企业的资源消耗量和废弃物产生量进行核算。企业环境管理会计计量消耗与废弃所带来的环境影响，可以考察企业的生态效率。

2. 生产经营过程中对环境耗费的经济资源

企业在生产经营过程中，会在环境方面耗费经济资源，这些耗费构成了企业支出的一部分。传统会计中已经包含对这些支出的核算，但只是简单地将其处理为一般费用和支出，不做专门列示。环境管理会计突出对环境的认知并在环境资源前提下，对这些支出作专门归集分类核算，显示不同费用和支出类别及各自发生的数额，在此基础上，进行环境实际成本核算，显示其对企业财务状况所造成的影响，并对不同的结果做比较分析。

【知识链接 11-1】
环境管理会计的作用

> **价值引领**
>
> **落实绿色发展理念，推动企业高质量发展**
>
> 中国平安保险（集团）股份有限公司（以下简称中国平安）是我国较早引入 ESG 体系的企业之一，其 ESG 体系的构建与发展有助于企业树立良好的绿色发展理念，履行应有的社会责任，这是优化我国环境管理会计的有益尝试。加大对环保支出的管控，提升经济绩效，降低环境成本。对比中国平安 2018 年至 2020 年的财务报表可知，其经营绩效稳步提升。中国平安 2019 年首次披露 ESG 相关指标体系（ESG 是环境 Environment、社会 Social 和公司治理 Governance 的缩写，它涵盖了企业经营所涉及的环境、社会和治理方面的因素），被纳入恒生国指 ESG 指数，后期被纳入道琼斯可持续发展新兴市场指数，极大地提高了企业声誉，从而间接降低融资成本。中国平安在 2019 年整体实现较高水平发展，并且在全球经济下行的形势下，保持持续发展的态势，这得益于公司日益完善的治理结构和有效的环境管理会计体系。中国平安运用信贷手段支持低碳环保产业发展，截至 2020 年 12 月，中国平安拥有 948.67 亿元绿色信贷授信总额，间接推进了绿色产业发展。环境治理是企业实现经营绩效与环境效益双赢的路径。
>
> **启示**：为早日实现"碳达峰""碳中和"的目标，促进我国经济高质量发展，企业应当做到绿色可持续发展，从而提升企业长期价值。

【知识链接 11-2】
环境管理会计的实施

任务拓展

（一）环境会计认知任务

环境会计又称_____，它是以_____为主要计量单位，以有关法律、法规为依据，计量、记录_____、_____、_____的成本费用，同时对环境的维护和开发形成的效益进行合理计量与报告，从而综合评估环境绩效及环境活动对企业财务成果影响的一门新兴学科。

环境会计的内容包括_____和_____。

【任务拓展】
参考答案

(二) 环境管理会计认知任务

企业范围内的环境事项主要包括两部分：一是_____，二是_____。

（扫描二维码查看答案。）

任务小结

本任务介绍了环境会计及环境管理会计的定义和内容，并对环境管理会计的作用和实施进行进一步阐释。企业环境会计源于对人类社会生存环境的考虑，环境责任是企业的首要社会责任，也是环境会计的立足点。

任务 2　环境成本管理

任务导入

认知环境成本管理，理解环境成本管理的内涵、意义和内容，掌握环境成本管理的方法，并完成表 11-2。

表 11-2　工作任务表

维度	内容	
环境成本管理内容	企业环境成本预测	
	企业环境成本控制	
	企业环境成本核算	
	企业环境成本监测预警	
	企业环境成本评价	
环境成本管理方法	作业成本法	
	产品生命周期法	
	完全成本法	
	清洁生产	
	企业环境社会责任成本	

【在线课 11-2】环境成本管理（一）

【在线课 11-3】环境成本管理（二）

任务分析

环境成本管理是在传统成本管理的基础上，把环境成本纳入企业经营成本的范围，实质是环境降级成本。

进行环境成本管理时，在厘清环境成本管理内容的基础上，选择适当的环境成本方法，践行可持续发展理念。

任务实施

20 世纪 90 年代以后，随着可持续发展理念的提出，各国政府强调环境管理与企业之间的合作，推进预防性的综合环境成本管理手段，对企业决策中如何考虑环境因素，如何实施与环境有关的成本管理等问题逐渐为人们所重视。1999年联合国的"改进政府在推动环境成本管理中的作用"专家工作组，与30多个国家的环境成本管理部门及国际组织、会计组织、企业组织和学术界，综合各国实践，首次提出了环境成本管理（environment cost management）的概念。

一、环境成本管理的内涵

环境成本管理是在企业传统成本管理的基础上，把环境成本纳入企业经营成本的范围，从而对产品生命周期过程中所发生的环境成本有组织、有计划地进行预测、决策、控制、核算、分析和考核等一系列科学管理工作。从生产、技术、经营的角度看，环境成本管理是一种成本形成全过程的管理。

环境成本管理属于环境管理会计范畴，其环境成本又可称为广义上的环境降级成本，即由于经济活动造成环境污染而使环境服务功能质量下降的代价。环境降级成本分为环境保护支出和环境退化成本。环境保护支出指为保护环境而实际支付的价值，环境退化成本指环境污染损失的价值和为保护环境应该支付的价值。在微观环境会计中，环境成本是指企业在某一项商品生产活动中，从资源开采、生产、运输、使用、回收到处理，解决环境污染和生态破坏所需要的全部费用。

二、环境成本管理的内容

企业环境成本管理的总体目标是以最优的环境成本取得最佳的环境效益与经济效益的统一。企业环境成本的管理目标不是简单地增加或减少支出的问题，而是一个不断优化的过程。

【知识链接11-3】
企业环境成本管理的意义

环境成本管理内容主要包括以下几方面。

（一）企业环境成本预测

企业环境成本预测是建立环境成本对象和环境成本动因之间的适当关系，用以准确预测环境成本的过程，为企业选择最优环境成本决策和制订可行的环境成本计划提供依据。

（二）企业环境成本控制

企业环境成本控制是指企业运用一系列手段和方法，对企业生产经营过程中涉及生态环境的各种活动所实施的一种旨在提高经济效益和环境效益的约束性管理行为。它以企业环境成本管理目标为前提，以环境成本预测为依据，采用适合的模式与政策，控制环境成本形成的全过程。

（三）企业环境成本核算

企业环境成本核算的目标是向信息使用者提供有助于决策的环境成本信息，衡量评价环境成本投入所带来的环境效果与经济效益，接受内外部评价及为内部决策提供参考依据。

（四）企业环境成本监测预警

企业应当采取一系列方法和手段对环境成本进行监测和控制，建立环境成本监测预警系统，预测企业环境成本变化的趋势，提供预警信息，提前实施控制措施。

（五）企业环境成本评价与应用

企业环境成本评价是依据经济效益与社会效益之间的相互关系，借助两者之间的动态变化分析出影响环境成本变动的因素，同时将企业环境成本信息应用于企业战略管理中，帮助企业作出战略决策。

环境管理的内容是一个有机整体，其中各组成部分之间相互联系，相互制约。企业环境成本管理目标统驭企业环境成本管理框架。

企业环境成本预测是企业环境成本管理的起点，指导企业环境成本控制与核算。企业环境成本控制需要企业环境成本核算的反应与监督，企业环境成本核算为企业环境成本控制提供相应的成本信息。通过企业环境成本控制和企业环境成本核算，对环境成本进行监测，若遇预警，应及时施加调节和控制，以减小风险。企业环境管理效果通过企业环境成本评价来评析，并为企业战略管理提供环境成本信息和可借鉴经验。如在评价与应用中发现问题，则反馈至企业环境成本目标确定部分，如此反复，就能达到优化企业环境成本的目的，最终实现企业成本管理的目标。

企业环境成本管理是科学发展观的一个微观实现途径，企业环境成本管理是一项复杂的系统工程，其中企业环境成本管理框架的构建是企业环境成本管理的基础和关键，该框架必须在企业管理的实践中不断得到丰富与完善。

三、环境成本管理的方法

环境成本管理方法的选择是环境成本核算过程中的重要环节，也是环境成本管理的基础。环境成本管理方法是指将环境成本核算的信息和其他环境管理信息，经过一系列整理、归类、分析和对比后得出新的结果，借以寻找对未来环境成本进行测算或对现有成本施加影响的成本管理技术和方法的总称。现行主要的环境成本核算方法除了现有的制造成本法外，还有一些特殊的成本计算方法，如作业成本法、生命周期法和完全成本法等，它们不仅体现在对环境成本发生的记录与反映上，而且更多的是将其记录的结果用于环境成本管理和控制上。

环境成本管理方法是对传统产品制造成本核算方法的改进和创新，也是一种现代成本控制方法和手段，能够真实反映成本会计信息，并通过对环境成本信息的分析，提供控制环境成本的措施，最终实现环境保护的根本目标。

（一）作业成本法

作业成本法（activity based costing, ABC）是以作业为核算对象，通过成本动因来确认和计算作业量，进而以作业量为基础，并建议追踪所有作业活动，进行动态反映，并评价作业业绩和资源利用情况的方法。其原理是产品消耗作业，作业消耗资源。资源消耗影响环境并导致成本的发生，通过对作业成本的确认与计量，提供已知动态的成本信息。

1. 作业成本法的特点

（1）成本计算要分为两个阶段。第一阶段，确认耗用企业资源的所有作业，并将作业执行中耗费的资源追溯到作业中，计算出作业成本并根据作业动因计算作业成本分配率；第二阶段，根据第一阶段的作业成本、成本分配率和产品所耗资源的数量，将作业成本追溯到各相关产品。对环境成本而言，可以通过作业这个桥梁实现最终分配。

（2）成本分配强调可追溯性。作业成本法认为将成本分配到成本对象有三种不同的形式：直接追溯、动因追溯和分摊。作业成本法的一个突出特点是强调以直接追溯或动因追溯的方式计入产品成本，尽量避免分摊的方式，分摊虽然是一种简便易行且成本较低的分配方式，但是其必须建立在一定的假设前提之下，不然就会扭曲成本，影响成本的真实性。

（3）追溯使用众多不同层面的作业动因。作业成本法的独到之处在于它先把资源的消耗追溯到作业，然后使用不同层面和数量众多的作业动因，将作业成本追溯到产品中进行成本分配。这种方法比采用单一分配基础更加合理，更能保证成本的准确性。

2. 作业成本法的核算步骤

（1）环境成本认定和环境成本分配率的计算。这个阶段的成本计算工作具体可分三个步骤。

① 环境成本认定和归集。生产过程中会发生许多耗费，生产过程中发生的环境成本必须要与发生的作业有关，并具备可计量性、相关性、真实性和可靠性特征。认定和归集环境成本是分配成本的前提。

② 环境成本的分配。首先，确定环境成本所耗的作业。分析环境成本所耗的作业，并建立各作业单元或作业组，将间接成本从中分离出来加以计量，利用作业动因，将环境成本分配给不同的成本计算对象。如果环境成本可以直接归属于某个产品，就应该直接计入该产品的成本；如果环境成本不能够直接归属于某个产品，则需将环境成本进行作业分类，其分类标准可以使用相同标准或大致相同的消耗比例。其次，确定环境成本的动因。环境成本动因是导致环境成本发生的决定性因素，是将作业成本库的成本分配到产品环境成本中的标准。确定标准是成本动因应与环境成本的发生相关，如排污费可能与排放量、排放的有毒物含量等相关，则可将排放量、排放的有毒物含量等作为成本动因。

③ 计算作业成本分配率。作业成本分配率既可以采用实际成本法计算，也可以采用预算成本法，可根据具体情况而定。实际作业环境成本分配率是根据实际作业环境成本和实际作业产出（即作业需求）计算得出，而预算环境成本分配率是根据预算年度预计的环境成本和预计的作业产出计算得出，但此方法需要进行差异调整。其计算公式为

实际环境作业成本分配率＝当期实际发生的环境成本/当期实际作业产出

预算（正常）环境成本分配率＝预计环境成本/预计（正常）作业产出

（2）将作业成本库的环境成本追溯到各产品，然后计算产品成本。凡可以直接追溯到产品的原材料等直接成本，将其直接计入产品的成本。对于环境成本，是运用第一阶段计算得出的环境成本（成本库）分配率和各产品所耗用的作业量指标（即耗用的作业动因数量），将环境成本追溯到各产品。

理解成本动因、成本单元或成本组。如火力发电厂，对外部环境产生影响的作业主要有除灰、废水处理和厂区绿化美化三部分。除灰作业主要是由于企业的燃煤而产生的，可以选择燃煤的数量作为其成本动因，同时废水处理和厂区绿化美化这两项作业可以选择废水处理数量和二氧化碳排放量分别作为其成本动因，从而构成各项作业的成本单元或成本组。企业要将各个作业成本单元或成本组中已经发生的费用分配到具体的产品中去，可以通过先确定每个作业成本库的动因分配率，然后再分别计算每种产品应当分配到的成本数额。

【任务实例 11-1】

某公司生产两种类型的环境产品，与环境相关的作业成本和其他资料见表 11-3。

表 11-3　成本资料

成本/元		成本动因	A 产品	B 产品
		产量/kg	1 000 000	2 000 000
工程设计	150 000	工程设计小时	1 500	3 500
处理废弃物	600 000	处理废弃物数量/kg	50 000	10 000
检验	150 000	检验小时	10 000	5 000
清理湖泊	200 000	清理小时	8 000	2 000

要求：计算两种产品的单位成本。

计算如下：

（1）计算作业成本分配率。

工程设计=150 000/（1 500+3 500）=30（元）

处理废弃物=600 000/（50 000+10 000）=10（元）

检验=150 000/（10 000+5 000）=10（元）

清理湖泊=200 000/（8 000+2 000）=20（元）

（2）将作业成本分配到各产品。

① A产品的各作业成本。

工程设计=1 500×30=45 000（元）

处理废弃物=50 000×10=500 000（元）

检验=10 000×10=100 000（元）

清理湖泊=8 000×20=160 000（元）

② B产品的各作业成本。

工程设计=3 500×30=105 000（元）

处理废弃物=10 000×10=100 000（元）

检验=5 000×10=50 000（元）

清理湖泊=2 000×20=40 000（元）

（3）计算各产品的总成本。

① A产品=45 000+500 000+100 000+160 000=805 000（元）

② B产品=105 000+100 000+50 000+40 000=295 000（元）

（4）计算各产品单位成本。

① A产品=805 000/1 000 000=0.805（元/kg）

② B产品=295 000/2 000 000=0.147 5（元/kg）

3. 作业成本法的应用

作业成本法是依据作业制管理（activity based management，ABM）建立并运行起来的一种方法。作业制管理是一个更为广泛的范畴，它是建立在作业分析基础上的一种管理体系。一般认为，作业制管理包括：①关于作业种类、作业过程及成本动因的分析；②作业制成本计算；③作业过程的持续改进；④管理重组。故作业成本法是作业制管理的一个重要组成部分，为作业制管理提供最基础的数据信息。

想一想

作业成本法的程序有哪些？其在环境成本核算时关键要注意什么？

【任务实例11-2】

某化工企业在环境成本核算方面存在一些问题，如在采购生产所需材料时仅以采购价格作为选择标准，没有综合考虑后续该材料产生废弃物的处理成本，企业在某些产品生产过程中产生的废弃物或污染物治理费用支出一般按产量分配计入产品成本。另外，在生产过程和设备运行过程中对工作人员身体健康造成的伤害赔偿通常是在发生时直接计入期间费用等科目中。现采用作业成本法对污染物处理成本进行分配，可以更合理地将污染物的处理成本分配到产品上，比如产量大的产品不一定产生的污染物数量多或者其中有害物质的含量多，产量相同的产品也不一定产生的污染物数量或其中有害物质的含量一样。还可以通过对处理成本进行细分，了解哪些部分耗费可以通过采取措施进行改进，以减少其发生的成本。

假设该化工企业在生产结束污染治理阶段，已知的污染物的处理成本作业动因分析见表11-4，由此计算的产品分摊污染物处理成本见表11-5。

表11-4 作业动因分析

污染物处理成本项目	成本总额/元	成本动因	产品种类和成本动因值				动因比率
			A	B	C	合计	
运输费用	300 000	运输次数	30	50	40	120	2 500
设备启动费	180 000	启动次数	6	8	6	20	9 000
设备维修费	200 000	维修小时	6	8	6	20	10 000
设备运转费	320 000	直接工时	100	150	150	400	800

注：动因比率＝成本总额/各产品成本动因值。

表11-5 污染物处理成本

污染物处理成本	A产品	B产品	C产品
运输费用/元	75 000	125 000	100 000
设备启动费/元	54 000	72 000	54 000
设备维修费/元	60 000	80 000	60 000
设备运转费/元	80 000	120 000	120 000
合计/元	269 000	397 000	334 000
成本比重（%）	26.90	39.70	33.40

由表11-5看出，以B产品为例，其中运输费用和设备运转费所占比重较大。对于运输费用可考虑提高每次运输的效率，适当减少污染物的运输次数；设备运转费可以考虑更新污染物处理设备，扩大废水处理容量，提高处理效率。

由此可以看出作业成本法和传统的制造成本法的差异（见表11-6）。

表11-6 作业成本法和制造成本法差异对比

产品	制造成本法		作业成本法		差异	
	成本/元	成本比重（%）	成本/元	成本比重（%）	成本/元	成本比重（%）
A	230 769	23.08	269 000	26.90	-38 231	-3.82
B	538 462	53.85	397 000	39.70	141 462	14.14
C	230 769	23.08	334 000	33.40	-103 231	-10.32
合计	1 000 000	100	1 000 000	100	—	—

通过表11-6的计算可以看出，原来按照产量分配的A、C两种产品污染物的处理成本相同，B产品由于产量多，故分配的污染物处理成本也多，如果按照作业成本法分配，根据不同的作业动因成本的分配会更加合理。

4. 作业成本法的优点

采用作业成本法进行企业的环境成本计算和控制具有以下优点。

(1) 提高环境成本信息的可靠性。作业成本法建立在传统成本核算方法的基础上，对环境成本进行作业层次上的分析，并选择多样化的作业动因进行环境成本的分配，从而提高了环境成本的对象化水平和环境成本核算信息的准确性。

(2) 满足环境成本信息的相关性要求。作业成本法在作业层次上对环境成本进行了动因分析，保证环境成本分配准确地追溯到各个产品，揭示了环境成本发生的原因，有利于企业管理部门加强环境成本控制，挖掘成本降低的潜力及提高准确计算产品的盈利能力。

(3) 作业成本法能够帮助企业了解与每种产品有关联的经营活动过程。作业成本法体现生产流程中哪里增加了价值，哪里减少了价值，从而使环境成本的信息更准确更真实，还能让企业管理人员通过对各种产品的作业流程进行追踪记录，从而更好地实行产品定价、提高市场占有率、产量计划等决策。

在现代经济环境下，企业迫于经营环境的改变，竞争压力的加大，组织结构和业务流程的复杂化，高新技术应用带来的间接成本的急剧增加，以及信息技术的发达使会计系统的信息处理成本下降等原因，企业从宏观和微观两个方面进行考虑后，作业成本法越来越多地被采用，并达到预期的、理想的效果。

（二）产品生命周期法

1. 产品生命周期法的定义

【知识链接 11-4】
生命周期成本
预算和生命
周期评估

产品生命周期法（life cycle assessment，LCA）是一种针对产品生命周期的归集和分配环境成本的会计核算方法，是绿色设计的基础，应用在环境成本核算中，是对作业成本法的拓展。

对环境成本的作业成本分析不再局限于生产过程中所发生的环境成本，而且包括了产品开发、销售甚至淘汰、弃置整个生命周期过程的环境成本，产品生命周期法的产品成本项目更为完整，从而满足企业管理对产品成本核算的需要。因此，采用生命周期法对企业的环境成本进行核算和控制，是对作业成本法的补充和深化。

2. 产品生命周期法的类型

采用这种方法，环境成本可以分为以下三类。

(1) 普通生产经营成本。在生产过程中与生产直接有关的环境成本，如直接材料、直接人工、能源成本、厂房设备成本等，以及为保护环境而发生的生产工艺支出、建造环保设施支出等。这类成本通常可以直接从账簿中取得实际反映的数据。

(2) 受规章约束的成本。由于遵循国家环境法规而发生的支出，如排污费、监测监控污染的成本等。这类成本可以根据成本动因进行归集分配。

(3) 潜在成本（或有负债）。已对环境造成污染或损害，而法律规定在将来发生的支出。企业可以根据产品的生命周期，在产品形成的各个阶段分别核算上述三类成本。这类成本需要采用特定的方法进行预测，如防护费用法、恢复费用法、替代品评价法等。

3. 产品生命周期法的优点

产品生命周期法控制环境成本的优点在于将产品整个生命周期中的成本额考虑在内，包括产品设计阶段、污染预防以及产品售后阶段产品回收可能发生的环境成本。把分散或隐藏在传统会计系统中的环境成本数据进行汇总，以此计算产品的盈利能力。产品生命周期成本法克服了传统成本制度下企业仅考虑产品生产过程中发生环境成本的缺点，补充计算潜在成本，使得产品成本信息更为准确完整，环境成本信息更具有可靠性。

4. 产品生命周期法的应用

产品生命周期法运用系统的观点，根据产品的分析和评估目标，分析和评估产品生命周期的各个阶段，获得产品相关信息的总体情况，为产品性能的改进提供完整准确的信息。

将产品生命周期法运用到环境成本管理中的目标是将环境施加的负面影响减少到最低限度。一种产品从设计研发经过生产销售使用到最终报废的各个阶段都会对环境产生影响，针对这些影响所采取的措施而发生的支出都属于产品生命周期环境成本的一部分，对于这些成本企业需要对其进行跟踪计量记录并加强管理。作为一种环境影响评估体系，产品生命周期法包含四个组成部分：设立目标、存量分析、影响评价、改进分析。而作为一种实施系统，产品生命周期法由三个阶段组成：存量分析、影响评价、改进分析。但无论是评估体系还是实施系统，自始至终都体现对环境成本的管理设计和要求。

【任务实例11-3】

某化工企业在采购阶段，事前对所需采购原料进行预算时，不仅考虑了采购环节的价格，还综合考虑后续污染治理环节的废弃物处置成本，从而达到采购整体成本最小化。假设企业生产阴离子树脂中的一种原料有A、B、C三种材料可供选择，价格分别为2万元/t、1.6万元/t和1.2万元/t，由于质量和耗用效率不同，三种材料全年耗用量分别为1 400 t、1 700 t和2 200 t，从采购价格考虑应该选择C材料。由于产品生产过程中有废弃物的产生，企业有专门的处理设备进行处理并成立了污染处理中心，假设每吨废弃物的处理成本为3 000元，每百吨A材料在生产过程中产生6 t废弃物，每百吨B材料在生产过程中产生15 t废弃物，每百吨C材料在生产过程中产生30 t废弃物。则：

A废弃物处理成本 = 1 400/100×6×3 000 = 25.2（万元）
B废弃物处理成本 = 1 700/100×15×3 000 = 76.5（万元）
C废弃物处理成本 = 2 200/100×30×3 000 = 198（万元）

从表11-7的测算结果来看，在综合考虑了废弃物处理成本后，选择B材料才能达到整体成本最小化，成本可节约41.5（2 838-2 796.5）万元。企业应该综合考虑产品从采购、生产、污染处理等各环节的成本，将环境要素纳入考虑范围之内，从而进行整体规划，以达到总体成本最优。

表11-7　原料采购成本计算　　　　　　　　　　单位：万元

原料	采购成本	废弃物处理成本	合计
A	2 800	25.2	2 825.2
B	2 720	76.5	2 796.5
C	2 640	198	2 838.0

（三）完全成本法

完全成本法又称为全部成本会计（full cost accounting，FCA），可用于核算企业的环境总成本，是将企业内部和外部所有的环境成本都分配到产品中去的一种环境成本会计核算方法。完全成本法将产品带给环境的未来成本纳入会计核算范围，并追溯分配给各产品。作为一种全新的成本跨级架构，在处理成本时，不仅考虑企业的私人成本，而且延伸到社会成本领域。它将产品带给环境的未来成本（如废弃后的处理）纳入会计核算范围，并追溯分配给各产品。

针对传统管理会计方法难以准确辨别影响企业产生环境问题的产品服务流程，通过多种方式收集相关成本信息，以达到有效核算内部环境成本的目的。

从远期看，该方法为公司发展战略提供完整的成本信息基础，让企业管理者对本企业生产经营活动的现实环境成本和未来环境成本有清醒的了解和认识。从近期看，为企业产品定价及生产经营调整提供成本信息基础。从核算方法来看，该方法可以掌握企业环境支出的总体数据。

（四）清洁生产

1. 清洁生产的含义

【知识链接 11-5】
清洁生产是什么？

清洁生产是指不断采取改进设计、使用清洁的能源和原料、采用先进的工艺与设备、改善管理、综合利用等措施，从源头削减污染，提高资源利用效率，减少或避免生产、服务和产品使用过程中污染物的产生和排放，以减轻或消除生产活动对人类健康和环境的危害。清洁生产的定义包含了两个全过程控制：生产全过程控制和产品整个生命周期全过程控制。对生产过程而言，清洁生产包括节约原材料和能源，淘汰有毒有害的原材料，并在全部排放物和废物离开生产过程前，尽可能减少排放量和毒性。对产品而言，清洁生产旨在减少产品整个生命周期过程从原料的提取到产品的最终处置对人类和环境的影响。

2. 清洁生产的作用

（1）计算和记录企业的环境成本和环境效益，向外界提供企业社会责任履行情况的信息。有利于企业健康发展，企业在生产经营活动中所造成的污染不计入经营成本，而由国家和社会用全体纳税人的纳税来负担，无疑是损公肥私，严重违背法律的公平精神，从而使企业盲目生产，不重视污染，导致环境污染和破坏越来越严重。企业发展过程中减少对环境影响，成为企业技术创新和改革的一项重要任务，环境技术创新为环境标准建立和完善提供引领，也为环境管理会计的建立创造了条件。

（2）满足消费者的环保需求，实现企业经营和环境保护的双赢。中国企业建设中实行"三同时"，即主体设施与污染治理设备同时设计、同时施工、同时投产，这显然是必要的，但毕竟是终端治理。更积极的做法是在企业的选址、工艺和原材料的确定及企业运营过程中就考虑到环境保护问题，这才是清洁生产理念的体现。

3. 清洁生产的应用

清洁生产方式作为一种全新的污染治理方式与生产方式，需要企业在技术、观念、组织等方面有较大的突破。开发清洁生产管理信息系统，组建企业清洁生产审计小组对企业生产过程进行清洁审计，首先需要发现排污部位和排放原因，然后利用存放输入的数据库系统消除和减少排污，最后再结合 ISO 14000 环境管理体系标准实施清洁生产。

【知识链接 11-6】
ISO14000 是什么？

对企业而言，一是环境活动是一项经济活动，它对企业的生产经营和财务成果会产生影响；二是清洁生产又是一项企业管理活动，涉及企业管理系统的方方面面。企业在经营活动中不消耗自然资源、不排放污染物，是难以做到的，但要求企业少消耗自然资源、少排放污染物，则有可能实现。因此，企业在环境保护方面的第一选择，不应该是终端治理，而是清洁生产。

采用清洁生产而额外增加的各种成本费用支出，就是清洁生产成本，这项成本会体现在企业生产的各个过程、各个工序，并以各种费用形式表现出来，其成本预算方法与企业生命周期成本法、完全成本法类似。清洁成本预算方法应与生命周期成本法、完全成本法结合，这样才会产生实际效果。清洁生产是一种管理思想和理念，全过程控制、全方位控制减少环境对企业影响是清洁生产成本预测和决策的核心。

> **想一想**
> （1）环境成本管理的方法有哪些？各有什么优缺点？
> （2）用产品生产周期法对环境成本进行预算，其要点是什么？
> （3）在清洁生产制度下采用环境成本法应如何进行核算？

（五）企业环境社会责任成本

1. 企业社会责任、社会责任投资与社会责任会计

（1）企业社会责任（companies social responsibility，CSR），即企业对社会所负之责。企业社会责任最重要的一个方面是在为大众提供产品和服务的同时，主动承担人与资源环境的和谐和可持续发展的责任，真正造福于人类。众所周知，企业生产任何产品都需要耗能、耗材、影响环境、影响生命安全，尤其是高额耐用的特殊商品，投入使用以后还需要庞大基础设施支撑，在创造财富、提高人类生活环境质量的同时，也可能成为消耗资源、污染环境、威胁生命的罪魁祸首。

（2）与社会责任相关联的一个词就是社会责任投资（social responsible investment，SRI），它的定义比较笼统。企业要成功，不仅应当遵守法律规定，而且应当以有利于市民、本地区以及全社会的形式，在经济、环境、社会问题等方面做到不失衡，在此过程中促使企业走向成功。社会责任投资指能够以股票投资、融资等形式为那些承担了社会责任的企业提供资金支持。一般意义上的社会责任投资又称道德投资，对于环境保护而言，可称为环境保护投资或环境道德投资，指企业在努力实现组织业绩目标的同时，企业管理者应该时刻意识到环境和道德责任。

（3）社会责任会计是会计在社会学、政治科学和经济学等社会科学中的应用。这是戴维·F. 林诺维斯（David F. Linowes）开创社会责任会计研究时提出来的。它是指运用会计学的基本原理与方法，采用多种计量手段和属性，对企业的环境活动和与环境有关的活动所作出的反映和控制。

2. 企业社会责任成本与企业环境社会责任成本

企业社会责任成本是指企业从事谋利经营活动而消耗的并未计入自身成本费用中的社会资源或给社会带来的损失及企业经营活动带来的消极外部效应。企业社会责任是产生于市场失灵的外部性存在，包括企业环境社会责任。企业社会责任成本包括人力资本、公益活动和社会福利等支出。

企业环境社会责任成本是指企业提供资金或服务用于劳动环境、外部环境治理和对环境捐赠等。广义地说，它是计量企业根据法律明确规定应当承担的环境保护义务，且这种义务不因企业的终止而立即消失。如企业为防止环境污染、恢复生态环境而购置环保设备、污染赔偿等的各项支出。

显然，企业社会责任成本大于企业环境社会责任成本，从环境会计的角度考量，环境社会责任成本占社会责任成本相当大的比重。一个有责任的企业，必然在节能、替代能源、环保、生态安全等方面大量投入，主动担起企业的社会责任。

3. "三重底线"体现环境社会责任成本内涵

由于企业社会责任成本是企业从事谋利经营活动而消耗的并未计入自身成本费用中的社会资源或给社会带来的损失，这就决定了企业社会责任成本具有间接性、潜在性和成本负担主体不明的特点。这些特点也就决定了用货币形式计量企业社会责任成本的难度，但它并不是不能计量。林万祥教授（2001）在其专著《成本论》中对社会责任成本

的计量方法进行了介绍，认为社会责任成本的计量方法一般有调查分析法、替代品评价法、历史成本法、复原或避免成本法、法院裁决法和影子价格法等。而对企业环境社会责任成本的会计核算，目前比较通行的做法是应用传统的会计计量、修正的评价计量和未修正的评价计量等三种模式来进行成本核算、预测和评价。

企业往往只注重财务报表的"底线（bottom line）"，就是企业的财务利润，之后有人提出财务状况、环境表现及社区表现并重的"三重底线（triple bottom line）"理论，再后来甚至扩展为财务、顾客、雇员、环境及社区"五重底线"理论，来综合衡量企业的业绩。

> **想一想**
>
> 简述企业社会责任与企业环境社会责任、企业社会责任成本与企业环境社会责任成本的关系。

四、环境成本控制与成本管理

（一）环境成本控制的目标

企业在追逐利润的同时，不仅应考虑自身的经济效益，更应该考虑社会效益和环境效益，积极承担社会责任。所谓社会效益是指某一事件、行为的发生所能提供的公益性服务效益。因此，环境成本控制目标在政府和企业两个层面都有体现，政府应扶持环保工业的发展并为之提供发展的宏观环境，企业应从内部控制环境污染并避免污染的扩散，充分考虑企业的外部环境成本并从整个社会的角度出发治理污染，以便改善环境，为社会提供环境友好的产品，最终实现企业经济效益、社会效益和环境效益共同达到最优。

企业要实现环保效果最优的目标，一方面企业应努力实现自然资源与能源利用的合理化，以最少的原材料和能源消耗，提供尽可能多的产品和服务；另一方面企业应把对人类和环境的危害减少到最小，把生产活动、产品消费活动对环境的负面影响减至最低。在致力减少生产经营各个环节对环境负面影响最小的前提下，企业才能追求尽可能大的经济效益。

（二）环境成本控制的原则

1. 兼顾经济效益和环境效益

可持续发展要求企业在追求经济效益的同时，必须处理好经济与环境之间的关系。

2. 外部环境成本内部化

环境成本控制要求企业的成本控制体系确认和计量外部环境成本，并积极把外部环境成本内部化，以缩小社会成本与私人成本的差距。

3. 遵守环境法规

企业的环境成本必须严格遵守国家有关法律法规，并以这些法规为准绳，企业一旦违反环境法律法规，就有可能被法律追诉，承担相应环保责任，企业潜在的环境负债问题极有可能使企业陷入巨额的财务困境甚至破产。

（三）环境成本控制的过程

1. 事前控制

企业通过事前控制模式控制环境成本，可以谋求环保效益最优，进而提高企业绿色形象，促进企业的良性发展。

2. 事中控制

企业对各种环境处理系统项目进行可行性分析，控制环境污染，处理系统的建造运营成本，以降低企业环境成本和增加效率。

3. 事后控制

通常采用末端治理方式来提高环境质量，企业通常在污染发生后采用除污设施和方法消除环境污染，在此过程中，企业把发生的支出确认为环境成本。

（四）环境成本控制的措施

1. 实行环境管理目标责任制，健全环境管理制度

企业环境成本控制的目标首先是降低当前由于产业发展的不合理及意识淡薄所造成的对环境的压力，以求实现资源的最高效利用和最少的污染物排放。在企业经营管理中，实行环境管理目标责任制，要做到"一个杜绝，两个坚持，三个到位，四个达标"，即杜绝发生重大环境污染与环境影响评价制度；坚持"三同时"制度，坚持建设项目环境影响评价制度；环境工作必须责任到位，投入到位，措施到位；做到废水、废气、废渣、噪声达标排放。在实行环境管理目标的同时，建立健全环境管理制度，真正做到有章可循，有法可依。

2. 构建环境成本控制性

在按照产品和部门构建成本控制系统的基础上，考虑产品生产和运行过程中所发生的环境成本，包括主动性支出（污染预防和污染治理支出等）、被动性支出（排污费、罚款、赔偿金等）、已发生的支出和将来发生的支出，将它们作为产品成本和部门运行成本（管理费用等）的组成部分，运用现有的成本控制方式进行成本控制，并在成本预测、计划、核算中充分考虑环境支出。同时，设立专门化的成本控制系统，主要涉及能源、废弃物、包装物、污染治理等方面的成本控制。

3. 大力推行无污染的清洁生产工艺

对于那些资源消耗较大、污染严重、环境成本较高的必需品的生产项目，除加强企业管理及最大限度地提高资源、能源的利用率外，最重要的是淘汰那些落后的技术工艺，采用先进清洁的生产工艺。

4. 积极争取政府对环境成本控制的相关政策支持

积极与政府汇报沟通企业发展战略部署。政府可以通过环境区域治理规划，采用集中排污治理的方式来降低区域内各个企业的环境成本支出。同时，积极创造条件，完善配套办法。按照政府的总体环境规划，企业相关的经济政策必须完整、配套。不论是环境保护方面的新建项目审批，资源、能源的配置和利用，还是经济领域内的产值统计、利税计算、资产评估、成本核算、物价核定以及内外贸易等重大经济活动，都应该将企业环境成本的因素考虑在内。

五、企业环境成本控制与会计制度建设

环境成本核算与管理的实质是循环经济思想和理念的映射。在我国，循环经济作为新兴经济发展模式兴起后，部分企业虽重视在经济转型背景下开展相关核算计量工作，试图获取经济效益与环境效益，但循环经济中的财务监管、惩罚、预警机制存在缺失，致使实践操作里诸多不规范行为滋生，舞弊现象也随之而来。

当前，循环经济会计控制制度的短板聚焦于内部控制体系不完善，突出表现在会计机构设置缺乏合理性，业务操作流程不够规范，难以契合环境成本核算与管理的新诉求。

【知识链接 11-7】
深化与环境成本相适应的企业会计制度建设

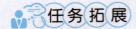

任务拓展

【任务拓展】
参考答案

（一）实训目标
采用作业成本法进行环境成本管理。

（二）实训资料
企业生产甲、乙两种产品，年产量分别为 1 000 t 和 200 t，生产过程中都会产生有毒废弃物，有毒废弃物需要经过焚化炉处理后弃置。年废弃物处理的相关成本为 90 500 元，具体成本和作业动因资料见表 11-8。

表 11-8　作业动因资料

成本项目	成本/元	成本动因	甲产品	乙产品
废弃物搬运成本	50 000	搬运次数	30	20
焚化炉启动调整成本	6 000	启动次数	8	4
焚化炉运转成本	24 000	运转小时	250	150
废弃物弃置成本	10 500	弃置吨数	15	6
合计	90 500	—	—	—

（三）实训要求
根据资料采用作业成本法核算甲、乙产品成本，列表完成任务。
（扫描二维码查看答案。）

任务小结

本任务在介绍环境成本管理内涵及其意义的基础上，详细学习了作业成本法、产品生命周期法、完全成本法、清洁生产及企业社会环境责任成本等五种环境管理成本方法，也是现代环境成本控制的方法。企业环境成本控制应考虑内部和外部环境成本，并从整个社会的角度出发治理污染，改善环境，为社会提供环境友好的产品，最终实现企业效益、社会效益和环境效益共同达成最优。

任务 3　成本效益分析

任务导入

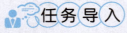

通过学习成本效益分析，完成表 11-9。

表 11-9　工作任务表

维度	内容	
环保项目成本效益决策方法	净现值法	
	内含报酬率法	
	回收期法	
	会计报酬率法	

续表

维度	内容	
环境成本效益评价指标	环境支出占营业成本的比例	
	环境收入占营业收入的比例	
	环保净收益占营业利润的比例	
	所耗用各种类型能源的成本占营业成本的比例	
	排放废物总量与销售净额的比值	

任务分析

环境成本效益分析应考虑环境成本效益的信息，构建科学有效的环境成本效益评价体系，积极实施技术和管理创新，减少环境污染和环境破坏，获得更大的环境效益。考虑环境因素的投资环保项目评价使用的基本方法是现金流量折现法，需要构建科学的环境绩效评价指标体系进行绩效评价。

任务实施

一、环境成本效益的内涵

为了使信息使用者更好地把握企业的财务状况和经营成果，企业需要对外提供环境成本效益方面的信息，并进行环境成本效益评估。构建全面有效的企业环境成本效益评价体系，有利于激励企业把环境保护纳入企业核心运营和战略管理体系，明确今后改进的方向，实施环境管理的技术创新和管理创新，减少环境污染和环境破坏，促进企业获得更多的环境效益，实现企业、社会、经济、生态的可持续发展。

广义的环境成本效益包括社会环境成本效益和企业环境成本效益，在此只对狭义层面的企业环境成本效益评价进行阐述。

二、环保项目成本效益决策方法

投资环保项目评价使用的基本方法是现金流量折现法，包括净现值法和内含报酬率法两种。此外还包括辅助方法，如回收期法和会计报酬率法。

【知识链接 11-8】
环境支出

三、环境成本效益分析模式与评价指标

（一）环境成本效益分析模式

一般而言，企业投入环境成本至少要考虑：①在制定环境目标或开展环境保护活动时，需要决定投入多少环境成本，其成本结构应如何分布；②投入的环境成本可取得多大的效果；③如何扩大环境成本的投入与产出比。综合以上三点，实质是一个环境管理成本效益分析的问题。

【知识链接 11-9】
环境收入

（二）环境成本效益评价指标

可以采用五个指标进行企业内部环境成本效益的评价，进而达到环境绩效考核的目的。

（1）环境支出占营业成本的比例，其计算公式为

环境支出占营业成本的比例=环境支出/营业成本

【知识链接 11-10】
环保净收益

【知识链接 11-11】
能源消耗成本

(2) 环境收入占营业收入的比例，其计算公式为

环境收入占营业收入的比例=环境收入/营业收入

(3) 环保净收益占营业利润的比例，其计算公式为

环保净收益占营业利润的比例=环保净收益/营业利润

(4) 所耗用各种类型能源的成本占营业成本的比例，其计算公式为

所耗用各种类型能源的成本占营业成本的比例=耗用能源成本/主营业务成本

(5) 排放废物总量与销售净额的比值，其计算公式为

排放废物总量与销售净额的比值=废物排放量/销售净额

为了准确评判环境成本效益，需要对各项指标进行量化，而具体的环境成本效益评价（如好、中、差）又是一个有模糊性的问题，因此可以用模糊数学的方法加以解决。现行的环境成本效益评价的体系中对于各项评价指标的权重比例分配都缺乏令人信服的理论基础，而运用模糊聚类分析的方法来进行环境成本效益评价可以解决。评价标准值可以根据各个地区的实际情况分别制定，充分考虑地区差异，这使整套评价体系具有更好的地区适用性。基于上述原因，可以设立基于模糊聚类分析方法的环境财务绩效与环境成本效益评价体系。

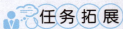 任务拓展

【任务拓展】
参考答案

（一）实训目标

掌握投资环保项目评价方法。

（二）实训资料

甲企业的资本成本10%，有三项环保投资项目。有关资料见表11-10。

表11-10 环境保护项目资料 单位：万元

年份	A 环保项目			B 环保项目			C 环保项目		
	净收益	折旧	现金流量	净收益	折旧	现金流量	净收益	折旧	现金流量
0			-20 000			-9 000			-12 000
1	1 800	10 000	11 800	-1 800	3 000	1 200	600	4 000	4 600
2	3 240	10 000	13 240	3 000	3 000	6 000	600	4 000	4 600
3				3 000	3 000	6 000	600	4 000	4 600
合计	5 040		5 040	4 200		4 200	1 800		1 800

注：表内负值，为流出现值或净亏损。

（三）实训要求

采用净现值法评价项目可行性。
（扫描二维码查看答案。）

任务小结

环境成本效益包括社会环境成本效益和企业环境成本效益。当企业实现了环境外部成本内部化，企业的环境成本效益就是外部环境成本效益。企业对于环保项目进行投资

决策的基本方法是现金流量折现法，包括净现值法和内含报酬率法两种，此外还包括了一些辅助方法，如回收期法和会计报酬率法。企业进行整体的环境成本效益分析时，需要考虑环境投入（企业环境成本）与环境产出（包括环境保护效果、环境经济效益）之间的关系，以较低的成本获得较好的环境产出。因此企业进行环境绩效考核时，可以采用环境成本效益评价指标量化。

 项目总结

通过本项目的学习，要具备保护环境、绿色发展的意识观念和发现问题、解决问题的探索精神，将环境因素纳入企业日常核算之中。本项目重点梳理环境管理会计的概念，对环境成本管理进行深入学习，把环境成本纳入企业经营成本的范围，从而对产品生命周期过程中所发生的环境成本有组织、有计划地进行预测、决策、控制、核算、分析和考核等一系列的科学管理工作。本项目学习了环境成本管理的方法，有作业成本法、产品生命周期法、完全成本法、清洁生产和企业社会责任成本等。企业环境成本控制应从内部控制环境污染并避免污染的扩散，充分考虑企业的外部环境成本并从整个社会的角度出发治理污染，以便改善环境，为社会提供环境友好的产品，最终实现企业经济效益、社会效益和环境效益共同达到最优。

 职业能力训练

【自测题】

【项目实操】

 **学业测评**

职业能力和素养测评见表 11-11。

表 11-11 职业能力和素养测评表

评价项目	评价指标	自测结果	得分
职业素养 （10分）	1. 积极参与教学活动，按时完成学习任务（3分） 2. 劳动纪律、教学场地 6S 管理（3分） 3. 绿色会计理念，厚植爱护环境的生态意识、大局意识（4分）	□A □B □C □D □E □A □B □C □D □E □A □B □C □D □E	
环境管理 会计认知 （20分）	1. 环境会计的定义及其内容（3分） 2. 环境管理会计的定义（4分） 3. 环境管理会计的内容（5分） 4. 环境管理会计的作用（4分） 5. 环境管理会计的实施（4分）	□A □B □C □D □E □A □B □C □D □E □A □B □C □D □E □A □B □C □D □E □A □B □C □D □E	
环境成本管理 （50分）	1. 环境成本管理的内涵及其意义（5分） 2. 环境成本管理的内容（5分） 3. 环境成本管理的方法（30分） 4. 环境成本控制与成本管理（5分） 5. 企业环境成本控制与会计制度（5分）	□A □B □C □D □E □A □B □C □D □E □A □B □C □D □E □A □B □C □D □E □A □B □C □D □E	

续表

评价项目	评价指标	自测结果	得分
成本效益分析 （20分）	1. 环境成本效益分析模式（2分）	□A □B □C □D □E	
	2. 环保项目成本效益决策方法（10分）	□A □B □C □D □E	
	3. 环境成本效益评价指标（8分）	□A □B □C □D □E	
教师评语：			
成绩		教师签字	

注：在□中打√，A：100%，B：80%，C：60%，D：40%，E：20%。

 职业能力拓展

【关键术语】

【素养进阶】

【经典案例导读】

附录 资金时间价值系数表

附表1 复利终值系数表

$$F=P(1+i)^n, (F/P,i,n)$$

期数	1%	2%	3%	4%	5%	6%	7%	8%	9%	10%	12%	14%	15%	16%	18%	20%	24%	28%	32%	36%
1	1.0100	1.0200	1.0300	1.0400	1.0500	1.0600	1.0700	1.0800	1.0900	1.1000	1.1200	1.1400	1.1500	1.1600	1.1800	1.2000	1.2400	1.2800	1.3200	1.3600
2	1.0201	1.0404	1.0609	1.0816	1.1025	1.1236	1.1449	1.1664	1.1881	1.2100	1.2544	1.2996	1.3225	1.3456	1.3924	1.4400	1.5376	1.6384	1.7424	1.8496
3	1.0303	1.0612	1.0927	1.1249	1.1576	1.1910	1.2250	1.2597	1.2950	1.3310	1.4049	1.4815	1.5209	1.5609	1.6430	1.7280	1.9066	2.0872	2.3000	2.5155
4	1.0406	1.0824	1.1255	1.1699	1.2155	1.2625	1.3108	1.3605	1.4116	1.4641	1.5735	1.6890	1.7490	1.8106	1.9388	2.0736	2.3642	2.6844	3.0360	3.4210
5	1.0510	1.1041	1.1593	1.2167	1.2763	1.3382	1.4026	1.4693	1.5386	1.6105	1.7623	1.9254	2.0114	2.1003	2.2878	2.4883	2.9316	3.4360	4.0075	4.6526
6	1.0615	1.1262	1.1941	1.2653	1.3401	1.4185	1.5007	1.5869	1.6771	1.7716	1.9738	2.1950	2.3131	2.4364	2.6996	2.9860	3.6352	4.3980	5.2899	6.3275
7	1.0721	1.1487	1.2299	1.3159	1.4071	1.5036	1.6058	1.7138	1.8280	1.9487	2.2107	2.5023	2.6600	2.8262	3.1855	3.5832	4.5077	5.6295	6.9826	8.6054
8	1.0829	1.1717	1.2668	1.3686	1.4775	1.5938	1.7182	1.8509	1.9926	2.1436	2.4760	2.8526	3.0590	3.2784	3.7589	4.2998	5.5895	7.2058	9.2170	11.703
9	1.0937	1.1951	1.3048	1.4233	1.5513	1.6895	1.8385	1.9990	2.1719	2.3579	2.7731	3.2519	3.5179	3.8030	4.4355	5.1598	6.9310	9.2234	12.166	15.917
10	1.1046	1.2190	1.3439	1.4802	1.6289	1.7908	1.9672	2.1589	2.3674	2.5937	3.1058	3.7072	4.0456	4.4114	5.2338	6.1917	8.5944	11.806	16.060	21.647
11	1.1157	1.2434	1.3842	1.5395	1.7103	1.8983	2.1049	2.3316	2.5804	2.8531	3.4785	4.2262	4.6524	5.1173	6.1759	7.4301	10.657	15.112	21.199	29.439
12	1.1268	1.2682	1.4258	1.6010	1.7959	2.0122	2.2522	2.5182	2.8127	3.1384	3.8960	4.8179	5.3503	5.9360	7.2876	8.9161	13.215	19.343	27.983	40.037
13	1.1381	1.2936	1.4685	1.6651	1.8856	2.1329	2.4098	2.7196	3.0658	3.4523	4.3635	5.4924	6.1528	6.8858	8.5994	10.699	16.386	24.759	36.937	54.451
14	1.1495	1.3195	1.5126	1.7317	1.9799	2.2609	2.5785	2.9372	3.3417	3.7975	4.8871	6.2613	7.0757	7.9875	10.147	12.839	20.319	31.691	48.757	74.053
15	1.1610	1.3459	1.5580	1.8009	2.0789	2.3966	2.7590	3.1722	3.6425	4.1772	5.4736	7.1379	8.1371	9.2655	11.974	15.407	25.196	40.565	64.359	100.71

附表 2　复利现值系数表

$$P = F(1+i)^{-n}, (P/F, i, n)$$

期数	1%	2%	3%	4%	5%	6%	7%	8%	9%	10%	12%	14%	15%	16%	18%	20%	24%	28%	32%	36%
1	0.990 1	0.980 4	0.970 9	0.961 5	0.952 4	0.943 4	0.934 6	0.925 9	0.917 4	0.909 1	0.892 9	0.877 2	0.869 6	0.862 1	0.847 5	0.833 3	0.806 5	0.781 3	0.757 6	0.735 3
2	0.980 3	0.971 2	0.942 6	0.924 6	0.907 0	0.890 0	0.873 4	0.857 3	0.841 7	0.826 4	0.797 2	0.769 5	0.756 1	0.743 2	0.718 2	0.694 4	0.650 4	0.610 4	0.573 9	0.540 7
3	0.970 6	0.942 3	0.915 1	0.889 0	0.863 8	0.839 6	0.816 3	0.793 8	0.772 2	0.751 3	0.711 8	0.675 0	0.657 5	0.640 7	0.608 6	0.578 7	0.524 5	0.476 8	0.434 8	0.397 5
4	0.961 0	0.923 8	0.888 5	0.854 8	0.822 7	0.792 1	0.762 9	0.735 0	0.708 4	0.683 0	0.635 5	0.592 1	0.571 8	0.552 3	0.515 8	0.482 3	0.423 0	0.372 5	0.329 4	0.292 3
5	0.951 5	0.905 7	0.862 6	0.821 9	0.783 5	0.747 3	0.713 0	0.680 6	0.649 9	0.620 9	0.567 4	0.519 4	0.497 2	0.476 2	0.437 1	0.401 9	0.341 1	0.291 0	0.249 5	0.214 9
6	0.942 0	0.888 0	0.837 5	0.790 3	0.746 2	0.705 0	0.666 3	0.630 2	0.596 3	0.564 5	0.506 6	0.455 6	0.432 3	0.410 4	0.370 4	0.334 9	0.275 1	0.227 4	0.189 0	0.158 0
7	0.932 7	0.860 6	0.813 1	0.759 9	0.710 7	0.665 1	0.622 7	0.583 5	0.547 0	0.513 2	0.452 3	0.399 6	0.375 9	0.353 8	0.313 9	0.279 1	0.221 8	0.177 6	0.143 2	0.116 2
8	0.923 5	0.853 5	0.787 4	0.730 7	0.676 8	0.627 4	0.582 0	0.540 3	0.501 9	0.466 5	0.403 9	0.350 6	0.326 9	0.305 0	0.266 0	0.232 6	0.178 9	0.138 8	0.108 5	0.085 4
9	0.914 3	0.836 8	0.766 4	0.702 6	0.644 6	0.591 9	0.543 9	0.500 2	0.460 4	0.424 1	0.360 6	0.307 5	0.284 3	0.263 0	0.225 5	0.193 8	0.144 3	0.108 4	0.082 2	0.062 8
10	0.905 3	0.820 3	0.744 1	0.675 6	0.613 9	0.558 4	0.508 3	0.463 2	0.422 4	0.385 5	0.322 0	0.269 7	0.247 2	0.226 7	0.191 1	0.161 5	0.116 4	0.084 7	0.062 3	0.046 2
11	0.896 3	0.804 3	0.722 4	0.649 6	0.584 7	0.526 8	0.475 1	0.428 9	0.387 5	0.350 5	0.287 5	0.236 6	0.214 9	0.195 4	0.161 9	0.134 6	0.093 8	0.066 2	0.047 2	0.034 0
12	0.887 4	0.788 5	0.701 4	0.624 6	0.556 8	0.497 0	0.444 0	0.397 1	0.355 5	0.318 6	0.256 7	0.207 6	0.186 9	0.168 5	0.137 3	0.112 2	0.055 7	0.051 7	0.035 7	0.025 0
13	0.878 7	0.773 0	0.681 0	0.600 6	0.530 3	0.468 8	0.415 0	0.367 7	0.326 2	0.289 7	0.229 2	0.182 1	0.162 5	0.145 2	0.116 3	0.093 5	0.061 0	0.040 4	0.027 1	0.018 4
14	0.870 0	0.757 9	0.661 1	0.577 5	0.505 1	0.442 3	0.387 8	0.340 5	0.299 2	0.263 3	0.204 6	0.159 7	0.141 3	0.125 2	0.098 5	0.077 9	0.049 2	0.031 6	0.020 5	0.013 5
15	0.861 3	0.743 0	0.641 9	0.555 3	0.481 0	0.417 3	0.362 4	0.315 2	0.274 5	0.239 4	0.182 7	0.140 1	0.122 9	0.107 9	0.083 5	0.064 9	0.039 7	0.024 7	0.015 5	0.009 9
16	0.852 8	0.728 4	0.623 2	0.533 9	0.458 1	0.393 6	0.338 7	0.291 9	0.251 9	0.217 6	0.163 1	0.122 9	0.106 9	0.098 0	0.070 9	0.054 1	0.032 0	0.019 3	0.011 8	0.007 3
17	0.844 4	0.714 2	0.605 0	0.513 4	0.436 3	0.371 4	0.316 6	0.270 3	0.231 1	0.197 8	0.145 6	0.107 8	0.092 9	0.080 2	0.060 0	0.045 1	0.025 9	0.015 0	0.008 9	0.005 4
18	0.836 0	0.700 2	0.587 4	0.493 6	0.415 5	0.350 3	0.295 9	0.250 2	0.212 0	0.179 9	0.130 0	0.094 6	0.080 8	0.069 1	0.050 8	0.037 6	0.020 8	0.011 8	0.006 8	0.003 9

附表 3 年金终值系数表

$$F = A \times \frac{(1+i)^n - 1}{i}, (F/A, i, n)$$

期数	1%	2%	3%	4%	5%	6%	7%	8%	9%	10%	12%	14%	15%	16%	18%	20%	24%	28%	32%	36%
1	1.0000	1.0000	1.0000	1.0000	1.0000	1.0000	1.0000	1.0000	1.0000	1.0000	1.0000	1.0000	1.0000	1.0000	1.0000	1.0000	1.0000	1.0000	1.0000	1.0000
2	2.0100	2.0200	2.0300	2.0400	2.0500	2.0600	2.0700	2.0800	2.0900	2.1000	2.1200	2.1400	2.1500	2.1600	2.1800	2.2000	2.2400	2.2800	2.3200	2.3600
3	3.0301	3.0604	3.0909	3.1216	3.1525	3.1836	3.2149	3.2464	3.2781	3.3100	3.3744	3.4396	3.4725	3.5056	3.5724	3.6400	3.7776	3.9184	3.0624	3.2096
4	4.0604	4.1216	4.1836	4.2465	4.3101	4.3746	4.4399	4.5061	4.5731	4.6410	4.7793	4.9211	4.9934	5.0665	5.2154	5.3680	5.6842	6.0156	6.3624	6.7251
5	5.1010	5.2040	5.3091	5.4163	5.5256	5.6371	5.7507	5.8666	5.9847	6.1051	6.3528	6.6101	6.7424	6.8771	7.1542	7.4416	8.0484	8.6999	9.3983	10.146
6	6.1520	6.3081	6.4684	6.6330	6.8019	6.9753	7.1533	7.3359	7.5233	7.7156	8.1152	8.5355	8.7537	8.9775	9.4420	9.9299	10.98	12.136	13.406	14.799
7	7.2135	7.4343	7.6625	7.8983	8.1420	8.3938	8.6540	8.9228	9.2004	9.4872	10.089	10.73	11.067	11.414	12.142	12.916	14.615	16.534	18.696	21.126
8	8.2857	8.5830	8.8923	9.2142	9.5491	9.8975	10.26	10.637	11.028	11.436	12.3	13.233	13.727	14.24	15.327	16.499	19.123	22.163	25.678	29.732
9	9.3685	9.7546	10.159	10.583	11.027	11.491	11.978	12.488	13.021	13.579	14.776	16.085	16.786	17.519	19.086	20.799	24.712	29.369	34.895	41.435
10	10.462	10.95	11.464	12.006	12.578	13.181	13.816	14.487	15.193	15.937	17.549	19.337	20.304	21.321	23.521	25.959	31.643	38.593	47.062	57.352
11	11.567	12.169	12.808	13.486	14.207	14.972	15.784	16.645	17.56	18.531	20.655	23.045	24.349	25.733	28.755	32.15	40.238	50.398	63.122	78.998
12	12.683	13.412	14.192	15.026	15.917	16.87	17.888	18.977	20.141	21.384	24.133	27.271	29.002	30.85	34.931	39.581	50.895	65.51	84.32	108.44
13	13.809	14.68	15.618	16.627	17.713	18.882	20.141	21.495	22.953	24.523	28.029	32.089	34.352	36.786	42.219	48.497	64.11	84.853	112.3	148.47
14	14.947	15.974	17.086	18.292	19.599	21.015	22.55	24.214	26.019	27.975	32.393	37.581	40.505	43.672	50.818	59.196	80.496	109.61	149.24	202.93
15	16.097	17.293	18.599	20.024	21.579	23.276	25.129	27.152	29.361	31.772	37.28	43.842	47.58	51.66	60.965	72.035	100.82	141.3	198	276.98
16	17.258	18.639	20.157	21.825	23.657	25.673	27.888	30.324	33.003	35.95	42.753	50.98	55.717	60.925	72.939	87.442	126.01	181.87	262.36	377.69
17	18.43	20.012	21.762	23.698	25.84	28.213	30.84	33.75	36.974	40.545	48.884	59.118	65.075	71.673	87.068	105.93	157.25	233.79	347.31	514.66

附表 4 年金现值系数表

$$P = A \times \frac{1-(1+i)^{-n}}{i}, (P/A, i, n)$$

期数	1%	2%	3%	4%	5%	6%	7%	8%	9%	10%	12%	14%	15%	16%	18%	20%	24%	28%	32%
1	0.9901	0.9804	0.9709	0.9615	0.9524	0.9434	0.9346	0.9259	0.9174	0.9091	0.8929	0.8772	0.8696	0.8621	0.8475	0.8333	0.8065	0.7813	0.7576
2	1.9704	1.9416	1.9135	1.8861	1.8594	1.8334	1.8080	1.7833	1.7591	1.7355	1.6901	1.6467	1.6257	1.6052	1.5656	1.5278	1.4568	1.3916	1.3315
3	2.9410	2.8839	2.8286	2.7751	2.7232	2.6730	2.6243	2.5771	2.5313	2.4869	2.4018	2.3216	2.2832	2.2459	2.1743	2.1065	1.9813	1.8684	1.7663
4	3.9020	3.8077	3.7171	3.6299	3.5460	3.4651	3.3872	3.3121	3.2397	3.1699	3.0373	2.9137	2.8550	2.7982	2.6901	2.5887	2.4043	2.2410	2.0957
5	4.8534	4.7135	4.5797	4.4518	4.3295	4.2124	4.1002	3.9927	3.8897	3.7908	3.6048	3.4331	3.3521	3.2743	3.1272	2.9906	2.7454	2.5320	2.3452
6	5.7955	5.6014	5.4172	5.2421	5.0757	4.9173	4.7665	4.6229	4.4859	4.3553	4.1114	3.8887	3.7845	3.6847	3.4976	3.3255	3.0205	2.7594	2.5342
7	6.7282	6.4720	6.2303	6.0021	5.7864	5.5824	5.3893	5.2064	5.0330	4.8684	4.5638	4.2883	4.1604	4.0386	3.8115	3.6046	3.2423	2.9370	2.6775
8	7.6517	7.3255	7.0197	6.7327	6.4632	6.2098	5.9713	5.7466	5.5348	5.3349	4.9676	4.6389	4.4873	4.3436	4.0776	3.8372	3.4212	3.0758	2.7860
9	8.5660	8.1622	7.7861	7.4353	7.1078	6.8017	6.5152	6.2469	5.9952	5.7590	5.3282	4.9464	4.7716	4.6065	4.3030	4.0310	3.5655	3.1842	2.8681
10	9.4713	8.9826	8.5302	8.1109	7.7217	7.3601	7.0236	6.7101	6.4177	6.1446	5.6502	5.2161	5.0188	4.8332	4.4941	4.1925	3.6819	3.2689	2.9304
11	10.3676	9.7868	9.2526	8.7605	8.3064	7.8869	7.4987	7.1390	6.8052	6.4951	5.9377	5.4527	5.2337	5.0286	4.6560	4.3271	3.7757	3.3351	2.9776
12	11.2551	10.5753	9.9540	9.3851	8.8633	8.3838	7.9427	7.5361	7.1607	6.8137	6.1944	5.6603	5.4206	5.1971	4.7932	4.4392	3.8514	3.3868	3.0133
13	12.1337	11.3484	10.6350	9.9856	9.3936	8.8527	8.3577	7.9038	7.4869	7.1034	6.4235	5.8424	5.5831	5.3423	4.9095	4.5327	3.9124	3.4272	3.0404
14	13.0037	12.1062	11.2961	10.5631	9.8986	9.2950	8.7455	8.2442	7.7862	7.3667	6.6282	6.0021	5.7245	5.4675	5.0081	4.6106	3.9616	3.4587	3.0609
15	13.8651	12.8493	11.9379	11.1184	10.3797	9.7122	9.1079	8.5595	8.0607	7.6061	6.8109	6.1422	5.8474	5.5755	5.0916	4.6755	4.0013	3.4834	3.0764
16	14.7179	13.5777	12.5611	11.6523	10.8378	10.1059	9.4466	8.8514	8.3126	7.8237	6.9740	6.2651	5.9542	5.6685	5.1624	4.7296	4.0333	3.5026	3.0882
17	15.5623	14.2919	13.1661	12.1657	11.2741	10.4773	9.7632	9.1216	8.5436	8.0216	7.1196	6.3729	6.0472	5.7487	5.2223	4.7746	4.0591	3.5177	3.0971

参 考 文 献

[1] 田高良，张原. 管理会计 [M]. 北京：高等教育出版社，2017.

[2] 丁增稳，牛秀粉. 管理会计实务 [M]. 2 版. 北京：高等教育出版社，2021.

[3] 刘俊勇. 管理会计 [M] 北京：高等教育出版社，2020.

[4] 中国注册会计师协会. CPA 财务成本管理 [M]. 北京：中国财政经济出版社，2023.

[5] 张震. 智能管理会计：从 Excel 到 Power BI 的业务与财务分析 [M]. 北京：电子工业出版社，2021.

[6] 韩向东. 智能管理会计：全面赋能业财融合的实战指南 [M]. 北京：人民邮电出版社，2021.

[7] 罗平实. 管理会计项目化教程 [M]. 北京：电子工业出版社，2017.

[8] 李勇，陈祥碧. 管理会计 [M]. 3 版. 北京：高等教育出版社，2021.

[9] 杨敏茹. 财务管理项目化教程 [M]. 2 版. 西安：西北大学出版社，2022.

[10] 张立军，李琼，侯小坤. 大数据财务分析 [M]. 北京：人民邮电出版社，2022.

[11] 中国注册会计师协会. CPA 公司战略与管理 [M]. 北京：中国财政经济出版社，2023.

[12] 胡玉明. 管理会计应用指引详解与实务 [M]. 北京：经济科学出版社，2019.

[13] 孙茂竹，支晓强，戴璐. 管理会计学 [M]. 9 版. 北京：中国人民大学出版社，2020.

[14] 钱自严. 管理会计：从新手到高手的 30 个实操工具 [M]. 北京：机械工业出版社，2023.

[15] 包红霏，刘金燮，杨帆. 管理会计实操从入门到精通 [M] 北京：中华工商联合出版社，2022.

[16] 毕意文，孙永玲. 平衡记分卡中国战略实践 [M] 北京：机械工业出版社，2003.

[17] 高翠莲. 管理会计基础 [M] 北京：高等教育出版社，2018.

[18] 财政部会计财务评价中心. 高级会计实务. [M] 北京：经济科学出版社，2023.

[19] 财政部会计财务评价中心. 财务管理 [M] 北京：经济科学出版社，2023.

[20] 吴安妮，邵军. 管理会计案例 [M] 上海：立信会计出版社，2015.

[21] 张敏，黎来芳，于富生. 成本会计学 [M]. 9 版. 北京：中国人民大学出版社，2021.

[22] 财政部. 管理会计基本指引，财会〔2016〕10 号 [R]. (2016-06-22).

[23] 财政部. 管理会计应用指引第 100~101 号：战略管理相关应用指引. 财会〔2017〕24 号 [R]. (2017-09-29).

[24] 财政部. 管理会计应用指引第 200~201 号：预算管理相关应用指引. 财会〔2017〕24 号 [R]. (2017-09-29).

[25] 财政部、管理会计应用指引第 300~304 号：成本管理相关应用指引. 财会〔2017

24 号 [R]. (2017-09-29).

[26] 财政部. 管理会计应用指引第 400～403 号：营运管理相关应用指引. 财会〔2017〕24 号 [R]. (2017-09-29).

[27] 财政部. 管理会计应用指引第 500～502 号：投融资管理相关应用指引. 财会〔2017〕24 号 [R]. (2017-09-29).

[28] 财政部. 管理会计应用指引第 600～603 号：绩效管理相关应用指引. 财会〔2017〕24 号 [R]. (2017-09-29).

[29] 财政部. 管理会计应用指引第 801 号：企业管理会计报告相关应用指引. 财会〔2017〕24 号 [R]. (2017-09-29).

[30] 财政部. 管理会计应用指引第 802 号：管理会计信息系统相关应用指引. 财会〔2017〕24 号 [R]. (2017-09-29).